Georg Plechanow

N.G. Tschernischewsky, eine literar-historische Studie von G. Plechanow

Georg Plechanow

N.G. Tschernischewsky, eine literar-historische Studie von G. Plechanow

ISBN/EAN: 9783743360310

Hergestellt in Europa, USA, Kanada, Australien, Japan

Cover: Foto ©Thomas Meinert / pixelio.de

Manufactured and distributed by brebook publishing software (www.brebook.com)

Georg Plechanow

N.G. Tschernischewsky, eine literar-historische Studie von G. Plechanow

N. G. Tschernischewsky.

N. G. Tschernischewsky

Eine literar-historische Studie

von

G. Plechanow

Mit einem Porträt Tschernischewsky's

Stuttgart

Verlag von J. H. W. Dietz

1894

Druck von J. H. W. Dietz in Stuttgart.

Inhalts-Verzeichniß.

—

Tschernischewsky und seine Zeit.

—◆—

Einleitung.

Tschernischewsky's literarische Thätigkeit fällt ungefähr in die Zeit der bekannten Reformen Alexanders II.

Die russischen Liberalen bewahren noch immer dem „Zaren=Befreier" ein gerührtes Andenken, noch immer stimmen sie auf ihn Loblieder an, die den Zensoren des gegenwärtig regierenden Kaisers mißfallen, da dieser bekanntlich seinen Vater schier als einen Jakobiner betrachtet. — Schreiber dieses weiß sich ebenso frei von den Vorurtheilen der russischen Liberalen, als auch von einer Vorliebe für Alexander III. Er dürfte daher im Stande sein, die Reformen Alexanders II. objektiv zu beurtheilen.

Dreißig Jahre lang lastete auf Rußland der schwere Druck des Regierungssystems Nikolaus' des „Unvergeßlichen". Der Stillstand war förmlich zu einem Dogma erhoben. Alle lebendigen, alle denkenden, alle protestirenden Elemente wurden entweder im Keime vernichtet, oder gezwungen, sich bis zur Unkenntlichkeit zu vermummen.... Erst durch den Krimkrieg wurde Wandel geschaffen. Die Unhaltbarkeit des Nikolaus'schen Regiments war durch diesen Krieg bloßgelegt und der Urheber dieses Regiments wußte selbst keinen anderen Ausweg aus der schwierigen Lage zu finden, als den Selbstmord. Die unzufriedenen Elemente, die bis dahin furchtsam sich versteckt gehalten hatten, begannen nun ihr Haupt keck zu erheben. Reformen oder ein neuer Selbstmord, und zwar diesmal nicht mehr der Selbstmord eines einzelnen Autokraten, sondern des Prinzips der Autokratie selbst — dies war das Dilemma, vor welches die Geschichte Nikolaus' Nachfolger stellte. Dieser zog nun klüglich den Weg der Reformen vor, deren wichtigste die Aufhebung der Leibeigenschaft in Rußland war.

1*

Die Sklaverei (unter der Bezeichnung „Cholopstwo", d. h. Knechtschaft) existirte in diesem Lande seit unvordenklichen Zeiten. Davon sprechen schon die ältesten legislativen Urkunden Rußlands. „Cholop" (Knecht) konnte jeder Arme werden, indem er sich seinem reichen Mitbürger verkaufte. Zu Knechten wurden ferner auch die Kriegsgefangenen. Indeß blieb eine Zeitlang die Ausdehnungs= sphäre der Sklaverei sehr beschränkt. Die Sklaven bildeten blos das Hofgesinde der Fürsten, Bojaren und der reichen Grundbesitzer. Wenn die russischen regierenden Fürsten ihre Diener mit be= völkerten Landgütern beschenkten, so wurden dadurch die betreffenden Bauern keineswegs zu Leibeigenen, sondern der Fürst übertrug damit blos sein Recht auf die den Bauern auferlegten Abgaben auf die „Staatsdiener". Die Bauern selbst aber blieben nach wie vor „freie Leute" und hatten als solche das Recht, ihre Gutsherren zu wechseln, oder auch den Gutsherrn zu verlassen, um sich in einer freien (d. h. blos dem Fürsten zinspflichtigen) Gemeinde niederzulassen.

Diese Sachlage war für den Staat in doppelter Hinsicht wesentlich nachtheilig.

Erstens waren die großen Grundbesitzer, kraft ihres wirth= schaftlichen und politischen Uebergewichts, im Stande, ihren Bauern einen sicheren Schutz und vortheilhaftere materielle Bedingungen zu bieten, als die ärmeren Grundbesitzer, die es mitunter nicht viel besser hatten, als ihre Zinsleute. Die Folge davon war, daß die Bauern haufenweise von den ärmeren Gutsherren zu den reicheren übergingen. Nun aber gab es der ärmeren Gutsherren sehr viele, und zwar waren sie es, die den Kern der „dienenden" Kriegsmacht des moskowitischen Staates bildeten: hauptsächlich aus ihnen rekrutirte sich das moskowitische Heer bis zu Ende des siebzehnten Jahrhunderts. Der Staat mußte also, wollte er anders nicht seine militärische Macht untergraben, nothwendiger= weise den Bauern verbieten, die Landgüter der ärmeren Guts= herren zu verlassen. In diesem Sinne wurde denn auch das Freizügigkeitsrecht der Bauern am Ende des sechzehnten Jahr= hunderts eingeschränkt.

Zweitens wurden durch die Freiheit der Bauern die Interessen des Fiskus unmittelbar geschädigt. Nachdem nämlich die Macht der Tartaren gebrochen war, die das moskowitische Reich im Süden und im Osten eingeschlossen hielten, eröffneten sich für die agrarische Kolonisation ungeheure Strecken herrenlosen, ungemein fruchtbaren Landes. Ihr Freizügigkeitsrecht ausübend, strömten nun die Bauern schaarenweise nach diesem Eldorado. Freilich folgten ihnen auf dem Fuß die zarischen Beamten, um ihnen Steuern und Abgaben aufzuerlegen. Letzteres brauchte aber Zeit, und — unter den damaligen Verhältnissen — mitunter sehr viel Zeit. Es vergingen Jahrzehnte, bevor es dem Staat gelang, die Kolonisten seine schwere Hand fühlen zu lassen. In der Zwischenzeit zahlten diese dem Staat gar nichts. Zwar bot die solidarische Haft der Gemeinde die juristische Möglichkeit, die Gesammtsumme der früheren Steuern und Abgaben von den zurückgebliebenen und in die Steuerlisten eingetragenen Bauern (von den „steuerpflichtigen Leuten") beizutreiben, d. h. die Anwesenden für die Abwesenden zahlen zu lassen. Allein die bittere Erfahrung hatte schon längst der moskowitischen Regierung gezeigt, daß in Sachen der Steuern-Eintreibung die juristische und die ökonomische Möglichkeit sehr häufig zweierlei sind: wo nichts ist, da hat auch der Kaiser sein Recht verloren. So eifrig auch die zarischen Beamten die Steuern von den Bauern herauszupeitschen suchten, war es denn doch unmöglich, sagen wir von zehn zu Hause gebliebenen Gemeindegliedern ebenso viel Geld beziehungsweise Produkte und Arbeit (zu jener Zeit wurden die Abgaben vorwiegend noch in natura geleistet) herauszupressen, wie früher von beispielsweise vierzig thatsächlich (und nicht blos auf dem Papier) in der Gemeinde ansässigen Steuerpflichtigen. Die „Sache des Fürsten" nahm unzweifelhaft Schaden und das gerade zu einer Zeit, da der wachsende Verkehr mit dem Westen einen sorgfältig gefüllten Staatssäckel immer dringender erheischte. Aus dieser unangenehmen Lage gab es damals nur einen Ausweg — die Fesselung der Bauern an die Scholle. So wurde denn im Laufe des siebzehnten Jahrhunderts das Freizügigkeitsrecht der Bauern vollständig aufgehoben. Die Bauern geriethen in ein durchaus leibeigenschaftliches Verhältniß zu den Gutsherren, beziehungsweise zum Staat.

Indeß waren die leibeigenen Bauern noch immer nicht den Sklaven gleichgestellt. Der „an die Scholle gefesselte" Bauer (glebae adscriptus) war noch immer nicht das sprechende Lastthier, für welches der „Cholop" von jeher galt. Der Ruhm, den russischen Bauer vollständig geknechtet zu haben, gebührt dem großen Reformator Rußlands, Peter I., und der berühmten Messalina des Nordens, Katharina II.

Peter wollte in Rußland eine stehende Armee nach europäischem Muster organisiren, die Administration reformiren, die Grundlagen zur Entwicklung des Handels, einer Handels- und Kriegsflotte, der Industrie und der Bildung schaffen. Zu allen diesen Zwecken brauchte er Geld, abermals Geld und wiederum Geld. Peter schreckte denn auch vor nichts zurück, um Geld zu beschaffen. Die Kosten seiner Reform hatten vor Allem selbstverständlich die sogenannten steuerzahlenden Stände zu tragen: die Bauernschaft und das arme städtische Kleinbürgerthum. Die nächste ökonomische Folge dieser Reform war die furchtbare Verarmung des Volkes. Es versteht sich von selbst, daß Peter sich nicht durch eine solche Kleinigkeit aufhalten lassen konnte, wie die Herabdrückung des Leibeigenen auf die Stufe des „Cholops". Widersprach doch die Befestigung und Ausbreitung der Leibeigenschaft seinen reformatorischen Plänen nicht im Mindesten. Im Gegentheil. Gerade Leibeigene waren es, die in den von ihm gegründeten Fabriken und Manufakturen arbeiteten. Die Leibeigenschaft war die unvermeidliche Bedingung der Europäisation Rußlands.

Peters Nachfolger setzten sein Werk eifrig fort. Die „aufgeklärte" Katharina II. hatte nur noch das Tüpfelchen auf das i zu setzen. Sie verkündete durch den Ukas vom 7. Oktober 1792, daß „die leibeigenen gutsherrlichen Leute und Bauern einen Bestandtheil des gutsherrlichen Vermögens bilden und bilden sollen, bei deren Veräußerung, ebenso wie bei der Veräußerung von

unbeweglicher Habe, Kaufbriefe ausgestellt und Gebühren zu Gunsten
des Fiskus erhoben werden." Der Bauer wurde also ein bloßes
instrumentum vocale, ein sprachbegabtes Werkzeug, welches seiner
Natur nach zum beweglichen, nicht zum unbeweglichen Eigen=
thum gehörte. Es kam vor, daß Leibeigene auf den Jahrmärkten,
wie Vieh, heerdenweise verkauft wurden.

Daneben ging die weitere Ausbreitung der Leibeigenschaft
vor sich. Die Zaren und Zarinnen liebten es, ihre Favoritinnen
beziehungsweise Favoriten mit Landgütern zu belohnen. — Katha=
rina II. führte die Leibeigenschaft in Kleinrußland ein.

Der Adel jubelte. Nur wurde aber sein Jubel mitunter
getrübt durch unerwarteten Widerstand von Seiten der Bauern.

So geduldig, so konservativ der russische Bauer auch ist, er
ergab sich doch nicht ohne Kampf. Fast jeder Schritt der Re=
gierung auf dem Wege zur Knechtung der Bauern war von mehr
oder weniger umfassenden Bauernaufständen begleitet. Im sieb=
zehnten und im achtzehnten Jahrhundert erlebte Rußland förmliche
Bauernkriege (die Rebellionen Stepan Rasin's und Pugatschew's).
Freilich wurde die Widerstandskraft des Volkes verhältnißmäßig
um so schwächer, je mehr sich der russische Staat europäisirte.
Das neunzehnte Jahrhundert hat keine einzige Bauernbewegung
mehr aufzuweisen, die man den „Empörungen" der früheren
Jahrhunderte an die Seite stellen könnte. Dafür wurden aber
die kleinen Bauernaufstände immer häufiger. Besonders reich
an Bauernaufständen ist die Regierungszeit des Nikolaus, der sie
mit wahrhaft bestialischer Grausamkeit niederschlagen ließ. Die
von der Mitte der dreißiger Jahre bis zum Krimkrieg geführte
offizielle Statistik der Bauernaufstände zeigt, daß während dieser
zwei Jahrzehnte die Zahl der Aufstände alljährlich mit beinahe
mathematischer Regelmäßigkeit anwuchs. Bisweilen gährte es in
ganzen Gouvernements und es kam dabei auch hie und da zu
förmlichen Schlachten zwischen Bauern und Soldaten. Während
des Krimkrieges verbreitete sich ein Gerücht, daß die Regierung
alle diejenigen Bauern befreien werde, die sich in die Landwehr
einschreiben lassen würden. Dieses Gerücht veranlaßte viel „Un=

ruhen", besonders in Kleinrußland. Der Friedensschluß gab An=
laß zur Entstehung eines anderen Gerüchts: es hieß, Napoleon III.
habe in den Friedensschluß eingewilligt nur unter der Bedin=
gung der Aufhebung der Leibeigenschaft.

Die Regierung kannte recht wohl die Stimmung der Bauern
und befürchtete einen allgemeinen Aufstand. „Es ist besser, die
Bauern von Oben zu befreien, als die Zeit abzuwarten, da die
Befreiung von Unten beginnen wird", erklärte Alexander II.

Unter diesen Umständen war es erklärlich, wenn die Regierung
die Unzufriedenheit fürchtete, die sich unmittelbar nach Nikolaus'
Tod in der „gebildeten Gesellschaft" bemerkbar machte. „Es ist
besser, freiwillig zu geben, was man sonst vielleicht mit Gewalt
nehmen wird", — so dachte der gekrönte Reformator, so dachten
auch die meisten seiner Rathgeber.

Anders denken konnten nur die alten „Nikolaus'schen Sol=
daten", die nichts außer dem Stock anerkannten und kannten.
Mehr als einmal hatte zwar der Stock der russischen Regierung
gute Dienste geleistet. Der Stock war es aber auch, der sie in
die verzweifelte Lage der Zeit des Krimkrieges gebracht hatte.
Die vielgepriesenen Nikolaus'schen militärischen Einrichtungen hatten
sich als nichtsnutzig erwiesen: die Offiziere, insbesondere die
Generäle, waren unwissend oder feig, die Bewaffnung im elen=
desten Zustand*, die Unterschlagung von Staatsgeldern in der

---

* „Wie wenig die Nikolaus'schen Wachtparade=Feldherren mit der
Kriegskunst vertraut waren, sieht man z. B. aus den Operationen des
Generals Korf bei Eupatoria, der im Angesicht des Feindes keine Vor=
posten aufgestellt hatte und in Folge dessen eine Batterie und viele Sol=
daten verlor. Es gab unter ihnen auch Feiglinge, wie der General
Kirjakow, der bei Alma sich in einem Hohlweg versteckt hielt." (Skizzen
aus der russischen Geschichte, vom Krimkrieg bis zum Berliner Traktat.
Anonym erschienen. Leipzig 1879. 2. Band, S. 33). — Vor einigen
Jahren veröffentlichte die russische historische Revue „Russkaja Starina"
Erinnerungen eines russischen Theilnehmers am Krimkriege, worin erzählt
wird, die Franzosen hätten mit Staunen die von ihnen auf den Schlacht=
feldern aufgelesenen russischen Gewehre betrachtet: „Seht, mit welchen Waffen
diese Barbaren kämpfen!" riefen sie erstaunt aus.

Intendanz, im Artillerie= und Genie=Ressort erreichte einen un=
glaublichen Umfang und wurde gleichsam als gesetzlich gestattet
betrachtet. Dazu kam noch, daß Rußland, in Folge der schlechten
Verkehrsmittel, auch die vorhandenen militärischen Kräfte nicht
gehörig zur rechten Zeit benutzen konnte. So kostete während des
Krimkrieges der Transport einer einzigen Bombe von Ismaïl
(in der Nähe der Donau=Mündung) nach Sebastopol nicht weniger
als fünf Rubel. Endlich stand Rußland in finanzieller Beziehung
am Vorabend des Bankerotts. Im Jahre 1855 belief sich das
Defizit auf 261 850 000 Rubel (Einnahmen: 264 119 000; Aus=
gaben: 525 969 000 Rubel). Das folgende Jahr ergab ein
noch größeres Defizit. — Die Regierung beeilte sich, Frieden zu
schließen. Das genügte aber nicht. Es galt neue Einnahme=
quellen zu erschließen, neue Produktivkräfte ins Leben zu rufen.
Letzteres war aber unmöglich, so lange die Leibeigenschaft bestehen
blieb. Die im Volke verbreitete Legende hatte einen tiefen Sinn:
die Befreiung der Bauern wurde der Regierung wirklich auf=
gezwungen von „Napoleon", d. h. durch den Gang und Ausgang
des Krimkrieges.

Konnte die russische Industrie in ihren ersten Anfängen,
unter Peter I., nicht ohne leibeigene Arbeiter bestehen, so hatte
sie umgekehrt in der Mitte dieses Jahrhunderts zu ihrer weiteren
Entwicklung freie Arbeiter unumgänglich nöthig. Und nicht
nur die Industrie allein erforderte freie Arbeiter. Schon in der
Mitte der vierziger Jahre wurden in der russischen Literatur
Stimmen laut, die — freilich, mit Rücksicht auf die strenge Zensur,
schüchtern und verschleiert — behaupteten, das Gedeihen der Land=
wirthschaft sei mit dem ferneren Bestehen der Leibeigenschaft
unvereinbar. Am besten wurde das nachgewiesen von dem Staats=
beamten Sablozky=Deßjatowsky in seiner Aufsehen erregen=
den amtlichen Denkschrift.

Unter Nikolaus wurden in Rußland blos zwei Eisenbahnlinien
gebaut: von Petersburg nach Zarskoje Sselo (ein südlich von der
Hauptstadt in einer Entfernung von zweiundzwanzig Kilometer ge=
legenes Städtchen) und von Petersburg nach Moskau. Hier ist

nicht der Platz, die großartigen Unterschlagungen und Diebereien zu besprechen, die bei dem Bau jener Eisenbahnen begangen wurden. Wir bemerken blos, daß nur die letztere Eisenbahn von wirthschaftlicher Bedeutung war; die erstere diente blos zu Lustreisen der Petersburger „Gesellschaft". Heutzutage läßt es sich kaum vorstellen, mit welchen Schwierigkeiten damals der Waarentransport aus dem Moskauer Industriebezirk z. B. nach Kleinrußland verbunden war. Und je mehr sich die Produktion entwickelte, desto dringender wurde die Nothwendigkeit eines Eisenbahnnetzes, welches wenigstens die wichtigsten russischen Städte umfaßte.

Nicht besser stand es um das Telegraphenwesen. Bis 1853 gab es in Rußland blos eine optische Telegraphenverbindung zwischen Petersburg und Warschau, die zum persönlichen Gebrauch des Kaisers diente. In den folgenden Jahren wurden elektrische Telegraphenverbindungen hergestellt, aber in geringfügiger Anzahl: im Jahre 1857 erstreckte sich das Telegraphennetz nicht über 3725 Werst. Die Entwicklung von Handel und Industrie erheischte also auch nach dieser Richtung hin die gründlichsten „Reformen".

Nikolaus duldete so gut wie gar keine privaten Aktiengesellschaften, insbesondere keine Aktienbanken. Die Gutsherren und Kaufleute wendeten sich bei Geldbedarf an die staatlichen Kreditanstalten. „Die russisch-amerikanische Kompagnie, zwei Feuerversicherungs-, zwei bis drei Dampfschiffahrts- und IndustrieGesellschaften bildeten die gesammte Aktienwelt Rußlands", bemerkt der Verfasser der bereits zitirten „Skizzen aus der russischen Geschichte". Der Beginn der neuen Regierung zeichnete sich nun durch ein wahres Aktiengründungs-Fieber aus. Wie Pilze nach einem warmen Regen schossen Aktiengesellschaften hervor, die den Einfältigen ungeheure Gewinnste vorspiegelten und sich anschickten, die verschiedensten Seiten des sozialökonomischen Lebens zu umfassen (es gab z. B. eine Gesellschaft „Hydrostat", die zum Zweck hatte, „gesunkene Schiffe aus dem Meere emporzuheben", eine Gesellschaft „Bienenstock" zur „Hebung der Lage der Ar

beiter" u. dergl. m.). Viele dieser Gründungen zerplatzten selbst=
verständlich wie Seifenblasen, nachdem sie die Taschen der Gründer
gefüllt hatten. Indeß schon die bloße Existenz eines derartigen
Gründungsfiebers zeigt, wie sehr das damalige Rußland den alten,
von Nikolaus ererbten ökonomischen Lebensformen über den Kopf
gewachsen war. Um aber neue Lebensformen entwickeln zu können,
mußte es vor Allem das todte Gewicht der Leibeigenschaft
los werden.

Endlich — und diese Erwägung wird bei gar manchem
Zarendiener wohl die ausschlaggebende gewesen sein — hinderte
die Leibeigenschaft die Regierung daran, die Bauern nach Be=
lieben zu brandschatzen. Die Steuern wurden nämlich von der
leibeigenen Bevölkerung durch Vermittlung der Gutsherren er=
hoben. Jede weitere Steuererhöhung, jede neue Mehrbelastung
der Leibeigenen mußte nun selbstverständlich die Unzufriedenheit
der Gutsherren hervorrufen, weil ja dadurch die wirthschaftliche
Kraft der ihnen gehörenden „Seelen" geschwächt wurde. Die
Bauern von der gutsherrlichen Gewalt befreien, hieß demnach
die Gewalt des Staates über sie vergrößern. Unmittelbare Be=
ziehungen zwischen Bauer und Staat schufen der Phantasie des
Finanzministeriums viel freieren Raum, und schon aus diesem
Grunde allein mußte die Regierung die „Emanzipation" in die
Hand nehmen. Prosaisch gesprochen, lief die Frage der „Eman=
zipation" auf die andere Frage hinaus, wem der Löwenantheil
an dem von der leibeigenen Bevölkerung geschaffenen Mehr=
produkt (bezw. Mehrwerth) zufallen sollte: dem Staat oder
den Gutsherren?

Der Staat suchte diese Frage zu seinen Gunsten zu ent=
scheiden. Dazu war es aber nothwendig, die Bauern mit Land,
nicht — wie das die Gutsherren verlangten — ohne Land,
zu befreien. Das historische Recht der russischen Bauern auf den
von ihnen bebauten Grund und Boden konnte freilich keinem Zweifel
unterliegen. Indeß nicht dieses Recht war es, das die Regierung
in ihren Befreiungsplänen leitete. Sie strebte vielmehr blos dar=
nach, den Bauern die Möglichkeit zu geben, für den Staat mög=

lichst viel in natura und in Geld zu leisten. Dazu eigneten sich landlose Taglöhner nicht. Dies der Grund, warum die Regierung in keinem Falle den Forderungen der Gutsherren-Partei nachgeben mochte. Auf der anderen Seite suchte sie freilich die dieser Partei dargereichte bittere Pille nach Möglichkeit zu verzuckern. Sie that dies, indem sie die Bauern für das ihnen zugemessene Land eine Ablösungssumme zahlen ließ, die bedeutend den Werth des Landes überstieg. Indem sie ferner bei dem Ablösungsgeschäft die Vermittlerrolle übernahm, heimste sie auch noch einen nicht unbedeutenden Extraprofit ein, nämlich die Differenz zwischen der von ihr den Gutsherren ausbezahlten Entschädigungssumme und der den Bauern auferlegten Ablösungssumme.

Dies die Verhältnisse und Umstände, die den Beginn, den Gang und Ausgang der Bauernbefreiung in Rußland bestimmt haben. Betrachten wir nun einige weitere Reformen Alexanders II.

Es wurde bereits erwähnt, daß der Krimkrieg die ganze militärische Misère Rußlands blosgelegt hat. Eine der hervorstechenden Eigenthümlichkeiten der russischen Armee war der Mangel an auch nur halbwegs gebildeten Offizieren. Nikolaus war sich selbst dieses Mangels bewußt, ihn beseitigen konnte er aber nicht, weil ja seine ganze Regierung nichts anderes war, als ein ununterbrochener Kampf gegen die Bildung. Es entsprach ganz dem Geist dieser Regierung, wenn in den militärischen Lehranstalten den Wissenschaften gar keine Bedeutung beigelegt wurde, dagegen der militärische Drill die Hauptsache war. Aber auch die Zahl dieser elenden Lehranstalten war zu gering im Verhältniß zu den Bedürfnissen der Armee. Nothgedrungen mußte man zu Offizieren die sogenannten Junker ernennen, welche häusliche Bildung (d. h. gar keine Bildung) genossen und einige Zeit als Gemeine gedient hatten. — Nicht viel besser stand es um die Bildung in den sogenannten bürgerlichen, d. h. nichtmilitärischen Lehranstalten. Auch da sah man vorzugsweise darauf, den Schülern den Geist des Gehorsams und der Demuth einzuimpfen. Der Zutritt zu den Universitäten wurde am Ende der Regierungszeit des Nikolaus sehr beschränkt. Es wurde verboten, Vorlesungen

in der Philosophie zu halten,* dafür aber unterrichtete man
die Studenten im — Marschiren!! — Es versteht sich nun
von selbst, daß die Regierung, sobald sie, durch die Krim-Nieder-
lage gewitzigt, „sich zu sammeln" („se recueillir") beschloß,
der Bildung etwas mehr Raum lassen mußte. Es wurden denn
auch neue Gymnasien und Progymnasien für Jünglinge gegründet,
sowie auch neben den bereits vorhandenen „Instituten für wohl-
geborene Fräulein", d. h. für Töchter der Adeligen, Gymnasien
und Progymnasien für Mädchen aller Stände. Die Bestimmungen,
welche die Zahl der Studenten einschränkten, wurden aufgehoben,
die höheren technischen Lehranstalten (die unter Nikolaus Kadettenkorps waren) reformirt, für die militärischen Lehranstalten endlich begann, besonders seitdem Miljutin zum Kriegsminister ernannt
worden war, förmlich eine neue Aera: die „Marschirkunst" wurde
so gut wie bei Seite geschoben (ihr wurde nicht mehr als Eine
Stunde in der Woche eingeräumt), der Unterricht verständig organisirt, der Lehrkurs bedeutend erweitert, die körperlichen Strafen
kamen fast außer Gebrauch (sie ganz zu beseitigen, konnte sich
der „Zar-Befreier" nicht entschließen, — weder hier noch in der
Armee überhaupt). Dem Hauptübel wurde jedoch durch all diese
Maßnahmen nicht abgeholfen; die reformirten militärischen Lehranstalten lieferten eine verhältnißmäßig geringe Zahl Offiziere,
nach wie vor mußte man die erwähnten Junker zu Offizieren
avanciren lassen. Immerhin führten diese Reformen Alexanders II.
eine ungeheure Vermehrung der studirenden Jugend nach sich,

---

* Das Schicksal der Philosophie war in Rußland stets sehr wechsel-
voll. Bald wurde die Philosophie, als Abwehr gegen die „Träumereien
von Gleichheit und zügelloser Freiheit", von der Regierung sogar begünstigt,
bald aber wurde sie aus den Universitäten verbannt als die Hauptquelle
eben jener „Träumereien". Letzteres geschah unter Nikolaus im Jahre 1850.
„Den verführerischen Vernünfteleien der Philosophie ist ein Ende gemacht
worden!" rief bei dieser Gelegenheit der damalige Minister der Volksaufklärung entzückt aus. Einige der Philosophieprofessoren wurden dabei
zu Zensoren ernannt. Man sieht schon daraus, wie nüchtern ihre
„Träumereien von zügelloser Freiheit" gewesen sein müssen.

die studirende Jugend aber spielte eine nicht geringe Rolle in der gesellschaftlichen Bewegung jener Zeit.

Indeß, so weitgehend die Schulreform auch war, den letzten Schritt auf diesem Gebiete wollte und konnte die Regierung des selbstherrlichen Zaren nicht thun: nach wie vor fehlte in Rußland das, was man akademische Freiheit nennt, die Universitätsräthe wurden vollständig den Kuratoren der Lehrbezirke untergeordnet, Beamten, die häufig mit der Sache der „Volks= aufklärung" gar nichts gemein hatten. So wurde z. B. in den Flitterwochen des Alexander'schen Liberalismus, im Jahre 1861, zum Kurator des Petersburger Lehrbezirkes der kaukasische General Philippson ernannt (zur selben Zeit wurde Minister der Volksaufklärung — der Admiral Putjatin). Die natür= liche Folge davon waren die Studenten=„Unruhen", die bis auf den heutigen Tag mit der Regelmäßigkeit astronomischer Er= scheinungen wiederkehren.

Die russische Rechtsprechung war von jeher ebenso durch ihre Bestechlichkeit berüchtigt, wie durch die völlige Unbekanntschaft der Richter mit den Gesetzen, auf Grund deren sie zu erkennen hatten. Die Reform des Gerichtswesens war die harmloseste unter den Reformen Alexanders II. Von den alten korrupten Richtern abgesehen, wurde sie allgemein begrüßt. Wollte man sie aber konsequent durchführen, so mußte unbedingt die Polizei=, sowie die administrative Gewalt überhaupt beschränkt werden, welche sich herausnehmen durfte, die gerichtlichen Entscheide auf ihre Weise zu korrigiren. Aber auch das wollte die Regierung des selbstherrlichen Reformators nicht, noch auch konnte sie es wollen. Dies der Grund, warum das reformirte Gerichtswesen in Ruß= land ein exotisches Gewächs blieb: es paßt zu der allgemeinen Staatsordnung Rußlands, wie etwa ein seidener Cylinderhut zu einem in Thierfellen gekleideten Eskimo.

Betrachten wir nun die letzte Reform, die von den Bedürf= nissen der Zeit diktirt und vom „Zaren=Befreier" verwirklicht worden ist. — Die Regierung sah, daß ihre Mittel nicht einmal hinreichten, um die dringendsten Bedürfnisse des Staates zu decken.

Sie beschloß daher, einen Theil der Staatsausgaben auf die Schultern der Lokalverwaltungen abzuwälzen. Regierungsbeamte wären aber der schwierigen Aufgabe nicht gewachsen gewesen, Mittel zur Bestreitung der lokalen „obligatorischen Aus=gaben" ausfindig zu machen. Auch hatten sie notorisch allzu lange Finger. Nothgedrungen mußte man sich daher an die Be=völkerung wenden, ihr eine lokale „Selbstverwaltung" oktroiren, welche allerdings der strengen Kontrolle der Staatsverwaltung unterstellt wurde und blieb. Dabei wurde in den landschaftlichen Behörden dem großen Grundbesitz das Uebergewicht verschafft. Um aber auf der anderen Seite auch die Interessen der damals treibhausmäßig gezüchteten Bourgeoisie zu wahren, wurde den Semstwos die Möglichkeit genommen, industrielle Etablissements nach eigenem Belieben zu besteuern: die Regierung setzte dafür eine besondere, den großen Unternehmern höchst günstige Norm fest. Schließlich war es der Bauer, der hier, wie überall, alle Kosten zu tragen hatte: die Semstwos besteuerten gewöhnlich den bäuerlichen Grundbesitz viel höher, als den der reichen Grund=eigenthümer.

Kaum eine Reform zu nennen ist die geringe Milderung der Zensurbestimmungen, deren Strenge in den letzten Regierungs=jahren des Zaren Nikolaus ins Unglaubliche, ins Absurde ging, — bis zum Verbot, den Ausdruck „freier Geist" in Kochbüchern zu gebrauchen. Immerhin wurde dadurch der Presse die Mög=lichkeit gegeben, Fragen zu beurtheilen, die sie zu den Lebzeiten des „Unvergeßlichen" nicht einmal andeutungsweise berühren durfte. Unter Nikolaus würde Tschernischewsky's literarische Thätigkeit gleich mit der ersten der Zensur vorgelegten größeren Abhandlung ein Ende genommen haben.

Soviel über die wichtigsten Reformen Alexanders II. Sehen wir nun, wie sie von den verschiedenen Ständen der russischen Bevölkerung aufgenommen wurden.

In Rußland gab und giebt es vier große Stände: Geist=lichkeit, Adel, Kaufmannschaft (die höhere und mittlere Bourgeoisie) und Bauernschaft. Das städtische Kleinbürgerthum bildet unter der Bezeichnung „Mjeschtschanstwo" einen besonderen fünften Stand. Unter Nikolaus unterschiede er sich übrigens in seiner rechtlichen Stellung fast durch nichts von den nichtgutsherrlichen Leibeigenen. Die Kleinbürger standen, ebenso gut wie die Staatsbauern, in einem förmlichen Leibeigenschaftsverhältniß zum Staat.

Die Geistlichkeit zerfiel und zerfällt noch in Kloster= und Weltgeistlichkeit. Die höheren kirchlichen Würdenträger werden aus der ersteren genommen; die Mitglieder der letzteren bringen es nie weiter als bis zur Priesterwürde. Während ferner die Klostergeistlichkeit kolossale Reichthümer besitzt, ist die Weltgeistlich= keit sehr arm. An der Bauernreform war unmittelbar weder die eine noch die andere interessirt: zu jener Zeit hatte die Geist= lichkeit nicht mehr das Recht, „leibeigene Seelen" zu besitzen. Die Weltgeistlichkeit begrüßte indeß im Allgemeinen mit Freuden den Sturz einer Ordnung, die selbst die Bischöfe mit dem Kasernen= geist erfüllte, so daß sie eine wahrhaft militärische Disziplin unter der Geistlichkeit einzuführen suchten. Zudem eröffnete das mit den Reformen erwachende öffentliche Leben den Kindern der Welt= geistlichen* ganz neue Bahnen. Unter der studirenden Jugend, ja auch in der Literatur jener Zeit spielten die „Seminaristen" (Söhne der Geistlichen) eine durchaus hervorragende und höchst radikale Rolle.

Die Interessen des Adels wurden durch die „Befreiung" der Bauern wesentlich berührt. Gegen die Aufhebung der ver= alteten Leibeigenschaft lehnten sich zwar blos die unwissendsten und am meisten zurückgebliebenen Gutsherren auf. Die Frage nach dem Wie der Reform war dagegen für den gesammten Adel von höchster Wichtigkeit. Die Gutsherren=Partei wollte, wie bereits erwähnt, die Bauern ohne Land befreit wissen, was aber die Regierung nicht zugeben konnte. Daher nun die oppositionelle Stimmung des Adels. „Die große Krone des Zaren — meinten die Gutsherren — setzt sich zusammen aus unseren kleinen Kronen:

---

* Bekanntlich ist für die russische Weltgeistlichkeit nicht das Zölibat, sondern vielmehr die Ehe obligatorisch.

indem der Zar unsere Kronen zerbricht, zerbricht er zugleich auch seine eigene Krone." Bei den meisten klangen diese Worte wie eine schadenfrohe Prophezeiung. Es gab aber auch unter dem Adel eine liberale Minderheit, die, ohne gegen den Reformplan der Regierung gestimmt zu sein, darnach trachtete, „die gesammte Ordnung des russischen Staates mit dieser Umwälzung in Einklang zu bringen, und die zu diesem Zwecke, nach rücksichtsloser Aufdeckung aller Mißstände in der Administration, im Gerichts=, Finanzwesen u. s. f., die Einberufung einer National=versammlung (Semsky Ssobor), als des einzigen Rettungsmittels für Rußland, fordert, — mit einem Wort, der Regierung klar zu machen sucht, daß sie das von ihr begonnene Werk fort=setzen muß".* Im Februar 1862 erklärte sich die Adelsversamm=lung des Gouvernements Twer in einer an den Kaiser gerichteten Adresse für die Einberufung einer Nationalversammlung. Aehnliche Adreß=Entwürfe beschäftigten den Adel auch in anderen Gouvernements. Ja, man trug sich sogar mit dem Gedanken an eine gemeinsame, von Angehörigen verschiedener Stände zu unterzeichnende Adresse. Die Regierung unterdrückte indeß ohne Mühe die konstitutionellen Gelüste des Adels. Die von ihr be=freiten Sklaven wären auf den ersten Wink bereit gewesen, alle etwaigen praktischen Versuche der Sklavenhalter von gestern zu nichte zu machen.

Die Kaufmannschaft — die höhere und mittlere Bour=geoisie — jubelte allen Reformen des „Befreiers" zu: sie fühlte, daß nunmehr ihre Zeit gekommen sei, und verspürte gar keine Nei=gung, Opposition zu machen.

Ueber die Stimmung der Bauernschaft zur Zeit des Krim=krieges haben wir bereits gesprochen. So lange die Regierung nicht an die Aufhebung der Leibeigenschaft ging, konnte man eine stetige Zunahme und Steigerung der Gährung unter den Bauern erwarten. Sobald aber das „Emanzipations"=Werk begonnen wurde,

* Aus einem Brief von J. S. Turgenjew an Herzen vom 8. Oktober 1862.

warteten die Bauern dessen Vollendung geduldig ab. Es fragte sich nur, wie sie die ihnen von der Regierung oktroyirte „Freiheit" aufnehmen würden. Wie, wenn sie eine andere, vollständigere Freiheit verlangen sollten? — Das befürchteten der Zar, die Beamten und die Adeligen, darauf rechneten die damaligen Revolutionäre.

Die revolutionäre Partei jener Zeit rekrutirte sich vorzugsweise aus den sogenannten Rasnotschinzi (Deklassirte, eigentlich „Leute verschiedener Stände"). Um die Entstehungsgeschichte dieser Bevölkerungsschicht kennen zu lernen, muß man wissen, daß in Rußland die ständischen Rechte nur im Adel, Kleinbürgerthum und in der Bauernschaft erblich sind. Die „Rechte" der letzteren sehen freilich bis heute einer völligen Rechtlosigkeit sehr ähnlich, dies ändert jedoch an der Sache nichts. Ein Bauernsohn mag was für eine Beschäftigung immer wählen, er bleibt Bauer, außer wenn er im Staatsdienst einen „Tschin" (Grad in der Beamtenhierarchie) erhält oder sich in die Kaufmannsgilde aufnehmen läßt, was Jedermann gestattet ist, der das nöthige Geld hat, um den Gildenschein zu bezahlen, oder wenn er endlich zu einer städtischen Kleinbürgergemeinde „zugezählt" wird. Ebenso bleibt der Sohn des Adeligen* Edelmann, mag er auch den Boden pflügen oder Lakai werden. Nicht so die Söhne der Geistlichen und Kaufleute. Der Kaufmannssohn bleibt Glied des Kaufmannsstandes nur dann, wenn er den Gildenschein bezahlt, sonst tritt er in die Kategorie der Rasnotschinzi ein. Rasnotschinez wird auch der Sohn des Geistlichen, der den väterlichen Beruf nicht hat ergreifen wollen. Die Rechtlosigkeit der „Kleinbürger" ist zwar ebenso erblich, wie die Rechte der Adeligen; indeß schon die Verschiedenartigkeit der kleinbürgerlichen Berufsarbeiten bringt die Angehörigen dieses „Standes" den Rasnotschinzi nahe. Rasnotschinzi werden de facto alle die-

---

* Allerdings giebt es in Rußland — unter den Beamten — einen „persönlichen" Adel: schon die Bezeichnung aber zeigt, daß dessen Standesrechte nicht erblich sind.

jenigen, deren Thätigkeit außerhalb des Rahmens der ständischen Gliederung fällt.

Die Rasnotschinzi waren stets sehr zahlreich. Ohne sie wären viele Funktionen der Staatsmaschine und des öffentlichen Lebens unmöglich. Allein vor den Reformen befand sich der Rasnotschinez in einer sehr gedrückten Stellung, auch war er sehr mangelhaft gebildet. Immer und überall mußte er den Angehörigen der bevorrechteten Stände den Vortritt lassen. Erst die Reformen, die neue gesellschaftliche Verhältnisse ins Leben gerufen hatten, brachten den Rasnotschinez zur Geltung. Nunmehr konnte er als Ingenieur, Rechtsanwalt oder Arzt sich eine Lebensstellung sichern, die jedenfalls bei Weitem günstiger war, als beispielsweise die Stellung eines ländlichen Kirchendieners. So strömten denn die Rasnotschinzi haufenweise in die Lehranstalten und mit ihnen zugleich die Kinder des verarmten Landadels.

Der gebildete Rasnotschinez besaß nicht die dem Edelmann eigenthümliche weltmännische Politur. Er kannte keine fremden Sprachen, seine literarische Bildung ließ gar manches zu wünschen übrig. In einem Punkt wenigstens war er jedoch dem träge gewordenen Edelmann unzweifelhaft überlegen: genöthigt, von frühester Jugend auf hart um seine Existenz zu kämpfen, war er unvergleichlich energischer. Freilich machte sich und macht sich noch diese Eigenschaft der Rasnotschinez dem russischen Volke mitunter in peinlicher Weise fühlbar. Der Rasnotschinez kämpft als Beamter gegen den „freien Geist" mit viel mehr Ausdauer, als der Beamte aus dem Adel. Als Grundbesitzer versteht sich der Rasnotschinez besser auf die Ausbeutung des armen Bauern, als der „gnädige Herr" alten Schlages. Der Rasnotschinez ist aber auch unvergleichlich ausdauernder und geschickter im Kampf mit der Regierung, sobald er in Opposition zu ihr tritt. Und zwar geschieht letzteres sehr häufig. — Beaumarchais läßt Figaro sagen, er habe, „blos um existiren zu können" (rien que pour exister), mehr Geist nöthig, als erforderlich ist, um „ganz Spanien zu regieren" (pour gouverner toutes les Espagnes). Dasselbe könnte auch der russische Rasnotschinez von sich sagen, der es

2*

obendrein mit einer viel despotischeren und rücksichtsloseren Regierung zu thun hat, als die französische Regierung der guten alten Zeit war. Als Angehöriger eines „freien Berufs", bedarf er vor Allem der Freiheit, während ihm auf Schritt und Tritt eine grenzenlose Polizeiwillkür entgegentritt. Kein Wunder also, daß die „negative Richtung" in den Reihen der Rasnotschinzi den günstigsten Boden findet. Und zwar bleibt er in seiner „Negation" bei der dem Edelmann eigenthümlichen witzigen, aber oberflächlichen Medisance nicht stehen. Nicht umsonst hat ihn der elegante, allseitig gebildete und liberale Edelmann Turgenjew „Nihilist" benannt: in seiner „Negation" schreckt er wirklich vor nichts zurück, — von Worten geht er rasch zu Thaten über. Der gebildete Rasnotschinez — das ist der Bote des neuen Rußland, der der alten Ordnung den Krieg auf Leben und Tod erklärt und in diesem Krieg die gefahrvolle Rolle des Vorpostens übernommen hat.

Bis zum Ende der siebziger Jahre war die Geschichte der russischen revolutionären Bewegung vorzugsweise die Geschichte des Kampfes dieser Bevölkerungsschicht gegen den Zarismus. Nunmehr kommen dem Rasnotschinez neue Kräfte zu Hilfe; nunmehr wird allmälig die Arbeiterklasse in den Kampf hineingezogen, die Proletarier der Handarbeit, deren Zahl immer mehr anwächst, und die bereits beginnen, sich ihrer politischen Aufgabe bewußt zu werden.* Indeß, zu der in Frage stehenden Zeit waren die Kämpfer dieser Art im wahren Sinne des Wortes erst in statu nascendi begriffen, auf sie war noch nicht zu rechnen: der Rasnotschinez mußte, so gut es ging und gehen konnte, auf eigene Hand den Kampf beginnen und führen.

Sehen wir uns nun den Komplex der Ideen an, unter deren Banner der Befreiungskampf in Rußland eingeleitet wurde. — Unter Nikolaus durfte die russische Literatur keine politischen und gesellschaftlichen Fragen behandeln. Sie mußte sich noth-

* Vergl. den vortrefflichen Artikel von P. Axelrod: „Das politische Erwachen der russischen Arbeiter", „Neue Zeit", X. Jahrg., Nr. 28—30.

wendigerweise auf die „schöne Literatur" und deren Kritik be=
schränken. Aber auf diesen Gebieten leistete sie allerdings sehr
viel. Zu jener Zeit wirkte der russische Lessing, Bjelinsky, schrieb
Gogol seine unsterblichen Werke, reiften die besten Romandichter
Rußlands heran. Bis auf den heutigen Tag ist alles Hervor=
ragende, was in Rußland auf dem Gebiete der Belletristik und
Kritik geleistet wird, eigentlich die Vollstreckung des literarischen
Vermächtnisses der vierziger Jahre. Stand somit die literarische
Reife Rußlands schon damals unzweifelhaft fest, so war dessen
politische Reife noch Sache der Zukunft. Gesellschaftlich=politische
Themata wurden damals fast nur in den erbitterten Debatten
gestreift, welche die Slavophilen mit den „Occidentalen" (Sapad=
niki) über die Frage führten, ob Rußland die Bahnen der all=
gemein=europäischen Entwicklung zu wandeln habe oder nicht. Die
„Occidentalen" bejahten diese Frage, die Slavophilen dagegen
suchten nachzuweisen, daß Rußland eine eigene Zivilisation unter
dem Schirm des griechisch=russischen Gottes und des rein=russischen
Zaren schaffen müsse. Die Streitfrage war von höchster Wichtig=
keit, sie gab Veranlassung zu mancher glänzenden und inhaltreichen
Abhandlung; allein ihre endgiltige Lösung war unmöglich, einmal
weil die Zensur den Streitenden nicht erlaubte, über die unklarsten
Andeutungen hinauszugehen, und dann, weil — und das war
das Wichtigste — keine der streitenden Parteien über das zur
richtigen Beleuchtung der Streitfrage unentbehrliche Thatsachen=
Material verfügte.

Die vorgeschrittenen Russen der Nikolaus'schen Zeit gingen
in ihren literarischen und politischen Erörterungen von der Philo=
sophie Hegel's aus. Eine Zeitlang herrschte der berühmte deutsche
Denker in Rußland ebenso unbeschränkt, wie der Petersburger
Kaiser, — mit dem einzigen Unterschied allerdings, daß Hegel's
Autokratie nur in kleinen und wenig zahlreichen philosophischen
Zirkeln anerkannt war, während Nikolaus' Autokratie sich —
nach dem Ausdruck des russischen Dichters Puschkin — „von den
kalten finnischen Felsen bis zur glühenden Kolchis" erstreckte.
Und man muß gestehen, daß Hegel den Russen mitunter schlimmer

mitspielte, als Nikolaus. Die schlecht verstandene, oder richtiger total mißverstandene Lehre von der Vernünftigkeit alles Wirklichen erschien den russischen Hegelianern wie eine Art Nikolaus'scher Gendarmerie. Indeß durfte man den Nikolaus'schen Gendarmen hassen, man durfte ihn hinter das Licht führen. Wie sollte sich aber der russische Hegelianer dazu entschließen können, den geistigen Gendarmen zu hintergehen, der über ihn — wie er glaubte — von seinem freiwillig gewählten Meister gesetzt worden sei? — Das war eine ganze Tragödie, welche mit der Auflehnung gegen die „Metaphysik" im Allgemeinen und Hegel im Besonderen endete.

Die russische „Wirklichkeit" — Leibeigenschaft, Despotismus, Allmacht der Polizei, Zensur u. s. f. u. s. f. — schien den vorgeschrittenen Männern jener Zeit niederträchtig, ungerecht, unerträglich. Mit unwillkürlicher Sympathie gedachten sie des kurz vorher gemachten Versuches der Dekabristen, diese Wirk= lichkeit umzugestalten. Wenigstens die Begabtesten unter ihnen begnügten sich aber weder mit der abstrakten Negation des acht= zehnten Jahrhunderts, noch mit der aufgeblasenen, selbstsüchtigen, beschränkten Negation der Romantiker. Hegel hatte sie eben theoretisch anspruchsvoller gemacht. Sie wußten, daß die Ge= schichte ein gesetzmäßiger Prozeß, daß der Einzelne ganz ohn= mächtig ist, wenn er mit den gesellschaftlichen Bewegungsgesetzen in Konflikt geräth. Sie sagten sich: „Entweder mußt Du die Vernünftigkeit Deiner Negation beweisen, sie durch den unbewußten Gang der gesellschaftlichen Entwicklung rechtfertigen, oder aber auf sie verzichten, als auf eine persönliche Grille, eine kindische Laune." Allein die Negation der russischen Wirklichkeit durch die inneren Entwicklungsgesetze dieser Wirklichkeit selbst theoretisch rechtfertigen, hieß eine Aufgabe lösen, der Hegel selbst nicht ge= wachsen gewesen wäre. Nehmen wir beispielsweise die russische Leibeigenschaft. Die Negation derselben rechtfertigen, hieß den Be= weis liefern, daß sie sich selbst negirt, d. h. daß sie nicht mehr die gesellschaftlichen Bedürfnisse befriedigt, welche sie einst ins Leben gerufen hatten. Welchen gesellschaftlichen Bedürfnissen verdankte nun die russische Leibeigenschaft ihre Entstehung? Den ökonomi=

schen Bedürfnissen des Staates, der an Entkräftung zu Grunde
gegangen wäre, hätte er nicht den Bauer zum Leibeigenen ge=
macht. Es galt demnach zu zeigen, daß die Leibeigenschaft im
neunzehnten Jahrhundert die ökonomischen Bedürfnisse des Staates
nicht nur nicht mehr befriedigte, sondern geradezu der Befriedigung
derselben hinderlich war. Das wurde später in der überzeugend=
sten Weise durch den Krimkrieg bewiesen. Aber, wiederholen wir,
dies theoretisch zu beweisen, wäre selbst Hegel nicht im
Stande gewesen. Dem Sinn seiner Philosophie gemäß waren zwar
die Wurzeln der historischen Bewegung jeder Gesellschaft in deren
innerer Entwicklung zu suchen, — womit die wichtigste Aufgabe
der Gesellschaftswissenschaft richtig bezeichnet wurde. Allein Hegel
selbst konnte nicht anders, als dieser höchst richtigen Ansicht wider=
sprechen. Als „absoluter" Idealist betrachtete er die logischen
Eigenschaften der „Idee" als die Grundursache aller Entwick=
lung, somit auch der historischen Bewegung. Und jedesmal, wenn
er es mit einer großen historischen Frage zu thun hatte, berief
er sich vor Allem auf jene Eigenschaften der „Idee". Letzteres
hieß aber den historischen Boden verlassen und freiwillig sich jede
Möglichkeit nehmen, die wirklichen Ursachen der historischen Be=
wegung aufzudecken. Als ein Mann von riesiger, wahrhaft
seltener Denkkraft, fühlte er nun freilich selbst, daß die Sache
nicht stimmen wolle, daß seine Erklärungen eigentlich gar nichts
erklärten. Er beeilte sich daher, nachdem er der „Idee" den
gebührenden Respekt gezollt, auf den konkreten historischen Boden
herabzusteigen, um die reellen Ursachen der gesellschaftlichen Er=
scheinungen nicht mehr in den Eigenschaften der Idee, sondern
in ihnen selbst zu suchen, in den Erscheinungen, mit deren Er=
forschung er sich jeweils beschäftigte. Dabei äußerte er sehr
häufig höchst geniale Vermuthungen (indem er die ökonomischen
Ursachen der historischen Bewegung durchschaute). Allein es waren
eben doch bloße Vermuthungen. Ohne feste systematische Grund=
lage spielten sie keine wichtige Rolle in den historischen Ansichten
Hegel's und seiner Schüler. Zur Zeit, da sie geäußert wurden,
beachtete man sie gar nicht. — Die der Gesellschaftswissenschaft

dieses Jahrhunderts von Hegel vorgezeichnete große Aufgabe blieb
ungelöst: die wirklichen, inneren Ursachen der historischen Be=
wegung der Menschheit blieben unentdeckt. Und selbstverständlich
war Rußland nicht das Land, wo sie entdeckt werden konnten.
Die gesellschaftlichen Verhältnisse Rußlands waren zu unentwickelt,
der gesellschaftliche Stillstand wurzelte dort zu fest, als daß die
gesuchten Ursachen dort an die Oberfläche des gesellschaftlichen
Lebens hätten treten können. Jene Ursachen wurden entdeckt von
Marx und Engels in Westeuropa, in einer ganz anderen sozialen
Umgebung. Indeß auch das geschah etwas später, zu der in
Frage stehenden Zeit waren auch die westeuropäischen radikalen
Hegelianer noch in den Widersprüchen des Idealismus verstrickt.
Nach all' dem Gesagten wird es einleuchten, warum die jungen
russischen Schüler Hegel's mit einer völligen Versöhnung mit
der russischen „Wirklichkeit" anfangen mußten, einer „Wirklich=
keit", die, nebenbei gesagt, so niederträchtig war, daß Hegel selbst
sie nie und nimmer als „wirklich" anerkannt hätte: da sie ihr
negatives Verhalten zu dieser Wirklichkeit theoretisch nicht recht=
fertigen konnten, verlor es in ihren Augen jede vernünftige
Existenzberechtigung. Sie verzichteten daher auf ihre Negation
und brachten selbstlos ihre sozialen Bestrebungen ihrem philo=
sophischen Gewissen zum Opfer. Auf der anderen Seite sorgte
aber die Wirklichkeit selbst dafür, daß sie wieder gezwungen
wurden, jenes Opfer zurückzunehmen. Alltäglich und allstündlich
führte ihnen die Wirklichkeit ihre eigene Niederträchtigkeit vor
Augen und zwang sie, die Negation um jeden Preis festzuhalten,
d. h. selbst dann, wenn diese theoretisch nicht hinreichend be=
gründet war. So gaben sie denn dem Drängen der Wirklichkeit
nach und nahmen ihr gegenüber eine feindliche Haltung ein, ohne
sich weiter darum zu kümmern, ob dies dem Geist der Hegel'schen
Philosophie entsprach oder nicht. Die russischen Hegelianer lehnten
sich also gegen ihren Meister auf und fingen an, dessen noch
vor Kurzem in ihren Augen so ehrwürdige „philosophische Nacht=
mütze" mit Spott zu überschütten. Diese Auflehnung war nun freilich
unter den damaligen Umständen unleugbar etwas durchaus Lobens=

werthes. Man darf jedoch nicht vergessen, daß die vorgeschrittenen Männer Rußlands eben dadurch zugleich das Niveau ihrer theo= retischen Anforderungen herabgedrückt und den Gedanken aufgegeben hatten, ihre Negation durch den objektiven Gang der gesellschaftlichen Entwicklung zu rechtfertigen, indem sie sich damit begnügten, daß ihre Negation ihrer persönlichen Stimmung entsprach. Auf diese Weise haben sich also die Gegner der rus= sischen „Wirklichkeit" auf den utopistischen Standpunkt ge= stellt, an welchem nach ihnen gar manche russische Revolutionäre festhielten. Erst jetzt, unter dem Einfluß der Lehren von Marx und Engels, macht sich in Rußland ein gewisser Umschwung zum wissenschaftlichen Sozialismus bemerkbar. Zu der in Frage stehenden Zeit, d. h. im Anfang der Regierungszeit Alexanders II., gingen selbst die talentvollsten Vertreter des revolutionären Ge= dankens in Rußland nicht über den utopischen Sozialismus hinaus, und sie konnten auch nicht darüber hinausgehen.

Der utopische Sozialismus verstand es bekanntlich durchaus nicht, dem Proletariat irgendwie bestimmte politische Aufgaben zu setzen. Sah er doch im Proletariat weiter nichts als eine unter= drückte und leidende Masse, die unfähig sei, ihre Sache selbst zu betreiben. Dies war die schwächste Seite des utopischen Sozia= lismus in politischer Beziehung, diejenige Seite, die in der vor= marxistischen Periode der gesammten sozialistischen Bewegung scharf hervortritt. In Rußland äußerte sich nun diese schwache Seite des utopischen Sozialismus darin, daß dessen Anhänger in ihrem Verhalten zum Zarismus fortwährend schwankten und noch bis heute schwanken. Bald glaubten sie, sie sollten „die Todten ihre Todten begraben lassen" und nur für die Verwirklichung ihrer mehr oder weniger sozialistischen „Ideale" arbeiten, dabei alles ignorirend, was auch nur entfernt nach „Politik" roch. Bald schwärmten sie umgekehrt von „rein politischen" Verschwörungen, und salvirten ihr sozialistisches Gewissen mit der Erwägung, daß ja das russische „Volk" auch ohne jegliche sozialistische Propaganda stets „von Natur aus" kommunistisch war und sein wird. Diese wohlthuende Ueberzeugung stützte sich auf die in Rußland existirende

Landgemeinde mit periodischen Umtheilungen, welche der Deutsche Haxthausen — übrigens dank den Anregungen durch die Slavo=philen — entdeckt hatte.

„Die materialistische Lehre — schrieb Marx im Frühjahr 1845* —, daß die Menschen Produkte der Umstände und der Erziehung, veränderte Menschen also Produkte anderer Umstände und geänderter Erziehung sind, vergißt, daß die Umstände eben von den Menschen verändert werden, und daß der Erzieher selbst erzogen werden muß. Sie kommt daher mit Nothwendigkeit dahin, die Gesellschaft in zwei Theile zu sondern, von denen der eine über der Gesellschaft erhaben ist (z. B. bei Robert Owen)." — Die russischen Anhänger des utopischen Sozialismus stellten sich stets in ihren Programmen über die Gesellschaft, was ihnen denn auch viel Mißgeschick und viele Enttäuschungen einbrachte.

Der Leser begreift, daß die zitirten Worte von Marx sich nicht auf den — gerade mit Marx' Namen eng verknüpften — modernen dialektischen Materialismus beziehen, sondern auf den alten metaphysischen Materialismus, der weder die Natur, noch die gesellschaftlichen Verhältnisse vom historischen Standpunkt aufzufassen vermocht hat. Dieser Materialismus war es nun, der in Rußland zu Ende der fünfziger Jahre sich sehr stark auszubreiten begann. Die Namen von Karl Vogt, Büchner, Moleschott gelangten damals zu einer ehrenvollen Berühmtheit, während die deutschen idealistischen Philosophen als Reaktionäre verschrieen wurden. Mit besonderer Erbitterung wandte sich nun=mehr das „Proletariat der Intelligenz" Rußlands gegen Hegel. Das war jedoch ein Extrem, von dem sich die gebildetsten Ver=treter des genannten Proletariats fern hielten. Diejenigen, die mit der Geschichte der deutschen Philosophie bekannt waren, achteten nach wie vor in Hegel den großen Denker, obwohl sie allerdings für seine Philosophie nichts weniger als begeistert waren. Für sie war damals die erste philosophische Autorität Feuerbach. — Feuerbach steht nun zwar weit über Vogt oder

* Siehe Anhang zu „Ludwig Feuerbach" von Fr. Engels, S. 37.

Moleschott. Er fühlte instinktiv die Mängel des von ihnen ge-
predigten Materialismus heraus. Allein er vermochte nicht, diese
Mängel kritisch zu überwinden, sich zur dialektischen Auffassung
der Natur und Gesellschaft emporzuarbeiten: „Er geht vom
Menschen aus; aber von der Welt, worin dieser Mensch lebt,
ist absolut nicht die Rede, und so bleibt dieser Mensch stets derselbe abstrakte Mensch, der in der Religionsphilosophie das Wort
führte. Dieser Mensch ist eben nicht aus dem Mutterleib geboren, er hat sich aus dem Gott der monotheistischen Religionen
entpuppt, er lebt daher auch nicht in einer wirklichen, geschichtlich entstandenen und geschichtlich bestimmten Welt; er verkehrt
zwar mit anderen Menschen, aber jeder andere ist ebenso abstrakt
wie er selbst."*

Es ist demnach klar, daß Feuerbach's Philosophie nicht im
Stande war, den gebildeten Rasnotschinzi der fünfziger Jahre die
schwache Seite des utopischen Sozialismus aufzudecken. Und über
Feuerbach ging zu jener Zeit in Rußland Niemand hinaus. Die
historischen Anschauungen von Marx und Engels waren dort noch
ganz unbekannt. Zwar wurde Darwin's Werk über die Entstehung der Arten sehr bald nach dessen Erscheinen ins Russische
übersetzt; aber die „Proletarier der Intelligenz" benützten es
ausschließlich als eine Waffe im Kampfe gegen die religiösen
Vorurtheile. Die „Proletarier der Intelligenz" blieben auf lange
Zeit hinaus tief im einseitigen metaphysischen Materialismus
stecken.

Ueberdies müssen wir darauf hinweisen, daß die ökonomischen
Kenntnisse nicht nur des lesenden Publikums, sondern auch der
gebildetsten Schriftsteller der vierziger Jahre äußerst dürftig waren.
Bjelinsky berührte nie ökonomische Fragen in seinen Abhandlungen, und Herzen beharrte bis zu seinem Tode in der Ueberzeugung, daß Proudhon ein großer Oekonom gewesen sei. Im
Anfang der sechziger Jahre wurde zwar die politische Oekonomie
in Rußland förmlich zu einer Mode-Wissenschaft, allein die Be-

---

* Fr. Engels. a. a. O., 3. Kap.

geisterung konnte nicht die mangelnden positiven Kenntnisse ersetzen: die ersten Versuche auf dem Gebiete dieser Wissenschaft waren nothwendig utopistischer Art.

Engels bemerkt irgendwo, die „Liebe“ habe den deutschen Sozialisten der utopistischen Periode über allerhand theoretische Schwierigkeiten hinweggeholfen. Dasselbe trifft in bedeutendem Maße auch auf die „Proletarier der Intelligenz“ Rußlands zu, — nur daß dort, wo die „Liebe“ den Dienst versagte, jene abstrakte „Vernunft“ herbeigeholt wurde, die das hervorstechende Merkmal aller Aufklärungsperioden bildet. Vom Standpunkt dieser Vernunft wurden leicht und rasch die schwierigsten gesellschaftlichen Fragen gelöst. — Puschkin erzählt von einer hochgestellten alten russischen Dame, die den bekannten französischen Revolutionär Romme in ihrer Jugend kannte, sie habe sich über diesen geäußert, wie folgt: „C'était une forte tête, un grand raisonneur; il vous aurait rendu claire l'apocalypse.“ Solche „fortes têtes“ und „grands raisonneurs“ waren nun auch die russischen Aufklärer der ersten Regierungsjahre Alexanders II. Sie hätten, ebenso gut wie Romme, die Apokalypse erklären können, ohne auf den Gedanken zu kommen, sie vom historischen Standpunkte aus zu betrachten.

I.

So war die historische Umgebung beschaffen, in der Tscherni=
schewsky leben und wirken sollte. Sehen wir nun, wie er lebte
und — vor Allem — wie er wirkte.

Nikolaus Gawrilowitsch Tschernischewsky wurde als Sohn
eines Dompriesters zu Saratow 1829 geboren. Zuerst besuchte
er das Seminar seiner Vaterstadt, später kam er an die Peters=
burger Universität, woselbst er seine Studien im Jahre 1850 an
der philologischen Fakultät absolvirte. Einige Zeit nachher bekam
er eine Lehrerstelle am zweiten Petersburger Kadettenkorps, dann
ließ er sich als Lehrer an das Gymnasium zu Saratow versetzen.
Dort, in seiner Vaterstadt, verheirathete er sich bald, wenn wir
nicht irren, mit der Schwester des jetzt sehr bekannten gelehrten
Schriftstellers Pypin. Dem jungen Tschernischewsky behagte aber
offenbar die dumpfe Luft der Provinz nicht; so finden wir ihn
denn schon im Jahre 1853 wieder in Petersburg, wo er noch
einmal — übrigens nur vorübergehend — Unterrichtsstunden am
zweiten Kadettenkorps ertheilt und daneben auch Uebersetzungen
und Rezensionen für die damals von Krajewsky und Dudyschkin
redigirte monatliche Revue „Otetschestwennaja Sapiski" (Vater=
ländische Annalen) liefert. Wir werden wohl schwerlich fehlgehen,
wenn wir annehmen, daß Tschernischewsky in dieser Uebergangs=
periode seines Lebens viel Noth und Entbehrungen zu leiden hatte.
War er doch damals ein einfacher literarischer Taglöhner, und
bekanntlich wird literarische Taglöhnerarbeit in keineswegs be=
neidenswerther Weise bezahlt. Andere Existenzmittel besaß aber
Tschernischewsky nicht, seitdem er seine pädagogische Thätigkeit auf=
gegeben. Doch er war jung, gesund und schreckte vor keiner Arbeit, vor

keiner Anstrengung zurück. Neben der nothwendigen literarischen Er=
werbsarbeit beschäftigte ihn auch noch seine Magisterdissertation über
„Das ästhetische Verhältniß der Kunst zur Wirklichkeit". Mit seinem
Wissen, seinen Fähigkeiten, seinem beispiellosen Fleiß und der
seltenen Gabe, selbst die trockensten und schwierigsten Themata
populär darzustellen, hätte er auf eine glänzende Gelehrtenkarrière
rechnen können. Er brauchte nur zu wollen — und ein Katheder
war ihm sicher. Aber er strebte nach etwas Anderem. Er wollte
Kritiker und Publizist werden. Wie streng auch die russische
Zensur war, so war doch in Aller Gedächtniß das Beispiel Bje=
linsky's,* der es nicht nur verstanden hatte, trotz aller Schlag=
bäume der Zensur, in der Literatur eine Menge der wichtigsten
Wahrheiten in Umlauf zu bringen, sondern der auch die russische
Kritik auf einen ganz neuen theoretischen Boden gestellt hat. Tscherni=
schewsky liebte und verehrte diesen Schriftsteller außerordentlich.
Kein Wunder also, daß er in dessen Fußstapfen treten wollte, um
nach Kräften und Möglichkeit sein Werk fortzusetzen. Zudem hatte
Nikolaus Gawrilowitsch seine eigenen (im Grunde durchaus richtigen)
Ansichten über die Aufgaben der Männer, die für das Wohl Ruß=
lands arbeiten wollen. Diese Ansichten ließen ihn nun keinen
großen Werth auf die rein akademische Thätigkeit in seinem Lande
legen. „Viele der großen Gelehrten, Dichter, Künstler — schreibt
er — dienten der reinen Wissenschaft oder der reinen Kunst, und
nicht irgendwelchen ausschließlichen Bedürfnissen ihres Landes.
Bacon, Descartes, Galilei, Leibnitz, Newton, Humboldt und Liebig,
Cuvier und Faraday, arbeiteten stets im Dienste der Wissenschaft
überhaupt, ohne daran zu denken, was gerade zur gegebenen Zeit
dem Wohl eines bestimmten Landes, nämlich ihres Vaterlandes,
förderlich wäre..... In ihrer Eigenschaft als wirkende Kräfte
in der Gedankenwelt sind sie Kosmopoliten." In einer anderen
Lage befinden sich nach seiner Meinung die intellektuellen Arbeiter

---

* W. G. Bjelinsky (1811—1848) war ein berühmter russischer
Kritiker, der für die russische Literatur vielleicht noch mehr gethan hat, als
Lessing für die deutsche.

in Rußland. Diese dürfen noch keine Kosmopoliten sein, d. h. sie dürfen noch nicht sich der reinen Wissenschaft oder der reinen Kunst hingeben. Den Verhältnissen ihres Landes gemäß müssen sie in diesem Sinne „Patrioten" sein, d. h. sie haben in erster Linie an die speziellen Bedürfnisse ihres Landes zu denken. Das Ideal eines solchen „Patrioten" ist für Tschernischewsky Peter der Große, welcher sich die Aufgabe stellte, Rußland mit allen Wohlthaten der europäischen Zivilisation zu beglücken.* Tscherni= schewsky hielt dieses Ziel auch zu seiner Zeit noch lange nicht für vollkommen erreicht: „Bis jetzt ist der einzige Dienst, den ein Russe den erhabenen Ideen der Wahrheit, der Kunst und der Wissen= schaft leisten kann, — die Mitwirkung an deren Verbreitung in seinem Vaterland. Mit der Zeit werden auch bei uns, wie bei den anderen Völkern, Denker und Künstler erscheinen, die rein nur im Interesse der Wissenschaft wirken werden; aber so lange wir nicht an Bildung den vorgeschrittensten Nationen gleichstehen, hat Jeder von uns eine andere, näherliegende Arbeit — das ist, nach Kräften die weitere Entwicklung dessen zu fördern, was von Peter dem Großen begonnen wurde. Dieses Werk nimmt bis heute und wird wahrscheinlich noch auf lange Zeit hinaus in An= spruch nehmen alle geistigen und moralischen Kräfte der begabtesten Männer unseres Vaterlandes."** Tschernischewsky wollte nun eben seine Kräfte der Verbreitung der erhabenen Ideen der Wahrheit, der Kunst und der Wissenschaft in seinem Vaterlande widmen.

Er wurde Schriftsteller. — Durch seine Dissertation hatte er die Aufmerksamkeit der Redaktion des seit 1847 von Panajew und dem Dichter Nekrassow herausgegebenen „Sowremennik" auf sich gezogen, und so wurde ihm denn die Stelle eines ständigen Mitarbeiters an dieser Zeitschrift angeboten, ja sogar deren ganzer kritischer Theil seiner Redaktion unterstellt. In der Folge, näm= lich im Jahre 1859, da dem „Sowremennik" erlaubt wurde,

---

* Man muß dabei im Auge behalten, daß er dies in einer der Zensur unterstellten Zeitschrift schrieb. Die Hinweise auf Peter den Großen sollten vor Allem die Wachsamkeit des Zensors einschläfern.
** „Sowremennik" (Zeitgenosse) 1856, 4. Buch, Kritik S. 29—31.

auch über Politik zu schreiben, redigirte Tschernischewsky auch den politischen Theil. Er arbeitete wahrhaft unermüdlich. Gewöhnlich vertheilten sich seine Abhandlungen unter die verschiedenen Abtheilungen der Zeitschrift folgendermaßen: erstens lieferte er eine Abhandlung über irgend eine theoretische Frage, sodann schrieb er eine politische Rundschau und eine literarische, welche sich mitunter auch auf die ausländische Literatur erstreckte, rezensirte einige neuerschienene Bücher und unternahm endlich, gleichsam zur Erholung und als Amusement, auch noch polemische Ausfälle gegen die gegnerische Presse. Dieser Arbeitsfleiß wurde in bedeutendem Grade durch den Umstand genährt, daß selbst unter den Mitarbeitern des „Sowremennik“, besonders in den ersten Jahren der literarischen Thätigkeit Tschernischewsky's, nur Wenige zu finden waren, die sich zu seinen Anschauungen emporgearbeitet hatten. Im Roman „Prolog zu einem Prolog“ sagt der Schriftsteller Wolgin — unter welchem Namen Tschernischewsky sich selbst geschildert hat* — gerade heraus, er müsse viel schreiben aus Furcht, die übrigen Mitarbeiter möchten dummes Zeug schreiben. Seitdem übrigens Tschernischewsky zum Haupt-Mitarbeiter am „Sowremennik“ geworden war, strömten naturgemäß alle frische aufkeimende literarische Kräfte dieser Zeitschrift zu. So schon 1856 der bald berühmt gewordene Dobroljubow, den Tschernischewsky — übrigens mit allzugroßer Bescheidenheit — weit über sich stellte. — Die Bedeutung der Journalistik war damals in Rußland sehr groß. Während nämlich heutzutage die öffentliche Meinung über die von der Zensur im Zaume gehaltene Presse bedeutend hinaus ist, während andererseits in den vierziger Jahren jene hinter dieser zurückstand, — erscheint das Ende der fünfziger und der Anfang der sechziger Jahre als die Periode der größten Uebereinstimmung zwischen der öffentlichen Meinung und der Presse und des größten Einflusses dieser auf jene. Nur unter dieser Bedingung waren jene warme Begeisterung für den Schriftstellerberuf und jener aufrichtige Glaube an die Bedeutung der literarischen Propaganda möglich,

* Tschernischewsky's Vaterstadt, Saratow, liegt an der Wolga.

die bei allen hervorragenden Schriftstellern der damaligen Zeit
anzutreffen sind. Alles Alte, Traditionelle, von den Vorfahren
Ererbte wurde der Kritik unterzogen, alles Neue vom Standpunkt
der „Vernunft" beurtheilt, die berufen zu sein schien, sämmtliche
Anschauungen der russischen Leser von Grund aus zu verändern,
— von den allgemeinsten philosophischen Anschauungen an bis herab
zu den Ansichten darüber, ob man Säuglinge wickeln und Schul=
kinder prügeln solle. Dieser Abschnitt der russischen Geschichte
erinnert außerordentlich an jenen Zeitraum in Frankreich, da der
große Aufklärer Voltaire über Alles und Jedes schrieb, über
Newton's Theorie ebenso gut, wie über Mädchenerziehung.

Tschernischewsky's Zeitschrift stand an der Spitze der da=
maligen literarischen Bewegung Rußlands. Sie wurde von allen
„neuen Menschen" gierig gelesen, sie war von allen denen, die
aus dem einen oder dem anderen Grund jene Bewegung gehemmt
wissen wollten, überaus gefürchtet. Die Furcht erzeugt natur=
gemäß den Haß. Je mehr der Einfluß des „Sowremennik" stieg,
desto mehr häuften sich die Angriffe von den verschiedensten Seiten
gegen diese Zeitschrift im Allgemeinen und gegen Tschernischewsky
im Besonderen. Man begann ihre Mitarbeiter als gefährliche
Menschen zu betrachten, — als Umstürzler aller „Grundlagen der
Gesellschaft". Einige der „vorgeschrittenen Männer" der vierziger
Jahre, ehemalige Freunde des einflußreichsten Schriftstellers jener
Zeit, Bjelinsky's, sagten sich vom „Sowremennik" los, als von einem
„Nihilisten"=Organ, hoch und laut betheuernd, daß Bjelinsky nie
und nimmer dessen Richtung gebilligt hätte. Dasselbe that
Turgenjew,* und fast ebenso sehr auch der slavophil=radikale
Herzen, der in seinem Londoner „Kolokol" (Glocke) die „galligen
Menschen" angriff, denen man es nie recht machen könne. Der
„Sowremennik" blieb seinerseits selbstverständlich die Antwort nicht
schuldig. Er antwortete den Angreifern mit scharfen polemischen Ar=

---

* Tschernischewsky erzählt, Turgenjew habe immerhin ihn selbst halb
und halb leiden mögen, den Dobroljubow dagegen schon ganz und gar
nicht. „Sie sind eine gewöhnliche Schlange, Dobroljubow aber ist eine
Brillenschlange", pflegte er ihm zu sagen.

tifeln und perfiflirte fie außerdem in einer befonderen Beilage, betitelt „Swiftof" (Pfeife). Hier fchrieb mitunter auch Tfchernifchewfky, die Hauptrolle gehörte jedoch Dobroljubow, der darin höchft talent= volle Parodien in Versform auf die fchwulftigen Redereien der „Staatsretter" veröffentlichte. Diefe verfuchten allerdings den. „Sowremennif" mit derfelben. Waffe zu befämpfen, fie mußten fich aber gar bald davon überzeugen, daß fie die Lacher nicht auf ihrer Seite hatten.

Tfchernifchewfky ging ganz im literarifchen Kampf auf, fo daß die Gefchichte diefer Periode feines Lebens nichts Anderes ift, als die Gefchichte feiner literarifchen Thätigfeit. Selbftrebend werden wir diefe nicht mit Stillfchweigen übergehen, vorerft wollen wir jedoch betrachten, wie er die Ideen der „Wahrheit, Kunft und Wiffenfchaft" auffaßte, welche er im „Sowremennif" niederlegte und vertheidigte.

Seinen philofophifchen Anfchauungen nach war er ein An= hänger Feuerbach's, dem er die größte Achtung zollte; er ftellte ihn Hegel an die Seite, was fehr viel fagen will, da er, un= geachtet des immer mehr um fich greifenden Vorurtheils der „Prole= tarier der Intelligenz", Hegel für einen der genialften Denker aller Zeiten und Völfer hielt.* Als Anhänger Feuerbach's war er nun Gegner des philofophifchen Idealismus und Dualismus. „Als Prinzip einer philofophifchen Auffaffung des menfchlichen Lebens — fchreibt er in feiner Abhandlung „Das anthropologifche Prinzip in der Philofophie" — dient die Idee der Einheit des menfchlichen Organismus, die wir den Naturwiffenfchaften ver= danfen; durch die Forfchungen der Phyfiologie, der Zoologie und der Medizin ift jeder Gedanfe an einen Dualismus im Menfchen befeitigt. Die Philofophie fieht im Menfchen nur das, was die Medizin, die Phyfiologie, die Chemie in ihm fehen; diefe Wiffenfchaften beweifen, daß fich fein Dualismus im Menfchen offenbart, und —

* In Wirflichfeit fteht Feuerbach weit unter Hegel, wie dies vor= trefflich von Engels gezeigt worden, und worauf bereits Marx hingewiefen hat in einem furz nach Proudhon's Tod veröffentlichten Brief an den Redafteur des Berliner „Sozialdemofrat".

so setzt noch die Philosophie hinzu —, wenn der Mensch außer
seiner realen Natur noch eine andere hätte, so würde sie sich in
irgend etwas kundgeben, und da dies nicht der Fall ist, da alles,
was im Menschen geschieht und sich offenbart, nur eine Folge
seiner realen Natur ist — so giebt es auch in ihm keine andere
Natur. ..."* Das ist klar genug.   Daraus folgt jedoch noch
nicht, daß Tschernischewsky Anhänger des Materialismus im mo=
dernen Sinne des Wortes war.   Selbst Feuerbach war, wie wir
wissen, von einer solchen Folgerichtigkeit weit entfernt, und die
Fehler des Meisters beeinflußten in eingreifender Weise die Welt=
anschauung des Schülers.

Tschernischewsky's materialistischer Standpunkt tritt weit mehr
hervor in seinen „anthropologischen", als in seinen historischen
Anschauungen.   Indem er den Menschen als ein nothwendiges
Produkt der jeweiligen Umgebung betrachtet, beurtheilt er sogar
jene unschönen Aeußerungen der verdorbenen menschlichen Natur
ungemein human, in denen die Idealisten nur den „bösen Willen"
erblicken, der die strengste Strafe erheischt.   „Alles hängt von
den sozialen Gewohnheiten ab — erklärt er — und von den
Umständen, d. h. in letzter Instanz von den Umständen allein, da
auch die sozialen Gewohnheiten ihrerseits durch die Umstände ge=
schaffen werden.   Ihr beschuldigt einen Menschen — untersucht
doch vorher, ob er an dem ihm zur Last gelegten Vergehen schuld
ist, oder ob es die Umstände und die sozialen Gewohnheiten sind:
prüft scharf, vielleicht ist es gar nicht seine Schuld, sondern nur
sein Unglück." — Die Reaktionäre, welche in diesen Worten
Tschernischewsky's eine Apologie der Zügellosigkeit erblicken wollten,
haben damit natürlich nur ihren Unverstand bewiesen.

Die unvollkommene Ausarbeitung seiner materialistischen Auf=
fassung offenbarte sich schon in einigen Eigenthümlichkeiten seiner
Lehre über die Ethik.   Ihm, wie auch Helvetius, sind selbst die

---

* Wir machen wiederum den deutschen Leser darauf aufmerksam, daß
Tschernischewsky seine Ausdrücke sehr vorsichtig wählen mußte, da er in
einer russischen, der Zensur unterstellten Zeitschrift schrieb.

uneigennützigsten Handlungen nichts weiter als eine besondere Art eines vernünftigen Egoismus. „Man braucht nur — meint er — eine Handlung oder ein Gefühl, welche uns uneigennützig erscheinen, schärfer ins Auge zu fassen, um zu sehen, daß im Grunde doch nur der Gedanke an den persönlichen Nutzen, an das persönliche Vergnügen, an das persönliche Wohl, mit einem Wort, der Egoismus das treibende Motiv ist." Mitunter nehmen die Betrachtungen Tschernischewsky's darüber einen etwas seltsamen Charakter an: „Lukretia erdolchte sich, nachdem Sixtus Tarquinus sie entehrt — sie handelte sehr überlegt". Beweis: „Kollatinus konnte zu seiner Frau sagen: ich halte dich für rein und liebe dich wie früher, aber bei den damaligen Anschauungen, die sich übrigens bis jetzt sehr wenig verändert haben, würde es seine Kräfte überstiegen haben, seine Worte in die That umzusetzen: nolens-volens hätte er dennoch einen Theil seiner früheren Achtung, seiner früheren Liebe zu seinem Weibe verloren; er hätte wohl diesen Verlust durch eine absichtlich erhöhte Zärtlichkeit in seinem Umgange mit ihr zu verbergen suchen können, aber eine derartige Zärtlichkeit wirkt beleidigender als Kälte, ist bitterer als Mißhandlungen und Beschimpfungen" u. s. w. Es ist aber sehr unwahrscheinlich, daß Lukretia vor ihrem Selbstmorde sich in so vernünftigen Berechnungen ergangen hat. Dazu gehört Kaltblütigkeit, und kaltblütig konnte sie nicht sein. Wäre es nicht richtiger zu vermuthen, daß in ihrer That der Verstand eine weit geringere Rolle spielte, als ihr durch die damaligen sozialen Gewohnheiten und Verhältnisse erzeugtes Gefühl? Passen sich doch gewöhnlich die menschlichen Gefühle und Gewohnheiten dergestalt den bestehenden sozialen Verhältnissen an, daß dadurch bedingte Handlungen mitunter als eine Folge sehr scharfsinniger Berechnung erscheinen können, während sie in Wirklichkeit keineswegs durch Berechnung hervorgerufen wurden. — Ueberhaupt ist in Tschernischewsky's Auffassung des vernünftigen Egoismus jene allen Aufklärungsperioden anhaftende Tendenz bemerkbar, im Verstand die Stütze der Moral und in der mehr oder weniger vernünftigen Ueberlegung jedes einzelnen Menschen die Erklärung seines Charakters

und seiner Handlungen zu suchen.* Indeß schon in den oben
zitirten Worten Tschernischewsky's liegt eine Widerlegung solcher
übertriebenen Vernünftelei. Die Handlungen einzelner Individuen
sind ein Resultat der sozialen Gewohnheiten, die nicht dem be=
rechnenden Verstand, sondern der historischen Entwicklung der Gesell=
schaft ihre Entstehung verdanken. Richtig gestellt muß die Frage
folgendermaßen formulirt werden: Was ist die Moral jedes
einzelnen Durchschnittsmenschen? Ist sie das Resultat seiner Ueber=
legung, oder ein unbewußtes Produkt der sozialen Verhältnisse?
Endlich muß man noch fragen: Welches sind die Einflüsse der
Gesellschaft auf das einzelne Individuum, die in ihm das Interesse
für das gemeine Wohl entwickeln können und entwickeln? — Solche
Fragen sind von großer sozialer Bedeutung. Hingegen ist es un=
wesentlich, darüber zu streiten, wie dieses Interesse für das all=
gemeine Wohl zu nennen sei: Altruismus oder edler Egoismus?

Gemäß der übertriebenen Bedeutung, die Tschernischewsky
der menschlichen Berechnung beimißt, sucht er bisweilen aus einer
bewußten Abwägung des Nutzens auch solche historische Ereignisse
zu erklären, deren Erklärung vielmehr in den von den Menschen
unerkannten Kräften der ökonomischen Entwicklung zu suchen ist.
Auf den ersten Blick könnten zwar derartige Erklärungsversuche
Tschernischewsky's auf den Gedanken führen, er habe sich in seinen
historischen Theorien vollständig auf den Standpunkt des modernen
Materialismus gestellt. Bei näherer Betrachtung erweist sich jedoch
das gerade Gegentheil. Wer in der historischen Thätigkeit der
Menschen nur die Einwirkung einer bewußten Berechnung sieht,
der ist noch weit vom Verständniß der ganzen Macht und Be=

---

* Xenophon führt in seinen „Erinnerungen an Sokrates" (6, 27)
u. A. folgendes Argument dieses Weisen für den Satz an, es sei besser,
sich mit den Rechtschaffenen gut zu stellen als mit den Schurken: „Es ist
aber vortheilhafter, den Rechtschaffenen Gutes zu erweisen,
da ihre Zahl geringer ist, als den Schlechteren, deren Zahl
größer ist, denn die Schlechten bedürfen weit mehr Wohlthaten
als die Rechtschaffenen". — Das ist bereits der volle Triumph und
die letzte Grenze der Vernünftelei, worüber hinaus sie sofort ins Absurde
umschlagen muß.

deutung der Oekonomie entfernt. In Wirklichkeit erstreckt sich deren Einfluß selbst auf solche Handlungen der Menschen und auf solche Gewohnheiten verschiedener Gesellschaftsklassen, bei denen von bewußter Berechnung nicht einmal die Rede sein kann. — Die wichtigsten, die ausschlaggebendsten Faktoren der ökonomischen Entwicklung stehen bis jetzt außerhalb jeglicher Einwirkung einer bewußten Berechnung, während dagegen alle sozialen Verhältnisse, alle moralischen Gewohnheiten und alle geistigen Bestrebungen der Menschen sich unter mittelbarer oder unmittelbarer Einwirkung dieser blinden Kräfte der ökonomischen Entwicklung gestalten. Sie bestimmen auch u. A. alle Arten menschlicher Berechnung, alle Aeußerungen des menschlichen Egoismus. Folglich kann von einer bewußten utilitarischen Berechnung, als dem primären Hebel der gesellschaftlichen Entwicklung nicht die Rede sein. Eine solche Geschichtsauffassung widerspricht den Lehren des modernen Materialismus; ein derartiger historischer Materialismus ist noch zu naiv.

Uebrigens hat Tschernischewsky seine historischen Anschauungen nicht in ein System gebracht, sie stehen häufig miteinander in Widerspruch. Ohne viele Mühe ließen sich aus seinen Schriften Sätze herausgreifen, die einander so sehr widersprechen, daß sie ganz verschiedenen Schriftstellern anzugehören scheinen. Und zwar lassen sich diese Widersprüche keineswegs durch die Vermuthung erklären, man habe es da mit einer allmäligen Umgestaltung seiner Auffassung zu thun. Denn er begann seine literarische Thätigkeit in einer Periode seiner geistigen Entwicklung, wo seine Anschauungen, der Hauptsache nach, bereits endgiltig sich abgeklärt hatten. Es bleibt uns also nichts anderes übrig, als die Wider= sprüche und Inkonsequenzen, die uns in seinen historischen An= schauungen begegnen, der Unklarheit und Unbestimmtheit seiner allgemeinen historischen Auffassung zur Last zu legen.

Einige Beispiele mögen das Gesagte bestätigen. — Nachdem er in seinen „Umrissen der politischen Oekonomie" die Gesetze der in den modernen fortgeschrittenen Ländern bestehenden „dreiglied= rigen Vertheilung der Produkte" erklärt und dann aus diesen seinen Erklärungen eine kurze Schlußfolgerung gezogen hat, äußert er

sich in höchst bemerkenswerther Weise über die inneren Trieb=
federn der neuesten Geschichte Europas: „Wir sahen, daß die
Interessen der Rente zugleich denen des Profits und des Arbeits=
lohnes entgegengesetzt sind. Die Mittelklasse und das ge=
meine Volk waren immer Verbündete gegen den Stand,
dem die Rente zufällt. Wir sahen, daß das Interesse des
Profits dem des Arbeitslohnes entgegengesetzt ist. Sobald also
in einem Lande die Klasse der Kapitalisten im Bunde mit der
Arbeiterklasse den Sieg über die die Rente beziehende Klasse davon=
getragen hat, wird dort der Kampf des Mittelstandes mit
dem Volke zum Hauptinhalt der Geschichte."* Diese
Sätze unterschriebe gerne jeder moderne dialektische Materialist.
Um so mehr, da die oben angeführte Meinung Tschernischewsky's
über die Ursache des Kampfes des „Mittelstandes" mit dem „Volke"
weiter in seinen „Umrissen" noch ergänzt wird durch den Hin=
weis auf den Untergang der kleinen Industrie und der kleinen
Bodenkultur und auf den unvermeidlichen Sieg der großen kapi=
talistischen Produktion sowohl in der Industrie, wie auch in der
Agrikultur. Ebenso könnte jeder moderne dialektische Materialist,
nur mit einigen Einschränkungen, die Richtigkeit folgender Ansicht
Tschernischewsky's über die Geschichte der politischen und philo=
sophischen Ideen anerkennen: „Politische Theorien und alle philo=
sophischen Lehren überhaupt wurden stets bei ihrer Bildung sehr
stark von der gesellschaftlichen Stellung ihrer Begründer beeinflußt,
und jeder Philosoph war der Vorkämpfer irgend einer der poli=
tischen Parteien, die zu seiner Zeit in der Gesellschaft, der dieser
Philosoph angehörte, um die Herrschaft stritten. Wir wollen
nicht von den Denkern sprechen, die sich speziell mit der politischen
Seite des Lebens befaßten. Ihre Angehörigkeit zu den politischen
Parteien ist für Jedermann zu deutlich: Hobbes war Anhänger des
Absolutismus, Locke war Whig, Milton — Republikaner, Montes=

* Das Gesperrte ist von uns hervorgehoben. Siehe „Umrisse der
politischen Oekonomie" (nach Mill). Tschernischewsky's Werke, 4. Band,
S. 205.

qien —Liberaler nach englischem Geschmack, Rousseau — ein revolutio=
närer Demokrat, Bentham — einfacher Demokrat, je nachdem revolu=
tionär oder irrevolutionär; von solchen Schriftstellern brauchen wir ja
nicht einmal zu reden. Wenden wir uns zu Denkern, die allgemeinere
Theorien aufzubauen suchten, zu den Schöpfern metaphysischer Systeme,
zu den sogenannten Philosophen im eigentlichen Sinne des Wortes.
Kant gehörte zu der Partei, welche in Deutschland die Freiheit auf
revolutionärem Wege einführen wollte, aber die terroristischen
Mittel verwarf. Fichte ging einige Schritte weiter: er scheute
sogar vor terroristischen Mitteln nicht zurück. Schelling vertritt
die Partei, welche, durch die Revolution eingeschüchtert, in den
mittelalterlichen Institutionen Ruhe zu finden hoffte und den
Feudalstaat wiederherstellen wollte, der in Deutschland durch
Napoleon I. und durch die preußischen Patrioten, deren Wort=
führer Fichte war, zerstört worden war. Hegel ist ein gemäßigter
Liberaler, ungemein konservativ in seinen Schlußfolgerungen, der
sich jedoch im Kampfe gegen die extreme Reaktion revolutionärer
Prinzipien bedient, in der Hoffnung, den revolutionären Geist,
der für ihn das Werkzeug der Zerstörung des allzu morschen
Alten war, rechtzeitig eindämmen zu können. Wir behaupten nicht
nur, daß die Genannten als Privatleute solche Gesinnungen hegten
— das würde noch wenig bedeuten —, sondern auch, daß ihre
philosophischen Systeme durch und durch vom Geiste der politischen
Parteien, denen sie angehörten, durchdrungen sind."* Abgesehen
von Einzelheiten, läßt sich wohl sagen, daß die angeführten Worte
ein sehr tiefes Verständniß der sozialen Verhältnisse verrathen,
unter deren Einfluß die Entwicklung der philosophischen und poli=
tischen Ideen vor sich geht. Der moderne dialektische Materialist
hätte nur noch hinzuzusetzen, daß auch die politischen Kämpfe selbst,
welche die Richtung des menschlichen Gedankens bestimmten, nicht
irgend welchen abstrakten Erwägungen zuliebe geführt wurden,
sondern unter dem direkten Einfluß der Bedürfnisse und Be=
strebungen der Klassen oder Schichten der Gesellschaft, zu denen

---

* „Das anthropologische Prinzip in der Philosophie", S. 2, 3.

die kämpfenden Parteien gehörten. Tschernischewsky hätte übrigens selbst dagegen kaum etwas einzuwenden gehabt. In seiner Auf= fassung der Geschichte der ökonomischen Wissenschaft spricht sich ziemlich deutlich sein Verständniß für die Abhängigkeit der An= schauungen der Menschen von der jeweiligen sozialen Umgebung aus. In seiner Rezension des Roscher'schen Werkes „Die Grund= lagen der Volkswirthschaft" weist er auf das „psychologische Gesetz" hin, kraft dessen „beinahe Jedem — sei es ein gewöhnlicher Mensch, oder ein Redner, oder ein Schriftsteller, sei es im Gespräch, in Reden oder in Büchern — nur dies allein theoretisch gut, un= bedingt nothwendig und ewig scheint, was praktisch der sozialen Gruppe nützlich ist, die er repräsentirt. Aus diesem psychologischen Gesetz ist auch die Thatsache zu erklären, daß den Oekonomen der Smith'schen Schule diejenigen Formen des ökonomischen Lebens vortrefflich und ewiger Herrschaft würdig erschienen, die schon am Ende des vorigen und im Anfang unseres Jahrhunderts herrschten bezw. die Herrschaft erstrebten. Die Schriftsteller dieser Schule waren nämlich Vertreter des Börsen= oder Handelsstandes im weiten Sinne dieses Wortes: der Banquiers, der Großhändler und der Gewerbetreibenden überhaupt. Da nun die bestehenden Formen der ökonomischen Einrichtungen dem Handelsstand nütz= lich, nützlicher als alle anderen Formen sind, — so betrachtet die jene Klasse vertretende Schule diese Formen als die auch theo= retisch besten... Andere Männer begannen sich mit ökonomischen Fragen zu befassen — Vertreter nicht jener Klasse, der die be= stehenden ökonomischen Einrichtungen gerade vortheilhaft sind, sondern der Masse — und in der Wissenschaft entstand eine neue Schule, die man, unbekannt aus welchem Grunde, die Partei der Utopisten nennt."* Hier giebt sich die Einsicht in den Einfluß des Klassenkampfes auf die Entwicklung der Wissenschaft mit er= staunlicher Klarheit kund. Aber man würde sehr irren, wenn man daraus schließen wollte, Tschernischewsky habe sich stets von dieser Einsicht leiten lassen. Es liegt ein Abgrund zwischen dem

---

* „Sowremennik", April 1861, Bibliographie, S. 431, 432.

bloßen Begreifen und Anerkennen eines gewissen Prinzips und
dessen folgerichtiger Durchführung durch ein ganzes System. Trotz=
dem er die Bedeutung des Klassenkampfes in der menschlichen
Gesellschaft vortrefflich erkannte, steht seine Auffassung vom „Fort=
schritt" dennoch der Lehre Buckle's weit näher, als derjenigen der
modernen Materialisten. Um davon einen Begriff zu geben, wollen
wir ein längeres Zitat anführen aus seinem, gelegentlich des Er=
scheinens der russischen Uebersetzung von Guizot's „Geschichte der
Zivilisation in Europa" geschriebenen, sehr interessanten Artikel:
„Ueber die Ursachen von Roms Untergang." — Hier bestreitet
er nachdrücklich die weit verbreitete Meinung, das weströmische
Reich wäre in Folge seiner inneren Unfähigkeit zur Fortentwick=
lung untergegangen, während die Barbaren neue Samen des
Fortschritts mitgebracht hätten. Ob nun Tschernischewsky recht
hatte, indem er diese Meinung anfocht, wollen wir vorderhand
ununtersucht lassen. Hier kommt für uns einzig in Betracht seine
Auffassung vom Gang des Fortschritts: „Aber, bedenken Sie doch
— ruft unser Verfasser aus — was heißt Fortschritt und was
ein Barbar? Der Fortschritt beruht auf der intellektuellen Ent=
wicklung; dessen allerwichtigste Seite ist ja gerade die Entwicklung
des Wissens. . . . Entwickelt sich die Mathematik, so auch in Folge
dessen die angewandte Mechanik, diese aber führt zur Vervollkomm=
nung von Industrie und Gewerbe u. s. f. . . . Mit der Ent=
wicklung der historischen Wissenschaft nehmen die falschen Ideen
ab, welche die Menschen verhindern, ihr soziales Leben befriedigend
einzurichten: dieses wird besser als früher geordnet. Endlich
werden durch jegliche intellektuelle Arbeit die intellektuellen Kräfte
des Menschen entwickelt, und je mehr Menschen das Lesen er=
lernen, das Lesen von Büchern sich zur Gewohnheit und zum
Vergnügen machen . . ., desto größer wird die Anzahl derjenigen,
die die verschiedensten Angelegenheiten tüchtig durchführen können,
und dann nehmen auch alle Seiten des Lebens im Lande einen
immer besseren Verlauf. Folglich ist die Grundkraft des Fort=
schritts — die Wissenschaft; der Fortschritt entspricht dem Grade
der Vollkommenheit und der Verbreitung des Wissens. Das ist

also der Fortschritt — ein Resultat des Wissens. Und was ist nun ein Barbar? Ein Mensch, welcher noch in der tiefsten Un= wissenheit steckt; ein Mensch, der die Mitte zwischen einem wilden Thiere und einem geistig kaum entwickelten Menschen einnimmt. ... Wie kann es also dem sozialen Leben nützlich sein, wenn Insti= tutionen, gute oder schlechte, immerhin aber menschliche, die an sich immerhin etwas, wenn auch noch so wenig Vernünftiges haben — wenn diese Institutionen durch thierische Gebräuche verdrängt werden?"

Man sieht, er erwähnt hier mit keiner Silbe weder die inneren sozialen Verhältnisse Roms, die dessen Schwäche ver= ursachten, und auf welche doch Gnizot im ersten Aufsatz seiner „Essais sur l'histoire de France" schon hingewiesen hatte, noch die sozialen Lebensformen, die die Stärke der deutschen Barbaren zur Zeit der Eroberung des Römischen Reiches ausmachten. Er vergißt sogar den berühmten Ausspruch: Latifundia Italiam perdidere (die Latifundien haben Italien zu Grunde gerichtet). In seiner „Fortschritts=Formel" (ein in der russischen Literatur später aufgekommener Ausdruck) räumt er den inneren Verhält= nissen des oder jenes „fortschreitenden" Landes keine besondere Stelle ein. Alles kommt da auf die Menge und die Verbreitung des Wissens an, und es kommt ihm nicht einmal in den Sinn, sich zu fragen, ob nicht die Geschichte der Wissenschaften von der Geschichte der sozialen Verhältnisse in den zivilisirten Ländern abhängig ist? — „Man sagt: die eingewurzelten Formen werden der Gesellschaft lästig — schreibt er weiter —, in der Gesellschaft war also eine progressive Kraft, war ein Bedürfniß nach Fort= schritt da." Aber das Bedürfniß nach Fortschritt ist ja etwas ganz anderes als das Vorhandensein einer „progressiven Kraft", welche dieses Bedürfniß zu befriedigen vermag. Diese zwei ihrem Cha= rakter und ihrem Inhalte nach ganz verschiedene Begriffe dürfen keineswegs verwechselt werden: der eine ist rein negativ (das „Bedürfniß nach Fortschritt" zeugt ja nur von dem Druck der bestehenden Formen), der andere ist positiv, da das Vorhanden= sein einer progressiven Kraft, die eine nothwendige Umgestaltung der sozialen Lebensformen zu vollbringen im Stande wäre, eine gewisse Stufe intellektueller, moralischer und politischer Entwicklung der Klasse bezw. der Klassen voraussetzt, auf denen diese Formen in besonders fühlbarer Weise lasten. Wären diese Begriffe identisch, so wäre die Sache des menschlichen Fortschritts äußerst vereinfacht, und wir würden nicht in der Geschichte dem traurigen Anblick von Gesellschaften begegnen, welche der Last von Lebensformen erlagen, die ungeachtet ihrer unzweifelhaften Schädlichkeit nicht weggeräumt werden konnten, da in dem Volke keine lebendigen Kräfte mehr wohnten, die dies zu bewirken vermochten. Selbstverständlich sprechen wir hier nicht von solchen Formen, die allen Klassen einer gegebenen Gesellschaft schädlich sind. Solche Formen räumen sich sozusagen von selbst weg. Aber meistentheils sind für den weiteren Fortschritt der Gesellschaft solche Formen besonders schädlich, die der Mehrheit nachtheilig und der privilegirten Minderheit sehr vortheilhaft sind. Solche Formen lassen sich nur in dem Falle wegräumen, wo die darunter leidende Mehrheit irgend welche Fähigkeit zur selbständigen politischen Thätigkeit besitzt. Diese Fähigkeit besitzt sie aber nicht immer. Jene ist keineswegs eine nothwendige Eigenschaft der unterdrückten Mehrheit. Sie wird von der Oekonomie der gegebenen Gesellschaft geschaffen. Für die römischen Proletarier, sollte man meinen, konnte nichts vortheilhafter sein, als die Pläne der Gracchen zu unterstützen. Sie thaten es aber nicht, noch konnten sie es thun, weil die soziale Stellung, in die sie in Folge der ökonomischen Entwicklung Roms gerathen waren, ihre politische Entwicklung nicht nur nicht förderte, sondern vielmehr deren Niveau fortwährend herabdrückte. Was aber die höheren Klassen anbelangt, so wäre es erstens lächerlich, von ihnen politische Handlungen zu erwarten, die ihren ökonomischen Interessen entgegengesetzt waren, und zweitens verlotterten sie auch mehr und mehr unter dem Einfluß der anderen Seite derselben ökonomischen Entwicklung, welche, indem sie das römische Proletariat erzeugte, es in einen blutdürstigen, stumpfsinnigen Pöbel verwandelte. Schließlich kam es so weit, daß die Römer, diese Welteroberer, sich als untauglich zum Waffendienst erwiesen, und daß ihre Legionen sich mit denselben Barbaren füllten, die zuletzt dem Dasein des lebendig verfaulenden Reiches ein Ende gemacht haben. Im Untergang Roms liegt also, trotz der Aus= führungen Tschernischewsky's, nichts Zufälliges, da er das natür= liche Ende eines schon lange begonnenen historisch=ökonomischen Prozesses war.

Wir wollen keineswegs, gleich vielen, besonders deutschen Schriftstellern, behaupten, die Germanen hätten einen besonderen Geist und besondere Neigungen mitgebracht, die ihnen den Vor= rang in der weiteren Geschichte der Menschheit gesichert hätten. Wir sagen nur, daß Roms Schwäche im Kampfe mit den Bar= baren durch seine ökonomische Entwicklung verursacht und vor= bereitet wurde, — eine Entwicklung, welche die Klasse der kleinen Grundbesitzer, die einstige Stärke Roms, vernichtet hatte. Die Bauernparzellen waren zu kolossalen, von Sklaven bevölkerten Latifundien verschmolzen. Sklaven sind aber eine schlechte Stütze für einen Staat: von allen Enden der Welt zusammengetrieben, verschiedenen Nationen und verschiedenen Zungen angehörend, bildeten sie kein Volk im eigentlichen Sinne des Wortes. Sie waren und blieben ein zusammengelaufener Haufen (inso= fern diese Benennung für eine wider ihren Willen zusammen= gebrachte Masse paßt), und kümmerten sich natürlich nicht im geringsten um die Interessen des römischen Staates. Tscherni= schewsky bemerkt zwar, daß die Sklaverei im Römischen Reich allmälig eine mildere Form annahm und am Ende in das Ko= lonat ausging. Allein erstens beweisen die Verordnungen der Kaiser über das Kolonat weiter nichts als das Streben des Staats, sich einen Theil des durch die unfreie Arbeit des Land= arbeiters geschaffenen Mehrprodukts zu sichern. Der Ueber= gang zum Kolonat konnte die Lage der Landarbeiter gar nicht verbessern zu einer Zeit, da alle Schichten der römischen Gesell= schaft durch die Staatssteuern und Staatsabgaben buchstäblich zermalmt wurden. Zweitens ist es selbstverständlich, daß Ko= lonen und Abskripten freie Ackerbauern nicht ersetzen konnten.

Endlich war auch die Zahl der Sklaven und Kolonen, wenigstens in den Dörfern, geringer, als die der freien Bauern des alten Italiens. Schon Titus Livius wunderte sich darüber, daß einige Gegenden Italiens, in welchen zu seiner Zeit nur noch wenige Hirten mit ihren Heerden umherschweiften, in der Periode ihrer Unabhängigkeit im Stande gewesen waren, zahlreiche und tapfere Armeen gegen Rom ins Feld zu führen. Die Sache erklärt sich einfach: zur Zeit ihrer Unabhängigkeit befanden sich eben diese Gegenden in ganz anderen ökonomischen Verhältnissen, welchen sie denn auch ihre zahlreiche, kräftige und tüchtige Bevölkerung verdankten. Damals stand nämlich dort noch in voller Kraft die Gentilverfassung, die den Wohlstand aller Gentilgenossen sicherte und ihnen einen unabhängigen kriegerischen Geist verlieh. Dieselbe Verfassung existirte auch bei den Germanen, und sie war es, der die barbarischen Horden ihre Kraft und Stärke verdankten. Kurz, man kann sagen, daß in den letzten Zeiten des Römischen Reiches solche ökonomischen Verhältnisse dort herrschten, welche seine Widerstandskraft auf ein Minimum reduzirten, während umgekehrt die damaligen Einrichtungen der Germanen ihre Offensivkraft auf ein Maximum steigerten. Das ist alles: es kommt auf die Oekonomie an, und nicht auf den Geist oder auf etwaige geheimnißvolle Eigenschaften der Rasse.

Wenn wir uns bei der Erklärung der historischen Schicksale verschiedener Länder nur auf abstrakte Erwägungen über deren „Fortschritt" und die Menge der dort angehäuften Kenntnisse beschränken müßten, könnten wir z. B. nie die Geschichte Griechenlands verstehen, wo die gebildetsten, „progressiven" Staaten einer nach dem andern vom Schauplatz verschwinden, um für minder gebildete und minder „progressive" Länder Raum zu schaffen. Wie ist nun diese Erscheinung zu erklären? Durch die Entwicklung der ökonomischen und hauptsächlich der agrarischen Verhältnisse Griechenlands. In den vorgeschrittensten Staaten führte eben diese Entwicklung früher zur Konzentration des Grundbesitzes in wenigen Händen, zur ungeheuren Zunahme der Sklavenzahl, zur Entkräftigung und Demoralisation der niederen Klassen

der freien Bürger. Und in demselben Verhältniß, in dem diese
Folgen der ökonomischen Entwicklung sich geltend machten, ver=
minderte sich auch die politische Kraft der „progressiven“ griechi=
schen Länder. In den minder „progressiven“ Ländern dagegen
begann dieser Prozeß später und vollzog sich langsamer; daher
nahm auch ihre politische Kraft langsamer ab, ja sie nahm in
gewissen Perioden dieses Prozesses zu (was auch in „progressiveren“
Ländern geschah); daher konnten sie auch eine hervorragende Rolle
spielen, als die „progressiveren“ Länder unter dem vernichtenden
Einfluß der zu jener Zeit (nicht aber zu unserer, wo es einen
Ausweg giebt) aussichtslosen Klassenkämpfe bereits total geschwächt
waren. Aber auch die weniger „progressiven“ Länder kamen
herunter in Folge des oben angedeuteten Prozesses; eines nach dem
andern athmeten sie den letzten Hauch aus und verschwanden gleich=
falls von der historischen Bühne, bis endlich Roms eiserne Hand
dem unabhängigen Dasein Griechenlands ein Ende machte. Als die
Römer kamen, da hatten die griechischen Länder, mit nur wenigen
Ausnahmen, buchstäblich keine Vertheidiger mehr. Dieser
Umstand wurde bereits von Polybius und Plutarch hervorgehoben.

In Tschernischewsky's historischen Anschauungen nimmt über=
haupt der Zufall einen großen Platz ein. Sogar die gegen=
wärtige ökonomische Ordnung erscheint ihm als das Produkt
historischer Zufälligkeiten. „Die Geschichte bezeugt — schreibt
er in der bereits erwähnten Rezension des Roscher'schen Buches —
daß die heutigen ökonomischen Formen unter dem Einfluß
von Verhältnissen entstanden sind, die den Forderungen der öko=
nomischen Wissenschaft widersprechen, die weder mit den Fort=
schritten der Arbeit noch mit einer wohlberechneten Konsumtion
vereinbar sind, — kurz, daß sie ein Resultat von der Arbeit
und dem Wohlstand feindlichen Ursachen darstellen. In West=
europa z. B. wurde die ökonomische Ordnung auf Eroberungen,
Konfiskationen und Monopolien begründet.“* Nun wird freilich
Niemand leugnen wollen, daß Eroberungen, Konfiskationen und

* „Sowremennik“, April 1861, Bibliographie, S. 434.

Monopolien eine Rolle in der Geschichte Westeuropas gespielt haben. Aber sie fanden doch auch im alten Griechenland, in Indien und in China statt; dennoch blieb oder bleibt die ökonomische Ordnung jener Länder von der des heutigen Europa sehr wesentlich verschieden. Woher nun dieser Unterschied? Rührt er denn nicht davon her, daß all diese Eroberungen, Konfiskationen und Monopolien, weit entfernt, die Richtung der ökonomischen Entwicklung zu bestimmen, vielmehr selbst durch diese in ihren Formen und weiteren sozialen Folgen bestimmt waren? Die Richtung und der Gang der ökonomischen Entwicklung im alten Griechenland oder in Indien oder in China unterschieden sich von denen des mittelalterlichen und neuzeitlichen Europa — daher führten auch dort die Eroberungen mit all ihren Folgen zu anderen Einrichtungen, als in Westenropa. Angesichts der entscheidenden Bedeutung, die Tschernischewsky für die Entstehung der ökonomischen Ordnung des heutigen Europa der Eroberung beilegt, kommen uns unwillkürlich die Aeußerungen von Engels über diese Ansicht in den Sinn: „Selbst wenn wir die Möglichkeit alles Raubs, aller Gewaltthat und aller Prellerei ausschließen, wenn wir annehmen, daß alles Privateigenthum ursprünglich auf eigener Arbeit des Besitzers beruhe, und daß im ganzen ferneren Verlauf nur gleiche Werthe gegen gleiche Werthe ausgetauscht werden, so kommen wir dennoch bei der Fortentwicklung der Produktion und des Austausches mit Nothwendigkeit auf die gegenwärtige kapitalistische Produktionsweise, auf die Monopolisirung der Produktions- und Lebensmittel in den Händen der einen, wenig zahlreichen Klasse, auf die Herabdrückung der andern, die ungeheure Mehrzahl bildende Klasse, zu besitzlosen Proletariern, auf den periodischen Wechsel von Schwindelproduktion und Handelskrise und auf die ganze gegenwärtige Anarchie in der Produktion." *

So denken in dieser Beziehung die modernen dialektischen Materialisten. Tschernischewsky dachte noch ganz anders.

---

* Fr. Engels, „Herrn Eugen Dühring's Umwälzung der Wissenschaft", S. 155.

Da er die sogenannte historische Methode in der ökono=
mischen Wissenschaft nur aus den Werken solcher Vertreter der=
selben kennen lernte, wie Wilhelm Roscher und die übrigen
„Zitaten=Professoren", beurtheilte er sie in sehr abfälliger Weise
und hielt sie für eine Frucht der Reaktion gegen die freiheitlichen
Bestrebungen der Arbeiterklasse: „Gegen die mittelalterlichen In=
stitutionen, die mit den Interessen des Handelsstandes unvereinbar
waren, kämpfte man . . . im Namen der Vernunft; und siehe
da, nun kommen ganz ungelegen Leute, die sagen: die Vernunft
erheischt wirklich das, was Ihr fordert, doch sie erheischt außer=
dem noch vieles Andere; Ihr sprechet nur den Anfang der Formel
aus, deren Schluß aber ist der und der; mit einem Worte,
gegenüber den inkonsequenten Denkern entstanden konsequente. . . .
Was thun? Spricht die Vernunft gegen Dich, so greife zur
Geschichte: sie wird Dir schon aus der Klemme heraus helfen."
Wenn es sich nun mit der Entstehung der historischen Methode
so verhält, dann schrumpft die theoretische Aufgabe der Vor=
kämpfer der Arbeiterklasse in ihrem Kampfe gegen die „inkon=
sequenten Denker" darauf zusammen, die Entstehung der modernen
ökonomischen Ordnung aus „Eroberungen, Konfiskationen und
Monopolien" bloszulegen. Nach Tschernischewsky's Meinung thun
dies auch die Sozialisten. Unter ihren Händen „verdammt die
Geschichte das, was sie vertheidigen sollte".* Indessen, noch
bevor Tschernischewsky seine literarische Laufbahn begann, noch
zur Lebenszeit seiner Vorgänger, d. h. Bjelinsky's und seiner
Gesinnungsgenossen, benutzten die besten theoretischen Vorkämpfer
der Arbeiterklasse die Geschichte nicht blos zu polemischen Hin=
weisen auf Eroberungen und Konfiskationen. Marx und Engels
hatten nämlich das Studium der ökonomischen Geschichte der Mensch=
heit auf festen wissenschaftlichen Boden gestellt, indem sie deren
innere Nothwendigkeit und strenge Gesetzmäßigkeit nachwiesen.**

---

* „Sowremennik", a. a. O. S. 432—434.
** Indem sich Roscher und Genossen auf die Geschichte stützen, bleiben
sie prinzipielle Gegner einer revolutionären Handlungsweise. Nach ihrer

Aber es ist aus Allem ersichtlich, daß Tschernischewsky diese Richtung unbekannt blieb, die aus den Theorien seines Meisters Feuerbach in derselben Weise erstand, wie die Theorien des Letzteren aus dem Hegel'schen System.

II.

Merkwürdig ist es, daß Tschernischewsky den historischen Gesichtspunkt, dem er in der politischen Oekonomie keinen Werth beilegte, auf dem Gebiete der literarischen Kritik für nothwendig hielt. In einem seiner frühesten Aufsätze, und zwar in dem über die „Poetik" des Aristoteles, rechnet er es der Aesthetik

---

Auffassung schließt die Evolution ganz die Revolution aus. Diese Ansicht ist ebenso falsch, wie die einiger Revolutionäre, die ihrerseits von der Evolution nichts hören wollen. Diese beiden Extreme machen in gleicher Weise ein richtiges Verständniß der Geschichte durchaus unmöglich. Mit der dialektischen Methode ausgerüstet, fassen die jetzigen Sozialisten die Sache ganz anders auf. Für sie ist die Evolution ein ebenso nothwendiges Moment im Prozesse der historischen Entwicklung der Menschheit, wie die Revolution. Die Evolution bereitet die Revolution vor, die Revolution erleichtert den weiteren Lauf der Evolution. Die besonders von deutschen Gelehrten angenommene „historische Methode" beschränkt ganz willkürlich den Horizont der Wissenschaft auf eines der gedachten Momente, auf die Evolution, und sie muß daher als unwissenschaftlich betrachtet werden. Von den „gelehrten" Repräsentanten derselben könnte man noch jetzt mit vollem Rechte dasselbe sagen, was Marx von ihnen im Jahre 1844 gesagt hat: „Eine Schule, welche die Niederträchtigkeit von heute durch die Niederträchtigkeit von gestern legitimirt, eine Schule, die jeden Schrei der Leibeigenen gegen die Knute für rebellisch erklärt, sobald die Knute eine bejahrte, eine angestammte, eine historische Knute ist, eine Schule, der die Geschichte, wie der Gott Israels seinem Diener Moses, nur ihr a posteriori zeigt.... Shylok, aber Shylok der Bediente, schwört sie für jedes Pfund Fleisch, welches aus dem Volksherzen geschnitten wird, auf ihren Schein, auf ihren historischen Schein...." — Das ist durchaus richtig. Doch der Revolutionär Marx, der so scharf und treffend den Servilismus der offiziellen Vertreter der „historischen Methode" geißelte, verkannte um so weniger die historische Evolution, als er ja zuerst deren Triebfedern und strenge Gesetzmäßigkeit aufgezeigt hat.

als ein großes Verdienst an, daß sie in Rußland nie der Literatur=
geschichte im Wege stand. „Bei uns wurde immer die Noth=
wendigkeit der Literaturgeschichte anerkannt; und die, welche sich
besonders mit der ästhetischen Kritik abgaben, haben sehr viel mehr
als irgend einer von unseren heutigen Schriftstellern — auch
für die Literaturgeschichte geleistet. Bei uns erkannte die Aesthetik
stets an, daß sie sich auf das exakte Studium von Thatsachen
stützen muß."... „Die Geschichte der Kunst ist die Grund=
lage für die Theorie der Kunst."* Man sollte nun meinen,
daß ein Mann, der diese Sätze geschrieben hat und der sich selbst
treu bleiben wollte, ohne jegliche Einschränkung anerkennen mußte,
daß die Geschichte der ökonomischen Entwicklung der Menschheit
die Grundlage für die ökonomische „Theorie" sein muß. Wir
haben aber bereits gesehen, daß er diese „Theorie" anders
auffaßte.

Die große Richtigkeit der Tschernischewsky'schen Auffassung
der Theorie der Kunst erklärt sich erstens durch den wohlthätigen
Einfluß seiner Vorgänger: nach der „Aesthetik" eines Hegel und
nach den kritischen Arbeiten eines Bjelinsky wurde es schlechter=
dings unmöglich, den historischen Gesichtspunkt in der Theorie
der Kunst zu ignoriren. Ueberdies konnte dieser Gesichtspunkt
auf dem Gebiete der ästhetischen Theorie nur von den Anhängern
der sogenannten „reinen Kunst" bekämpft werden, d. h. von
Leuten, die die „ewige" Kunst außer allem Zusammenhang mit
der Wirklichkeit und mit deren wichtigsten, brennendsten Fragen
wissen möchten. Indem nun Tschernischewsky gegen diese Rich=
tung kämpfte, mußte er natürlich zur historischen Auffassung der
Kunst hinneigen, denn diese Auffassung bot die Möglichkeit, die
Aufgaben der Kunst mit den wichtigsten sozialen Bestrebungen
einer gegebenen Zeit in Zusammenhang zu bringen. Schon
Schelling sagte: „Verschiedenen Zeitaltern wird eine verschiedene
Begeisterung zu Theil."** Bei der Fortentwicklung dieses Ge=

---

* Werke, 1. Band, S. 3, 4.
** „Ueber das Verhältniß der bildenden Künste zu der Natur."

dankens war es nicht schwer, die Anhänger der „reinen“ Kunst aufs Haupt zu schlagen. — Anders verhält es sich in der politischen Oekonomie. Da waren der lebendig verknöcherte Roscher und seine Konsorten Gegner der Tschernischewsky so theuren Bestrebungen der Arbeiterklasse. Und zwar waren sie die einzigen ihm bekannten Repräsentanten der historischen Auffassung in der politischen Oekonomie. Kein Wunder also, daß er im Kampfe gegen dieselben in das entgegengesetzte Extrem verfiel, — ein Extrem, dessen Unrichtigkeit ihm unter anderen Umständen nicht hätte entgehen können.

Uebrigens kann man nicht sagen, daß es unserem Verfasser gelungen ist, seine Auffassung der Geschichte der Kunst als der nothwendigen Grundlage der Theorie der Kunst folgerichtig zu entwickeln. Wir haben schon bemerkt, daß ein gewisses Prinzip blos anzuerkennen noch lange nicht bedeutet, es folgerichtig in dem betreffenden Zweig der Wissenschaft durchzuführen. Tschernischewsky hatte eine prächtige Gelegenheit, die Theorie der Kunst mit der Geschichte derselben in Zusammenhang zu setzen, und zwar in seiner Dissertation „Ueber das ästhetische Verhältniß der Kunst zur Wirklichkeit“, die er zur Erlangung der Magisterwürde im Anfang des Jahres 1854 der philologischen Fakultät der Petersburger Universität vorlegte. Dieses Werk gehört zu den besten Schriften unseres Verfassers; deshalb spiegeln sich dort alle Vorzüge und Mängel seiner Anschauungen und seiner Denkweise außerordentlich deutlich wieder. Der materialistischen Grundlage seiner Anschauungen getreu, stellte er sich in seiner Dissertation die Aufgabe, den Idealismus aus der Aesthetik zu verbannen. Wir wollen einige der von ihm aufgestellten Thesen anführen, da sie vortrefflich gerade seine materialistische Kunstauffassung hervortreten lassen:

„Eine richtige Definition des Schönen ist folgende: das Schöne ist das Leben; nur jenes Wesen hält der Mensch für schön, in dem er das Leben, wie er es gerade auffaßt, wiedererblickt; schön erscheint ihm der Gegenstand, der ihn an das Leben erinnert.

„Das Erhabene wirkt auf den Menschen keineswegs da=
durch, daß es in ihm die Idee des Absoluten weckt; diese wird
von ihm fast nie geweckt.

„Erhaben ist für den Menschen das, was weit größer ist,
als die Gegenstände, oder weit mächtiger ist, als die Erschei=
nungen, mit denen er es vergleicht.

„Das Tragische hat keinen wesentlichen Zusammenhang mit
der Idee des Schicksals oder der Nothwendigkeit. Im wirklichen
Leben ist das Tragische meist zufällig, entspringt nicht dem Wesen
der vorhergehenden Momente. Die Form der Nothwendigkeit,
in welche es die Kunst kleidet, ist entweder eine Folge des banalen
Prinzips aller Kunstschöpfungen: des Prinzips, wonach die Ent=
wicklung aus der Verwicklung entspringen muß; — oder es ist
eine übel angebrachte Unterwerfung des Dichters unter den
Schicksalsbegriff.

„Das Tragische ist, nach den Begriffen der neuen euro=
päischen Bildung, das Furchtbare im Leben des Menschen.

„Die Wirklichkeit ist nicht nur lebendiger, sondern auch
vollkommener als die Phantasie. Die Gestalten der Phantasie
sind nur kümmerliche und fast immer mißrathene Nachahmungen
der Wirklichkeit.

„Das Schöne in der objektiven Wirklichkeit ist vollkommen schön.

„Das Schöne in der objektiven Wirklichkeit befriedigt den
Menschen vollkommen.

„Die Kunst entsteht durchaus nicht aus dem Bedürfniß der
Menschen, die Mängel der Wirklichkeit zu ergänzen.

„Das Bedürfniß, welches die Kunst im ästhetischen Sinne
dieses Wortes (die schönen Künste) erzeugt, ist dasselbe, das sich
sehr deutlich in der Porträtmalerei kundgiebt . . . Die Kunst
erinnert uns durch ihre Schöpfungen an das, was uns im Leben
interessirt, und sucht uns bis zu einem gewissen Grade mit
solchen interessanten Seiten des Lebens bekannt zu machen, die
zu erfahren oder zu beobachten wir in der Wirklichkeit keine
Gelegenheit hatten.

„Die Wiederspiegelung des Lebens — das ist das all=

gemeine charakteristische Merkmal der Kunst, ist deren Wesen; oft haben die Kunstwerke auch eine andere Bedeutung — sie erklären das Leben; oft haben sie auch die Bedeutung von Ur= theilssprüchen über Erscheinungen des Lebens."

Einigen von diesen Thesen kann man nur dann beistimmen, wenn man sie in einem weiteren Sinne auslegt. Eine derselben ist vollends durchaus unstichhaltig: man kann nämlich nicht sagen, daß „das Tragische nach den Begriffen der neuen europäischen Bildung das Furchtbare im Leben des Menschen" sei. Zwar ist es vollkommen richtig, daß „das Tragische in keinem wesent= lichen Zusammenhang zur Idee des Schicksals" stehe, zweifellos aber ist dessen Zusammenhang mit der Idee des Nothwendigen. — Nicht alles Furchtbare im Leben eines Menschen ist tragisch. Furchtbar ist z. B. das Loos der Menschen, die unter den Mauern eines im Bau begriffenen Hauses begraben werden; tragisch aber kann es nur für diejenigen derselben sein, deren Leben gewisse Züge aufweist (hohe Pläne, weitgehende politische Bestrebungen), die ihrem zufälligen Tode durch einen Haufen Steine einen tragischen Charakter beilegen. Doch ist in unserem Beispiel das Tragische immerhin noch eng mit dem Zufälligen verknüpft, daher ist es noch nicht das Tragische im wahren Sinne dieses Wortes. Das wahrhaft Tragische beruht auf der Idee der historischen Nothwendigkeit. Wahrhaft tragisch ist das Loos der Gracchen, deren Pläne, ja, deren Leben an der Unfähigkeit der ärmsten Schicht der römischen Bevölkerung zur politischen Selbstthätigkeit scheiterten. Wahrhaft tragisch ist das Loos von Robespierre und St. Just, die an den nothwendigen und unausweichlichen Widersprüchen zwischen den verschiedenen um die Herrschaft ringenden Klassen der französischen Gesell= schaft zu Grunde gingen. Ueberhaupt entsteht das wahrhaft Tra= gische aus dem Konflikt der bewußten Bestrebungen des Indivi= duums, welches nothwendig beschränkt und mehr oder weniger einseitig ist, mit den wie Naturgesetze wirkenden, blinden Kräften der historischen Bewegung. Tschernischewsky beachtete nicht, noch konnte er diese Seite beachten, da er in seinem Kampfe gegen den Idealismus sich noch auf das Gebiet abstrakter philosophischer Säße beschränkte. In diesem Kampfe verfiel er wiederum in das Extrem des Verstandesmäßigen und setzte einfach das Tragische dem Furchtbaren gleich. Und doch hätte er nur — sagen wir — die von Hegel an dem Beispiel der Sophokleischen „Antigone" gegebene Erklärung des Tragischen ins Auge fassen sollen, um einzusehen, daß man wohl von Nothwendigkeit sprechen kann, ohne Idealist zu sein. Hegel sieht nämlich in der „Antigone" den Konflikt zweier Rechte, — des Gentil- und des Staatsrechts. Die Vertreterin des ersten ist Antigone, der Vertreter des zweiten Kreon. Der Kampf zwischen diesen zwei Rechten spielte zweifellos eine große Rolle in der Geschichte, und man kann, ohne in den Geruch des Idealismus zu kommen, das Tragische aus einem solchen Kampf herleiten. Tschernischewsky sieht dies nicht ein, weil er in seiner Untersuchung die Geschichte vergessen zu haben scheint. Das ist um so bedauerlicher, als es ihm, wenn er sich rechtzeitig an sein Prinzip erinnert hätte: die Theorie der Kunst soll auf der Geschichte der Kunst beruhen, vielleicht gelungen wäre, eine ganz neue theoretische Grundlage für die Aesthetik zu liefern.

Indem er seine These beweist, daß das Schöne das Leben sei, macht er die sehr treffende Bemerkung, daß verschiedene Gesellschaftsklassen, je nach ihren ökonomischen Daseinsbedingungen, auch verschiedene Schönheitsideale haben. Die betreffenden Ausführungen sind so wichtig, daß wir sie fast vollständig wiedergeben wollen.

„Ein gutes Leben, ein Leben, wie es sein soll, besteht nach der Meinung des gemeinen Volkes darin, daß man sich satt ißt, in einem guten Hause wohnt und nach Genüge schläft; beim Landmann ist aber auch der Begriff „Leben" mit dem Begriff „Arbeit" aufs Engste verknüpft; ohne Arbeit ist kein Leben denkbar, und ein solches wäre auch langweilig. Die Folge guter Lebensverhältnisse bei vieler, jedoch nicht erschöpfender Arbeit ist bei den Bauernburschen oder Bauernmädchen eine ungemein frische Gesichtsfarbe und rothe Wangen — die erste Bedingung der

Schönheit nach Volksbegriffen. Wegen großer Arbeit auch stark
gebaut, wird das Bauernmädchen bei ausgiebiger Kost recht rund
— auch ein nothwendiges Attribut einer ländlichen Schönen;
eine aristokratische „ätherische Schönheit" scheint dem Bauer
durchaus unansehnlich, macht sogar auf ihn einen unangenehmen
Eindruck, weil er gewöhnt ist, die „Magerkeit" nur als die
Folge der Krankhaftigkeit oder eines „bitteren Lebens" zu be=
trachten. Anderseits läßt aber die Arbeit das Fettwerden nicht
zu: ist nun ein Bauernmädchen fett, so gilt das als eine Art
Krankheit, als das Zeichen einer „schwammigen" Konstitution,
und das Volk hält Fettleibigkeit für ein Gebrechen; eine ländliche
Schöne kann keine kleinen Hände und Füße haben, da sie viel
arbeitet — von diesem Zubehör der Schönheit singen denn auch
die Volkslieder nicht. Mit einem Worte, in den Schilderungen
der Schönen in den Volksliedern findet man kein einziges Attribut
der Schönheit, das nicht der Ausdruck einer blühenden Gesundheit
und eines Gleichgewichts der Kräfte im Organismus wäre, —
der beständigen Folge eines behaglichen Lebens bei einer fort=
während, ernsten, jedoch nicht übermäßigen Arbeit. Ganz
anders verhält es sich mit einer Salon=Schönheit: schon mehrere
Generationen ihrer Vorfahren lebten ohne körperliche Arbeit; bei
einer müßigen Lebensweise ist aber der Blutzufluß zu den Ex=
tremitäten gering; mit jeder neuen Generation werden die Muskeln
der Hände und der Füße schwächer, die Knochen werden dünner;
die nothwendige Folge davon sind kleine Hände und Füße —
das Zeichen eines Lebens, welches die höheren Klassen der Ge=
sellschaft allein für Leben halten — eines Lebens ohne physische
Arbeit; hat nun eine Weltdame große Hände und Füße, so gilt
sie für schlecht gebaut, oder man nimmt an, sie stamme nicht
von alter guter Familie ab. . . Freilich kann die Gesundheit
nie ihren Werth in den Augen des Menschen verlieren, weil
auch im Wohlstand und Luxus ein Leben ohne Gesundheit
traurig ist; daher sind Wangenröthe und eine von Gesundheit
strotzende Frische auch für Salonmenschen noch immer anziehend;
aber auch Krankhaftigkeit, Schwachheit, Schlaffheit, Mattheit

haben in ihren Augen den Werth von Schönheit, sobald sie die Folge einer müßig=luxuriösen Lebensweise zu sein scheinen. Blässe, Mattheit, Krankhaftigkeit haben noch eine andere Bedeutung für diese Leute: sucht der Bauer Erholung, Ruhe, so suchen die Menschen der gebildeten Gesellschaft, welche keine materielle Noth und physische Müdigkeit kennen, welche aber durch Nichtsthun und durch die Abwesenheit materieller Sorgen oft gelangweilt werden, „starke Empfindungen, Aufregung und Leidenschaft“ — Dinge, welche dem sonst eintönigen und farblosen Salonleben Farbe, Abwechslung und Reiz geben. Von heftigen Empfindungen, von glühenden Leidenschaften wird nun aber der Mensch bald verbraucht: wie soll man also nicht von der Mattigkeit, der Blässe einer Schönen entzückt sein, da ja ihre Mattigkeit und ihre Blässe Zeugen sind, daß sie viel „erlebt“ hat?“ *

Die Schönheitsbegriffe der Menschen offenbaren sich in Kunst=werken. Diese Begriffe sind, wie wir sehen, bei verschiedenen Gesellschaftsklassen sehr verschieden, zuweilen sogar entgegengesetzt. Die Klasse, welche zur gegebenen Zeit in der Gesellschaft herrscht, herrscht auch in der Literatur und in der Kunst. Sie bringt in diesen ihre Anschauungen und Begriffe zum Ausdruck. Nun herrschen aber in einer sich entwickelnden Gesellschaft zu verschiedenen Zeiten verschiedene Klassen. Zudem hat auch jede Klasse ihre eigene Geschichte: sie entwickelt sich, kommt zur Blüthe und Herrschaft und neigt sich endlich ihrem Ende zu. Dementsprechend wechseln auch ihre literarischen Anschauungen und ihre ästhetischen Begriffe. Daher die verschiedenen literarischen Anschauungen und die ver=schiedenen ästhetischen Begriffe in der Geschichte: die zu einer Epoche herrschenden Begriffe sind in einer anderen schon veraltet. Nun hat Tschernischewsky gezeigt, daß die ästhetischen Begriffe der Menschen in engem ursächlichen Zusammenhang zu ihrer ökonomischen Lebensstellung stehen. Das ist eine geniale Ent=deckung im vollen Sinne des Wortes. Er brauchte also nur, die Wirkung des von ihm entdeckten Prinzips durch die ganze Ge=

---

* Werke, 1. Band, S. 44—46.

schichte der Menschheit in der Aufeinanderfolge der verschiedenen einander ablösenden herrschenden Klassen zu verfolgen, um durch die enge Verbindung der Theorie der Kunst mit der modernen materialistischen Geschichtsauffassung die größte Umwälzung in der Aesthetik hervorzurufen. Wir wissen aber, daß ihm selbst jene Geschichtsauffassung in hohem Maße fremd war. Daher konnte er auch nicht das so glänzend begonnene Werk vollenden; daher finden wir auch in seinem „Aesthetischen Verhältniß der Kunst zur Wirklichkeit" weit weniger wirklich materialistische Bemerkungen über die Geschichte der Kunst, als z. B. in der „Aesthetik" des „absoluten Idealisten" Hegel.*

In Tschernischewsky's Dissertation treten, wie wir bereits gesagt haben, alle Mängel und Vorzüge seiner Denkweise besonders grell hervor.

III.

Die sozialistischen Ansichten Tschernischewsky's werden wir weiter unten des Näheren zu besprechen haben. Hier wollen wir dieselben nur insofern berühren, als sie mit seinen politischen Ansichten im Zusammenhang stehen.

In seinem Studium der westeuropäischen sozialen Verhältnisse kam Tschernischewsky, man kann sagen, unwillkürlich zu demselben Resultate, das später die Grundlage des Programms der Internationale wurde, und das da lautet: die Befreiung der Arbeiter muß das Werk der Arbeiter selbst sein. Nichtsdestoweniger herrscht in den Ansichten unseres Verfassers über die historischen Aufgaben der Arbeiterklasse eine solche Unklarheit, die dem heutigen Leser seltsam erscheinen kann. Tschernischewsky unterscheidet nicht zwischen dem Proletariat und der gesammten Masse des leidenden und unterdrückten Volkes. Für die Benen=

---

* Siehe z. B. Hegel's Ausführungen über die Geschichte der holländischen Malerei, welchen jeder der modernen dialektischen Materialisten nahezu unbedingt zustimmen kann (Aesthetik, I, S. 217, 218; II, S. 217—223). Viele solcher Bemerkungen sind in seiner Aesthetik verstreut.

mung der Arbeiterklasse, die sich aus eigener Kraft befreien muß, bedient er sich eines Ausdrucks, der sehr bezeichnend für einen russischen Schriftsteller ist und der zugleich die ganze Unklarheit seiner Vorstellung von der Rolle des Proletariats in der westeuropäischen Geschichte bekundet. Er nennt die Arbeiterklasse Westeuropas das gemeine Volk, und denkt über deren Bedürfnisse und Aufgaben fast genau ebenso, wie etwa ein gebildeter und humaner Russe über die Bedürfnisse und Aufgaben des russischen „gemeinen Volkes" von damals gedacht haben mag. In einem seiner Aufsätze, die übrigens in der Hitze der durch die Frage der Bauernbefreiung hervorgerufenen Polemik geschrieben waren, versteigt er sich sogar zu der seltsamen Behauptung, daß die politische Freiheit für die Volksmasse von gar keiner Bedeutung sei, und daß daher die Vertreter der Volksinteressen sich der Politik gegenüber gleichgiltig verhalten könnten. Die politischen Ansichten der Liberalen einerseits und der „Demokraten"* andererseits formulirt er, wie folgt: „Bei den Liberalen und den Demokraten sind die hauptsächlichen Wünsche, die Grundmotive wesentlich verschieden. Die Demokraten beabsichtigen das Uebergewicht der höheren Klassen über die niederen im Staatsmechanismus möglichst aufzuheben: sie wollen einerseits die Macht und den Reichthum der höheren Klassen vermindern, andererseits den niederen Klassen mehr Einfluß und Wohlhabenheit verschaffen. Auf welchem Wege aber die Gesetze in diesem Sinne zu ändern und die neue Gesellschaftsordnung zu stützen ist, — das bleibt ihnen beinahe ganz gleich.** Die Liberalen dagegen werden nie zugeben, daß die niederen Klassen das Uebergewicht in der Gesellschaft bekommen, weil diese Klassen in Folge ihrer Unwissenheit und Armuth sich gleichgiltig gerade gegenüber den der liberalen Partei am nächsten liegenden Interessen verhalten, nämlich gegenüber dem Rechte der freien Meinungsäußerung und der konstitutionellen Ordnung. Für einen

---

* Man darf nicht vergessen, daß die Zensur es sehr schwer machte, von Sozialisten zu sprechen.

** Die Hervorhebung mit gesperrter Schrift geschieht durch uns.

Demokraten steht Sibirien, wo das gemeine Volk im Wohlstand lebt, weit höher als England, wo der größte Theil des Volkes bittere Noth leidet. Von allen politischen Verfassungen ist ein Demokrat nur einer einzigen unversöhnlich feind — der Aristokratie (und dem Absolutismus? — G. P.); ein Liberaler dagegen meint fast immer, die Gesellschaft könne nur bei einem gewissen Grade von Aristokratismus eine liberale Verfassung erhalten. Deshalb hegen die Liberalen für die Demokraten einen tödtlichen Haß, und sie behaupten, die Demokratie führe zum Despotismus und sei der Freiheit verderblich."*

Der Aufsatz, dem wir diese Ausführungen entnehmen, wurde, wie bereits gesagt, in der Hitze der Polemik über die Bauernfrage geschrieben. Es ist nun wohl möglich, daß Tschernischewsky ihn sozusagen ad usum delphini schrieb, indem er der russischen Regierung zeigen wollte, daß sie die russischen Demokraten nicht zu fürchten habe, deren ganze Aufmerksamkeit wirklich eine Zeit lang ganz auf die ökonomische Lage der zu befreienden Bauern konzentrirt war. Später äußerte Tschernischewsky schon eine andere Ansicht über die Bedeutung der politischen Freiheit für den Volkswohlstand. Dennoch aber bleibt die oben angeführte Meinung eine sehr bezeichnende Thatsache in der Geschichte des russischen politischen Bewußtseins. Sie mußte zweifellos ihren Einfluß auf die heranwachsende russische Demokratie üben, welche hart bis zum Ende der siebziger Jahre immer noch eine tiefe Verachtung für die „Politik" hegte. Natürlich erklärt sich dies nicht allein aus dem Einfluß Tschernischewsky's — viel hat in dieser Beziehung Bakunin's anarchistische Propaganda geleistet. Aber das Schwankende und Unbestimmte in den politischen Anschauungen des geliebten Lehrers der russischen Jugend hat gewiß auch ihr Theil beigetragen zu den späteren Programm=Irrfahrten der russischen Revolutionäre. Daß Tschernischewsky's Ansichten über die politischen Aufgaben des westeuropäischen Proletariats sich nie durch große Klarheit auszeichneten, beweist am besten seine Aeußerung

* „Die Parteikämpfe in Frankreich unter Ludwig XVIII. und Karl X."

über die Bedeutung des allgemeinen Wahlrechts. Diese Aeuße=
rung entnehmen wir seinem Artikel „Die Juli=Monarchie", der
schon 1860 geschrieben ward, d. h. zu der Zeit, wo er, bereits
endgiltig enttäuscht über das Verfahren der Regierung in der
Bauernfrage, nichts mehr ad usum delphini schreiben mochte. In
jenem Artikel wendet er sich unter Anderem an die „besten
Männer", die dem allgemeinen Wahlrecht keine Bedeutung mehr
beilegten, nachdem sie gesehen hatten, daß von dessen Einführung
in Frankreich nur Reaktionäre und Obskuranten profitirten. Er
beruhigt sie nun mit der Erwägung, daß die Reaktionäre und
Obskuranten die ihnen günstigen Resultate des allgemeinen Wahl=
rechts erst nach dem Niedermetzeln der Juni=Insurgenten haben
erlangen können. Er sagt ihnen nicht, daß das allgemeine Stimm=
recht unbedingt für die politische Erziehung der Arbeiterklasse noth=
wendig sei. Er verweist einfach auf den Stumpfsinn der Bauern:
„Das direkte Resultat des Dekrets (betreffend Einführung des
genannten Rechts in Frankreich) widersprach den Erwartungen
aller ehrlichen Franzosen. Was hat dies aber zu sagen? War
denn dieses Dekret von gar keinem Nutzen für die französische
Gesellschaft? Jetzt sah man ein, daß die Unwissenheit der Land=
leute Frankreichs Verderben ist. So lange sie nicht stimmberechtigt
waren, kümmerte sich Niemand um dieses furchtbare Uebel. Nie=
mand beachtete, daß allen Ereignissen der französischen Geschichte
stets die Unwissenheit der Landleute zu Grunde lag. Es war
eine geheime Krankheit, die ungeheilt blieb; und doch erschöpfte
sie den ganzen Organismus. Als aber die Landleute das Wahl=
recht erhielten, da bemerkte man endlich, woran die Sache lag.
Man erkannte, daß nichts wahrhaft Nützliches in Frankreich durch=
geführt werden kann, so lange nicht die ehrlichen Männer die
Erziehung der Landleute in die Hand nehmen werden. Jetzt wird
es gethan, und die Anstrengungen bleiben doch nicht ganz fruchtlos.
Früher oder später werden die Landleute gescheidter werden, und
dann wird der Fortschritt in Frankreich leichter von statten gehen.
Seien wir also ruhig: mag auch das allgemeine Wahlrecht bei
der Wiederherstellung der gesetzlichen Ordnung in Frankreich sich

nicht behaupten können, mögen auch die durch das betreffende Dekret gezeitigten bitteren Früchte die öffentliche Meinung veranlassen, vorderhand das allgemeine Wahlrecht zu verwerfen, — jenes Dekret hat denn doch bei großem direkten Schaden indirekt einen unvergleichlich höheren Nutzen mit sich gebracht."

Es ist hier, wie wir sehen, weder vom Klassenkampf in der französischen Gesellschaft, noch von der revolutionären Rolle des französischen Proletariats die Rede. Alle Hoffnungen Tschernischewsky's beruhen auf etwaigen ehrlichen Männern, die die Erziehung der Landleute in die Hand nehmen werden, wodurch „der Fortschritt in Frankreich leichter von statten gehen wird". Heutzutage klingt das sehr sonderbar. Aber man muß auch da im Auge behalten, daß das Proletariat für Tschernischewsky das „gemeine Volk" war, welches sich wenig durch seine Eigenschaften, Bestrebungen und Aufgaben von andern Schichten der arbeitenden Bevölkerung unterschied. Wenn er auch in der eigenthümlichen ökonomischen Lage des westeuropäischen Proletariats etwas Revolutionäres erblickte, so doch nur etwa in dem Sinne, daß die ökonomische Noth die Unzufriedenheit der Arbeiter hervorrufe. Da aber auch die übrigen Schichten der arbeitenden Bevölkerung keine geringe Noth zu leiden haben, so schien ihm die revolutionäre Gesinnung in ihren Kreisen ebenso natürlich zu sein, wie in den Kreisen des Proletariats.

In den Augen der modernen Sozialisten sind die revolutionären Bewegungen der Arbeiterklasse das Resultat des Klassenkampfes in einer auf der Großindustrie beruhenden Gesellschaft. Der moderne Sozialist erblickt die Gewähr für den Sieg seiner Sache in der weiteren Entwicklung eben dieser Industrie. Nicht so dachte darüber Tschernischewsky. Seine Anschauungen darüber haben eine starke unzweideutig idealistische Färbung.

In seiner Rezension des Bruno Hildebrandt'schen Buches „Die Nationalökonomie der Gegenwart und Zukunft" äußert er sich über diesen Gegenstand, wie folgt: „Das, was wahrhaft menschlich, wahrhaft vernünftig ist, wird bei allen Völkern Anklang finden..... Die Vernunft bleibt eine und dieselbe unter allen

Breiten und Längen, bei allen, ob schwarz=, ob weißhäutigen
Menschen. Allerdings leben in den amerikanischen Steppen andere
Menschen als in den russischen Dörfern, und auf den Sandwichs=
Inseln wohnen Leute, die wenig Aehnlichkeit mit den englischen
Gentlemen haben; aber der russische Bauer, der Wilde, der hoch=
ehrwürdige römische Kardinal, sie alle, meinen wir, wollen doch
in gleicher Weise essen; um aber essen zu können, wollen sie alle
etwas haben. Das Streben nach Verbesserung der eigenen Lage
ist eine wesentliche Eigenschaft der ganzen Menschheit. Wären die
neuen Theorien der Menschennatur zuwider, so würden sie nicht
die Grenzen des Landes und den Kreis der Menschen überschritten
haben, denen es einfiel, sie zu erfinden, und es würden nicht alle
Völker der gebildeten Welt diesen Theorien zuneigen."* Es ist
kaum nöthig, zu wiederholen, daß die Völker der gebildeten Welt
dem Sozialismus nicht deshalb zuneigen, weil er der „Menschen=
natur" entspricht (dies würde noch gar nichts zu bedeuten haben),
sondern einzig deshalb, weil er der Natur des ökonomischen Zu=
standes der jetzigen zivilisirten Menschheit entspricht.

Die für Tschernischewsky's Entwicklung entscheidenden Jahre
fallen gerade in die Zeit, wo das europäische Proletariat, nach
der Revolution von 1848 niedergestampft, kein politisches Lebens=
zeichen von sich gab. Das Proletariat aus der Ferne beobachtend und
außer Stand gesetzt, dessen Bewegungen in der vorhergehenden
Epoche durch persönliche Beobachtungen kennen zu lernen, hatte
Tschernischewsky natürlich keine Veranlassung, sich in die historische
Rolle desselben hineinzudenken. Wenn er auch prinzipiell an=
erkannte, daß das Proletariat sich aus eigener Kraft befreien
muß, so neigte er doch mitunter ungemein befremdenden Plänen
zur Hebung seiner Lage zu. Wir haben dabei einen Artikel im
Auge, der in dem Maiheft des „Sowremennik" für 1861, in dem
Abschnitt für ausländische Literatur abgedruckt war. Sehr mög=
lich, ja wahrscheinlich, daß Tschernischewsky persönlich diesen Artikel
nicht geschrieben hat. Da aber dieser ökonomische Fragen be=

---

* „Sowremennik", März 1861. Bibliographie, S. 71.

handelt, und im „Sowremennik" alles, was nur irgendwie öko=
nomische Fragen berührte, durch Tschernischewsky's Hände ging,
so hätte er natürlich nicht gedruckt werden können, wenn er den
Anschauungen unseres Verfassers widersprechen würde. Jedenfalls
muß dieser Artikel als sehr bezeichnend für die Anschauungen des
Kreises des „Sowremennik" über die soziale Frage betrachtet werden.
Der Aufsatz beginnt mit der sehr richtigen Bemerkung, daß das
Proletariat eine ausschließlich der neuesten Geschichte eigenthüm=
liche Erscheinung sei. „Erst in diesem Jahrhundert erschien es
(das Proletariat) als ein bewußtes selbständiges Ganzes. Vor dem
neunzehnten Jahrhundert gab es vielleicht mehr öffentlicher Hilfe
bedürftige Arme als jetzt, aber von einem Proletariat konnte nicht
die Rede sein. Dieses ist die Frucht der neuesten Geschichte."
Weiter bemerkt der Verfasser sehr richtig, daß die industrielle
Frauenarbeit die Emanzipation der Frau innerhalb der Familie
verbürge. Jeder, der das liest, könnte glauben, daß er es hier
mit einem Mann zu thun hat, der ganz auf dem Standpunkt
des modernen Sozialismus steht. Man wird aber sofort ent=
täuscht, sobald der Verfasser auf die praktischen Mittel zur Hebung
der Lage des Proletariats zu sprechen kommt. Bei Besprechung
der Lage der Lyoner Seidenweber will er nämlich diese durch
eine „Dezentralisation der Produktion, durch Errichtung von Werk=
stätten außerhalb der Stadt, durch Verbindung der Weberarbeit
mit der Landwirthschaft retten. Eine solche Verbindung, meint
er, werde den Wohlstand des Arbeiters bedeutend heben. Eine
andere Quelle für die Hebung des Wohlstandes der Weber sieht
er in der Billigkeit der Rohmaterialien in den Dörfern. Hier
seine eigenen Worte: „Der Anfang der Befreiung des Lyoner
Arbeiters von der Tyrannei des Patrons ist die Gründung einer
eigenen Werkstätte außerhalb der Stadt. Wie aber dies durch=
führen? Woher kriegt er das nöthige Geld? Auf Meister und
Fabrikanten kann man nur in Ausnahmsfällen rechnen, und daher
muß also der Staat seinen Beistand, sein Geld hergeben. Nur
wenn die Regierung dem Lyoner Proletarier Kredit giebt, kann
dieser sich von der Ausbeutung seiner Arbeit durch den Kapitalisten

befreien und sich auf eigene Füße stellen." Es sei aber zu be=
fürchten, daß die Arbeiter nicht auf das Land würden ziehen
wollen: „Das Stadtleben bietet vielen Arbeitern angenehme Seiten,
die sie im Landleben nicht finden werden. . . . Das ist aber ein
vorübergehendes Uebel. Man darf natürlich nicht erwarten, daß
alle Arbeiter auf einmal aus Lyon in die umliegenden Ortschaften
übersiedeln werden; doch hat man auch keinen Grund, daran zu
zweifeln, daß der Nutzen einer solchen Uebersiedelung den Arbeitern
mehr und mehr zum Bewußtsein kommen wird. Einige gelungene
Versuche — und der Arbeiter wird den Ausweg aus seiner gegen=
wärtigen traurigen Lage schon erblicken. Für den Anfang würde
es genügen, kleine Wirthschaften und Werkstätten für einzelne
Familien zu errichten; später würde es nicht mehr schwer fallen,
zur Gründung von Genossenschaften und zur Errichtung von Fabriken
mit mechanischen Motoren auf gemeinsame Rechnung zu schreiten."

In Tschernischewsky's Zeitschrift macht dieser Vorschlag einen
unerquicklichen Eindruck. Man sieht, daß weder der Verfasser
jenes Artikels, noch die Redaktion der Zeitschrift sich darüber klar
waren, auf welche Weise sich die Arbeiter durch eigene Kraft
befreien werden. Für die modernen Sozialdemokraten ist die
Sache ganz klar: die ökonomische Befreiung des Proletariats
wird eine Folge seiner politischen Herrschaft sein, wenn es sich
der politischen Gewalt bemächtigt hat. Der Verfasser jenes Vor=
schlags zur ökonomischen Befreiung der Lyoner Weber weist dagegen
der Regierung Napoleon's III. die Hauptrolle zu. Diese Re=
gierung sollte die Initiative ergreifen, um die Arbeiter nach und
nach an den Gedanken einer Uebersiedelung in die Dörfer zu ge=
wöhnen. Die Arbeiter hätten also ein passives Objekt der wohl=
thätigen Einwirkung der bonapartistischen Regierung bilden sollen.
Dies widerspricht grundsätzlich den Anschauungen der Sozial=
demokraten, — von der gänzlich ungenügenden ökonomischen Seite
des Vorschlags schon gar nicht zu sprechen. Freilich war aber
das Erscheinen solcher Vorschläge im „Sowremennik", wenn man
will, begreiflich und natürlich. Wir haben ja schon gesehen, wie
Tschernischewsky über das allgemeine Wahlrecht dachte: er be=

trachtete es nicht als eine nothwendige Waffe des Proletariats in seinem Kampfe gegen die Bourgeoisie. Wer aber sich über die Bedeutung des allgemeinen Wahlrechts in diesem Kampfe nicht klar ist, der ist auch über alle politischen Aufgaben desselben überhaupt im Unklaren, dem fehlt auch die Einsicht in die Noth= wendigkeit der Vereinigung des Proletariats zu einer besonderen politischen Partei behufs Eroberung der politischen Macht. Und daher wird ein solcher, wenn auch noch so ehrlicher Freund der Arbeiterklasse nothwendig immer schwanken, sobald es sich um praktische Maßnahmen zur Hebung der Lage der Arbeiter handeln wird. Er wird von ganzem Herzen mit ihrer revolutionären Bewegung sympathisiren; in friedlichen Zeiten wird er aber keinen Anstand nehmen, die Sache der Hebung ihrer Lage den Händen der gerade bestehenden Regierungen anzuvertrauen: da er sich über die politischen Aufgaben der Arbeiter nicht klar ist, so kann er es auch nicht sein über die Bedeutung ihrer politischen Selbständigkeit. Ueberhaupt kann man sagen, daß das Ver= ständniß für die modernen Aufgaben des Proletariats sich am deutlichsten in den Ansichten über die Taktik dieser Klasse in ruhigen, friedlichen Zeiten offenbart. Um mit einem revo= lutionären Ausbruch von Seiten der Arbeiter zu sympathisiren, braucht man nur an der Aufrechterhaltung der bürgerlichen Ord= nung nicht interessirt zu sein. Um sich aber einen klaren Begriff zu bilden über die Taktik, die die Arbeiter befolgen müssen zu einer Zeit, wo es keine Revolutionen giebt und keine in ab= sehbarer Zeit zu erwarten sind, — muß man alle Aufgaben, alle Bedingungen und den ganzen Gang der Emanzipations= bewegung der Arbeiterklasse klar erfaßt haben. Tschernischewsky war über dies Alles noch im Unklaren; daher auch das Erscheinen von Plänen, wie der oben angeführte, in den Blättern des „Sowremennik."

Es ist merkwürdig, daß Tschernischewsky, trotzdem er ener= gisch für die Einmischung des Staates in die ökonomischen Ver= hältnisse verschiedener Gesellschaftsklassen eintritt, nirgends von einer gesetzlichen Einschränkung des Arbeitstags spricht.

Diesem Gegenstand legte er offenbar gar keine Bedeutung bei, oder, besser gesagt, er dachte gar nicht darüber nach.

Für die mit der europäischen sozialistischen Bewegung und Literatur bekannten Leser dürfte es nicht ohne Interesse sein, noch zu erfahren, daß unser Verfasser in Proudhon „den wahren Vertreter der von dem gemeinen Mann in Westeuropa erreichten geistigen Höhe" erblickte. Zwar ist er keineswegs ein Verehrer Proudhon's. Er erkennt wohl seine schwachen Seiten, sein Schwanken, seine Inkonsequenz. „Doch in allem diesem sehen wir wiederum die allgemeinen Züge des intellektuellen Zustandes, in dem sich gegenwärtig der westeuropäische gemeine Mann befindet. Dank seiner gesunden Natur, seiner herben Lebenserfahrung begreift er eigentlich die Dinge unvergleichlich besser, richtiger und tiefer, als die Angehörigen der besser situirten Klassen. Aber zu ihm sind noch nicht jene wissenschaftlichen Anschauungen gelangt, die am besten seiner Lage, seinen Neigungen, seinen Bedürfnissen entsprechen, und die mit dem jetzigen Niveau der Wissenschaften in Einklang stehen." * Von welchem „gemeinen Mann" spricht hier Tschernischewsky? Versteht er darunter die Bauern, die kleinen selbständigen Handwerker, oder die Proletarier im eigentlichen Sinne dieses Wortes? Er spricht von allen diesen im Allgemeinen, ohne zwischen den verschiedenen Schichten der arbeitenden Bevölkerung irgendwie zu unterscheiden, denn sie alle verschmolzen in seinem Kopfe zu dem Gesammtbegriff des „gemeinen Volkes". Anders denken darüber die modernen Sozialisten. Schon im Jahre 1848 hoben Marx und Engels in ihrem „Kommunistischen Manifest" den schroffen Unterschied zwischen Bauern und Handwerkern einerseits und dem Proletariat anderseits hervor. Für die Verfasser des Manifests sind die Bauern und die kleinen Handwerker, insofern sie an der ökonomischen Besonderheit ihrer Lage festhalten und sich nicht auf den Standpunkt des Proletariats stellen, Reaktionäre, die das Rad der Geschichte zurückdrehen möchten. Einzig im Proletariat

---

* „Das anthropologische Prinzip in der Philosophie", S. 21, 24.

5*

erblicken Marx und Engels die wahrhaft revolutionäre Klasse der modernen Gesellschaft. Demgemäß mochten sie auch in Proudhon wohl einen Vertreter des „gemeinen Volkes" sehen, aber eines „gemeinen Volkes", welches noch in der kleinbürgerlichen Produktion steckt. Für Marx war Proudhon's Sozialismus ein Sozialismus der Kleinbürger, oder, wenn man will, der Bauern, dieser Kleinbürger in der Landwirthschaft. Die Inkonsequenz und das Schwankende der Proudhon'schen Ideen erklärte Marx nicht daraus, daß zu ihm das letzte Wort der Wissenschaft noch nicht gelangt sei, sondern daraus, daß ihn die aus den kleinbürgerlichen Kreisen herübergenommenen Vorurtheile und vorgefaßten Meinungen unfähig machten, dieses letzte Wort zu verstehen, — auch dann, wenn es zu ihm gelangt wäre.* Der Unterschied in der Beurtheilung Proudhon's durch Marx und Tschernischewsky spiegelt so recht die Verschiedenheit ihrer Auffassung von der gesammten europäischen Arbeiterbewegung wieder.

IV.

Wir kennen bereits das Verhalten Tschernischewsky's zu „unseren gemeinsamen großen europäischen Meistern", bei denen noch heutzutage die Russen fleißig in die Lehre gehen müssen. Wir wissen, daß die deutsche Philosophie einen ungeheuren Einfluß auf die Ausbildung der Tschernischewsky'schen Anschauungen hatte. Wir wissen ferner, in welcher Periode ihrer Entwicklung er sie kennen lernte: in der Uebergangsperiode vom Idealismus zum Materialismus. Die materialistische Anschauung erreichte in dieser Uebergangsperiode noch lange nicht die Stufe der Vollkommenheit, Klarheit und Folgerichtigkeit, auf welche sie später durch die Arbeiten von Marx und Engels erhoben wurde. Dieser Umstand machte sich nun in Tschernischewsky's Anschauungen stark bemerkbar. Wenn wir dieselben mit der Lehre der Schule ver-

---

* Siehe „Das Elend der Philosophie".

gleichen, die sich später aus der Marx'schen Theorie entwickelte, so finden wir in ihnen viele Lücken, viele Unklarheiten und viele Inkonsequenzen. Vom Standpunkte der modernen europäischen Wissenschaft können seine historischen und sozialistischen Anschauungen in keinem Falle als ausreichend betrachtet werden. Wer sich jetzt noch an sie halten wollte, der wäre ein wissenschaftlich zurückgebliebener Mensch. Aber wir wollen, indem wir dies aussprechen, keineswegs den großen russischen Schriftsteller tadeln. Seiner Entwicklung war in hohem Grade der Umstand hinderlich, daß er in einem Lande lebte, welches in jeder Hinsicht zurückgeblieben war, und wohin oft die neuesten Entdeckungen und Strömungen der sozialen Wissenschaft gar nicht gelangten; und dabei bot auch das ihn umgebende Leben gar keinen Stoff zu selbständigen Entdeckungen in dieser Richtung. Außerdem muß man bedenken, daß die von Marx und Engels in der Gesellschaftswissenschaft herbeigeführte Umwälzung selbst von den begabtesten Köpfen in Westeuropa nicht sogleich ihrem Werthe gemäß geschätzt wurde. Lassalle lebte unter Bedingungen, die seiner sozialen und politischen Ausbildung sehr günstig waren, auch stand er zu den Begründern des modernen Sozialismus in nahen Beziehungen; er brauchte also, scheint es, nur die von Anderen ausgearbeiteten und ihm dank seinen Lebensverhältnissen durchaus zugänglichen Ideen sich anzueignen, — und dennoch stoßen wir in seinen Werken auf eine Menge schreiender Widersprüche. In seinen größeren Schriften („Die Philosophie Herakleitos des Dunkeln", „Das System der erworbenen Rechte") erscheint er als Idealist vom reinsten Wasser und spricht von einer Selbstentwickelung der Begriffe. In seinen agitatorischen Schriften steht er dem modernen Materialismus schon weit näher, er erkennt bereits fast vollständig sämmtliche Lehrsätze desselben an; dennoch aber findet man auch hier noch viel Unklarheit und Inkonsequenz. Wie viel Verbesserungen erheischt jetzt nicht seine hervorragendste polemische Schrift „Bastiat=Schulze"! Wie Tschernischewsky, so muß auch Lassalle als ein Repräsentant der Uebergangsepoche in der Entwicklung des philosophischen sozia=

liſtiſchen Gedankens betrachtet werden. Doch die Lücken und Wider=
ſprüche in Laſſalle's Anſchauungen haben ihn nicht verhindert,
ſich weſentlich um die Entwicklung ſeines Vaterlandes verdient
zu machen. Ebenſowenig verhinderten es Tſchernischewsky's un=
vollkommen ausgearbeitete Anſchauungen, daß er ſich in gleicher
Weiſe bethätigte. Wohl läßt ſich jetzt, von Marx' Standpunkt
aus, gar Manches an Tſchernischewsky's theoretiſchen Erörterungen
und praktiſchen Vorſchlägen ausſetzen. Allein für ſeine Zeit und
für ſein Land waren auch jene Anſichten, die wir heutzutage als
irrige betrachten müſſen, in höchſtem Grade wichtig und frucht=
bringend, weil ſie den ruſſiſchen Gedanken aufrüttelten und ihn
auf die Bahn drängten, die zu betreten ihm in der vorhergehenden
Periode nicht gelungen war, — auf die Bahn des Studiums
der ſozialen und ökonomiſchen Fragen. In der politiſchen Oeko=
nomie, in der Geſchichte, ſogar in der Aeſthetik und in der litera=
riſchen Kritik hat Tſchernischewsky eine Fülle von Ideen aus=
geſtreut, die bis jetzt noch nicht in ihrem ganzen Umfange von
der ruſſiſchen Literatur verſtanden und hinlänglich ausgearbeitet
worden ſind. Um mit wenigen Worten Tſchernischewsky's Be=
deutung für Rußlands geiſtige Entwicklung zu kennzeichnen, ge=
nügt es, auf folgende Thatſache hinzuweiſen, die von keinem
Kenner der ruſſiſchen Literatur während der letzten dreißig Jahre
beſtritten werden kann. Weder die ruſſiſchen Sozialiſten mit
ihrer Unzahl von Fraktionen und Richtungen, noch die legale
ruſſiſche Kritik und Publiziſtik haben einen einzigen Schritt vor=
wärts gethan, ſeitdem Tſchernischewsky's literariſche Thätigkeit
aufgehört hatte. In ſeinen Schriften findet man alle die Ideen
und Anſchauungen, deren Verbreitung den Ruhm der vorgeſchrit=
tenen Schriftſteller der nachfolgenden Periode ausmachte. Dieſe
Schriftſteller haben Tſchernischewsky's Ideen keineswegs verbeſſert,
noch auch konnten ſie dies thun, weil all die Mängel, welche
Tſchernischewsky's Weltanſchauung kennzeichneten, der ihrigen in
noch weit höherem Grade anhafteten. Die ſchwache Seite der
Tſchernischewsky'ſchen Anſchauungen war bedingt durch ſeine Un=
kenntniß der neueſten Richtung des philoſophiſchen Gedankens in

Europa, der Lehre von Marx und Engels. Haben aber etwa die literarischen Häupter in der nachfolgenden Periode diese Lehre gut begriffen? Sie begannen von der Unanwendbarkeit der westeuropäischen Theorien in Rußland, von der „subjektiven Methode" in der Soziologie, von den Eigenthümlichkeiten der russischen ökonomischen Verhältnisse, von den Irrthümern des Westens zu sprechen, — kurz, sie wurden mehr oder weniger bewußte, mehr oder weniger eifrige Fürsprecher jener „volksthümlerischen" Lehre, die Tschernischewsky sicherlich als ganz unverdauliche Mystik bezeichnet hätte. Nachdem sie aber einmal den Irrweg der „Volksthümelei" betreten, konnte bei ihnen der Gedanke an eine ernstliche Kritik Tschernischewsky's nicht einmal aufkommen. Im Gegentheil. Mit einem, einer besseren Sache würdigen Eifer vertheidigten sie oft gerade diejenigen seiner Ansichten, die fehlerhaft waren und seine Rückständigkeit gegenüber der europäischen Wissenschaft bekundeten. Ein merkwürdiges Schicksal haben geniale oder auch nur begabte Männer, welche einen fühlbaren Einfluß auf die geistige Entwicklung ihres Landes ausüben! Ihre Anhänger und Verehrer machen sich oft gerade ihre Fehler und Irrthümer zu eigen, die sie dann mit dem ganzen Enthusiasmus, den ein großer Name hervorruft, vertheidigen. An Beispielen einer derartigen, auf den ersten Blick sehr seltsamen Vorliebe der Schüler für die Irrthümer ihrer Meister ist die Geschichte der geistigen Entwicklung der Menschheit geradezu überreich. Wonach griff z. B. der rechte Flügel der Hegel'schen Schule? Nach den Irrthümern und Inkonsequenzen des genialen Philosophen. Was kauten die sogenannten Positivisten mit besonderer Beharrlichkeit immer und immer wieder? Gerade die scholastische Seite von August Comte's Lehre. (Mögen uns die Leser die wahrhaft ketzerische Zusammenstellung von Comte und Hegel verzeihen!) Wahrlich, die Obskuranten haben den menschlichen Geist verkannt, als sie ihm die Tendenz des ewigen Fortschritts und der ewigen Unzufriedenheit mit dem Bestehenden zuschrieben! In Wirklichkeit ist er der trägste unter allen Konservativen.

Doch kehren wir zu unserem Autor zurück. Da wir bereits

ben allgemeinen Charakter seiner Anschauungen kennen, wie auch die Vorzüge und Mängel der ihm eigenthümlichen Auffassung von „den erhabenen Ideen der Wahrheit, der Kunst, der Wissenschaft", so können wir uns leicht von seiner literarischen Thätigkeit Rechenschaft geben.

Die erste praktische Frage, mit der Tschernischewsky sich zu befassen hatte, war die Frage der Bauern-Emanzipation. Anfänglich, als diese Frage von der Regierung Alexanders II. auf die Tagesordnung gesetzt wurde, glaubten die Fortschrittsfreunde in Rußland, es werde nicht schwer fallen, dieser Regierung zu zeigen, wie sehr ihre eigenen Interessen mit denen der zu befreienden Bauernschaft zusammenfielen. Manche glaubten sogar, die Regierung sei sich darüber selbst von vornherein klar. „Du hast gesiegt, Nazarener!" schrieb Herzen an den jungen Zaren. Um dieselbe Zeit brachte er öffentlich einen Toast auf den Zaren-Befreier aus. . . . Eine Zeit lang scheint auch Tschernischewsky sich denselben Illusionen hingegeben zu haben. Wenigstens gab er sich viel Mühe, der Regierung klar zu machen, worin ihre wohlverstandenen Interessen lagen. Wie viel er über die Bauernfrage schrieb, sieht man daraus, daß die Aufsätze darüber einen sehr dicken Band der ausländischen Ausgabe seiner Werke ausfüllen. Selbstverständlich trat er für die Befreiung der Bauern mit Land ein und er behauptete, daß für die Regierung die Ablösung der den Bauern zuzuweisenden Grundstücke keine Schwierigkeiten darbieten könne. Diesen Gedanken suchte er sowohl durch theoretische Erwägungen, wie auch durch die eingehendsten Berechnungen zu beweisen. „Wie so kann die Ablösung des Grund und Bodens wirklich schwer fallen? Wie kann sie die Kräfte des Volkes übersteigen? Das ist unwahrscheinlich — schrieb er in seiner Abhandlung: „Ist die Ablösung des Grund und Bodens schwierig?" — Das widerspricht den Grundbegriffen der Volkswirthschaft. Die politische Oekonomie sagt geradeheraus, daß alle materiellen Kapitalien, die eine bestimmte Generation von den vorhergehenden geerbt hat, im Vergleich zur Werthmasse, welche durch die Arbeit dieser Generation erzeugt wird, keinen sehr be-

deutenden Werth darstellen. Zum Beispiel, das ganze dem
französischen Volk gehörende Land mit allen Bauten, sammt dem,
was sich darin befindet, mit allen Schiffen und deren Ladungen,
mit allem Vieh, allem Gelde und allen anderen Reichthümern,
die diesem Lande gehören, machen kaum einen Werth von hundert
Milliarden Franken aus; die Arbeit aber des französischen Volkes
erzeugt jährlich einen Werth von fünfzehn oder mehr Milliarden
Franken, d. h. das französische Volk erzeugt in nicht mehr als
sieben Jahren eine Werthmasse, die dem Werth von ganz Frankreich — vom Kanal La Manche bis zu den Pyrenäen — gleichkommt. Hätten also die Franzosen von irgend Jemand ganz
Frankreich abzulösen, so könnten sie dies in einer Generation
thun, wenn sie dafür blos den fünften Theil ihrer Einnahmen
verwendeten. Und worum handelt es sich bei uns? Haben wir
denn ganz Rußland mit allen seinen Reichthümern abzulösen?
Nein, nur den Grund und Boden allein. Und etwa den ganzen
Grund und Boden? Nein, nur die Grundstücke in denjenigen
Gouvernements des europäischen Rußland, wo die Leibeigenschaft
sich eingewurzelt hat" u. s. f.* Nachdem er sodann gezeigt, daß
die abzulösenden Grundstücke nicht mehr als den sechsten Theil
der Fläche des europäischen Rußland ausmachen, bringt er nicht
weniger als acht verschiedene Pläne von Grundablösungsopera-
tionen in Vorschlag.** Er meint, die Regierung wäre im Stande,
auf Grund eines dieser Pläne, die bäuerlichen Landantheile nicht
nur ohne Belastung der Bauern, sondern auch mit großem Vortheil für die Staatskasse abzulösen. Die Grundidee aller seiner
Pläne war „die Nothwendigkeit, bei der Festsetzung der Ablösungssumme diese möglichst niedrig zu bestimmen". Jetzt kann
man diese Aufsätze Tschernischewsky's nicht ohne ein bitteres
Lächeln lesen. Die Wirklichkeit hat den naiven Glauben der
damaligen Fortschrittsfreunde in Rußland allzu grausam zu

---

* Siehe den zitirten Aufsatz im 5. Bande der ausländischen Ausgabe der Werke Tschernischewsky's.

** Er liebte es nicht weniger denn Owen, seine praktischen Vorschläge
durch Ueberschläge und detaillirte Berechnungen zu stützen.

Schanden gemacht. Die Regierung ließ keinen Augenblick die
Interessen des Fiskus außer Acht, an die Interessen der Bauern
aber dachte sie gar nicht. Das wurde von Tschernischewsky bald
erkannt. Schon im Jahre 1858 erschien seine Abhandlung „Zur
Kritik der philosophischen Vorurtheile gegen den ländlichen Ge=
meindebesitz" mit dem vielsagenden Motto: „Wie weh, wie weh,
wie weh!" Gewöhnlich betrachtet man diese vorzügliche Abhand=
lung als die energischste und gelungenste Vertheidigung des länd=
lichen Gemeindebesitzes; wir wollen sie jedoch vom Standpunkte
des Prinzips der Befreiung der Bauern mit Land selbst unter=
suchen. Sie beweist, daß Tschernischewsky schon 1858 alle
Hoffnung auf eine günstige Lösung der Bauernfrage durch die
Regierung verloren hatte. „Ich schäme mich vor mir selber, —
heißt es im Anfang dieser Abhandlung — ich schäme mich über
meine unzeitige Zuversicht, mit der ich die Frage des Gemein=
eigenthums der Bauerngemeinden an Grund und Boden auf=
geworfen habe. Dadurch wurde ich in meinen eigenen Augen
thöricht, ja geradezu dumm. . . . Es ist schwer, den Grund
meiner Beschämung zu erklären, aber ich will es versuchen, so
gut es geht. So wichtig auch mir die Frage der Erhaltung des
ländlichen Gemeindebesitzes erscheint, so bildet sie doch nur eine
Seite des Ganzen, zu dem sie gehört. Dieses Prinzip, als die
höhere Garantie des Wohlstandes der betreffenden Menschen,
bekommt einen Sinn erst dann, wenn bereits andere, unter=
geordnetere Garantien gegeben sind, die jenem Prinzip erst Raum
schaffen sollen. Als solche Garantien müssen zwei Bedingungen
gelten. Erstens muß die Grundrente den Mitgliedern der Land=
gemeinde gehören. Das ist aber noch nicht genug. Man muß
noch bedenken, daß die Grundrente nur dann wirklich ihren Namen
verdient, wenn die Person, welche sie bezieht, durch keine Kredit=
verpflichtungen belastet ist, die aus dem Bezug der Rente selbst
entspringen. . . . Wenn Jemand auch nicht so glücklich ist, eine,
mit keinen Verpflichtungen belastete Rente zu beziehen, so wird
wenigstens angenommen, daß der Betrag dieser Verpflichtungen
im Verhältniß zur Höhe der Rente nicht sehr groß ist. . . .

Nur unter der Voraussetzung dieser zweiten Bedingung kann man Jemandem, an dessen Wohlsein man Antheil nimmt, eine Rente wünschen." Diese Bedingung konnte aber bei der Bauernemanzipation nicht erfüllt werden, und daher hielt es auch Tschernischewsky für unnütz, nicht nur für den ländlichen Gemeindebesitz, sondern auch für die Vertheilung von Land an die Bauern einzutreten.*

Im Roman „Prolog zum Prolog" behauptet Wolgin (Tschernischewsky) vollends, es wäre besser, die Bauern ohne Land zu befreien: das „würde weniger Verzögerungen, wahrscheinlich auch eine geringere Belastung der Bauern mit sich bringen. Wer von den Bauern Geld hat, der wird sich Land kaufen. Wer es nicht hat, der soll auch nicht verpflichtet sein, es zu kaufen. Dies würde sie ja nur ruiniren. Die Grundablösung ist ja doch auch nur ein Kauf. Die Wahrheit zu sagen, wäre es besser, die Bauern ohne Land zu befreien. . . . Die Frage ist so gestellt, daß ich keinen Grund sehe, mich auch nur darüber zu ereifern, ob die Bauern überhaupt befreit werden oder nicht; und um so weniger darüber, wer sie befreien wird, die Liberalen oder die Gutsherrn. Meines Erachtens ist dies ganz gleich. Oder die Gutsherrn sind sogar besser".**

An einer anderen Stelle des Romans beleuchtet Tschernischewsky sein Verhältniß zu dem damaligen Stadium der Bauernfrage von einer anderen Seite: „Da spricht man: die Bauern muß man befreien. Wo sind die Kräfte, um solches auszuführen? Sie sind noch nicht vorhanden. Es ist Unsinn, etwas anzufangen, ohne dazu die nöthigen Kräfte zu besitzen. Sie sehen aber, alles führt dazu: man wird sie befreien. Was daraus folgen wird, werden sie wohl selbst begreifen: was kann überhaupt Gutes aus

---

* Vgl. Werke, 5. Band, S. 472—478.

** „Prolog zum Prolog", S. 199. — Dieser Roman wurde, wie es scheint, noch zur Zeit der Bauernreform geschrieben, erschien aber im Druck erst 1877 (in der Ausgabe der Redaktion des „Wperjod" zu London). In diesem Roman werden unter fingirten Namen die hervorragendsten politischen und literarischen Persönlichkeiten jener Zeit dargestellt.

einer Sache werden, die man anfängt, ohne sie durchführen zu
können? ... Die Sache wird nur verdorben, das Resultat ist
ein abscheuliches. O, über unsere Herren Befreier, alle Eure
Rjasanzew und Genossen! Das sind Aufschneider, Großmäuler,
Dummköpfe!"*

Diese Betrachtungen über die Vorzeitigkeit der Bauernbefreiung sind allerdings irrig. Die Leibeigenschaft war ein so
ungeheures Uebel, sie hemmte so sehr die Entwicklung sämmtlicher
Seiten des sozialen Lebens im damaligen Rußland, daß ihre
Aufhebung in keinem Falle und unter keinen Umständen verfrüht
sein konnte. Um jedoch Tschernischewky's Auffassung von dieser
Sache richtig zu verstehen, muß man bedenken, daß ihm die damaligen Ereignisse nicht in derselben Perspektive erscheinen konnten,
in welcher sie uns jetzt erscheinen. Er scheint nämlich einige
Hoffnungen auf die Bauernaufstände gesetzt und zugleich ein
schnelles Wachsthum der vollständig auf Seiten der Bauern
stehenden extremen Partei für möglich gehalten zu haben. Die
Bauernbefreiung konnte ihm also nur in dem Sinne verfrüht erscheinen,
daß sie die Bauernunruhen beschwichtigte, so daß der gordische
Knoten der Herrengewalt nicht mehr durch das Beil der Bauern
durchhauen werden konnte; und daß anderseits die extreme demokratische Partei noch nicht stark genug war, um auf die Regierung
einen ernsten Druck ausüben zu können. Es mochte ihm nun
scheinen, daß es nur einiger Jahre bedürfe, damit die Partei die
dafür nöthige Stärke erreiche; und daher konnte er auch einen
kurzen Aufschub der Emanzipation für nützlich halten, mit Rücksicht
nämlich auf die Wichtigkeit der davon zu erwartenden Resultate.
Daß er aber eine revolutionäre Bewegung im damaligen Rußland
für durchaus möglich hielt, — darauf weisen ganz deutliche
Anspielungen in seinen Artikeln hin.

Die russischen „Volksthümler" idealisiren jetzt maßlos den
russischen Bauer, und entdecken in ihm mit einer erstaunlichen
Leichtigkeit alle die Eigenschaften und Bestrebungen, die sie in

---

* A. a. O. S. 110.

ihm sehen möchten. N. G. Tschernischewsky dagegen war von
einer solchen falschen Idealisirung der Bauern sehr entfernt.
Ueberhaupt erschien ihm das damalige Rußland in keinem besonders
anziehenden Lichte. Mitunter versteigt er sich sogar zu den schärfsten
absprechenden Urtheilen über seine Landsleute: „Elende Nation,
elende Nation" — ruft er aus — „eine Nation von Sklaven,
von oben bis unten lauter Sklaven!" — Selbst in seinen ruhigeren
Momenten verließ ihn nie das Bewußtsein der ungeheuren Stumpf=
heit und Dumpfheit der russischen Bauernschaft. In dieser Hinsicht
war er der direkte Erbe der Ansichten Bjelinsky's, der kurz vor
seinem Tode sich dahin äußerte, der Streit mit den Slavophilen
habe ihm dazu verholfen, „den mystischen Glauben an das Volk
von sich abzuschütteln."* Er spricht es kategorisch aus, daß die
Bauern äußerst unentwickelt, oder (horribile dictu!) geradezu
dumm sind. „Aber übereilt Euch nicht, daraus auf eine Mög=
lichkeit oder Unmöglichkeit der Erfüllung Eurer Hoffnungen schließen
zu wollen, wenn Ihr die Verbesserung der Lage des Volkes herbei=
wünscht" — fügt er hinzu. — „Nehmt den alltäglichsten, . . .
den banalsten Menschen: so apathisch und kleinlich sein ganzes
Leben auch sein mag, es weist doch Momente ganz anderer Art
auf, Momente energischer Anstrengungen, kühner Entschlüsse. Das=
selbe findet man auch in der Geschichte jedes Volkes."

Auf einen solchen Moment kühner Entschlüsse, die zu
einem allgemeinen Volksausbruch führen konnten, setzte denn auch
Tschernischewsky seine Hoffnungen. Dieser Augenblick schien ihm
nicht mehr fern zu sein, und genau ebenso dachten fast alle die
besten Männer jener Zeit. Auf dieser Zuversicht beruhten die
am Anfang der sechziger Jahre entstandenen geheimen revolutio=
nären Verbindungen. Diese Zuversicht wurde genährt theilweise
durch die Bewegungen der befreiten Bauern, die auf eine „wahre
Freiheit" warteten, theilweise durch die Lage der Dinge im Westen.
Die Ereignisse in Italien, der nordamerikanische Krieg, starke

---

* Siehe Pypin: „Bjelinsky, sein Leben und sein Briefwechsel",
2. Band. S. 321—325.

politische Gährungen in Oesterreich und in Preußen, — das alles konnte den Glauben erwecken, die seit 1849 herrschende Reaktion werde endlich durch eine neue Freiheitsbewegung besiegt werden. Und da durfte man hoffen, daß die Ereignisse in Europa auch Rußland fortreißen würden. Man glaubt doch so leicht an das, was man wünscht! Tschernischewsky und seine Gesinnungsgenossen sahen eben noch nicht ein, daß die politischen Bewegungen des Westens der inneren Entwicklung Rußlands nur dann einen heilsamen Anstoß geben können, wenn dessen innere, vor Allem dessen ökonomische Verhältnisse wenigstens bis zu einem gewissen Grade sich den Verhältnissen des Westens genähert haben. Heute besteht bereits diese Annäherung, und sie nimmt, man kann sagen, mit jeder Stunde zu. Aber am Anfang der sechziger Jahre war es noch bei weitem nicht so. Deshalb konnten die Freiheitsbewegungen des Westens damals eher den russischen Stillstand, als den russischen Fortschritt fördern.

V.

Wenn Tschernischewsky bei all seiner heißen Liebe für das Volk dessen Mängel mit nüchternen Augen zu sehen vermochte, so kann man sich schon vorstellen, wie er den Adel und die damals ziemlich stark polternde liberale Partei beurtheilen mußte. Da kannte er keine Schonung. Wir haben bereits Wolgin's Urtheil über die Liberalen Rjasanzew und Genossen angeführt. Solcher Urtheile findet man im „Prolog zum Prolog" die schwere Menge. Ueberhaupt benutzte er jede Gelegenheit, um die russischen Liberalen in seinen Artikeln zu verspotten und öffentlich zu erklären, daß weder er, noch die ganze extreme Partei mit ihnen etwas gemein hätten. Feigheit, Kurzsichtigkeit, Bornirtheit, Unthätigkeit, schwatzhafte Prahlerei — dies die hervorstechendsten Eigenschaften, die er in den damaligen Liberalen sah. Das ist beinahe buchstäblich die Charakteristik, die er in seinem, im „Athenäum" von 1858 erschienenen Artikel, „Ein Russe beim

Stelldichein", gab. Dieser Artikel bespricht Turgenjew's Novelle
„Assia"; da aber „Assia" im „Sowremennik" erschienen war,
so hielt es Tschernischewsky für unpassend, darüber in seiner
Zeitschrift zu schreiben. Von der Novelle selbst wird im Artikel
sehr wenig, besser gesagt, beinahe gar nicht gesprochen. Tscherni=
schewsky greift nur die Szene der Liebeserklärung zwischen dem
Helden der Novelle und Assia heraus, und macht dazu seine
Bemerkungen. In dieser Szene handelt es sich darum, daß der
Turgenjew'sche Held im entscheidenden Augenblicke auf einmal
das Hasenpanier ergreift. Dieser Umstand nun bringt den Kritiker
auf seine „Reflexionen". Er bemerkt, daß Unentschlossenheit und
Feigheit die bezeichnenden Eigenschaften nicht nur dieses Helden
sind, sondern der meisten Helden der besten russischen belletristischen
Werke. Nicht die Belletristen macht er dafür verantwortlich, da
sie ja nur das aufzeichneten, was im wirklichen Leben ihnen auf
Schritt und Tritt begegnete. Muth fehlt den russischen Männern,
und daher fehlt er auch den Helden der belletristischen Werke.
Die Russen sind aber deswegen nicht muthig, weil sie nicht ge=
wöhnt sind, an öffentlichen Angelegenheiten theilzunehmen. „Wenn
wir in eine Gesellschaft kommen, so sehen wir um uns Menschen
in Uniform, oder im Rock, oder im Frack; einige von ihnen sind fünf=
einhalb oder sechs Fuß hoch, andere noch höher; sie lassen die
Haare wachsen, oder sie rasiren sich die Backen, die Oberlippe und das
Kinn; und wir glauben Männer vor uns zu sehen. Das ist aber
ein vollkommener Irrthum, eine optische Täuschung, eine Hallu=
zination, nichts weiter. Unbekannt mit der Gewohnheit, an öffent=
lichen Angelegenheiten theilzunehmen, unvertraut mit den Gefühlen
eines Bürgers, wächst ein Kind männlichen Geschlechts nur zu
einem Wesen männlichen Geschlechts heran; es erreicht das mittlere
Lebensalter, wird später ein Greis, aber ein Mann wird es nie,
oder wenigstens wird es nie ein Mann von edlem Charakter.
Bei entwickelten, gebildeten und liberalen Menschen fällt der
Mangel an edlem Muth noch mehr in die Augen, als bei un=
gebildeten, da ein entwickelter und liberaler Mensch sich sehr gerne
über „hohe Dinge" unterhält. Er spricht mit Begeisterung und

beredt, aber nur so lange, als es sich nicht darum handelt, von den Worten zu Thaten zu schreiten. So lange es sich nicht um Thaten handelt, so lange es nur gilt, die müßige Zeit, den müßigen Kopf oder das müßige Herz durch Gespräche und Träumereien auszufüllen, ist unser Held gleich bei der Hand; wenn es aber darauf ankommt, offen und klar seine Gefühle zum Ausdruck zu bringen, da fangen bereits die meisten Helden zu wanken an, und empfinden so eine Art Schwere in der Zunge. Nur Wenigen, und das sind die Tapfersten, gelingt es noch halb und halb, ihre Kräfte zusammenzufassen und mit stotternder Zunge etwas auszusprechen, was einen dunkeln Begriff von ihren Gedanken giebt. Aber versuche es gar Jemand, ihre Wünsche ernst zu nehmen, und sage zu ihnen: Ihr wollt also das und das; das macht uns viel Freude; fangt also nur an zu wirken und wir werden Euch schon unterstützen; —.nach einer solchen Replik wird die eine Hälfte der Helden ohnmächtig zu= sammenbrechen, die anderen werden Euch sehr grob vorwerfen, daß Ihr sie in eine unangenehme Lage gebracht hättet, und davon sprechen, daß sie von Euch solche Vorschläge nicht erwartet hätten, daß sie ganz überrascht seien und Euch nicht begreifen könnten, denn wie könne man so vorschnell sein; und dabei seien sie ja ehrliche Leute, und nicht nur ehrlich, sondern auch sehr ruhig, und möchten Euch keinen Unannehmlichkeiten aussetzen, und über= haupt könne man denn wirklich alles das ernst nehmen, was so in einer müßigen Stunde gesprochen werde? Das beste sei — gar nichts anzufangen, da ja alles mit Mühe und Unzuträglich= keiten verbunden sei und vorläufig nichts Gutes daraus werden könne" u. s. w. u. s. w.

Der Objektivität halber muß jedoch hinzugesetzt werden, daß unser Verfasser nicht allein die russischen Liberalen so verächtlich behandelte. In seinen vorzüglichen politischen Uebersichten, die er für den „Sowremennik" bis zu seiner Verhaftung schrieb, gab er der schonungslosesten Verachtung für alle europäischen Liberalen überhaupt Ausdruck. Die meisten Hiebe bekamen die österreichischen (d. h. die deutsch-liberale Partei in Oesterreich), die preußischen und die italienischen Liberalen. In seinen Abhandlungen über die französische Geschichte bekundet er auch keine große Achtung für die liberale Partei. Alles das konnte natürlich den Repräsentanten des russischen Liberalismus nicht gefallen und in ihrem Kampfe gegen ihn griffen sie zu dem Manöver, zu welchem die Liberalen aller Länder so oft ihre Zuflucht Männern gegenüber genommen haben, die in der Politik über sie selbst hinausgingen: sie warfen ihm vor, daß er die Freiheit nicht liebe, ja daß er zum Despotismus neige. Natürlich konnten solche Vorwürfe der Liberalen unseren Tschernischewsky nur zum Lachen reizen. Er fürchtete sie so wenig, daß er zuweilen seine Gegner gleichsam zu neuen Vorwürfen herauszufordern suchte, indem er die Richtigkeit ihrer früheren Vorwürfe scheinbar zugestand. „Nichts ergötzt uns so sehr, wie der Liberalismus“ — schreibt er in einer seiner letzten politischen Ueberfichten — „es kitzelt uns förmlich, ein paar Liberale aufzufischen, um uns über sie sattlachen zu können.“* Und nun beginnt er über die preußischen Liberalen zu spotten, die, wie er sich treffend ausdrückt, sich darüber ärgerten, daß die politische Freiheit in Preußen „sich nicht von selbst einführt“.** Aber solche „Ergötzungen“ hinderten den aufmerksamen Leser nicht daran, zu begreifen, daß Tschernischewsky's Verachtung für die Liberalen nicht durch Mangel an Liebe zur Freiheit hervorgerufen sei. Man brauchte nur einige von seinen politischen Ueberfichten zu lesen, um zu sehen, wie heiß er mit allen Freiheitsbewegungen sympathisirte, wo immer sie auch ausbrachen, sei es in Frankreich oder in Italien, in Amerika oder in Ungarn. Er glaubte nur, daß die Liberalen bei derartigen Bewegungen gewöhnlich eine recht unschöne Rolle spielten. Sie selbst thun sehr wenig, ja sie hemmen sogar oft die Anstrengungen Anderer, indem sie kühnere und entschlossenere Männer, als sie selbst sind, bekämpfen. Später aber, wenn dank diesen entschlossenen Männern der Kampf zu Ende geht und der Sieg als zweifellos erscheint, da suchen die Liberalen sich in den

---

* „Sowremennik“, 1862, März. Politik, S. 188.
** „Sowremennik“, 1862, April. Politik, S. 357.

Plechanow, Tschernischewsky.   6

Vordergrund zu drängen, um die Kastanien zu genießen, die die „Fanatiker" aus dem Feuer geholt haben. Wer weiß es nicht, daß diese Leute in der Politik dieselben Ausbeuter sind, wie in der Oekonomie, wo sie gewöhnlich zu der Klasse der Geschäfts= leute und Unternehmer gehören? Eben dieser ausbeuterischen Neigungen wegen verabscheute sie Tschernischewsky. Und dieser Haß gegen die Ausbeuter ist es auch, den jede Zeile seiner politischen Uebersichten athmet. Wir unsererseits beklagen nicht, daß er sich in dieser Hinsicht klar und bestimmt ausgesprochen hat, sondern vielmehr nur, daß nach ihm keiner unter den po= litischen Rundschauschreibern Rußlands desgleichen that. Die politischen Begriffe der tonangebenden russischen Journalistik sind überhaupt in den letzten fünfundzwanzig Jahren ungemein verworren und seicht geworden. Daher gab es auch später in keiner einzigen russischen periodischen Zeitschrift so ausgezeichnete politische Ueber= sichten, wie sie Tschernischewsky für den „Sowremennik" schrieb. In diesen Uebersichten offenbart sich mit besonderer Kraft sein hervorragender Geist und seine nüchterne Auffassung der Dinge. In ihnen weicht er fast niemals von dem unumstößlichen Grund= satze ab, daß „der Gang der Geschichte von den realen Machtverhältnissen bestimmt wird",* und davon ausgehend analysirt er genau die inneren Triebfedern des damaligen politischen Lebens der zivilisirten Länder. Nur Eins ist an seinen Ueber= sichten auszusetzen. Er hat die hervorragende politische Rolle nicht vorausgesehen, welche die Arbeiterklasse aller fortgeschrittenen Län= ber in sehr naher Zukunft (seit der Begründung der Internationale im Jahre 1864) übernehmen sollte. Dieser Revolutionär aus Prinzip, der behauptete, daß alle wichtigen Streitpunkte inner= halb jedes Staates, ebenso wie zwischen verschiedenen Staaten, schließlich durch den Krieg zum Austrag gebracht würden,** sah

---

* Der Leser dürfte sich dabei erinnern, daß Lassalle in seiner Rede „Ueber das Verfassungswesen" fast mit denselben Worten von den Macht= verhältnissen spricht, als der wesentlichen Grundlage der politischen Verfassung jedes gegebenen Landes.

** A. a. O. S. 364.

noch nicht, wie sehr alle revolutionären Kräfte in den modernen
zivilisirten Gemeinwesen einzig in der Arbeiterklasse sich konzen=
triren. Er war immer noch zu geneigt, übertriebene Hoffnungen
auf die „besten Männer" aus den anderen Gesellschaftsklassen zu
setzen. Da wurde sein gewohnter Scharfblick durch die Ver=
wechslung des Proletariats mit dem „gemeinen Volk" getrübt.

Zu bemerken ist noch, daß die reaktionäre Partei von
Tschernischewsky fast ebenso sehr verachtet wurde, wie die liberale
Partei. Mit den russischen „Aristokraten" stand er in keinem un=
mittelbaren Verkehr. „Er verkehrte nie selbst auch nur in den niederen
Salonkreisen, von den höheren, vornehmen schon gar nicht zu
sprechen. Aber welche Stadt, welches Städtchen war denn nicht
voll von dem Ruhm ihrer Thaten? Er kannte sie von Kindheit
auf als freche Kratehler", — so spricht Tschernischewsky im
„Prolog zum Prolog" von Wolgin, d. h. von sich selbst. Zur
Zeit der Bauernreform stand Alles, was jene Leute für ihre
wichtigsten Interessen hielten, auf dem Spiel. Sie frondirten
und schrieen laut: „Wir werden es nicht erlauben, es nicht zu=
lassen! Wollen wir nicht, so wird man es nicht wagen! —
Möge man es nur wagen — und man wird erfahren, was
es heißt, den russischen Adel aufzubringen!" Kaum hatte aber
die Regierung sie angeschrieen, da wagten sie nicht mehr zu
mucksen, „sie wurden so ruhig, als wären sie vom Schlage ge=
rührt". „Als einem Demokraten" erschien Tschernischewsky diese
Metamorphose zugleich lächerlich und angenehm. „Er liebte den
Adel nicht, es gab aber Momente, da er gegen denselben keine
Feindschaft hegte. Kann man denn elende Sklaven hassen?"*

VI.

So verhielt sich Tschernischewsky zu den verschiedenen Ständen
und Parteien des damaligen Rußland. Und je tiefer er seinen
Gegensatz zu denselben empfand, desto schärfer wurde der Ton

---

* „Prolog zum Prolog", S. 208, 209.

seiner Aufsätze, desto schonungsloser wurde sein Spott, desto öfter stürzte er sich kopfüber in die Polemik. Ueberhaupt liebte er die Polemik über alles. Wie er selbst sagt, bemerkten in ihm sogar seine Freunde eine starke, „nach ihrer Meinung sogar übergroße Vorliebe zur Aufklärung von Streitpunkten durch eine heftige Polemik".* Die Polemik schien ihm immer ein sehr bequemes, ja, wenn man will, auch ein nothwendiges Mittel zur Verbreitung von neuen Anschauungen. Trotzdem schien er im Beginn seiner literarischen Thätigkeit jede Polemik vermeiden zu wollen. Seine erste größere Arbeit „Die Umrisse der Gogol'schen Periode der russischen Literatur" sind in einem ruhigen und versöhnenden Tone geschrieben. Nach und nach aber nahm die Sache eine andere Wendung.

Die heftigsten polemischen Aufsätze Tschernischewsky's wurden zu Ende der fünfziger Jahre geschrieben, zur Vertheidigung der bäuerlichen Landgemeinden. — Schlimm erging es damals den patentirten Vertretern der liberalen Oekonomie und besonders Wernadsky, dem Redakteur des „Oekonomischen Wegweisers". Tschernischewsky hat diesen Staatsrath und Doktor der historischen Wissenschaften, der politischen Oekonomie und der Statistik (so zeichnete der auf seine Diplome stolze Wernadsky), förmlich unsterb= lich lächerlich gemacht. Der aufs Haupt geschlagene Gelehrte mußte nicht nur das Schlachtfeld schimpflichst räumen, sondern — zur Vervollständigung des komischen Effekts — er erging sich sogar in Achtungsbezeugungen gegen denselben Tschernischewsky, welchen er zu Beginn der Polemik als einen frechen Ignoranten zu be= handeln sich herausgenommen hatte. Man muß allerdings bekennen, daß es kaum möglich ist, eine Sache geschickter zu vertheidigen, als Tschernischewsky die Landgemeinde vertheidigte. Er hat zu ihren Gunsten durchaus alles gesagt, was man nur darüber sagen konnte, und er hätte wohl auch dann den Sieg davongetragen, wenn seine Gegner um ein Vielfaches stärker gewesen wären, als sie es thatsächlich waren. Wenn die russische „Intelligenz" bis

* Werke, 5. Band, S. 472.

jetzt noch so sehr an der Landgemeinde festhält, so ist dies dem untilgbaren Einfluß von Tschernischewsky zuzuschreiben.

Eines seiner Hauptargumente zu Gunsten der Landgemeinde bestand darin, daß sie Rußland vor der „Plage des Proletarier= thums" bewahren könne. Dabei scheinen ihm jedoch mehr als einmal die Erörterungen der Reaktionäre vom Schlage des Barons Haxthausen in den Sinn gekommen zu sein, wonach die „Plage des Proletarierthums" eben die Hauptquelle der revolutionären Bewegung in Europa sei. Und da stiegen in ihm Zweifel auf über die Vortheile, die eine Verhütung der genannten „Plage" der Sache des russischen Fortschritts bringen würde. Solche Zweifel beschwichtigte er aber leicht durch folgende Erwägungen: „Obwohl die Bauern bei uns (in Rußland) immer den Grund und Boden der Landgemeinde=Ordnung gemäß benutzten, so er= schienen sie doch in der Geschichte nicht immer . . . als eine un= bewegliche Masse. . . . Wir brauchen uns hier nicht über den Charakter des westeuropäischen Bauers zu verbreiten. Wir erinnern nur daran, daß die Kosaken meistens von Bauern stammten, und daß seit dem Anfang des siebzehnten Jahrhunderts fast alle dramatischen Episoden in der Geschichte des russischen Volkes durch die Energie der Bauernbevölkerung hervorgerufen wurden. . . ." Man sieht, hier werden die Bauernkriege ihrer historischen Bedeutung nach auf die gleiche Linie mit den revolutionären Bewegungen des modernen Proletariats gestellt, — eine Verwechslung, die bei den heutigen Sozialisten schlechterdings unmöglich ist, die aber für die russischen Revolutionäre der Zeit Tschernischewsky's ganz un= bemerkt blieb.

Die liberalen Oekonomen behandelten die Landgemeinde als eine rückständige Form des Grundbesitzes, die ausschließlich den primitiven und barbarischen Völkern eigenthümlich sei. Zur Abwehr dieses Arguments berief sich nun Tschernischewsky auf Hegel. — Die dritte und letzte Entwicklungsphase jeder Erschei= nung, führte er aus, ist der ersten Phase sehr ähnlich. Mit dem Gemeineigenthum an Grund und Boden haben die Völker begonnen, und zu demselben werden sie unbedingt in mehr oder minder naher

Zukunft zurückkehren. Die westeuropäischen Völker allerdings gingen und zwar mit Nothwendigkeit von dem primitiven Gemeinde= eigenthum für eine gewisse Zeit zum Privateigenthum an Grund und Boden über. Allein diese Zwischenstufe kann vollständig ver= mieden werden von anderen Ländern, die von der historischen Entwicklung später ergriffen wurden und daher die Erfahrungen des europäischen Westens benutzen können. Zu diesen Ländern gehört auch Rußland. Rußland hat absolut keinen Grund, jene Form des Grundbesitzes bei sich einzuführen, deren Unhaltbarkeit durch die westeuropäische Geschichte bereits klar bewiesen worden ist.

Die Abhandlung, worin diese Argumentation enthalten ist, ist so geschickt und — äußerlich — so überzeugend abgefaßt, daß die liberalen Gegner der Landgemeinde dagegen nichts einzuwenden wußten. Schon dieser Umstand allein zeigt, wie sehr ihre eigene Auffassung von sozialen Fragen abstrakt war. Konnten doch Tschernischewsky's Argumente nur Leuten imponiren, die sich über die Gesellschaft stellen, — nur Utopisten verschiedener Richtungen. In der That, bei Hegel vollzieht sich jede Entwicklung — im Denken, in der Natur, in der Gesellschaft — aus sich selbst, kraft der ihr innewohnenden Dialektik. Wollte also Tscherni= schewsky die Landgemeinde vom Hegel'schen Standpunkte aus ver= fechten, so mußte er zeigen, daß die inneren Verhältnisse der russischen Landgemeinde von selbst zu einer Gesellschaftsordnung führen, die einerseits von den „Irrthümern“ des Westens frei und anderseits nahe verwandt sei den Idealen der Sozialisten (in deren Person eben die westeuropäischen Völker die Unzuträglich= keiten und die Unhaltbarkeit des Privateigenthums an Grund und Boden erkannt haben). Tschernischewsky aber spricht kein Wort von einer solchen Logik des ländlichen Gemeindebesitzes. Diese objektive Logik wird bei ihm ersetzt durch die subjektive Logik der „vor= geschritteneren“ Russen, die mit dem westeuropäischen Sozialismus (in seiner utopistischen Form) bekannt sind und die da meinen, daß Rußland die Erfahrungen der vorgeschritteneren Länder benutzen solle. Hegel wäre wohl kaum mit einer solchen Anwendung seiner Ansichten einverstanden gewesen, — schon ganz abgesehen davon,

daß bei Hegel die dritte Entwicklungsphase nur eine formale
Aehnlichkeit mit der ersten aufweist, während Tschernischewsky die
sozialistische Gesellschaft — wie diese den utopistischen Sozialisten
erschien, mit der, obendrein von der wirklich ursprünglichen Form
des Grundbesitzes sehr weit entfernten, russischen Landgemeinde
nahezu identifizirt.

„Eine abstrakte Wahrheit giebt es nicht, die Wahrheit ist
konkret .... Alles hängt von den zeitlichen und räumlichen Um=
ständen ab“ — schrieb derselbe Tschernischewsky in einer anderen
Abhandlung, dort ebenfalls Hegel's Ansichten darlegend. Indem
er die Landgemeinde vom Hegel'schen Standpunkte aus zu ver=
fechten suchte, hätte er vor Allem diese Seite der Hegel'schen
Auffassung im Auge behalten sollen. In diesem Falle würde er
ganz anders geurtheilt haben. Ist die Landgemeinde ein gutes
oder ein schlechtes Ding? Im Allgemeinen läßt sich diese Frage
nicht in bestimmter Weise beantworten: man muß eben wissen,
welches der gegenwärtige Zustand der Landgemeinde ist und was
ihr am wahrscheinlichsten in der Zukunft bevorsteht. „Eine ab=
strakte Wahrheit giebt es nicht, die Wahrheit ist konkret.“ ...
Tschernischewsky wollte aber gerade trotzdem eine abstrakte Wahrheit
finden — und er gerieth in Widerspruch gerade zu der Philosophie,
auf die er sich zu stützen suchte.

Wie vollständig er das Unhaltbare seiner abstrakten Auf=
fassung von der Landgemeinde verkannte, zeigt folgender merk=
würdiger Umstand. Der Abhandlung, deren Argumentation zu
Gunsten der Landgemeinde wir soeben dargelegt haben, geht eine
Einleitung voran, in welcher unser Autor die den Lesern bereits
bekannte trostlose Ansicht über die Zukunft des russischen bäuer=
lichen Grundbesitzes äußert und „sich schämt“, daß er die Ver=
theidigung der Landgemeinde leichtsinnig unternommen habe. Auf
den ersten Blick erscheint dies nun ganz unbegreiflich: einerseits sagt
er, er sei „in seinen eigenen Augen thöricht“, ja geradezu „dumm“
geworden — weil er die Landgemeinde vertheidigt habe, ander=
seits aber — schickt er sich gerade an, sie von Neuem zu ver=
theidigen, und zwar mit — seiner Meinung nach) — unüber=

windlichen Waffen. Was soll das nun bedeuten? Eben nur, daß er in dem einen Falle von der wirklichen russischen Land= gemeinde, von deren historisch bestimmter Lage spricht. Die Sache dieser Landgemeinde scheint ihm endgiltig verloren zu sein. Als Utopist aber rechnet er nicht allein mit den wirklichen sozialen Verhältnissen. Er berücksichtigt auch die möglichen Verhältnisse, die in der Weltanschauung jedes Utopisten eine so große Rolle spielen. Unter dem Gesichtspunkt dieser möglichen Verhältnisse bleibt nun aber die Landgemeinde nach wie vor ein vortreffliches Ding, — sie zu vertheidigen ist mithin nicht nur nicht tadelns= werth, sondern vielmehr sehr lobenswerth. Die Möglichkeit er= weist sich also als ein von der Wirklichkeit ganz unabhängiges Gebiet. Diesen logischen Fehler findet man später bei allen rus= sischen Volksthümlern bis auf G. J. Uspensky wieder. Uebrigens unterscheidet sich Tschernischewsky's Auffassung von der Landgemeinde immerhin sehr wesentlich von derjenigen der Volksthümler.

Die Diskussion, welche Tschernischewsky mit den russischen liberalen Oekonomen über die Landgemeinde angefangen hatte, erhielt bald einen allgemeineren theoretischen Charakter und wandte sich den allgemeinen Fragen der Sozialpolitik zu. Die russischen Manchestermänner, den Dogmen der vulgären Oekonomie getreu, unter deren Einfluß sich alle ihre Anschauungen ausgebildet hatten, beeilten sich, ihr hauptsächliches theoretisches Bollwerk in den Vorder= grund zu schieben: das Prinzip der Nichteinmischung des Staates. Sie wußten ja, daß auf diesem Prinzip die ganze Lehre Bastiat's und seiner Epigonen beruhte, und sie hegten den naiven Glauben, Niemand in der Welt sei im Stande, Bastiat zu widerlegen. Natürlich nahm die Sache einen solchen Verlauf, daß der Streit über die Nichteinmischung des Staates in das ökonomische Leben des Volkes nur zu einem neuen Triumph für Tschernischewsky Gelegenheit gab. Ohne alle Mühe, scherzend und spottend, schlug er die ganze Bastiat'sche Weisheit in Stücke. Sein Aufsatz „Die ökonomische Thätigkeit und die Gesetzgebung" kann als eine der gelungensten Widerlegungen der Theorie des „laissez faire, laissez passer" gelten, und zwar nicht nur in der russischen

ökonomischen Literatur, wo Tschernischewsky noch bis jetzt den ersten
Rang behauptet, sondern überhaupt in der ganzen Literatur des
europäischen Sozialismus. Er setzt da seine ganze dialektische
Kraft und seine ganze polemische Gewandtheit ins Werk. Der
Kampf, wo er mit solcher Leichtigkeit die Schläge seiner Gegner
parirt, amüsirt ihn gleichsam. Er spielt mit ihnen, wie die Katze
mit der Maus; er macht die denkbar größten Konzessionen, er=
klärt sich bereit, jede beliebige These ihrer Lehre anzuerkennen,
eine beliebige Deutung jeder gegebenen These anzunehmen, —
um erst später, nachdem er ihnen scheinbar alle Chancen des
Sieges gegeben, nachdem er ihnen die günstigsten Bedingungen
für ihren Triumph zugestanden hat, zur Offensive überzugehen und
sie mit drei bis vier Syllogismen ad absurdum zu führen. Darauf
kommen wieder neue Konzessionen, neue, noch günstigere Deutungen
derselben These und wieder neue Beweise ihrer Absurdität. Und
am Schluß hält Tschernischewsky, nach seiner Gewohnheit, seinen
Gegnern eine Strafpredigt und giebt ihnen zu verstehen, daß sie
nicht nur von den strengen Methoden des wissenschaftlichen Denkens
keinen Begriff haben, sondern auch nicht einmal von den elemen=
tarsten Forderungen des einfachen gesunden Menschenverstandes.
Es ist bemerkenswerth, daß das Prinzip der Nichteinmischung
des Staates, welches in Rußland zu Ende der fünfziger und am
Anfang der sechziger Jahre so warme Verfechter fand, bald von
den russischen Oekonomen fast vollständig aufgegeben worden ist.
Dies erklärt sich freilich sowohl durch die allgemeine Lage der
russischen Industrie und des russischen Handels, als auch durch
die späteren Einflüsse der deutschen katheder=sozialistischen Schule
auf die russischen Theoretiker. Unzweifelhaft aber kommt dabei
wesentlich auch der Umstand in Betracht, daß das genannte
Prinzip schon bei dem ersten Anfang seiner Verbreitung in der
russischen Literatur auf einen so mächtigen Gegner stieß, wie
N. G. Tschernischewsky. Die russischen Manchestermänner haben von
ihm eine Lektion bekommen, die sie bis auf den heutigen Tag
nicht vergessen haben.

VII

Der „Sowremennik" für 1861 ist besonders reich an Tschernischewsky's polemischen Artikeln. In dieses Jahr fallen seine berühmten „Polemischen Schönheiten", „Nationale Taktlosigkeit"
(gegen das Lemberger Blatt „Slowo" — das Wort — gerichtet),
„Nationaler Unsinn" (gegen den Aksakow'schen „Djen" — der
Tag) — und viele polemische Notizen in der Abtheilung für
russische und ausländische Literatur. Bei einigen dieser polemischen Aufsätze müssen wir etwas verweilen.

Von den „Polemischen Schönheiten" werden wir nicht viel
sprechen. Es ist dies eine Antwort auf die Angriffe des „Russky
Wjestnik" (Der russische Bote) und der „Otetschestwennaja Sapiski"
(Vaterländische Annalen). Für einen russischen Literaturhistoriker
wird es natürlich sehr interessant sein zu lesen, mit welchen Beweisgründen die Feinde des „Sowremennik" auftraten; für Tschernischewsky's Charakteristik aber ist es unnöthig, ausführlich zu
berichten, was für wunderliche und oft ganz unsinnige Vorwürfe
ihm Katkow und die übrigen Gegner machten. — In einem gegen
den „Russky Wjestnik" gerichteten Aufsatze äußert sich u. A. unser
Autor in sehr interessanter Weise über seine eigene literarische
Thätigkeit. Das wollen wir hier anführen. Tschernischewsky
weiß ganz gut, daß er in der russischen Literatur einen hervorragenden Platz gewonnen hat. Er wird von seinen Gegnern
gefürchtet, und diese machen ihm sogar zuweilen Komplimente.
Er aber freut sich nicht im mindesten über seine immer wachsende
Berühmtheit. Er stellt die russische Literatur zu niedrig, um einen
hervorragenden Platz in derselben als ehrenvoll zu betrachten. Er
ist „ganz todt für seinen literarischen Ruf". Nur eine Frage
interessirt ihn: wird er die Frische der Gedanken und der Gefühle
bis zu jener besseren Zeit bewahren können, wo die russische Literatur wirklich der Gesellschaft nützlich sein wird? „Ich weiß, daß
bessere Zeiten für die literarische Thätigkeit kommen werden, wo sie
der Gesellschaft einen wirklichen Nutzen bringen wird, und wo jeder,

der Kräfte besitzt, seinen guten Namen wirklich verdienen wird. Und da denke ich: werde ich noch bis dahin die Fähigkeit bewahren, der Gesellschaft, wie es sich gehört, zu dienen? Dazu ist eine Frische der Kräfte, eine Frische der Ueberzeugung erforderlich. Ich sehe aber, daß ich schon zur Zahl der „angesehenen" Schriftsteller gerechnet werde, d. h. zu den abgelebten, hinter der Bewegung der gesellschaftlichen Forderungen zurückgebliebenen Schriftstellern. Das ist schmerzlich. Was läßt sich aber thun? Das Alter tritt in seine Rechte; zweimal ist man nicht jung. Ich kann nur die be= neiden, die jünger und muthiger sind als ich. . . ." Wehmüthig berühren uns jetzt diese edlen Befürchtungen, uns, die wir wissen, daß, als Tschernischewsky dieses schrieb, er nur noch ein Jahr in der Freiheit leben sollte. Die angeführten Zeilen erschienen im Juni=Heft des „Sowremennik" für 1861, und im Juli des nächsten Jahres saß er schon in der Peter=Pauls=Festung. . . . Aber man kann sich denken, mit was für einer Verachtung der Mann seinen Feinden begegnete, der im vollen Bewußtsein seiner ungeheuren Ueberlegenheit nicht einmal seinen eigenen literarischen Verdiensten irgend einen Werth beilegte. Und in der That, fast aus jeder Seite der „Polemischen Schönheiten" athmet eine kalte Verachtung für die Tadler des „Sowremennik". Insbesondere gilt dies von seiner Antwort auf die Angriffe der „Otetsch. Sapiski". Seinen Gegnern in dieser Zeitschrift ist er gar nicht böse. Er belehrt sie fast freundlich, wie ein gutmüthiger Pädagog einen Schüler, der ein Versehen begangen hat. Allerdings sagt der gute Pädagog seinem Zöglinge, indem er ihn rügt, oft sehr bittere Wahrheiten und verbirgt nicht im mindesten seine geistige Ueberlegenheit über ihn. Er thut dies aber blos im Interesse seines Zöglings. So verfährt auch Tschernischewsky. Er vergißt keinen einzigen Irrthum, kein einziges Versehen jener Zeitschrift und rügt dafür in väter= licher Weise die Redaktion. Am meisten ärgert ihn die unvorsich= tige Hitze, mit welcher sie sich in den Kampf gegen ihn gestürzt hat. Wie konntet ihr doch nur auf den Gedanken kommen, mit mir polemisiren zu wollen, — ruft er ihnen wiederholt zu, nach= dem er ihnen die vollkommene Unhaltbarkeit dieser oder jener gegen ihn erhobenen Anschuldigungen nachgewiesen hat. Gelegentlich sagt er ihnen offen heraus, daß er mehr als sie weiß, und die Dinge tiefer als sie versteht; daß sie einfach nicht im Stande sind, die von ihm in die Literatur eingeführten neuen Ideen zu würdigen. „Sie möchten wissen, wie groß meine Kenntnisse sind?" wendet er sich an den Redakteur jener Zeitschrift, der ihn nach dem Vorgang seiner Genossen einer frechen Ignoranz beschuldigte, — „darauf kann ich nur das Eine antworten: sie sind unvergleichlich größer als die Ihrigen. Und das wissen Sie ja selbst. Warum ließen Sie es also auf eine solche öffentliche Antwort ankommen? Un= überlegt, ja unüberlegt haben Sie gehandelt. Aber, bitte, sehen Sie es nicht für Stolz an: man kann wahrlich kaum darauf stolz sein, daß man mehr weiß als Sie! Und nehmen Sie doch ja nicht an, als ob ich zu Ihnen sagen wollte, Sie hätten zu wenig Kenntnisse. Nein, ein wenig wissen Sie schon, und Sie sind überhaupt ein gebildeter Mann. Warum aber polemisiren Sie so schlecht?" u. s. w. Dies wäre vielleicht zu scharf, wenn es nicht unbedingt wahr wäre.

Tschernischewsky schont jetzt auch nicht die Slavophilen, von welchen er früher mit großer Achtung sprach, weil sie die Landgemeinde vertheidigten und ihm überhaupt aufrichtige „Freunde der Aufklärung" schienen. Die Tendenzen der Slavophilen traten gegen Anfang der sechziger Jahre so klar zu Tage, daß sie jetzt eher den Namen von Obskuranten verdienten. Allerdings ver= theidigten sie nach wie vor die Landgemeinde und den bäuerlichen Grundbesitz. Aber Tschernischewsky legte jetzt keinen Werth mehr darauf. Und dazu fand man in der damaligen slavophilen Lite= ratur, außer der Vertheidigung der genannten Prinzipien, nichts als alberne Ausfälle gegen den verfaulenden und heimtückischen Westen und widrige Lobpreisungen der Orthodoxie, der Autokratie und sonstiger Herrlichkeiten der urwüchsigen russischen „Wirk= lichkeit". Und nun entschließt sich Tschernischewsky, ihnen eine Lektion zu ertheilen. Gelegenheit dazu gab das Erscheinen des „Djen", einer Zeitung von J. Aksakow, deren erste Nummern einige Ausfälle gegen den „Sowremennik" enthielten. Tscherni=

schewsky antwortete darauf mit seinem Artikel „Nationaler Unsinn". Die Grobheit des Titels erklärt er dadurch, daß er sich, über= zeugt von slavophilen Beweisgründen, entschieden habe, alle Fremd= wörter zu vermeiden, welche, ohne das Wesen der Bezeichnung zu verändern, dieser eine höflichere Form geben könnten.

Tschernischewsky war immer ein begeisterter „Sapadnik" (Anhänger des Westens). Und wenn seine Sympathien für die Landgemeinde ihn auf einige Zeit und bis zu einem gewissen Grade den Slavophilen näherten, so erkannte er nichtsdestoweniger immer die Absurdität ihres Geredes von der Verwesung des Westens und von der Regeneration der Menschheit mittelst byzan= tinischer Traditionen. Schon in den „Umrissen der Gogol'schen Periode" äußerte er sich darüber, wenn auch in milder, aber doch sehr entschiedener Weise. Die Quelle für die Meinung der slavo= philen Schriftsteller von der Verwesung des Westens und von dem Bankerott seiner Philosophie erblickte er in dem Umstand, daß die Besten unter ihnen weder mit der wirklichen Lage der Dinge in Westeuropa, noch mit der Richtung der leitenden west= europäischen Ideen bekannt waren. Für ihn ist der Westen kein siecher Greis; im Gegentheil, er ist ein Jüngling, und zwar ein kräftiger und frischer Jüngling, „welcher (durch den Mund seiner ersten Denker) spricht: etwas weiß ich schon, aber sehr Vieles habe ich noch zu erlernen, ich dürste nach noch größeren Kennt= nissen und studire ziemlich erfolgreich. . . . Ich muß noch viel arbeiten, um mir ein gesichertes, behagliches Dasein zu sichern; aber zur Arbeit bin ich immer bereit, Kräfte besitze ich genug — verzweifelt ja nur nicht an meiner Zukunft."* In der Frage über die Zukunft Westeuropas wich Tschernischewsky nicht nur von den Slavophilen ab — was sich von selbst versteht —, sondern sogar auch von Herzen, an dem die Beziehungen zu dem Moskauer slavophilen Kreise der vierziger Jahre nicht spurlos vorübergegangen waren, und der öfters die Befürchtung aussprach, daß der Westen, nachdem er sich bis zum Sozialismus vorwärts

---

* „Sowremennik", 1856, Februar. Kritik, S. 75.

gedacht hatte, nicht mehr im Stande sein werde, sein Programm zu verwirklichen, wie das alte Rom nicht im Stande gewesen sei, die Forderungen des Christenthums zu verwirklichen. Angesichts dieses angeblichen Bankerottes des Westens erschien nun selbstverständlich Rußland als das gelobte Land des Sozialismus, das berufen war, die greisenhaft gewordene Menschheit zu verjüngen.* Gerade gegen diese Anschauung Herzen's war höchst wahrscheinlich der oben erwähnte Aufsatz Tschernischewsky's „Ueber die Ursachen von Roms Untergang" gerichtet. In diesem Aufsatz sagt er gerade heraus, es sei nicht der Mühe werth, mit solchen „Sonderlingen" wie die Slavophilen über die Schicksale des Westens zu streiten, und er schreibe vielmehr für andere Menschen, die noch ihren menschlichen Verstand besitzen. Diese verständigen Menschen sind es denn auch, denen er zu beweisen sucht, daß Westeuropa keineswegs seine Kräfte erschöpfen konnte, da bis zur allerneuesten Zeit seine historischen Schicksale durch die Thätigkeit eines einzigen Standes bestimmt wurden: nämlich der Aristokratie. Sogar der Mittelstand wurde erst in einer uns sehr naheliegenden Epoche auf dem europäischen Kontingent der herrschende. Hinter dem Mittelstande aber steht noch das niedere Volk, welches bis jetzt noch keinen direkten Einfluß auf die Schicksale Europas ausgeübt hat. Welchen Grund hat man zu glauben, fragt nun Tschernischewsky, daß dieser neue Stand, nachdem einmal an ihn die Reihe gekommen ist, die historische Bühne zu betreten, nicht im Stand sein werde, die sozialen Fragen zu lösen, welche die höheren Stände nicht zu lösen vermochten? Ein solcher Glaube ist durchaus unbegründet, und folglich auch die Befürchtung für das Schicksal des Westens. Eine neue Invasion der Barbaren aber zu befürchten, ist einfach lächerlich bei der ungeheuren Ueberlegenheit der Kräfte der zivilisirten Welt. Was endlich Rußland anbelangt

---

* Auf diese Ansicht bezieht sich die bekannte scharfe Bemerkung in der ersten Auflage des „Kapital" von Marx über den „Halbrussen und ganzen Moskowiter Herzen", der den „russischen Kommunismus nicht in Rußland entdeckt hat, sondern in dem Werke des preußischen Regierungsraths Haxthausen". S. 763.

und dessen vermeintlichen Beruf, die Menschheit zu verjüngen, so deckt Tschernischewsky schonungslos das Unhaltbare einer derartigen patriotischen Selbsttäuschung auf. Nur der ländliche Gemeinde= besitz erscheint ihm als eine sympathische Eigenthümlichkeit des russischen sozialen Lebens. Aber auch diese findet keine Schonung vor seiner Kritik. Die Landgemeinde könnte wohl, meint er, der weiteren Entwicklung Rußlands einen gewissen Nutzen bringen; aber auf sie stolz sein könne man doch nicht, da sie ja ein Zeichen der ökonomischen Zurückgebliebenheit sei. Die Landgemeinde werde vielleicht den Prozeß der Entwicklung Rußlands erleichtern; den wichtigsten Anstoß aber werde doch der Westen geben, und es sei nicht unser Beruf, die Menschheit zu verjüngen — nicht einmal durch die Landgemeinde.

Und doch verkündeten die „Sonderlinge" von Slavophilen nicht nur laut die Verjüngung Europas durch den russisch=byzan= tinischen Geist, — sie stellten auch ein praktisches Programm für eine derartige Verjüngung auf. Nach dem J. Aksakow'schen „Djen" sollte Rußland damit beginnen, die Slaven mit „der Gabe eines selbständigen Daseins unter dem Schatten der Fittige des russischen Adlers" zu beglücken. Tschernischewsky weist nun nach, daß solche Ideen weiter nichts sind, als ein Produkt des „nationalen Unsinns". Erstens, will es ihm scheinen, habe der mächtige russische Adler bei sich zu Hause sehr viel russische Geschäfte zu erledigen, die er über keiner Verjüngung vergessen soll. „Wenn Ihr einen Krieg wünscht", schreibt er, „so überlegt doch zuerst, ob unsere Verhältnisse an einen Krieg denken lassen können." Zweitens, meint er, würde eine kriegerische Einmischung Rußlands alle westeuropäischen Mächte gegen die Befreiung der Slaven einnehmen: „In der europäischen Türkei giebt es ja nur zwei Millionen Türken, dagegen sieben bis acht Millionen Slaven. Könnten diese denn nicht allein mit den Türken fertig werden? ... Sie müssen nur die Zuversicht haben, von anderen Mächten in ihrer Befreiung nicht gehemmt zu werden." Wenn nun die Slavo= philen wirklich das Wohl der türkischen Slaven im Auge hätten, so würden sie die Westmächte davon zu überzeugen suchen, daß der Fall der türkischen Herrschaft in Europa nicht ein Verschlingen der Donaufürstenthümer durch Rußland und die Verwandlung Konstantinopels in eine russische Gouvernementsstadt nach sich ziehen würde. Würden dies die Slavophilen erreichen, so könnten sich die türkischen Slaven auch ohne russische Hilfe befreien. Dasselbe gilt auch für die österreichischen Slaven: „Glaubt ihr wirklich, daß den Deutschen daran gelegen wäre, Oesterreich zu unterstützen, wenn sie nicht befürchteten, daß nach dem Sturz dieses Reiches dessen östliche Hälfte an Rußlands Herrschaft fallen würde?" — „Ihr hetzt die Deutschen gegen die Befreiung der österreichischen Slaven auf", sagt Tschernischewsky zu der Redaktion des „Djen", und fügt noch hinzu, daß ihr kriegerisches Gebahren nicht durch Sympathie für die Slaven, sondern durch das Streben hervorgerufen sei, die slavischen Stämme unter die russische Herrschaft zu bringen.*

Nebenbei widerlegt auch Tschernischewsky das slavophile Gerede von einem heimtückischen und böswilligen Benehmen des Westens gegen Rußland. Aber bedenkt doch, sagt er, behandelten denn nicht alle ernsteren Organe der europäischen Presse die wichtigsten Reformen in Rußland mit großer Sympathie? Und heißt es denn Rußland Böses wünschen, wenn man mit den Fortschritten des russischen sozialen Lebens sympathisirt?

Im nächsten Jahre mußte er gegen die Slavophilen noch schärfer auftreten. Die Koryphäen des Slavophilenthums hatten nämlich die sonderbare Idee gehabt, sich an die Serben mit einer ganzen Reihe sehr naiver Belehrungen zu wenden. Diese Belehrungen waren in einer Broschüre enthalten, die den Titel führte: „An die Serben, Ein Sendschreiben aus Moskau", und unterschrieben war von sämmtlichen hervorragenden Vertretern der slavophilen Partei. Einige in dieser Broschüre enthaltene Ideen sind einfach lächerlich, andere nicht nur lächerlich, sondern auch äußerst reaktionär. So z. B. riethen die Slavophilen den Serben, Personen, die dem orthodoxen Glauben nicht angehörten, keine politischen Rechte

---

* Ueber dieselbe Frage vergl. den Aufsatz von Fr. Engels: „Die auswärtige Politik des russischen Zarenthums" in der „Neuen Zeit", Jahrgang 1890, S. 145 ff.

zu verleihen. Tschernischewsky antwortete auf dieses „Sendschreiben"
mit einem beißenden Artikel: „Die unberufenen Häuptlinge."

Zu den Auseinandersetzungen über Rußlands Verhältniß zu
den Slaven überhaupt gesellte sich noch der Streit über die Be=
ziehungen einiger slavischer Stämme zu einander. Tschernischewsky
sympathisirte immer mit den Kleinrussen. Das ablehnende Ver=
halten Bjelinsky's gegenüber der im Entstehen begriffenen klein=
russischen Literatur betrachtete er als einen großen Fehler. Im
Januarheft des „Sowremennik" für 1861 erschien von ihm ein
Aufsatz, welcher das Erscheinen des kleinrussischen Organs „Os=
nowa" begrüßte. Aber — im Gegensatz zu den Slavophilen —
mochte er den Kampf der galizischen Ruthenen gegen die Polen
nicht unbedingt billigen. Erstens gefiel es ihm nicht, daß die
Ruthenen bei der Wiener Regierung eine Stütze suchten. Sodann
gefiel ihm auch nicht die einflußreiche Rolle, die der Klerus in
der Bewegung der galizischen Ruthenen spielte: „Um weltliche
Angelegenheiten haben sich nur Laien zu kümmern." Endlich
gefiel ihm nicht die ausschließlich nationale Fassung der Frage,
in der er vor allem eine ökonomische Frage sah. In seinem
gegen das Lemberger „Slowo" gerichteten Artikel „Nationale
Taktlosigkeit" („Sowrem." 1861, Juli) bekämpfte er scharf den
Ultranationalismus dieses Organs: „Das Lemberger Organ
„Slowo" dürfte bei einer genaueren Betrachtung der wirklichen
Verhältnisse wohl einsehen, daß der ganzen Sache eine Frage zu
Grunde liegt, die mit der Nationalitätenfrage gar nichts zu thun
hat — nämlich die Ständefrage. Das Blatt dürfte dann auf beiden
Seiten Ruthenen und Polen sehen, die, obwohl verschiedener Na=
tionalität, sich in der gleichen sozialen Lage befinden. Wir glauben
nicht, der polnische Bauer wäre gegen eine Erleichterung der Ab=
gaben und überhaupt gegen eine Verbesserung der Lage der
ruthenischen Bauern. Wir glauben anderseits nicht, daß die
Gesinnung der Gutsbesitzer ruthenischer Nationalität in dieser Frage
sehr stark von der Gesinnung der polnischen Gutsbesitzer abweicht.
Wenn wir nicht irren, liegt die Wurzel der galizischen Frage in
den gesellschaftlichen, nicht in den nationalen Verhältnissen."

Die gegenseitige Feindschaft der unter Oesterreichs Herrschaft lebenden Nationalitäten mußte Tschernischewsky um so taktloser erscheinen, als damals, wie auch früher, die Wiener Regierung daraus große Vortheile zog. Die österreichischen Deutschen, die Tschechen, die Kroaten, und wie wir sahen, die Ruthenen schienen ihm alle in gleicher Weise „verständnißlos" zu sein. Insbesondere fürchtete er, die 1848 und 1849 bewährte slavische „Verständniß= losigkeit" könnte wieder zu weit gehen. Im Anfange der sechziger Jahre führte nämlich Ungarn einen hartnäckigen Kampf gegen die reaktionären Wiener Zentralisten. Die Unzufriedenheit der Ungarn erreichte einen so hohen Grad, daß man eine Zeit lang dort eine revolutionäre Explosion erwarten konnte. Unser Verfasser sprach nun nicht selten die Befürchtung aus, die österreichischen Slaven würden sich im Falle einer revolutionären Bewegung in Ungarn wieder als gefügige Werkzeuge der Reaktion erweisen. Die da= malige Taktik vieler slavischer Stämme war so recht geeignet, derartige Befürchtungen zu steigern, da sie sich vielfach der schnöden Rolle rühmten, die sie in den Ereignissen von 1848/49 gespielt hatten. Indem Tschernischewsky eine solche Taktik scharf verurtheilte, suchte er zu beweisen, daß es für sie im Gegentheil viel vortheilhafter wäre, die Feinde der Wiener Regierung zu unterstützen, da sie von jenen sehr wesentliche Konzessionen er= langen könnten. Er sprach dies aus von den Beziehungen der Kroaten zu den Ungarn und wiederholte es auch den Ruthenen.

Endlich ging in Russisch=Polen, gerade zur Zeit, als er mit dem „Slowo" polemisirte, ebenfalls eine starke politische Bewegung vor sich, zu der er sich sehr sympathisch verhielt. Und schon deßhalb allein mußten ihm die Ausfälle der ruthenischen Unter= thanen des Hauses Habsburg gegen die Polen taktlos und un= zeitig erscheinen.

Zweige der revolutionären polnischen Organisation existirten auch in Petersburg, wo Tschernischewsky fast ständig wohnte. Stand er in irgend welchen bestimmten formellen Beziehungen zu den polnischen Revolutionären? Vorläufig besitzen wir keine An= zeichen dafür. Es ist wohl möglich, daß die polnischen Historiker jener Epoche zur Aufklärung dieser Frage Manches beitragen könnten. Von der russischen Literatur läßt sich in dieser Beziehung aus sehr leicht verständlichen Ursachen gar nichts erwarten. Wir wollen uns hier nicht in Vermuthungen einlassen und begnügen uns mit der Anführung einiger Stellen aus seinen Werken, welche die allgemeinen Sympathien Tschernischewsky's mit der polnischen Sache bekunden. Aber auch solcher Stellen giebt es wenig.

Der Roman „Prolog zum Prolog" kommt hierbei kaum in Betracht. Dort werden nur die freundlichen Beziehungen Wolgin's (Tschernischewsky's) zu Sokolowsky (d. h. zu dem bekannten polnischen Revolutionär Sierakowsky, der später von Murawjew auf den Galgen gebracht wurde) geschildert. Wolgin preist an Sokolowsky die rückhaltlose Ueberzeugungstreue, die Selbstlosigkeit und Selbstbeherrschung, die sich mit der leidenschaftlichen Heftigkeit des wahren Agitators vereinigen. Wolgin nennt ihn einen echten Mann und meint, daß die russischen Liberalen von ihm Manches zu lernen hätten. So interessant nun dies Alles an sich auch ist, die etwaigen praktischen Beziehungen Tschernischewsky's zur polnischen Sache werden dadurch nicht im mindesten aufgehellt. — Und auch aus seinen Aufsätzen, die in dem der Zensur unterstellten „Sowremennik" erschien, läßt sich nur so viel entnehmen, daß er gelegentlich stets zu Gunsten Polens sich aussprach. Gegen die Angriffe der russischen offiziellen Schriftsteller vertheidigte er sogar die alte polnische Staatsordnung, mit welcher er doch, bei seinen demokratischen Anschauungen, nicht stark sympathisiren konnte. Aber er rühmt an ihr diejenigen Seiten der sozialen Verhältnisse, auf welche er in seinen früheren Aufsätzen keinen Werth legte. Wie wir bereits wissen, äußerte er in seinem Aufsatz „Die Parteikämpfe in Frankreich" eine vollständige Gleichgiltigkeit gegen alle politischen Formen. Als er jenen Aufsatz schrieb (1858), schien es ihm, daß ein Demokrat sich nur mit der Aristokratie nicht versöhnen könne, und daß ein solcher Sibirien höher als England stellen müsse trotz der politischen Freiheit des letzteren Landes; denn in Sibirien sei das „gemeine

7*

Volt" angeblich materiell besser daran, als in England. Nun=
mehr betrachtet Tschernischewsky die Frage der politischen Ein=
richtungen von einem ganz anderen Standpunkt. Das alte Polen
zieht ihn durch seine politische Freiheit an: „In der vollständigen
Abwesenheit einer bureaukratischen Zentralisation in Polen —
schreibt er in einer Besprechung des damals eben erschienenen
„Archivs des südwestlichen Rußland" — offenbart sich das Streben
nach Verwirklichung einer anderen Gesellschaftsordnung, als die=
jenige, zu welcher andere Mächte gelangten (hier ist natürlich das
Moskowitische Reich gemeint) — einer Ordnung, die nicht auf
einer Opferung des Individuums für die abstrakte Idee des
Staates beruht, sondern auf der Vereinigung freier Persönlich=
keiten zum Zweck des allgemeinen Wohls. . . . Hier ist jede
gesellschaftliche That das Resultat des gesellschaftlichen Gedankens;
hier geht der ewige Kampf der Anschauungen und der Ueber=
zeugungen aus dem Gebiete des Gedankens und des Wortes
direkt in die Lebenserscheinungen über." Freilich war die pol=
nische Gesellschaft durchaus aristokratisch, „aber der privilegirte
Kreis hätte sich mehr und mehr erweitern und die unbeachtete,
verstoßene, aller Rechte beraubte Volksmasse in sich aufnehmen
können, wenn nur die politischen Anschauungen sich entwickelt
hätten und bis zu allgemein menschlichen Ideen herangewachsen
wären, die nicht durch vorübergehende, sie beschränkende Vor=
urtheile gebunden waren."* Bis zu einer solchen Verherrlichung
des alten Polen gingen selbst die polnischen Demokraten nicht
immer. Lief ja doch die ganze Frage eben darauf hinaus, wie
die polnischen Magnaten zur Anerkennung der „allgemein mensch=
lichen" Ideen gebracht werden könnten.

Auch in der Frage über die geschichtlichen Resultate der
Vereinigung des Großfürstenthums Litthauen mit Polen wichen
die Ansichten Tschernischewsky's weit von denen der russischen
offiziellen Historiker ab. „War denn wirklich die Lage von Weiß=
rußland zur Zeit eines Olgerd, eines Lubart, eines Skirigajlo,

* „Sowremennik", 1861, April. Bibliographie, S. 443 ff.

eines Switrigajlo* eine beſſere als unter den Sigismunden im
16. und 17. Jahrhundert?" — entgegnet er den Hiſtorikern,
welche die Vereinigung des weſtlichen Rußland mit Polen (1569)
als die einzige Urſache aller Uebel in Weſtrußland hinſtellten:
„Es iſt hohe Zeit, daß wir aufhören, einſeitig und ungerecht gegen
Polen zu ſein —, geben wir wenigſtens zu, daß deſſen Ein=
fluß auf Weſtrußland in Bezug auf die Aufklärung wohlthätig
war. Vergleichen wir die intellektuelle Bildung in dem Theil Ruß=
lands, welcher mit Polen vereinigt war, mit der jenes Theiles
unſeres allgemeinen ruſſiſchen Vaterlandes, welcher unberührt von
fremden Einflüſſen blieb — des Moskowitiſchen Staates. Kam
denn die Aufklärung im 17. Jahrhundert nach Moskau nicht aus
Kleinrußland, und war ſie es denn nicht, die unſere ganze ſpätere
Bildung vorbereitete? Und war ſie denn in Kleinrußland nicht
unter Polens Einfluß aufgewachſen?"

Auch an der Poloniſirung Weſtrußlands tragen nach Tſcherni=
ſchewsky nicht die Polen die Schuld. Beſaßen doch die höheren
Klaſſen in Weſtrußland alle Rechte und alle Mittel, um ihren
Glauben und ihre Sprache beibehalten und um ihr — übrigens
ja von ihnen ſelbſt geknechtetes — Volk vor Erniedrigung be=
wahren zu können. Wenn nun trotzdem die weſtruſſiſche Ariſto=
kratie vollkommen poloniſirt worden iſt, ſo iſt ſie und nur ſie
allein dafür verantwortlich zu machen: „Wenn Ihr ſelbſt Euch
zu wehren nicht verſtanden habt, ſo ſollt Ihr nicht Eure Schuld
auf Andere abwälzen wollen."

VIII.

Die revolutionäre Stimmung der polniſchen Geſellſchaft fiel
zuſammen mit einer ſtarken Gährung innerhalb der oppoſitionellen
Kreiſe in Rußland. Es gährte unter den Studenten, es ent=
ſtanden geheime Verbindungen, die Flugblätter verbreiteten und

---

* Olgerd, Lubart u. ſ. w. waren litthauiſche Fürſten. Der größte
Theil der Bevölkerung Litthauens beſtand aus Ruſſen: Kleinruſſen und
Weißruſſen.

einen allgemeinen Aufstand der mit den Bedingungen ihrer „Befreiung" nicht zufriedenen Bauern erwarteten. Alle diese „Unruhen" griffen unmittelbar in die Lebensschicksale Tscherni-schewsky's ein.

Zu jener Zeit, erzählt der verstorbene Schelgunow in seinen Erinnerungen, „ging überhaupt die Verbreitung von Flugblättern mit großer Kühnheit und ziemlich offen vor sich. Es kam vor, daß man Bekannten mit vollgestopften Taschen begegnete, die auf die Frage: „Was haben Sie da", ganz ruhig antworteten: „Flugblätter", — als würde es sich um irgend eine legale, ja offiziell gebilligte Druckschrift handeln. Oder: in euer Zimmer trat ein Bekannter ein, welcher, ohne ein Wort zu sagen, ja sich verstellend, als habe er euch gar nicht erkannt, euch ein Bündel Flugblätter zustellte, um sich darauf eilig mit derselben Inkognito-Miene davon zu machen. Flugblätter wurden im Theater auf den Sitzen in der Form von Theaterzetteln ausgebreitet, in den Konzertsälen an die Wände geklebt, ja, wie man erzählt, sogar den Leuten in die Taschen gesteckt; und was das Flugblatt „An die junge Generation" betrifft, so soll dieses von einem Herrn, der auf einem weißen Traber durch den Newsky (die Hauptstraße in Petersburg) ritt, rechts und links ausgestreut worden sein. Endlich wurden Flugblätter per Post versendet. Mit besonderer Kühnheit wurde auch das Flugblatt „An die Offiziere" verbreitet. Es geschah dies am Ostersonntag während der Frühmesse, und es soll sogar in den Kirchen vertheilt worden sein." Derselbe Schelgunow bemerkt, die Bedeutung aller dieser Flugblätter hätte einfach darin gelegen, daß sie „einen Akt der Kühnheit darstellten und den Eindruck von knallenden Petarden machten". Das ist richtig. Die arbeitende Bevölkerung Petersburgs wird sicherlich das auf den Straßen ausgestreute Flugblatt „An die junge Generation" gar nicht verstanden haben.* Indeß schon allein die Kühnheit,

* Das bedeutendste unter allen damaligen Flugblättern ist: „Das Junge Rußland", welches die studirende Jugend („unsere hauptsächliche Stütze") aufforderte, sich auf eine „blutige und unerbittliche Revolution"

mit der die Flugblätter verbreitet wurden, mußte bei der Re=
gierung den Glauben hervorrufen, daß hinter den Vertheilern
der Flugblätter eine große revolutionäre Macht stehe. Dies gab
einen vortrefflichen Anlaß, jene „milde Maßregeln" zu ergreifen,
mit deren Hilfe die russische Regierung ihre Gegner zur Raison
zu bringen pflegt. Es wurden Verhaftungen ins Werk gesetzt.
Unmittelbar am Tag nach der Verbreitung des Flugblattes „An
die junge Generation" (im Herbst 1861) wurde einer der hervor=
ragendsten Mitarbeiter des „Sowremennik", M. J. Michajlow,
verhaftet. Dieses Ereigniß rief eine starke Aufregung in den
literarischen Kreisen Petersburgs hervor. Ein paar Tage darauf
versammelten sich bei dem Herausgeber der Zeitschrift „Rußkoje
Slowo", Graf Kuscheljew, fast sämmtliche Petersburger Schrift=
steller, um über etwaige Maßnahmen zu Gunsten des Verhafteten
zu berathschlagen. Es wurde beschlossen, dem Minister der Volks=
aufklärung (zu dessen Ressort damals die Presse gehörte) eine
Petition einzureichen mit der Bitte, für Michajlow sich verwenden
zu wollen. Der Minister (der bereits oben erwähnte Admiral
Putjatin) nahm die Petition an, wenn auch mit der Bemerkung
an die Abgeordneten, es gebe in Rußland keine Schriftsteller=
Klasse. Dagegen befahl der liberale Alexander II. die Ab=

---

mit dem Schlachtruf: „Es lebe die russische soziale und demokratische Re=
publik!" vorzubereiten. In diesem Flugblatte wurden sowohl die Zaren=
familie, wie auch die ganze „kaiserliche Partei" dem Untergang geweiht.
Die liberalen Verfassungsfreunde werden sehr feindselig behandelt. Als Vor=
bild werden den russischen Revolutionären die großen französischen Terro=
risten des vorigen Jahrhunderts hingestellt. Die revolutionäre Partei müsse
die politische Gewalt an sich reißen, um „mit deren Hilfe die ökonomische
und soziale Ordnung sobald als möglich auf anderen Grundlagen aufzu=
bauen". Herzen bemerkte über dieses Flugblatt in seinem „Kolokol" mit
Recht: „Zu den Waffen rufen darf man erst unmittelbar vor der Schlacht",
und „jeder vorzeitige Aufruf ist eine an den Feind gerichtete Warnung
und die Bloßstellung der eigenen Schwäche". — Aber freilich: die dama=
ligen russischen Revolutionäre glaubten ja eben bereits „unmittelbar vor
der Schlacht" zu stehen. Sie begriffen nicht, daß von einer Revolution
nicht die Rede sein kann, solange die studirende Jugend die „hauptsächliche
Stütze" der Revolutionäre ist.

geordneten zu verhaften.* Unterdessen saß Michajlow in der
Festung und setzte die Untersuchungsrichter durch seine scharfen
und wahrheitsgetreuen Antworten in Erstaunen. Er bekannte
sich zu einem der Flugblätter und erklärte, daß er von ganzem
Herzen die in Rußland bestehende Ordnung hasse und ungeduldig
den Sturz der zarischen Regierung erwarte. Der Senat verurtheilte ihn zu fünfzehn Jahren Zwangsarbeit in den Berg-
werken (die schwerste Art von Zwangsarbeit). Der Zar setzte
die Strafe auf sieben Jahre herab; das war sehr großmüthig,
die Hauptsache aber war erreicht: einer der ersten „Rädelsführer" der revolutionären Bewegung war beseitigt. Bald sollte
die Reihe an den allerersten „Rädelsführer" kommen, an Tschernischewsky.

Die Studentenunruhen von 1861, die großes Aufsehen
erregten, wurden dadurch hervorgerufen, daß die Regierung
Alexander II. selbst in den Flitterwochen ihres Liberalismus, wie
bereits gesagt, es nicht über sich bringen konnte, auch nur den
Schatten der akademischen Freiheit zu dulden. Im Jahre 1856
war zum Kurator des Petersburger Lehrbezirks Fürst G. A. Schtscher-
batow ernannt worden, eine Art Liberaler. Er hatte den Studenten erlaubt, eine Kasse, eine Bibliothek nebst Lesezimmer zu
gründen und ihr „Archiv" herauszugeben. Um alle diese Zweige
der studentischen Wirthschaft zu leiten, wurden Versammlungen
abgehalten, die ihre Vertrauensmänner wählten. Die Studenten
begannen ein korporatives Leben zu führen. Das gefiel jedoch
der Regierung nicht. Im Jahre 1860 mußte Fürst Schtscher-
batow demissioniren und an seine Stelle trat der kaukasische
General Philippson. Nun begann man den Studenten „die Zügel
straffer anzuziehen". Die Studentenversammlungen wurden verboten, ebenso die öffentlichen Vorträge, welche von den Professoren
zu Gunsten der Studentenkasse gehalten wurden, die Kasse selbst,
wie auch die den Studenten gehörende Bibliothek wurden ge-
schlossen. Dem korporativen Leben der Studenten wurde ein

---

* Uebrigens „begnadigte" er sie später.

Ende gemacht, und zugleich wurden Maßnahmen getroffen, um den Zudrang von Studirenden zu der Universität einzudämmen (zu jener Zeit zählte die Petersburger Universität 1500, in den letzten Regierungsjahren des Nikolaus blos 300 Studenten); der Universitätsrath durfte den Studenten nicht mehr die Kollegien= gelder erlassen. So sah das neue Universitätsreglement aus, ersonnen vom „aufgeklärten Seefahrer", dem Minister der Volks= aufklärung, Admiral Putjatin. Die besten Professoren der Petersburger Universität beeilten sich zu demissioniren, die Stu= denten aber begannen, trotz des Verbots, geräuschvolle Versamm= lungen abzuhalten. Es kam sogar zu einer Demonstration der Studenten, die sich zum Kurator Philippson begeben hatten, um ihn zur Rede zu stellen. Seinen martialischen Erinnerungen getreu, appellirte dieser an die Militärgewalt. Dabei kam es zu einem Straßenzusammenstoß zwischen den Studenten und den Soldaten. Die Universität wurde für eine Zeit lang ge= schlossen, von den Studenten wurden so viele verhaftet, daß nicht alle in der Peter=Pauls=Festung Platz finden konnten und die Ueberzähligen nach Kronstadt mit Dampfschiffen gebracht werden mußten.

Dies alles ereignete sich im Jahre 1861, und im Früh= ling des folgenden Jahres fanden in Petersburg zahlreiche und furchtbare Brände statt, welche die Regierung den „Nihilisten" in die Schuhe schob. Die reaktionäre Presse jammerte von der Nothwendigkeit strenger Maßregeln und denunzirte in der unverblümtesten Weise Tscheruischewsky und seine Gesinnungs= genossen.

Dagegen gab Tschernischewsky seinen Artikeln einen immer revolutionäreren Charakter. Er, der es einst für möglich und nütz= lich gehalten hatte, die Regierung über ihren eigenen Vortheil in der Sache der Bauernemanzipation aufzuklären, dachte jetzt nicht mehr daran, sich an die Regierung zu wenden. Alle Unterhand= lungen mit ihr, alle Hoffnungen auf sie schienen ihm mit Recht eine höchst schädliche Selbsttäuschung zu sein. In dem Aufsatze „Ein russischer Reformator", geschrieben aus Anlaß eines Buches von Baron M. Korf „Das Leben des Grafen Speransky"*, weist Tschernischewsky eingehend nach, daß kein Reformator, welcher ernste soziale Reformen durchführen will, in Rußland auf die Regierung rechnen kann. Um so weniger können die Revolutionäre auf sie rechnen. Speransky wurde von seinen Feinden ein Revolutionär genannt, — diese Benennung erscheint Tschernischewsky lächerlich. Speransky hatte allerdings wirklich sehr weitgehende reformatorische Pläne im Auge, aber „es ist lächerlich, Speransky einen Revolutionär zu nennen, wenn man die Mittel ins Auge faßt, die er zu benutzen gedachte, um seine Projekte durchzuführen." Seine einzige Stütze war das Zutrauen des Kaisers Alexander. Auf dieses Zutrauen gestützt, glaubte er auch seine Reformen durchführen zu können. Und eben darum war er in Tschernischewsky's Augen ein schädlicher Träumer. Die Träumer sind oft einfach lächerlich, ihre Selbsttäuschungen sind oft sehr harmloser Natur, aber sie „können der Gesellschaft schädlich werden, wenn sie sich in ernsten Dingen Selbsttäuschungen hingeben. Durch ihren begeisterten Eifer erzielen sie einige scheinbare Erfolge auf einem falschen Weg, wodurch Viele irregeleitet werden, indem sie durch diese angeblichen Erfolge veranlaßt werden, dieselbe falsche Bahn zu betreten. In dieser Hinsicht kann Speransky's Thätigkeit als eine schädliche bezeichnet werden."**

Indem Tschernischewsky der Jugend — natürlich andeutungsweise — die Nothwendigkeit einer revolutionären Handlungsweise nahe legte, betonte er zugleich, daß ein Revolutionär, um seine Zwecke zu erreichen, oft Schritte thun müsse, die für einen ehrlichen Mann bei der Verfolgung rein persönlicher Zwecke schlechterdings unstatthaft seien. So geht er, noch im Januar 1861, in der Besprechung eines Buches des amerikanischen Oekonomen Carey, unerwarteter Weise zu Betrachtungen über die bekannte jüdische

---

* Ein bekannter liberaler Staatsmann unter Alexander I., der 1812 in die Verbannung gehen mußte, nachdem er mit knapper Noth der Todesstrafe entgangen war, die auf Befehl des Zaren über ihn verhängt werden sollte.

** „Sowremennik", 1861, Oktober. Russische Literatur, S. 249, 250.

Heldin Judith über und rechtfertigte ihre That mit warmen Worten: „Der historische Weg ist nicht das Trottoir des Newsky Prospekt; er führt durchweg über bald staubige, bald kothige Felder, bald durch Sümpfe, bald durch dichten Wald. Wer sich scheut, mit Staub bedeckt zu werden und seine Stiefel zu beschmutzen, der bleibe der öffentlichen Thätigkeit fern: sie ist eine für die Menschen wohlthätige Beschäftigung, wenn man dabei wirklich das Wohl der Menschen im Auge hat, sie ist jedoch eine nicht ganz saubere Beschäftigung. Aber freilich läßt sich die sittliche Reinheit ver= schieden auffassen: Mancher mag vielleicht der Meinung sein, Judith z. B. habe sich nicht befleckt. . . . Versuchet euren Gedanken= kreis zu erweitern — und ihr werdet euch in vielen Einzelfällen zu ganz anderen Handlungen verpflichtet sehen, als diejenigen sind, welche ihr bei der isolirten Betrachtung derselben Fälle als eure Pflicht betrachten würdet."

Als die Regierung im Anfang der sechziger Jahre die Zensur= schranken etwas erweiterte und der Presse erlaubte, sich über die Frage einer neuen Zensurordnung auszusprechen, da beeilte sich Tschernischewsky, seine Meinung darüber abzugeben, eine Meinung, die sehr von den hergebrachten liberalen Ansichten abwich. Zwar verspottet er selbst beißend die Leute, welche glauben, daß der Druckerpresse irgend eine spezifische unheilvolle Kraft beiwohne, so eine Art Kraft, wie die der Tollkirsche, der Schwefelsäure, des Knallsilbers u. s. w. Jedoch giebt er zu, daß es Epochen gebe, wo die Presse der Regierung eines Landes nicht minder gefährlich sei, als Kartätschen. Das sind nämlich solche Epochen, wo die Interessen der Regierung nicht mit den Interessen der Ge= sellschaft übereinstimmen und also ein revolutionärer Ausbruch im Anzuge ist. In einer solchen Situation hat die Regierung allen Grund, die Presse einzuschränken, weil diese gleich anderen gesellschaftlichen Kräften ihren Sturz vorbereitet. In einer solchen Lage befanden sich fast alle französischen Regierungen, die in diesem Jahrhundert einander so oft ablösten. Dies alles ist von Tschernischewsky sehr umständlich und ruhig ausgeführt. Von der russischen Regierung ist bis zum Ende des Artikels gar keine Rede.

Aber am Schluß fragt Tschernischewsky unerwartet den Leser: nun, und wenn es sich erweisen würde, daß hier in Rußland wirklich Preßgesetze nöthig seien? „Dann würden wir noch einmal die Namen Obskuranten, Fortschrittsfeinde, Freiheitshasser, Verherrlicher des Despotismus u. s. w. erhalten, wie wir uns schon oft solchem Tadel auszusetzen hatten." Daher will er auch nicht die Frage untersuchen, ob in Rußland spezielle Preßgesetze nöthig seien oder nicht. „Wir fürchten, daß uns eine gewissenhafte Untersuchung zu der Antwort führen würde: ja, sie sind nöthig."* Die Schlußfolgerung ist klar: sie sind nöthig, weil Rußland in die revolutionäre Periode seiner Entwicklung getreten ist.

In demselben Märzheft des „Sowremennik" erschien auch ein kleinerer polemischer Artikel: „Hat man etwas gelernt?" Gelegenheit dazu gaben die oben geschilderten Studentenunruhen. Tschernischewsky vertheidigt dort die Studenten gegen den ihnen von den „Konservativen" gemachten Vorwurf, daß sie nicht studiren wollten, und sagt nebenbei der Regierung manche bittere Wahrheit. Den nächsten Anlaß zu dieser Polemik gab der Artikel eines unbekannten Autors „Lernen oder nicht lernen?", welcher in den „St. Petersburger Akademischen Nachrichten" erschien. Tschernischewsky antwortet nun darauf, daß diese Frage in Bezug auf die Studenten keinen Sinn habe, da diese immer lernen wollten und nur von den einschränkenden Universitäts-Reglements daran verhindert würden. Diese Reglements wollten die Studenten — Menschen, die in einem Alter stehen, in dem nach den russischen Gesetzen ein Mann heirathen, in den Staatsdienst aufgenommen werden und „Kommandant einer militärischen Abtheilung" sein darf — wie kleine Schuljungen behandeln. Kein Wunder also, daß sie dagegen protestirten. Man untersagt ihnen selbst solche durchaus harmlose Organisationen, wie kameradschaftliche Hilfskassen, die aber bei der schlechten materiellen Lage der meisten Studenten unbedingt nothwendig seien. Die Studenten könnten nicht anders, als sich gegen solche Reglements auflehnen, weil es sich hier um ein „Stück

---

* „Sowremennik", 1862, März. Die französischen Preßgesetze.

Brot und um die Möglichkeit des Besuchs der Vorlesungen handelt:
dieses Brot, diese Möglichkeit wurde ihnen genommen". Tschernischewsky sagt offen heraus, daß es gerade der Zweck der Universitäts-
Reglements sei, der größten Anzahl derer, die studiren wollen,
die Möglichkeit des Studirens zu nehmen. „Wenn der Autor
des Artikels oder seine Gesinnungsgenossen es für nöthig halten,
das Gesagte zu widerlegen, so mögen sie die Dokumente veröffent-
lichen, welche sich auf die Berathungen beziehen, aus denen jene
Reglements hervorgegangen sind."

Der anonyme Autor des Artikels „Lernen oder nicht lernen?"
warf nicht nur den Studenten, sondern auch der ganzen russischen
Gesellschaft vor, daß sie nichts lernen wolle. Dies benützte nun
Tschernischewsky, um die Diskussion über die Universitätsunruhen
auf einen allgemeineren Boden hinüberzuleiten. Sein Gegner gab
zu, daß einige Anzeichen allerdings dafür sprächen, daß die russische
Gesellschaft lernen möchte. Das bewiesen nach seiner Meinung
„Hunderte" von neu entstandenen Zeitschriften und „Dutzende von
Sonntagsschulen". „Hunderte von neuen Zeitschriften! Wo hat
denn der Autor diese Hunderte hergenommen?" — ruft Tscherni-
schewsky aus. — „Allerdings aber brauchten wir wirklich Hunderte.
Und will der Autor vielleicht wissen, warum nicht Hunderte von
neuen Zeitschriften entstehen, wie es eigentlich sein sollte? Weil
es Dank unserer Zensur nirgends einer lebensfrischen periodischen
Zeitschrift möglich ist, zu existiren, als etwa in einigen größeren
Städten. Jede reiche Handelsstadt sollte einige, wenn auch kleine
Zeitungen haben; in jedem Gouvernement sollten wenigstens einige
lokale Blättchen erscheinen. Aber sie existiren nicht, weil sie nicht
existiren können. . . . Dutzende von Sonntagsschulen. . . .
Das ist schon nicht übertrieben, nicht so wie Hunderte von
neuen Zeitschriften: in einem Reiche, das mehr als sechzig
Millionen Einwohner zählt, kann man die Sonntagsschulen wirklich nur zu Dutzenden zählen. Und doch sollten ihrer Tausende
und Abertausende sein, und es könnten auch wirklich so viele entstehen und schon jetzt wenigstens einige Tausend existiren. Warum
sind es aber nur Dutzende? Weil sie so verdächtigt, so ein-

geschränkt und eingeschnürt sind, daß selbst den hingebendsten Menschen alle Lust am Unterrichten vergeht."

Nachdem aber der anonyme Autor in der Existenz von „Hunderten" von neuen Zeitschriften und von „Dutzenden" von Sonntagsschulen die scheinbaren Anzeichen für die Thatsache gesehen, daß die Gesellschaft lernen möchte, beeilte er sich hinzuzufügen, daß diese Anzeichen trügerisch seien. „Da hört man Geschrei auf den Straßen" — erzählt er melancholisch — „man sagt, da und dort sei dies und das geschehen; unwillkürlich läßt man den Kopf hängen und wird enttäuscht...." — „Erlauben Sie, Herr Autor", — erwidert nun Tschernischewsky — „welches Geschrei hören Sie denn auf den Straßen? Das Schreien der Schutzleute und der Polizeilieutenants? — das hören wir auch. Sprechen Sie etwa davon? Man sagt, da und dort sei dies und das geschehen ... was z. B. eigentlich? Dort geschah ein Diebstahl, hier eine Ueberschreitung der Amtsgewalt, da wurde ein Schwacher bedrückt, hier ein Starker begünstigt — davon wird unaufhörlich gesprochen. Ueber dieses Schreien, welches Alle hören, und über diese täglichen Gespräche muß man allerdings wirklich unwillkürlich den Kopf hängen lassen und enttäuscht werden."

Der Ankläger der Studenten beschuldigte sie ferner der Unduldsamkeit gegen andere Meinungen und auch dessen, daß sie bei ihren Protestationen zu Pfeifen, faulen Aepfeln und dergleichen „Straßenwaffen" griffen. Tschernischewsky entgegnet ihm, daß „Pfeifen und faule Aepfel nicht als Straßenwaffen gebraucht werden: als solche dienen Bajonette, Gewehrkolben, Säbel". Er empfiehlt seinem Gegner, darüber nachzudenken, „ob die Studenten diese Straßenwaffen gegen Jemand gebraucht haben, oder ob sie vielmehr gegen die Studenten gebraucht worden sind ... und ob es wirklich nöthig gewesen sei, diese gegen die Studenten zu gebrauchen".

Man wird verstehen, daß derartige Artikel Tschernischewsky's einen großen Eindruck auf die russischen Studenten machen mußten. Als später, am Ende der sechziger Jahre, sich die Studentenunruhen wiederholten, wurde jener Artikel als die beste Vertheidigung der gerechten Forderungen der Studenten in ihren Versammlungen vorgelesen.

„gegeben" worden war, entdeckte nicht selten mit Entsetzen, daß ihr gesetzlicher „Besitzer" ein Obskurant, bestechlich und ein niedriger Schmeichler seiner Vorgesetzten sei. Ein Mann, der früher im vollen Genusse des „Besitzes" einer schönen Frau gewesen war und der, ohne es zu wollen, von dem Strom der neuen Ideen berührt wurde, bemerkte oft mit Verzweiflung, daß sein schönes Spielzeug sich keineswegs für „neue Menschen" und „neue Ideen" interessirte, sondern für neue Toiletten und für Tänze, und auch noch für die Beamtentitel und für den Gehalt ihres Mannes. Vergebens sind alle Auseinandersetzungen und Mahnungen: die Schöne verwandelt sich in eine wahre Megäre, sobald der Mann etwa hervorzustammeln versucht, er möchte zwar dem Staate dienen, es ekle ihn aber an, ein Bedienter zu sein. Was da beginnen? Was thun? Der berühmte Roman zeigte dies. Unter dessen Einfluß begannen die Menschen, die sich früher für das rechtmäßige Eigenthum Anderer hielten, mit Tschernischewsky auszurufen: „O Schmutz! o Schmutz! wer darf einen Menschen besitzen!" — in ihnen wurde das Bewußtsein ihrer Menschenwürde wach, und oft stellten sie sich, nach den furchtbarsten Seelen- und Familienstürmen, auf eigene Füße, richteten ihr Leben ihren Ueberzeugungen gemäß ein und strebten bewußt einem vernünftigen, menschlichen Ziele zu. Und schon darum allein kann man wohl sagen, daß Tschernischewsky's Name der Geschichte angehört; den Menschen wird er theuer sein und mit Dankbarkeit werden sie seiner gedenken, wenn auch Niemand mehr am Leben sein wird, der den großen russischen Aufklärer persönlich gekannt hat.

Die Obskuranten beschuldigten Tschernischewsky, daß er in seinem Roman die „Emanzipation des Fleisches" gepredigt habe. Nichts Unsinnigeres und Heuchlerischeres als diese Beschuldigung! Man nehme nur einen beliebigen Roman aus der großen Welt, man erinnere sich der Liebesabenteuer des Adels und der Bourgeoisie in allen Ländern und bei allen Völkern — und man wird sehen, daß Tschernischewsky es nicht nöthig hatte, die schon lange zur Thatsache gewordene Emanzipation des Fleisches zu predigen.

Sein Roman predigt im Gegentheil die Emanzipation des
menschlichen Geistes, der menschlichen Vernunft. Wer
von den Ideen dieses Romans durchdrungen ist, wird nie zu
Boudoirabenteuern Neigung fühlen, ohne welche ja den, von einer
heuchlerischen Achtung für die landläufige Moral erfüllten Salonmenschen das Leben kein Leben mehr ist. Die Obskuranten sehen
wohl den streng=sittlichen Charakter des Tschernischewsky'schen
Werkes ein, und sind auf dasselbe gerade wegen seiner sittlichen
Strenge so böse zu sprechen. Sie fühlen, daß Menschen, wie
die Helden von „Was thun?“ sie für Wüstlinge halten und gegen
sie die tiefste Verachtung hegen müssen.

Selbstverständlich wird die sogenannte Frauenfrage weder
durch das Beispiel von Lucretia Floriani, noch durch das von
Wjera Pawlowna gelöst. Den Schöpfern der betreffenden Werke
wird aber dennoch stets das Verdienst gebühren, eine neue Auffassung von der Frau verbreitet zu haben.

XI.

Wir wissen es, — die Verbreitung der erhabenen Ideen der
Wahrheit, der Wissenschaft, der Kunst war das hauptsächlichste,
man kann sogar sagen, das einzige Lebensziel unseres Verfassers.
Diesem Ziele diente nun auch der Roman „Was thun?“ Es
wäre irrig, diesen Roman ausschließlich als eine Predigt vernünftiger Beziehungen zwischen Mann und Frau zu betrachten. Die
Liebe Wjera Pawlowna's zu Lopuchow und Kirsanow dient nur
als Untergrund für andere wichtigere Gedanken des Verfassers.
Wir sprachen schon von den Genossenschaften, die Wjera Pawlowna einrichtete. Indem der Verfasser sie diese Thätigkeit ergreifen ließ, wollte er seinen Anhängern die praktischen Aufgaben
der Sozialisten in Rußland andeuten. Und in Wjera Pawlowna's
„Traumgesichtern“* malen sich seine sozialistischen Ideale mit

---

* Er wird diese Form wohl mit Rücksicht auf die Zensur gewählt
haben. Daher werden denn auch der Wjera Pawlowna gar viele Traumgesichter zu Theil.

hellen Farben aus. Das Bild eines sozialistischen Gemeinwesens wird von ihm ganz nach Fourier geschildert. Er bietet den Lesern nichts Neues. Er macht sie nur mit den Resultaten bekannt, zu denen schon lange vor ihm der westeuropäische Gedanke gelangt war. Dabei muß wiederum bemerkt werden, daß Fourier's Anschauungen schon in den vierziger Jahren in Rußland bekannt waren. Wegen Fourierismus wurden die „Petraschewzy" vor Gericht gestellt und verurtheilt. Aber erst Tschernischewsky gab Fourier's Ideen eine in Rußland noch nie dagewesene Verbreitung. Er machte das große Publikum mit ihnen bekannt. Später zuckten selbst die Anhänger Tschernischewsky's mit den Schultern, wenn auf Wjera Pawlowna's Traumgesichter die Rede kam. Das Phalanstère, von welchem sie träumte, schien einigen später eine sehr naive Träumerei zu sein. Man meinte, der berühmte Schriftsteller hätte dem Leser etwas Naheliegenderes und Praktischeres bieten können. So raisonnirten selbst Leute, die sich Sozialisten nannten. Wir gestehen, daß wir die Sache ganz anders auffassen. In Wjera Pawlowna's Traumgesichtern erblicken wir eine Seite der sozialistischen Ansichten Tschernischewsky's, welche bis jetzt von den russischen Sozialisten leider noch nicht genügend beachtet worden ist. An diesen Träumen gefällt uns der von Tschernischewsky wohlerkannte Gedanke, daß die sozialistische Ordnung nur aufgebaut werden kann auf Grundlage der ausgedehntesten Anwendung der von der Bourgeoisperiode entwickelten technischen Kräfte in der Produktion. In diesen Träumen sind ungeheure Arbeiterarmeen zu genossenschaftlicher Produktion vereinigt und gehen von Mittelasien nach Rußland herüber, von Ländern mit heißem Klima in kalte Länder. Dies alles konnte man zwar auch aus Fourier erfahren, daß es aber das russische Publikum nicht wußte, ist sogar aus der weiteren Geschichte des sogenannten russischen Sozialismus ersichtlich. Die russischen Revolutionäre verstiegen sich nicht selten zu solchen Vorstellungen von der sozialistischen Gesellschaft, daß sie sich diese als eine Föderation von Bauernkommunen dachten, die ihre Felder noch immer mit dem vorsintfluthlichen Hakenpflug be-

ackerten, mit dem sie im fünfzehnten Jahrhundert die Erde auf=
gestochert hatten.

Anderseits steht es aber fest, daß die von Tschernischewsky
in seinem berühmten Roman dargelegte Ansicht über den praktischen
Weg zur Verwirklichung der sozialistischen Ideen als eine selbst für jene
Zeit rückständige bezeichnet werden muß. Es ist eine sehr merkwürdige
historische Thatsache, daß die Propaganda von Produktivgenossen=
schaften gleichzeitig in Rußland und in Deutschland betrieben
wurde. Im Jahre 1863 erschien Tschernischewsky's Roman. In
demselben Jahre empfahl Lassalle den dentschen Arbeitern die
Produktivgenossenschaften als das einzige Mittel, ihre Lage
wenigstens einigermaßen zu heben. Aber welch' ein Unterschied
in der Stellung dieser Frage in Rußland und in Deutschland!
In Tschernischewsky's Roman befassen sich einzelne humane und
gebildete Personen mit der Einrichtung von Genossenschaften:
Wjera Pawlowna und ihre Freunde. Zu dieser Sache wird sogar
ein „aufgeklärter" Priester, Merzalow, hinzugezogen, der, wie er
selbst von sich sagt, dabei die Rolle eines „Schildes" (natürlich
den argwöhnischen Behörden gegenüber!) zu spielen hat. Von
der politischen Selbstthätigkeit der Arbeiterklasse wird im Roman
mit keinem Worte gesprochen. Davon sprachen auch jene „Menschen
der sechziger Jahre" kein Wort, welche das von Tschernischewsky
vorgeschlagene Programm zu verwirklichen suchten. Dagegen war
das erste Wort der Lassalle'schen Agitation eben der Hinweis
auf die Nothwendigkeit einer politischen Aktion von Seiten der
Arbeiter. In Lassalle's Vorschlag trägt die Gründung von
Produktivgenossenschaften einen umfassenden allgemein=staatlichen
Charakter, — während dies bei Tschernischewsky Sache von Privat=
personen bleibt. Lassalle würde Tschernischewsky für einen An=
hänger von Schulze=Delitzsch gehalten haben. Der Unterschied in
den praktischen Plänen beider Männer zeigt so recht, wie groß
der Unterschied zwischen den inneren Verhältnissen Deutschlands
und Rußlands war. — Damit soll natürlich nicht gesagt sein,
daß Lassalle's Pläne, wie auch die noch älteren Pläne von Louis
Blanc keine Utopie waren.

Im Roman „Was thun?" wird, gegen Tschernischewsky's Gewohnheit, sehr viel von der Liebe gesprochen, welche die Menschheit erlösen soll. Darin macht sich deutlich Feuerbach's Einfluß geltend.

Tschernischewsky erlebte das Aufkommen eines neuen Typus „neuer Menschen" in Rußland — eines Revolutionärs. Er begrüßte mit Freuden das Auftreten eines solchen Typus und konnte sich nicht das Vergnügen versagen, dessen wenn auch unklares Profil zu zeichnen. Dabei sah er mit Wehmuth voraus, wie viel Mühsale und Leiden ein russischer Revolutionär zu erleben haben wird, wie sein Leben ein Leben voll rauher Kämpfe und schwerer Selbstaufopferung wird sein müssen. Und nun führt Tschernischewsky in demselben Roman „Was thun?" einen wahren Asketen vor, den Rachmetow. Dieser fastet sich buchstäblich. Er ist vollkommen „ohne Erbarmen für sich", wie sich seine Zimmerwirthin ausdrückt. Er entschließt sich sogar, zu versuchen, ob er die Tortur würde ertragen können, und liegt zu diesem Zweck die ganze Nacht auf einer mit Nägeln bespickten Decke. Viele sahen darin nichts als eine Sonderlichkeit. Wir geben nun zwar zu, daß einige Einzelheiten in Rachmetow's Charakter anders geschildert werden konnten. Aber der Charakter als Ganzes ist doch der Wirklichkeit vollkommen getreu. In jedem hervorragenden russischen Revolutionär steckte ein großes Stück „Rachmetowschtschina" („Rachmetowismus").

Jetzt hat der Revolutionär aus der „Intelligenz" seine Rolle so gut wie ausgespielt. Er ist nicht mehr originell, nicht mehr neu, er hat sich verflacht. Ihn werden und müssen Revolutionäre aus der Arbeiterklasse ablösen, diese wahren „Kinder des Volkes". Doch hatte jener Revolutionär seine eigene ruhmvolle Geschichte, und daher kann man sich nicht genug über Tschernischewsky's Feingefühl wundern, der es verstanden hat, wenigstens die Hauptzüge des damals erst entstehenden Typus so gut zu erfassen und so richtig zu schildern.

XII.

Der Senat verurtheilte Tschernischewsky zum Verlust aller bürgerlichen Rechte, zu vierzehnjähriger Zwangsarbeit in den Berg= werken und nachheriger lebenslänglicher Ansiedelung in Sibirien. Im endgiltigen Urtheil wurde die Zwangsarbeit auf sieben Jahre herabgesetzt. Am 13. Juni 1864 fand auf dem Mystinsky=Platz (im Stadtviertel Peski) die Verlesung des Urtheils über den großen russischen Sozialisten statt. Blaß, mager, abgehärmt, wurde er an den „Schandpfahl" gestellt, und er stand schweigend da, mit dem Rücken gegen den Beamten gewendet, der das Urtheil verlas. Sodann mußte der Verurtheilte über sich die Zeremonie der Degenzerbrechung ergehen lassen, worauf der Henker seine Hände in Ringe zwängte, die an das Schaffot geschmiedet waren. In diesem Augenblicke fiel ein Blumenstrauß auf das Schaffot, und in der Menschenmenge, die den Platz erfüllte, wurden Äuße= rungen der Sympathie für den Verurtheilten laut.... Tscherni= schewsky wurde nach Sibirien transportirt. —

Der berüchtigte Henker Murawjew suchte ihn später noch in den Karakosow'schen* Prozeß hineinzuverwickeln, aber Alexander II. widersetzte sich dem seltsamerweise und Tschernischewsky blieb in Sibirien. Dort verblieb er zwanzig Jahre, und dabei wurde er auf das Drängen des Gensdarmerie=Chefs, Grafen Schuwalow, bei allen Erlassen über Erleichterung der Lage der Deportirten übergangen. Nach Beendigung seiner siebenjährigen Zwangs= arbeit wurde er in Wiljuisk (Regierungsbezirk Jakutsk) angesiedelt, wo er zu Gesellschaftern einzig die ihn bewachenden Kosaken und Gensdarmen haben konnte. In diesem neuen Gefängniß in einem entlegenen und äußerst ungesunden sibirischen Winkel lebte er bis zum Jahre 1884, wo man ihm erlaubte, nach Astrachan über= zusiedeln. Staunen muß man, wie dieser physisch kraftlose, schwach=

---

* Karakosow schoß am 4. April (nach dem alten Stil) 1866 auf Alexander II.

brüstige Mann die ganze Menge der über ihn verhängten Miß=
handlungen hat ertragen können.

Die russischen Revolutionäre machten mehrere Versuche,
Tschernischewsky zu befreien, — leider sämmtlich ohne Erfolg.

Gleich nach seiner Rückkehr aus Sibirien warf sich Tscherni=
schewsky wieder sehr eifrig auf die literarische Arbeit. Er über=
setzte fleißig Weber's Weltgeschichte und schrieb mehrere Aufsätze
für periodische Zeitschriften. — Von diesen Aufsätzen sei nur
gesagt, daß, obwohl sie der Sprache und Manier nach Tscherni=
schewsky leicht erkennen lassen, sie doch nicht mehr den früheren
Glanz und die frühere Tiefe des Gedankens Tschernischewsky's
aufweisen. Sein Aufsatz gegen Darwin ist geradezu schwach,
so daß er den drückendsten Eindruck hinterläßt. Wenn man ihn
liest, fühlt man, daß man es mit einem endgiltig geknickten und
gebrochenen Schriftsteller zu thun hat. Das bischen Freiheit, die
man ihm vor seinem Tode ließ, konnte den früheren Tscherni=
schewsky nicht mehr wecken. Der frühere Tschernischewsky war
durch das Urtheil des Senats gemordet, und nie hat die russische
Regierung ein größeres Verbrechen an der geistigen Entwicklung
Rußlands verübt. Und darum wollen wir, indem wir diese bio=
graphische Skizze schließen, mit dem tiefsten Mitgefühl Herzens
Worte wiederholen, die er schrieb, sobald ihm das Urtheil über
Tschernischewsky bekannt wurde: „Möge diese maßlose Schand=
that wie ein Fluch auf der Regierung ruhen, auf der Gesellschaft,
auf der niederträchtigen, bestechlichen Presse, welche diese Ver=
folgung heraufbeschworen und sie aus persönlichen Motiven auf=
gebauscht hat. Sie hat die Regierung an die Ermordung der
Kriegsgefangenen in Polen gewöhnt; sie hat sie in Rußland an
die Bestätigung der Urtheilssprüche der wilden Ignoranten des
Senats und der ergrauten Bösewichter des Staatsraths gewöhnt....
Und da kommen elende Menschen, Gras von Menschen, Weich=
thiere von Menschen, und sagen, man solle ja nicht diese Räuber=
und Lumpenbande schmähen, die uns regiert!"

*   *   *

Wir gehen nun zur ausführlichen Analyse des Hauptwerkes von Tschernischewsky über, seiner Darlegung und theilweisen Uebersetzung der „Grundsätze der Politischen Oekonomie" von John Stuart Mill und der Anmerkungen, mit denen er die Uebersetzung versehen hat.* Die ökonomischen Ansichten, die er da entwickelt, sind von großer historischer Bedeutung geworden, denn sie haben die gesammte russische „Intelligenz" während voller dreißig Jahre aufs Tiefste beeinflußt.

---

* Tschernischewsky's Werke, 3. Band. Anmerkungen und Ergänzungen zum ersten Buch der „Politischen Oekonomie" von John Stuart Mill. Genf, 1869. (Neben dieser russischen Ausgabe erschien auch eine französische unter dem Titel: „L'économie politique jugée par la science", par N. Tschernischewsky, Bruxelles, D. Brismée, 1874.) 4. Band. Umrisse der politischen Oekonomie nach Mill. Genf 1870.

Tschernischewsky als Nationalökonom.

———•———

Einleitung.

—

Den bürgerlichen Oekonomen aus der guten alten Zeit, z. B.
David Ricardo, erschienen die sie umgebenden wirthschaftlichen
Zustände nicht nur als die besten und gerechtesten, sondern auch
als die einzig möglichen. Freilich wußten sie aus der Geschichte,
daß die Menschen nicht immer unter den gleichen Produktions=
bedingungen gelebt und gearbeitet haben. Die antike Sklaverei,
die mittelalterliche Wirthschaftsordnung mit der Leibeigenschaft
und den Zünften, endlich die administrative Bevormundung der
Industrie im siebzehnten und achtzehnten Jahrhundert, — diese
und ähnliche Beispiele ökonomischer Zustände, die bis zu einem
bedeutenden Grad oder sogar von Grund aus den Forderungen
der Smith'schen Schule widersprachen, konnten den bürgerlichen
Oekonomen nicht unbekannt bleiben. Diese ließen sich aber dadurch
nicht im Geringsten irre machen: sie betrachteten dieselben als
zufällige Abweichungen von der Norm, als Produkte der Ge=
walt oder Unwissenheit. So läßt Ricardo seine hypothetischen
Urjäger ihre Produkte gemäß den in der bürgerlichen Gesellschaft
herrschenden Gesetzen der Waarenzirkulation untereinander aus=
tauschen. Wäre er auf das Unmögliche seiner Annahme aufmerksam
gemacht worden, dann hätte er wahrscheinlich mit aller Gemüths=
ruhe geantwortet: „Das bleibt sich ganz gleich. Ich weiß, daß
die Wilden aus Unwissenheit viele Dummheiten begehen. Wären
sie aber je im Stande, ihre Lebensverhältnisse gemäß den For=
derungen des gesunden Menschenverstandes einzurichten, so würden
sie sicherlich bei sich eine ähnliche Wirthschaftsordnung einführen,

wie wir sie gegenwärtig haben. Einen solchen Fall setze ich eben in meinem hypothetischen Beispiel eines Waarenaustausches unter den Wilden voraus." — Ueberhaupt nahmen es die bürgerlichen Oekonomen mit den historischen Thatsachen ebenso wenig genau, wie die „Aufklärer" des achtzehnten Jahrhunderts: was in die fertige theoretische Schablone hineinpaßte, das wurde als eine Wirkung der ewigen und unveränderlichen „Naturgesetze" betrachtet, alles dagegen Sprechende — als eine bloße Zufälligkeit.

Das war freilich ein sehr naiver Standpunkt. Indeß bildete er bis auf Weiteres kein Hinderniß für eine gewissenhafte, wenn auch freilich zugleich ziemlich oberflächliche Erforschung des ökonomischen Lebens der bürgerlichen Gesellschaft, — ebenso wenig wie die Ueberzeugung der Gelehrten von der Unveränderlichkeit der Thierarten eine Zeit lang die Fortschritte der Zoologie verhindern konnte. Ja, bis zu einem gewissen Grade. war diese Naivetät sogar von Nutzen, indem sie die Oekonomen ihren Forschungsgegenstand ruhig und objektiv behandeln ließ. Da sie keinen Grund hatten, für die Zukunft der bürgerlichen Ordnung zu fürchten, so brauchten sie auch nicht vor den logischen Konsequenzen ihrer Wissenschaft zurückzuschrecken oder jene Fragen mit Stillschweigen zu übergehen, die in der Folge als „gefährliche" bezeichnet wurden. „Gefährliche" Fragen pflegen erst dann aufzutauchen, wenn der naive Glaube an die Unerschütterlichkeit der bestehenden Gesellschaftsordnung bereits verschwunden ist. So lange aber das Bestehende allgemein als der Ausdruck ewiger und unveränderlicher „Naturgesetze" betrachtet wird, — sind „gefährliche" Fragen einfach undenkbar. Wohl mochten die Oekonomen in ihren Forschungen hinsichtlich der sozialen Folgen dieses oder jenes „Naturgesetzes" zu einigen nicht allzu erfreulichen Schlüssen gelangen. So sah Ricardo z. B., daß die Einführung der Maschinen die Nachfrage nach Arbeitern vermindert und so eine überzählige Arbeiterbevölkerung erzeugt. Als ehrlicher und objektiver Gelehrter hielt er sich nicht für berechtigt, diese für ihn traurige Erscheinung zu verschweigen, er bedauerte sogar, einst, wenn auch nur durch mündliche Aeußerungen, zur Verbreitung einer anderen, entgegengesetzten Ansicht über diesen Punkt beigetragen zu haben. Wozu aber verpflichtete ihn in der Praxis seine pessimistische Ansicht über den Kampf der Maschine gegen den Arbeiter? Zu nichts und wieder nichts. Kein Land könne ungestraft die Einführung der Maschinenproduktion verhindern, sagte er sich; nicht nur würde durch einen dahingehenden Versuch die Lage der Arbeiter nicht verbessert, sondern vielmehr ungemein verschlimmert. Man müsse sich also der Wirkung des „Naturgesetzes" ohne Murren fügen, welches ja das kleinere Uebel sei. Dasselbe gilt auch von der Vertheilung der Produkte. Ricardo sah wohl ein, daß das Einkommen der höheren Klassen durch die Arbeit der Proletarier geschaffen wird. Und er sprach sich denn auch darüber ganz unverblümt aus, denn es konnte ihm nicht im Traum einfallen, daß diese Wahrheit zur Grundlage irgendwelcher „gemeingefährlicher" Lehren gemacht werden könne. Wohl sind der Gewinn des Unternehmers und die Grundrente des Grundbesitzers nichts als das Produkt unbezahlter Arbeit, — daran könne aber doch unmöglich etwas geändert werden; ohne Grundbesitzer und Unternehmer ginge es nie und nimmer. Seien sie aber unentbehrlich, so könne auch nicht der Hinweis auf die wahre Quelle ihres Einkommens irgendwie ihre Interessen gefährden.

Wir wollen nun damit keineswegs sagen, ein so ehrlicher Denker, wie Ricardo, hätte die von ihm entdeckten wissenschaftlichen Wahrheiten nur unter ängstlicher Rücksichtnahme auf die Interessen der höheren Klassen bekannt gemacht. Wäre dies der Fall, so würde er kein ehrlicher Denker sein. Wir wollen blos sagen, daß die feste Ueberzeugung von der Unerschütterlichkeit der bürgerlichen Ordnung eine ruhige und unbefangene Behandlung wissenschaftlicher Fragen von Seiten der bürgerlichen Oekonomen zur Folge haben mußte. Die Interessen und Vorurtheile derjenigen Klasse, zu welcher sie gehörten, konnten noch nicht den Fortgang ihrer wissenschaftlichen Forschungen hemmen. Im Kampfe mit den Vertheidigern der alten, vorbürgerlichen Zustände vermochten sie freilich nicht objektiv zu bleiben; im Gegentheil, mit großer Heftigkeit vertheidigten sie die ökonomischen Interessen der

Bourgeoisie. Allein zur Zeit Ricardo's, d. h. zu einer Zeit, da die bürgerliche Oekonomie den Zenith ihrer Entwicklung erreicht hatte, war die Sache der Bourgeoisie fast vollständig zum Siege gelangt, und so konnte die Polemik mit den reaktionären Gegnern nicht von großem Einfluß auf die wissenschaftliche Entwicklung der bürgerlichen Oekonomie sein. Ueberdies hatten die bürgerlichen Oekonomen in der Polemik mit den Reaktionären in den aller= meisten Fällen die Wahrheit auf ihrer Seite, ein Kampf für die Wahrheit aber, mag er noch so heftig geführt werden, kann nie der Wissenschaftlichkeit der Gelehrten Eintrag thun.

* * *

Mit dem Auftauchen der Arbeiterfrage nahm die Sache eine ganz andere Wendung. Den Vertretern der Interessen des Pro= letariats konnte die bürgerliche Ordnung weder gerecht noch vernünftig erscheinen. An die Stelle der naiven Ueberzeugung von der Ewigkeit und Unveränderlichkeit dieser Ordnung trat eine Kritik aller ihrer Grundlagen. Es entstanden sozialistische Lehren, die der Bourgeoisie sehr „gemeingefährlich" und „umstürzlerisch" erschienen, und es für die Bourgeoisie allerdings in manchen Beziehungen wirklich waren. Die Fortschritte des Sozialismus übten unter Anderem eine sehr „schädliche" Wirkung auf die bürgerliche politische Oekonomie aus und machten ihrer fruchtbaren Fortentwicklung ein Ende. Aus ruhigen Gelehrten, denen die wissenschaftliche Wahrheit über Alles geht, wurden die bürgerlichen Oekonomen zu Anwälten der bestehenden Gesellschaftsordnung, denen es nicht mehr um die wissenschaftliche Wahrheit zu thun ist, sondern hauptsächlich um einen Sieg über die Sozialisten. Seitdem der Kampf zwischen Bourgeoisie und Proletariat eine größere Ausdehnung angenommen hat, haben die Theoretiker des „dritten Standes" aufgehört, bedeutendere Beiträge zur ökonomischen Literatur zu liefern. Diejenigen derselben, die sich mit der Sykophantenrolle nicht zufrieden gaben, beschäftigten sich nur noch mit untergeordneten, speziellen Fragen; große Entdeckungen aber, die ein neues Licht auf das gesammte Gebiet der Wissenschaft

warfen, waren für sie auf immer unmöglich geworden. Seit jener
Zeit beginnt der offenkundige Verfall der bürgerlichen Oekonomie.
Nach Ricardo hat sie nur noch einen einzigen hervorragenden
Denker aufzuweisen, — Sismondi. Gerade Sismondi war es
aber auch, der über die klassische bürgerliche Oekonomie das Urtheil
gesprochen hat. Ich weiß wohl, daß die bestehende wirthschaftliche
Ordnung die denkbar schlechteste ist, aber ich sehe nicht ein, wie
so man sie durch eine bessere ersetzen könnte — dies das Resultat
der gesammten Forschungen Sismondi's, ein Resultat, das natürlich
nicht geeignet war, die bürgerlichen Oekonomen mit einem tröstlichen
Glauben an die gesellschaftliche Bedeutung ihrer Wissenschaft zu
erfüllen. Die soziale Entwicklung hat also einen intellektuellen
Stillstand innerhalb der Bourgeoisie herbeigeführt, d. h. innerhalb
der Klasse, die noch bis auf den heutigen Tag die herrschende ist.

Von nun an waren es hauptsächlich die Sozialisten,
denen die ökonomische Wissenschaft ihre weitere Entwicklung verdankte. Gegner der bürgerlichen Ordnung, deckten die Sozialisten
rücksichtslos alle ihre Schäden auf. Vor Allem und am meisten
waren sie um das Loos der nothleidenden Masse bekümmert, und
sie schreckten nicht vor Schlußfolgerungen zurück, die die Ursachen
des Volkselends bloßlegten. Die Vorurtheile der Bourgeoisie
vermochten kaum die sozialistischen Forscher zu beeinflussen. Ihr
Geist wurde von ihrem Empfinden nicht nur nicht gehemmt,
sondern vielmehr unaufhörlich zu immer neuen Forschungen angespornt. So haben denn die großen sozialistischen Denker, die
Begründer berühmter sozialistischer Schulen, Saint-Simon, Fourier
und Robert Owen, sehr viel für die sozialen Wissenschaften im
Allgemeinen und die politische Oekonomie im Besonderen geleistet.
Die Geschichte der europäischen Literatur hat bisher noch nicht ihre
Verdienste nach Gebühr gewürdigt, ihre glänzenden Entdeckungen,
die sich fast auf alle, die Fragen des Gesellschaftslebens mehr
oder weniger berührenden Wissensgebiete erstrecken. So viel ist
aber bereits jetzt allen Gebildeten, wenigstens in den Hauptzügen,
bekannt, daß die Sozialisten großen und fruchtbaren Einfluß
hatten auf die politische Oekonomie (Saint-Simon, Fourier,

R. Owen), auf die Geschichte und Philosophie (Saint=Simon) und sogar auf die Psychologie (R. Owen und Fourier). — In diesem Zusammenhang kommt für uns hauptsächlich das Ver= hältniß der Sozialisten zur politischen Oekonomie in Betracht.

So lange die Oekonomen die bürgerliche Ordnung als „ordre naturel et essentiel des sociétés policées" betrachteten, konnte von einer ernsten Erforschung der Wirthschaftsgeschichte der Menschheit nicht einmal die Rede sein. Die damals soge= nannten „Naturgesetze der Volkswirthschaft" waren in Wirklichkeit die Gesetze des wirthschaftlichen Lebens der bürgerlichen Gesell= schaft. Diese Gesetze, und sie allein, beschäftigten die bürgerliche Oekonomie. In dieser Beziehung haben die bürgerlichen Oekonomen viel, aber bei Weitem nicht alles Erforderliche geleistet. Einige der von ihnen entdeckten Gesetze waren einseitig untersucht, viele der von ihnen in die Wissenschaft eingeführten Begriffe waren theils unvollständig, theils unklar, theils standen sie in Wider= spruch zu anderen Begriffen derselben Wissenschaft. Selbst so wichtige Abschnitte der bürgerlichen Oekonomie, wie die Lehren von der Waare, vom Geld, vom Tauschwerth, vom Kapital, vom Profit und Arbeitslohn, — bedurften noch einer strengen Prüfung, mancher Erklärungen und Ergänzungen. Als eine, selbst in ihren wichtigsten Grundlagen noch nicht ganz vollendete Wissenschaft stand die politische Oekonomie da zur Zeit, als die Sozialisten auftraten. Ihre weitere Entwicklung hing davon ab, ob es den Sozialisten gelingen würde, folgende zwei Aufgaben richtig zu lösen: erstens, die angedeuteten Lücken in der Lehre von den Gesetzen der bürgerlichen Wirthschaft zu ergänzen, und zweitens, zu einer richtigen wissenschaftlichen Auffassung der gesammten Wirthschaftsgeschichte der Menschheit und folglich auch der geschicht= lichen Rolle der bürgerlichen Wirthschaft zu gelangen.

Aus vielen Gründen war es unmöglich, die erstere Aufgabe zu lösen, ohne vorher die letztere gelöst zu haben. Diese Auf= gabe aber, schon abgesehen davon, daß sie an Schwierigkeit Alles bei Weitem übertraf, womit die bürgerlichen Oekonomen zu thun hatten, — konnte überhaupt nicht die Aufmerksamkeit der sozialistischen Schulen sofort nach deren Entstehen auf sich ziehen. Um nur auf das Vorhandensein dieser Aufgabe zu kommen, mußten die Sozialisten vorerst einen hohen Grad von Wissenschaftlichkeit in der Behandlung sozialer Erscheinungen erreicht haben.

Als Hauptmerkmal einer wissenschaftlichen Behandlung sowohl der Natur-, wie der sozialen Erscheinungen dient der Begriff von der Gesetzmäßigkeit dieser Erscheinungen. Die Geschichte der intellektuellen Entwicklung zeigt, daß der Begriff von der Gesetzmäßigkeit der Naturerscheinungen den Menschen früher und leichter zum Bewußtsein kommt, als derjenige von der Gesetzmäßigkeit der sozialen Erscheinungen. Die Aufklärer des vorigen Jahrhunderts haben sich den ersteren vollständig angeeignet. Jener Begriff bildete die Grundlage ihrer ganzen Weltanschauung, er war ihre Hauptwaffe im Kampfe gegen die alten Anschauungen. Es genügt aber, sich die historischen Ansichten der großen Mehrzahl der Aufklärer ins Gedächtniß zu rufen, um zu sehen, wie weit entfernt sie waren von einem richtigen Begriff von der Gesetzmäßigkeit der sozialen Entwicklung. Die soziale Thätigkeit des Menschen betrachteten sie als ein Gebiet der freien Wahl, wo der Verstand, blos den Gesetzen der formalen Logik unterworfen, die menschlichen Entschlüsse leitet. Wenn die Menschheit im Laufe der ganzen Geschichte in Elend und Knechtschaft lebte, so nur deshalb, weil sie in Folge ihrer Unwissenheit nicht zur Einrichtung normaler sozialer Zustände hatte gelangen können. Die Geschichte erwies sich also als eine bloße Verirrung des Verstandes.

Wir wissen bereits, daß die bürgerlichen Oekonomen, — die theilweise selbst zu den Aufklärern gehörten, theilweise deren historische Ansichten ererbt hatten, — genau dieselben Ansichten auch in Bezug auf die Wirthschaftsgeschichte der Menschheit theilten: die Menschen hätten demnach früher unter anormalen wirthschaftlichen Bedingungen gelebt, weil sie keinen richtigen Begriff gehabt von den „Naturgesetzen der Volkswirthschaft".

Genau dieselben Ansichten über den Ursprung der jeweiligen sozialen Zustände finden wir bei den Sozialisten der ersten Hälfte unseres Jahrhunderts wieder. Den historischen Ursprung der bürgerlichen Ordnung, welche sie als ungerecht und unvernünftig betrachteten, suchten sie sich aus einem Fehlgriff des Gedankens, aus einer Verrechnung seitens der Menschheit zu erklären. Auf die Frage: warum sich die Menscheit verrechnet hat? — hatten sie immer die gleiche Antwort bei der Hand: aus Unwissenheit, aus ur-wüchsiger oder anerzogener Unwissenheit. Die weitere Frage aber, warum denn sich die Menschheit gerade nach dieser und nicht nach irgend einer anderen Seite hin verrechnet habe — diese Frage fiel den Sozialisten entweder gar nicht ein, oder sie suchen dieselbe durch den Hinweis auf allerhand historische Zufälligkeiten zu lösen.

Dies war ihre Auffassung von der sozialen Entwicklung. Sie hielten an derselben fest, obwohl ihre Theorien sonst bereits viele Elemente einer richtigen, wissenschaftlichen Auffassung der geschichtlichen Entwicklung der Menschheit aufweisen. Diese Ele-mente waren aber noch nicht zu einem harmonischen System zu-sammengefügt, und so erschienen sie selbst als etwas Fragmen-tarisches, Zufälliges in der Weltanschauung jener Sozialisten. So behauptete z. B. Fourier, die Menschheit habe in ihrer ökonomischen Entwicklung gewisse Phasen nothwendiger Weise durchmachen müssen. (Nach Fourier waren es folgende vier Phasen: die Wildheit, die Barbarei, das Patriarchat und die Zivilisation. Die darauf folgenden Phasen sollten verschiedene Stufen der Verwirklichung des Prinzips der Assoziation darstellen.) Wie sehr aber trotzdem Fourier das Entstehen seiner eigenen sozialen Theorie als einen Zufall betrachtete, ersieht man aus Folgendem. Im Vorwort zum zweiten Theil seines „Traité de l'Association" schreibt er: „Man wird dagegen (nämlich gegen die von ihm verkündigte „neue Wissenschaft") einwenden: „Jeder-mann hätte sich also geirrt, und Sie wüßten demnach für sich allein mehr als die Gelehrten aller Jahrhunderte?" — „Jeder-mann hätte sich also geirrt." Und warum nicht? Wäre dies

denn zum ersten Mal der Fall? Hielt man denn nicht das
Gleiche Columbus vor, als dieser das Vorhandensein von Amerika
verkündigte, sowie allen Erfindern, die dennoch bewiesen haben,
daß Jedermann vor ihnen im Irrthum gewesen? Das ist eben
die Eigenschaft von Jedermann und von aller Welt, — sich
mehrere Jahrtausende hindurch über die dringendsten und leich=
testen Einrichtungen zu irren, wie z. B. über den Steigbügel und
den Tragriemen der Kutschen. Es steht fest, daß bis zum zwölften
Jahrhundert in dieser Hinsicht Jedermann im Irrthum war,
weil man von diesen zwei Erfindungen nichts wußte, die Jeder=
mann hätte machen können.

„Das Beispiel dieser Gedankenlosigkeit, unter tausend ähn=
lichen herausgegriffen, würde genügen, um zu beweisen, daß alle
Welt dumm, gedankenlos und blind sein kann, mag es sich dabei
um Kleinigkeiten oder große Dinge handeln. Und wie sehr war sie
es nicht hinsichtlich der Assoziation?! Wenn man nach mühevollen
Forschungen nicht zur Entdeckung des Prinzips der Assoziation
gelangt wäre, so würde dies schon von Ungeschicklichkeit (maladresse)
zeugen, denn es giebt, wie wir gezeigt haben (II, 142), sechzehn
verschiedene Forschungswege, die zum Ziel führen. Wie groß muß
also nicht die Gedankenlosigkeit einer Welt sein, die nicht einmal
daran dachte, nach der Erfindung zu suchen, die allein sie glück=
lich machen konnte, die nicht einmal einen einzigen der sechzehn
Wege betrat! . . .

„Man höre also auf, sich darüber zu wundern, daß alle
Welt hinsichtlich der Lösung der sozialen Probleme im Irrthum
ist. . . . Es gehört keineswegs ein hohes Genie dazu, um alle
Welt belehren zu können, um über einige Punkte mehr als sie
zu wissen, namentlich auf Wissensgebieten, wie die Assoziation
eines ist, womit sie sich nie beschäftigt hat, und wo der erste
Beste, dem es endlich einmal einfällt, hier Untersuchungen anzu=
stellen, sich in genau dieselbe vortheilhafte Lage versetzt sehen muß,
wie die ersten Ankömmlinge in Peru, die es leicht hatten, Gold=
gruben zu finden. . . .“

Ferner erzählt Fourier, wie es einem Neger, der 1799 aus

Egypten nach London gekommen war, gelang, ein wildes Roß zuzureiten, das die berühmtesten Londoner Jockeys nicht hatten besteigen können, und sagt sobann, dieser Fall versinnbildliche gleichsam die Lage, in die seine Entdeckung die patentirten Gelehrten versetzt habe. . . . „Die natürliche Begabung", fügt er hinzu, „kann also über die Spitzfindigkeiten der Wissenschaft den Sieg davontragen und den gemeinen Mann eine Entdeckung machen lassen, welche dem geübten Auge der großen Gelehrten entgangen war. Die Natur vertheilt aufs Gerathewohl das erfinderische Genie, die wissenschaftlichen und künstlerischen Instinkte. Es ist deshalb nicht zu verwundern, daß sich endlich in den Reihen des gemeinen Volkes ein Mann gefunden hat, begabt mit einem er= finderischen Instinkt auf dem Gebiete der sozialen Mechanik."*

Zwar waren, nach dem naiven Geständniß Fourier's, diese „familiären Anweisungen" dazu bestimmt, bei den in die Wissen= schaft nicht eingeweihten „wohlwollenden Lesern" Vertrauen zu seiner Theorie zu erwecken. Man könnte demnach meinen, er habe hier absichtlich die Sache allzu einfach dargestellt. Dem ist nun aber nicht so. Obwohl Fourier in seinen „familiären An= weisungen" die Darstellung dem intellektuellen Niveau ungebildeter Leser anzupassen sucht, äußert er darin nichtsdestoweniger dieselben Ansichten, an denen er stets festhielt. Seine Entdeckungen er= schienen ihm immer als Sache des Zufalls, unabhängig von be= stimmten historischen Bedingungen. Er konnte nicht begreifen, warum diese Entdeckungen nicht schon um mehrere Jahrhunderte früher gemacht wurden. Dies suchte er, wie wir gesehen haben, einfach aus der Gedankenlosigkeit der Menschen zu erklären. Es ist kein Leichtes, eine solche Ansicht mit der erwähnten Lehre Fourier's von den verschiedenen Phasen der geschichtlichen Ent= wicklung der Menschheit in Einklang zu bringen. Aber der mensch= liche Geist besitzt die wunderbare Fähigkeit, die unversöhnlichsten Begriffe dauernd mit einander zu versöhnen. „Wenn die Neueren

---

* Oeuvres complètes de Ch. Fourier, Paris 1841. T. 4. Théorie de l'Unité Universelle, troisième volume, p. 3—5.

so lange in ihrer Bewunderung vor der Zivilisation verharrten,
so nur deshalb, weil Niemand, dem Rathe Bacon's folgend, zur
kritischen Analyse der Gebrechen jedes Berufs und jeder Einrich=
tung geschritten ist."* Da wird das langdauernde Verharren der
Menschheit in der Phase der Zivilisation als eine einfache Folge
ihrer mangelhaften Einsicht und gleichsam als Strafe dafür dar=
gestellt. In der gleichen Weise mochte Fourier die ganze histo=
rische Wanderung der Menschheit durch die verschiedenen Ent=
wicklungsphasen als eine Folge zufälliger Fehlgriffe und Verirrungen
des Gedankens erscheinen. Diese Wanderung wurde unvermeidlich
lediglich in Folge der mangelhaften Einsicht der Menschen, —
ebenso wie die vierzigjährige Wanderung der Kinder Israels in
der Wüste ihnen nur deshalb auferlegt wurde, weil sie sich ver=
sündigt hatten. Die Geschichte hätte sich ganz anders und zwar
weit erfreulicher gestaltet, wären die Menschen um einige Jahr=
hunderte früher auf den Gedanken gekommen, zum Studium des
Prinzips der Assoziation zu schreiten. Sie hätten dies sehr leicht
thun können, allein der Zufall wollte, daß sie es nicht unter=
nahmen, und deshalb hat die Geschichte den uns bekannten Weg
eingeschlagen. — So oder ungefähr so vertrugen sich in der Welt=
anschauung Fourier's die Ansätze einer wissenschaftlichen Philo=
sophie der Geschichte mit dem Begriff des Zufalls.

Wenn nun also die zivilisirte Menschheit an den bestehenden
gesellschaftlichen Einrichtungen nur deshalb festhält, weil sich Nie=
mand die Mühe genommen hat, die Absurdität dieser Einrichtungen
und die Möglichkeit ihres Ersatzes durch bessere zu zeigen, —
so ergiebt sich die Aufgabe jedes aufrichtigen Menschenfreundes,
der die wahren Prinzipien des Gesellschaftslebens entdeckt oder sich
angeeignet hat, ganz von selbst. Diese Aufgabe zerfällt natur=
gemäß in zwei Theile: erstens muß den Menschen das wahre
Wesen ihres Irrthums klargelegt, und zweitens die Art und Weise,
ihn wieder gut zu machen, gezeigt werden. Um das Erstere zu
erreichen, muß „eine kritische Analyse der Gebrechen jeder Einrich=

---

* Ch. Fourier, a. a. O. S. 121.

tung der bestehenden Gesellschaftsordnung" vorgenommen werden. Da aber die Gebrechen der gesellschaftlichen Einrichtungen bei den einzelnen Menschen als persönliche Laster zum Vorschein kommen —, wie dies ja bereits die Aufklärer des vorigen Jahrhunderts klar gezeigt haben, — so muß sich die kritische Analyse auch auf die Laster erstrecken, welche jedem, in der bestehenden Gesellschafts= ordnung von den Menschen ausgeübten Beruf anhaften. Auf die Kritik der Gesellschaftsordnung muß also die Darstellung und Kritik der von dieser Ordnung geschaffenen Sitten folgen. So= dann ist es nothwendig, zum zweiten Theil der reformatorischen Aufgabe zu übergehen, d. h. zu zeigen, durch welch' andere gesell= schaftliche Einrichtungen die jetzt bestehenden zu ersetzen sind. Dabei empfiehlt es sich, mit großer Vorsicht und Besonnenheit zu Werke zu gehen: der Plan der zukünftigen Gesellschaftsorganisation muß in allen Details ausgearbeitet werden; die Geschichte hat gezeigt, daß man in dieser Beziehung der menschlichen Einsicht nicht genug mißtrauen kann. Sich selbst überlassen, würden die Menschen sicherlich viele große Fehler machen, während doch schon ein einziger, anscheinend ganz geringfügiger Fehler eine radikale Ver= derbniß des ganzen gesellschaftlichen Mechanismus zur Folge haben kann. Der Reformator darf also nichts außer Acht lassen: die Organisation der Produktion und die Vertheilung der Pro= dukte, Nahrung und Kleidung, Familienverhältnisse und Erziehungs= wesen, Belustigungen und geselliger Verkehr, die Architektur der Gebäude, — kurz, Alles und Jedes muß von dem Reformator vorhergesehen werden, — sogar die Linderung der Qualen der Opfer unglücklicher Liebe. Die Menschen entscheiden sich für die sozialen Zustände, welche ihnen mit Recht oder Unrecht als die vernünftigsten und vortheilhaftesten erscheinen. Die Verwirklichung eines detaillirt ausgearbeiteten Reformplanes der Gesellschaft kann daher in keinem Falle auf unüberwindliche Hindernisse stoßen, wenn der Plan an und für sich ein vernünftiger ist und den menschlichen Interessen entspricht. Freilich werden die „Zivilisirten" aus Trägheit und geistiger Schwerfälligkeit wohl nicht im Stande sein, die Vorzüge der ihnen anempfohlenen Gesellschaftsordnung sofort zu würdigen, vielmehr werden sich die Reformatoren fürs Erste dem Spott und sogar Verfolgungen ausgesetzt sehen. So schwer aber der Kampf gegen solche Hindernisse sein mag, am Ende lassen sie sich doch vollständig überwinden: es gilt nur für die Sache der Reform energisch einzustehen und bei jeder Gelegenheit die vortheilhaften und angenehmen Seiten der neuen Gesellschaftsordnung ins helle Licht zu stellen. Und da die Menschen nicht nur der Stimme des Verstands, sondern auch den Verlockungen der Phantasie folgen, so muß man Alles aufbieten, um das Bild der Zukunftsgesellschaft recht glänzend und verlockend erscheinen zu lassen. Indeß ist auch damit noch nicht Alles gethan. Es läßt sich schwer voraussehen, welche Sorte von Menschen am leichtesten und am meisten sich von diesem Bilde werden hinreißen lassen. Man muß also dafür sorgen, daß das Bild den feinsten Schattirungen jedes Geschmacks und jeder Neigung nach Möglichkeit Rechnung trage: — Sie sind geizig oder, mit Verlaub, sogar habgierig, Sie hätten nicht übel Lust, Wucher zu treiben, — gut! helfen Sie die neue Ordnung ehebaldigst einführen: sie wird Ihnen ermöglichen, ohne Nachtheil für die Anderen Zinsen auf Ihr Kapital zu bekommen, von denen in der heutigen Gesellschaft keine Rede sein kann; ein kleines Exempel wird Sie sofort davon überzeugen.... Sie haben ein flatterhaftes Herz, Sie haben es gern, die Objekte Ihres Liebesfeuers häufig zu wechseln — sehr gut! In der Zukunftsgesellschaft werden die launenhaftesten Liebesneigungen die vollste Befriedigung finden: es liegt also in Ihrem eigenen Interesse, an der Einführung dieser Gesellschaft mitzuwirken.... Oder Sie sind vielleicht ein Freund von reichlichem und schmackhaftem Essen? Wir werden in der neuen Gesellschaft eine Küche haben, von der die feinsten Gastronomen der „Zivilisation" keinen Begriff haben: schlagen Sie sich also auf unsere Seite, dabei finden Sie am besten Ihre Rechnung.... Oder Sie sind gar ein großer Liebhaber von Obst und Gemüse, sagen wir von Artischofen oder von Melonen? Es fällt nichts schwerer, als im heutigen Westeuropa eine gute Melone zu bekommen, — in der Zukunftsgesellschaft dagegen werden die besten Melonen Jedermann zur Verfügung stehen. Sie sehen also, der Triumph unserer Ideen verspricht Ihnen viel Angenehmes. . . .*

Das Alles klingt lächerlich. Es liegt uns aber durchaus fern, Männer, die aller Achtung würdig, ins Lächerliche ziehen zu wollen. Wir wollten blos zeigen, wie so der Mangel an einem streng ausgearbeiteten Begriff von der Gesetzmäßigkeit der gesellschaftlichen Entwicklung die Sozialisten der alten Zeit zu Utopisten machen mußte. Indeß haben wir gesehen, daß dieser Begriff nicht den Sozialisten allein, sondern auch den Aufklärern des vorigen Jahrhunderts und den bürgerlichen Oekonomen fremd war. Wenn nun die Letzteren trotzdem von allen Utopien frei waren, so ist die Erklärung dafür ganz anderswo zu suchen, als etwa in der größeren Wissenschaftlichkeit ihrer Weltanschauung: weder die Aufklärer, noch die Oekonomen hatten Utopien nöthig, weil die dem Siege nahe beziehungsweise bereits siegreiche bürger= liche Ordnung von ihnen als die normale Gesellschaftsordnung betrachtet wurde. Die Sozialisten dagegen hatten Utopien nöthig, weil sie sich der bürgerlichen Ordnung gegenüber negativ verhielten. Dies negative Verhalten war aber kein Fehlgriff von Seiten der Sozialisten, vielmehr muß es ihnen als ein großes Verdienst an= gerechnet werden. Es wäre daher ungerecht und unvernünftig, über ihre Utopien zu spotten. Die Philister, die dies thaten, haben dadurch lediglich ihre bürgerliche Beschränktheit, keineswegs aber die Nüchternheit oder Wissenschaftlichkeit ihrer Anschauungen geoffenbart. Man kann den Utopisten aus den Mängeln ihrer Weltanschauung keinen Vorwurf machen, aus Mängeln, die sie, abgesehen von einigen höchst seltenen Ausnahmen, mit allen ihren Zeitgenossen theilten. So lange der Begriff von der Gesetzmäßig= keit der sozialen Entwicklung nicht zum Eckstein der sozialen Wissenschaften geworden war, mußte jeder Reformator noth=

---

* Vgl. darüber Ch. Fourier, a. a. O. S. 43—46. Note B, Sur le Trentuplement spécial de Richesse effective. — Application au Melon et à l'Artichaut.

wendiger Weise als Utopist auftreten, wenn die von ihm vor=
geschlagenen Reformen sich nicht auf Einzelheiten beschränkten,
sondern sich auf sämmtliche Grundlagen der bestehenden Ordnung
erstreckten. Die ganze Geschichte der politischen und sozialen Lehren
legt dafür Zeugniß ab. Was heißt eine Utopie? Eine ideale
Gesellschaftsordnung, die für alle Völker, ohne Rücksicht auf deren
jeweilige historische Daseinsbedingungen, in gleicher Weise passend
vorausgesetzt wird. Aber die jeweiligen historischen Daseinsbedin=
gungen der Völker wurden überhaupt sehr wenig berücksichtigt zu
einer Zeit, wo man in den Begriffen und Gefühlen der Menschen
den Schlüssel für alle sozialen Erscheinungen suchte.

Der utopistische Standpunkt wird noch heute von sehr vielen
öffentlich thätigen Leuten eingenommen, die sonst Utopien herab=
lassend belächeln oder sogar fürchten. Um Utopist zu sein, braucht
man gar nicht über die Details der zukünftigen Gesellschafts=
ordnung zu phantasiren. Ein Jeder ist Utopist, der nicht die
objektiven historischen Daseinsbedingungen des Volkes, sondern
seine persönlichen oder die sogenannten „Volksideale" zum Aus=
gangspunkt seiner öffentlichen Thätigkeit macht. Man kann sehr
wohl Utopist sein, ohne an irgend einer Utopie festzuhalten. So
war z. B. M. A. Bakunin unstreitig ein Utopist, trotzdem er die
Ausarbeitung der Formen der zukünftigen Gesellschaftsordnung
rückhaltslos dem natürlichen Gang der revolutionären Entwicklung
überließ.

Ein zufällig nach London verschlagener Neger bändigte ein
wildes Roß, mit dem die besten Jockeys von London nicht hatten
fertig werden können. Nicht umsonst hat Fourier diesen Fall er=
zählt und ihn als Sinnbild seiner Stellung gegenüber den Ver=
tretern der bürgerlichen sozialen Wissenschaft bezeichnet. In der
That, der schwarze Waghals hatte gar nicht nöthig, von den
englischen Jockeys etwas zu lernen, oder auch nur überhaupt auf
die von ihnen anerkannten Regeln der Reitkunst zu achten: die
Erfahrung hatte ihm gezeigt, daß seine eigenen Regeln bei Weitem
zweckmäßiger seien. Ebenso sehr konnte Fourier, der ein eigenes
System einer idealen Gesellschaftsordnung fertig ausgearbeitet

hatte, nicht viel von den Theorien der bürgerlichen Oekonomen halten. Wozu eine Wissenschaft systematisch studiren, die blos die Menschen irre führt und in erster Linie für die schlechte ökonomische Verfassung der bestehenden Gesellschaft verantwortlich zu machen ist? .. Nunmehr, da die wahren Prinzipien des Gesellschaftslebens entdeckt sind, wäre es am besten, wenn die falschen und einseitigen Theorien jener Wissenschaft ganz und gar vergessen würden. Wohl ist der Einfluß der nationalökonomischen Theorien noch stark genug, um die Menschen an den alten Zuständen festhalten zu lassen. Deshalb ist auch der Reformator verpflichtet, gegen die Oekonomen zu kämpfen, sie durch Thatsachen Lügen zu strafen, sie auf Widersprüchen zu ertappen. Dieses Ziel kann aber durch die Kritik der gesellschaftlichen Einrichtungen erreicht werden. Haben wir einmal die Unhaltbarkeit dieser Einrichtungen bewiesen, so ist damit die der politischen Oekonomie, die sie als normal betrachtet, von selbst bewiesen. Die Oekonomen streiten miteinander über die Bewegungsgesetze eines gesellschaftlichen Mechanismus, der von Grund aus zerstört und durch einen anderen, weit vollkommeneren ersetzt werden muß. Was nutzt es also, sich in diese veralteten scholastischen Disputationen einzulassen? Wozu brauchen wir zu wissen, von was für Gesetzen der Arbeitslohn gegenwärtig beherrscht wird? Wissen wir doch ja, daß das gegenwärtige System der Lohnarbeit in der Zukunftsgesellschaft nicht existiren wird. — Das genügt. Ebenso gleichgiltig sind uns die Gesetze des Austausches, wenn wir erfahren haben, daß in einer richtig geordneten Gesellschaft sowohl der Austausch, wie auch die Vertheilung der Produkte ganz anders vor sich gehen werden, als heutzutage. Und noch weniger können wir uns für die Lehren vom Geld, vom Kredit, von den Staatsschulden und Steuern u. s. f. interessiren: in der Zukunftsgesellschaft wird das Geld- und Kreditwesen auf ganz neuen Grundlagen organisirt werden, Staatsschulden und Steuern aber werden dort ganz und gar unbekannte Dinge sein. Mit einem Wort, sobald wir die Vorurtheile der Oekonomen abgestreift haben, verlieren in unseren Augen sämmtliche sogenannten

Kategorien der politischen Oekonomie nahezu allen theoretischen
Werth.

Dies der Standpunkt, welchen Fourier und die übrigen
utopistischen Sozialisten gegenüber der bürgerlichen Oekonomie ein=
nahmen. Dies konnte auch, wie leicht zu begreifen, gar nicht
anders sein. Es ist aber ebenso begreiflich, daß dieser Stand=
punkt es den Sozialisten unmöglich machen mußte, die noch lücken=
haften Theorien der bürgerlichen Oekonomie zu ergänzen. Und
in der That, das theoretische Studium der Gesetze der bürger=
lichen Wirthschaft hat nach Ricardo und Sismondi — bis zur
Zeit des Auftretens von Karl Marx sehr geringe Fortschritte
gemacht. Die utopistischen Sozialisten, die einen unaufhörlichen
und unversöhnlichen Kampf gegen die bürgerliche politische Oeko=
nomie führten, waren zugleich mitunter selbst in den gröbsten
theoretischen Irrthümern der Oekonomen befangen. Was speziell
die französischen Sozialisten anbelangt, so waren sie überhaupt
mit den Lehren der englischen nationalökonomischen Schule sehr
wenig bekannt; für sie reduzirte sich die bürgerliche Oekonomie
auf das wässerige Geschwätz J. B. Say's. Dies Alles mußte
selbstverständlich auf die sozialistischen Theorien ebenfalls ungünstig
rückwirken, dieselben mit weiteren Irrthümern behaften.

Indeß hinderte die oberflächliche Behandlung der Theorien
der bürgerlichen Oekonomie die Sozialisten nicht, die Praxis der
bürgerlichen Wirthschaft zu kritisiren. War doch das kritische
Studium dieser Praxis aufs Engste verbunden mit der Kritik
aller bürgerlichen „Einrichtungen“, welche letztere, wie wir gesehen
haben, einen wesentlichen Bestandtheil der Aufgabe der Utopisten
bildete. Die Utopisten waren gleichsam Kontrolleure der bürger=
lichen Wirthschaft. Um nun einen vortrefflichen Kontrolleur abzu=
geben, braucht man kein gründlicher Theoretiker zu sein. Wir
sehen dies an dem Beispiel der utopistischen Sozialisten bestätigt.
Es giebt kein Wirthschaftsgebiet, auf das sich ihre Kontrolle nicht
erstreckt hätte. Ueberall haben sie Fahrlässigkeiten und große Ver=
luste entdeckt. Fourier, an dessen Phantasien die Philister noch
immer ihren Witz üben, war in dieser Kontrollearbeit unermüd=

lich). Seine Kritik der Praxis der bürgerlichen Wirthschaft hat ein ungemein reiches Material für die theoretischen Forschungen der nachkommenden Zeit angesammelt. Uebrigens gelang es auch ihm selbst, einige wichtige theoretische Entdeckungen zu machen. So hat er z. B. gezeigt, daß in der bürgerlichen Gesellschaft, oder, nach seiner Terminologie, in der „Zivilisation", die Menschen nicht entfernt alle die ihnen bereits zur Verfügung stehenden Produktions= kräfte benutzen, noch auch benutzen können. Ferner hat er gezeigt, daß selbst von denjenigen Produktionskräften, welche die „Zivili= sation" benutzt, der unvortheilhafteste, verschwenderischste und widerspruchsvollste Gebrauch gemacht wird. Die Armuth, diese Haupturfache der meisten Leiden der „Zivilisirten", die sie mit aller Kraft los zu werden suchen, — werde auf der anderen Seite von den „Zivilisirten" selbst erzeugt und verewigt gerade durch den Ueberfluß, den sie durch mühevolle, eintönige, abstumpfende und daher jeden Reizes entbehrende Arbeit erzielten. Dies trete zur Zeit der Krisen hervor, da die Arbeiter arbeitslos würden und hungern müßten in Folge der Ueberhäufung des Marktes mit Waaren, das heißt, in Folge des Ueberflusses. „In der Zivilisation entspringt die Armuth aus dem Ueberfluß selbst" — dieser Fourier'sche Satz entspricht genau der Wirklichkeit; wie sehr aber die bürgerliche politische Oekonomie trotzdem demselben fern stand, beweist der Umstand, daß noch lange Zeit nach Fourier die Oekonomen jenen Satz gar nicht begreifen konnten und J. B. Say naiv nachsagten: da sich Produkte gegen Produkte austauschten, so könne ein Ueberfluß an Produkten nicht deren Austausch und weitere Produktion hindern. Die bürgerlichen Oekonomen be= trachteten eben die Dinge vom metaphysischen Standpunkte aus, der allgemeinen Formel der metaphysischen Denkweise folgend: „Ja, ja, nein, nein, was darüber ist, ist vom Uebel."* Fourier hat ihnen nun gezeigt, daß diese Formel für die Erscheinungen des wirklichen Lebens nicht zutrifft, daß in der Wirklichkeit Ja

* Fr. Engels, „Die Entwicklung des Sozialismus ꝛc." 3. Auf= lage, S. 21.

in Nein und Nein in Ja umschlägt, das Bittere aus dem
Süßen und das Süße aus dem Bitteren, die Armuth aus dem
Ueberfluß und der Ueberfluß aus der Armuth entspringt. Und
zwar hat Fourier seine Forschungen nicht auf die Dialektik der
wirthschaftlichen Erscheinungen beschränkt: er hat dieselbe mit der
Dialektik der Gefühle und der Neigungen in Zusammenhang
gebracht. Er hat gezeigt, wie oberflächlich, einseitig und abstrakt
das landläufige Urtheil über die „guten" und „schlechten"
Seiten des menschlichen Charakters ist; daß in der Wirklichkeit
die sogenannten lasterhaften Neigungen des Menschen sich aus
den anziehendsten Elementen zusammensetzen, aus Elementen, die
an sich für die Gesellschaft nicht nur nicht schädlich, sondern
sogar sehr nützlich sind, daß andererseits unbedingt ehrbare Gefühle, wie z. B. der Familiensinn, zu psychologisch häßlichen
Resultaten führen können. Alle Ausführungen Fourier's über
diese Punkte sind noch heute sehr interessant und ungemein
lehrreich. Die bürgerlichen Oekonomen hätten bereits von Fourier
und den übrigen sozialistischen Schriftstellern jener Zeit sehr
viel lernen können.

Indeß das Allerwichtigste auf dem Gebiete des Sozialismus
mußte erst geleistet werden. Wir haben gesehen, daß der historische
Ursprung und die historische Rolle der bürgerlichen Wirthschafts=
ordnung damals noch nicht aufgeklärt waren, es auch noch nicht
werden konnten. Die Sozialisten hielten noch immer an der alten,
metaphysischen Auffassung der gesellschaftlichen Entwicklung fest, —
richtiger gesprochen, sie hatten noch nicht einmal versucht, die gesell=
schaftlichen Einrichtungen vom Standpunkte der Entwicklung aus
aufzufassen. Die Wirthschaftsgeschichte der Menschheit blieb nach
wie vor ein unbetretenes Gebiet. Um auf diesen Punkt seine
Aufmerksamkeit zu richten, mußte der Sozialismus vorher mit
der Philosophie in nähere Verbindung treten.

Die deutsche idealistische Philosophie berührte zwar die sozial=
ökonomischen Fragen fast gar nicht. Aber sie hatte die Methode

ausgearbeitet, die, von ihren idealistischen Elementen befreit, der ökonomischen Wissenschaft die größten Dienste leisten sollte.

Die deutsche, und namentlich die Hegel'sche Philosophie betrachtete alle Erscheinungen im Prozeß ihrer Entwicklung, im Prozeß ihres Entstehens und Vergehens. Wir würden gern die jener Philosophie eigene dialektische Methode als die Methode der Evolution bezeichnen, wenn nicht viele bürgerliche Gelehrte die Evolution als etwas Revolutionen Ausschließendes und denselben Entgegengesetztes auffaßten. Ebenso könnte man die dialektische Methode die historische nennen, wenn nicht viele „Denker" den Begriff der historischen Methode dazu mißbrauchten, um jede Auflehnung gegen die historisch gewordene Wirklichkeit zu verurtheilen. Man muß also die alte Terminologie beibehalten und die dialektische Methode nach wie vor die dialektische nennen. Schon Hegel hat in seiner „Logik" vortrefflich auseinandergesetzt, daß man unter Entwicklung (Evolution) der Begriffe und Erscheinungen keineswegs nur deren langsame, allmälige Veränderung verstehen darf, — was jedoch heutzutage mehrere Gelehrte unter Evolution ausschließlich verstanden wissen möchten. An und für sich genommen, kann uns die langsame und allmälige Veränderung gar nichts erklären, denn sie läßt die Frage nach dem Ursprung der Begriffe oder der Erscheinungen ganz und gar unberührt: die Veränderung eines Begriffs oder einer Erscheinung setzt ja bereits deren Existenz voraus. Ebenso sehr läßt sie die Frage nach dem Umschlagen der Begriffe und Erscheinungen ineinander unberührt.* Dieses Umschlagen aber geht vor sich kraft des Gesetzes, wonach die quantitativen Veränderungen auf einer gewissen Stufe in qualitative umschlagen. Es sind also die qualitativen Veränderungen, welche bewirken, daß die sich langsam verändernden Erscheinungen oder Begriffe ihren ursprünglichen Charakter verlieren und zu anderen, von ihnen wesentlich verschiedenen Erscheinungen oder Begriffen werden.

---

* Wir sprechen dabei selbstverständlich vom logischen, nicht vom psychologischen Ursprung und Umschlagen der Begriffe ineinander.

Diese qualitativen Veränderungen sind aber undenkbar ohne Sprünge, ohne jene jähen plötzlichen Uebergänge, vor denen sich viele moderne Evolutionisten so sehr fürchten. Jähe Sprünge, plötzliche Uebergänge erscheinen den Evolutionisten unwissen=schaftlich; da sie aber unaufhörlich sowohl in der Natur und in der Logik, wie auch im sozialen Leben stattfinden, so stellt sich die sie negirende „Wissenschaft" selbst als unwissenschaftlich heraus, d. h. als oberflächlich, abstrakt und einseitig. Dies der Grund, warum wir nicht die moderne Lehre von der Evolution mit der dialektischen Auffassung der Dinge identifiziren wollen. Aus unüberwindlicher Furcht vor Revolutionen suchen viele mo=derne Evolutionisten mit Hilfe aller möglichen und unmöglichen „wissenschaftlichen" Beschwörungsformeln die Erscheinung der ge=sellschaftlichen Evolution, welche Klassenkampf genannt wird, hintanzuhalten. Der Klassenkampf aber ist die Folge und der Ausdruck des Antagonismus der Klasseninteressen, einen Anta=gonismus, der gerade durch den, den Herren Evolutionisten so theuren Fortschritt geschaffen wird. Und überhaupt geht die dialektische (in gewissem Sinne könnte man auch sagen progres=sive) Bewegung der Begriffe und Erscheinungen durch die inner=halb dieser Begriffe und Erscheinungen mit innerer Nothwen=digkeit entstehenden Widersprüche vor sich. Der Widerspruch — das ist die Kraft, die alle und jede Entwicklung erzeugt, — sowohl in der Natur und in der Logik, wie auch in der Ge=schichte. „Der Widerspruch ist das Fortleitende", sagt Hegel. Wer also wirklich für den Fortschritt einsteht und den richtigen Begriff davon hat, wird weder den Antagonismus der Klassen=interessen, noch den Klassenkampf fürchten. Der Klassen=kampf ist es, der die moderne Gesellschaft vorwärts treibt, der sie vor dem Stillstand bewahrt; deshalb wird kein einziger auf=richtiger und denkender Freund des Fortschritts vor der Logik des Klassenkampfes zurückschrecken, das Unversöhnliche zu ver=söhnen suchen. Im Gegentheil, er wird selbst in die Reihen der Kämpfenden eintreten und den Klassenkampf nach Kräften bis an dessen logisches Ende führen helfen, welches den Triumph alles deſſen bedeutet, was die Menſchen heutzutage Wahrheit, Recht und Gerechtigkeit nennen.

Die utopiſtiſchen Sozialiſten begriffen die hiſtoriſche Bedeutung des Klaſſenkampfes nicht. Dies iſt auch nicht zu verwundern: von ihrem Standpunkte aus ließ ſich einzig und allein der Kampf der „Wahrheit" gegen den „Irrthum" rechtfertigen. Die Wahrheit war für ſie ein Produkt abſtrakter Gedankenarbeit, die von den Bedingungen des Raumes und der Zeit unabhängig iſt. Wir wiſſen aber jetzt, daß es keine abſtrakte Wahrheit giebt, daß die Wahrheit konkret iſt, und daß dasſelbe, was zu einer Zeit als wahr gilt, zu einer anderen als falſch gelten kann. Wir wiſſen dies aus der deutſchen Philoſophie, die, indem ſie dieſen neuen, konkreten Standpunkt einnahm, dadurch die ganze Wiſſenſchaft revolutionirt hat. J. B. Say meinte, es ſei nutzlos die Geſchichte der ökonomiſchen Lehren der Vorgänger Adam Smith's zu ſtudiren, da ſie ja ſämmtlich falſch ſeien. Hegel dagegen legte der Geſchichte der Philoſophie eine ungemein große Bedeutung bei, weil für ihn jedes philoſophiſche Syſtem ein berechtigtes Produkt ſeiner Zeit war. Man brauchte nur dieſe Anſicht auf die Geſchichte der Geſellſchaftswiſſenſchaft zu übertragen, um zu dem einfachen und klaren Schluß zu gelangen, daß die verſchiedenen ſozialen und politiſchen Lehren nichts Anderes ſind, als der theoretiſche Ausdruck der jeweiligen thatſächlichen Verhältniſſe, der jeweiligen Bedürfniſſe der Geſellſchaft, oder auch nur einer einzigen Geſellſchaftsklaſſe oder =Schicht. Dann war es auch unſchwer zu begreifen, daß der Kampf der „Wahrheit" gegen den „Irrthum" in der Geſchichte nichts Anderes iſt, als der theoretiſche Ausdruck der Entwicklung der geſellſchaftlichen Verhältniſſe und des damit verbundenen Klaſſenkampfes, — eines Kampfes, worin die verſchiedenen Klaſſen zur Herrſchaft zu gelangen, oder auch nur eine vollſtändigere Befriedigung ihrer Bedürfniſſe zu erreichen ſuchen. Sind wir aber einmal dazu gekommen, die geſellſchaftlichen Verhältniſſe vom Standpunkte der Entwicklung aus aufzufaſſen, ſo können wir ſie nicht mehr mit einem unveränderlichen Maßſtab meſſen: Verhältniſſe, die auf einer gewiſſen Entwicklungsſtufe gut sind, erweisen sich auf einer anderen als untauglich), — auch da hängt Alles ab von den jeweiligen Bedingungen des Raumes und der Zeit.

Auf diese Weise hatte die Philosophie die alte, metaphysische Auffassung der Gesellschaft beseitigt, eine Auffassung, die sowohl den utopistischen Sozialisten, wie auch ihren Vorgängern, den Aufklärern des vorigen Jahrhunderts, und ihren Gegnern, den Vertretern der bürgerlichen ökonomischen Wissenschaft, in gleicher Weise eigen war. Der Sozialismus mußte also entweder sich die neuen Errungenschaften des menschlichen Gedankens aneignen, oder anderen, dem modernen Zustand der Wissenschaft mehr entsprechenden Lehren Platz machen.

Karl Marx hat die dialektische Methode auf das Studium der gesellschaftlichen Erscheinungen angewandt und dadurch die Philosophie mit dem Sozialismus versöhnt. Wie Engels mit Recht bemerkt, stammt der moderne Sozialismus ab „nicht nur von Saint-Simon, Fourier und Owen, sondern auch von Kant und Hegel."* Indeß genügt es nicht, von Marx zu sagen, daß er die dialektische Methode auf das Studium der gesellschaftlichen Erscheinungen angewandt habe. Als Materialist faßte Marx die Dialektik ganz anders auf, als der Idealist Hegel. „Meine dialektische Methode", sagt der Verfasser des „Kapital" mit Recht von sich, „ist der Grundlage nach von der Hegel'schen nicht nur verschieden, sondern ihr direktes Gegentheil. Für Hegel ist der Denkprozeß, den er sogar unter dem Namen Idee in ein selbständiges Subjekt verwandelt, der Demiurg des Wirklichen, das nur seine äußere Erscheinung bildet. Bei mir ist umgekehrt das Ideelle nichts anderes als das im Menschenkopf umgesetzte und übersetzte Materielle. — Die mystifizirende Seite der Hegelschen Dialektik habe ich vor beinahe dreißig Jahren, zu einer

---

* Fr. Engels, „Die Entwicklung des Sozialismus 2c." 3. Auflage, S. 5.

Zeit kritisirt, wo sie noch Tagesmode war." Dies wurde von Marx geschrieben im Januar 1873. . . . „In ihrer mystifizirten Form ward die Dialektik deutsche Mode, weil sie das Bestehende zu verklären schien. In ihrer rationellen Gestalt ist sie dem Bürgerthum und seinen doktrinären Wortführern ein Aergerniß und ein Greuel, weil sie in dem positiven Verständniß des Bestehenden zugleich auch das Verständniß seiner Negation, seines nothwendigen Untergangs einschließt, jede gewordene Form im Flusse der Bewegung, also auch nach ihrer vergänglichen Seite auffaßt, sich durch nichts imponiren läßt, ihrem Wesen nach kritisch und revolutionär ist."*

War schon für Hegel die Philosophie weiter nichts als der theoretische Ausdruck der jeweiligen Epoche, so hat bei Marx diese Anschauung von der Philosophie und überhaupt von allen Formen des menschlichen Bewußtseins einen bei Weitem bestimmteren, und zwar streng materialistischen Charakter angenommen. Marx war der Begründer der materialistischen Geschichtsauffassung.

Die Entwicklung der gesellschaftlichen Verhältnisse vollzieht sich aber unter dem Einfluß der materiellen Existenzbedingungen der Menschen. Um zu leben, müssen die Menschen vor Allem ihren materiellen Bedürfnissen Rechnung tragen, die sie nur befriedigen können, indem sie die vorgefundenen oder erlangten Objekte der äußeren Welt durch ihre zweckmäßige Thätigkeit, Arbeit genannt, mehr oder weniger umgestalten. Da aber die Menschen ein gesellschaftliches Dasein führen, so muß auch ihre produktive Arbeit einen gesellschaftlichen Charakter tragen. „Um zu produziren, treten sie in bestimmte Beziehungen und Verhältnisse zu einander, und nur innerhalb dieser gesellschaftlichen Beziehungen und Verhältnisse findet ihre Einwirkung auf die Natur, findet die Produktion statt."** Die Beziehungen der Menschen zu ein-

---

* Siehe Vorwort zur zweiten Auflage des „Kapital". — „Das Kapital", I, 3. Auflage, S. XIX.
** K. Marx, „Lohnarbeit und Kapital", Berlin 1891, S. 21.

ander innerhalb des Produktionsprozesses hängen in keiner Weise
ab von ihrem Willen oder ihren Vorstellungen, sondern werden
durch die ihnen jedesmal zur Verfügung stehenden Produktions=
mittel bedingt. Da nun aber der Charakter dieser Mittel sich
in dem Maße verändert, wie die Menschen sich die Natur immer
mehr dienstbar machen, so verändern sich auch die „gesellschaftlichen
Verhältnisse, worin die Produzenten zu einander treten". Es geht
da ebenso zu, wie im Kriegswesen. „Mit der Erfindung eines
neuen Kriegsinstruments, des Feuergewehrs, änderte sich noth=
wendig die ganze innere Organisation der Armee, verwandelten
sich die Verhältnisse, innerhalb deren Individuen eine Armee
bilden und als Armee wirken können, änderte sich auch das Ver=
hältniß verschiedener Armeen zu einander. . . . Die gesellschaftlichen
Verhältnisse, worin die Individuen produziren", oder mit anderen
Worten, „die gesellschaftlichen Produktionsverhältnisse . . . bilden das,
was man die gesellschaftlichen Verhältnisse, die Gesellschaft nennt, und
zwar eine Gesellschaft auf bestimmter, geschichtlicher Entwicklungs=
stufe, eine Gesellschaft mit eigenthümlichem, unterscheidendem Cha=
rakter. Die antike Gesellschaft, die feudale Gesellschaft, die
bürgerliche Gesellschaft sind solche Gesammtheiten von Produktions=
verhältnissen, deren jede zugleich eine besondere Entwicklungsstufe
in der Geschichte der Menschheit bezeichnet."* Die gesellschaftlichen
Produktionsverhältnisse in ihrer Gesammtheit bilden „die ökonomische
Struktur der Gesellschaft, die reale Basis, worauf sich ein ju=
ristischer und politischer Ueberbau erhebt, und welcher bestimmte
gesellschaftliche Bewußtseinsformen entsprechen. Die Produktions=
weise des materiellen Lebens bedingt den sozialen, politischen und
geistigen Lebensprozeß überhaupt. Es ist nicht das Bewußtsein
der Menschen, das ihr Sein, sondern umgekehrt ihr gesellschaft=
liches Sein, das ihr Bewußtsein bestimmt. Auf einer gewissen
Stufe ihrer Entwicklung gerathen die materiellen Produktivkräfte
der Gesellschaft in Widerspruch mit den vorhandenen Produktions=
verhältnissen, oder was nur ein juristischer Ausdruck dafür ist,

---

* K. Marx, a. a. O. S. 21.

mit den Eigenthumsverhältnissen, innerhalb deren sie sich bisher bewegt hatten. Aus Entwicklungsformen der Produktivkräfte schlagen diese Verhältnisse in Fesseln derselben um. Es tritt dann eine Epoche sozialer Revolution ein. Mit der Veränderung der ökonomischen Grundlage wälzt sich der ganze ungeheure Ueberbau langsamer oder rascher um. In der Betrachtung solcher Um= wälzungen muß man stets unterscheiden zwischen der materiellen naturwissenschaftlich treu zu konstatirenden Umwälzung in den ökonomischen Produktionsbedingungen und den juristischen, politischen, religiösen, künstlerischen oder philosophischen, kurz ideologischen Formen, worin sich die Menschen dieses Konflikts bewußt werden und ihn ausfechten. So wenig man das, was ein Individuum ist, nach dem beurtheilt, was es sich selbst dünkt, ebenso wenig kann man eine solche Umwälzungsepoche aus ihrem Bewußtsein beurtheilen, sondern muß vielmehr dies Bewußtsein aus den Widersprüchen des materiellen Lebens, aus dem vorhandenen Konflikt zwischen gesellschaftlichen Produtivkräften und Produktions= verhältnissen erklären. Eine Gesellschaftsformation geht nie unter, bevor alle Produktivkräfte entwickelt sind, für die sie weit genug ist, und neue höhere Produktionsverhältnisse treten nie an die Stelle, bevor die materiellen Existenzbedingungen derselben im Schooß der alten Gesellschaft selbst ausgebrütet worden sind. Daher stellt sich die Menschheit immer nur Aufgaben, die sie lösen kann, denn genauer betrachtet wird sich stets finden, daß die Aufgabe selbst nur entspringt, wo die materiellen Bedingungen ihrer Lösung schon vorhanden oder wenigstens im Prozeß ihres Werdens begriffen sind."*

Dies die Marx'sche Geschichtsphilosophie, von ihm selbst in wenigen Worten zusammengefaßt. — Entspricht sie dem wirklichen Entwicklungsgang der Geschichte oder nicht? Hatte Marx recht, oder haben vielmehr diejenigen, noch heutzutage zahlreichen „Denker" recht, die ihm eine roh materialistische Beschränktheit der Auffassung

---

* K. Marx, „Zur Kritik der politischen Oekonomie", Berlin 1859. Vorwort, S. V, VI.

vorwerfen? Auf diese Fragen wollen wir hier nicht eingehen, obwohl wir der Meinung sind, daß die Marx'sche Auffassung unbedingt richtig, daß seine Geschichtsphilosophie weit „umfassen= der" ist und unendlich mehr dem gegenwärtigen Stand der Wissen= schaft entspricht, als der oberflächliche, eklektische Idealismus, der den berühmten anaxagoräischen Satz: Der Geist (νοῦς) regiert die Welt — auf den äußerst „beschränkten" und keineswegs tiefen Satz reduzirt: Der Verstand regiert die Geschichte. Hinsichtlich der angeführten Ansichten von Marx können und müssen wir uns auf einige Bemerkungen spezieller Natur beschränken.

Die moderne sozialistische Literatur hält sich von Utopien durchaus fern. Wohl wird hin und wieder die Meinung laut, dies bilde gerade einen wichtigen Mangel derselben. Der Leser aber, der unsere obige Darlegung aufmerksam verfolgt hat, wird einsehen müssen, daß vom Standpunkt des Marxismus Utopien gar keine Geltung beanspruchen können. Utopien hatten einen Sinn, so lange die Sozialisten den metaphysischen Standpunkt theilten, so lange sie die Gefühle und Vorstellungen der Menschen als die Grundursache der bestehenden gesellschaftlichen Verhältnisse betrachteten. Damals mußte ein in allen Details ausgearbeiteter und mit verlockenden Farben ausgemalter Plan einer „normalen" Gesellschaftsverfassung, der die Menschen von den Vortheilen der vorgeschlagenen Reform überzeugen und ihre Phantasie fesseln könnte, allerdings als ein unumgängliches Mittel der sozialistischen Propaganda erscheinen. Jetzt aber, da die Sozialisten wissen, daß das „Ideelle" weiter nichts ist, als die Rückspiegelung des „Ma= teriellen" in den Köpfen der Menschen, glauben sie nicht mehr an die Zauberkraft der Utopien. Die Handlungen der Menschen können nicht von Utopien beeinflußt werden, sie sind durch die harte ökonomische Nothwendigkeit bestimmt. Um an dem Gang der gesellschaftlich=historischen Entwicklung in nützlicher und wirk= samer Weise theilzunehmen, muß man nicht die Menschen durch glänzende Bilder „gerechter" gesellschaftlicher Verhältnisse zu ver= locken, sondern den Charakter der gegenwärtigen materiellen Daseins= bedingungen der Menschen selbst zu begreifen und die Anderen darüber aufzuklären suchen. Haben wir diese Bedingungen kennen gelernt und sind wir im Stande, ihren weiteren Entwicklungsgang vorauszusagen, so können wir auch voraussehen, nach welcher Richtung hin sich die Gefühle und Vorstellungen unserer Zeit= genossen verändern werden, und demgemäß unsere praktische Thätigkeit einrichten. Die Kraft unseres Einflusses auf den weiteren Gang der Ereignisse steht in geradem Verhältniß zu der Klarheit unserer Auffassung des Wesens der gegenwärtigen öko= nomischen Verhältnisse. Unser „Programm" muß eine eigenartige Philosophie darstellen, eine Philosophie, die in theoretischen Sätzen und praktischen Forderungen den bevorstehenden Gang der gesell= schaftlich = ökonomischen Bewegung zum Ausdruck bringt. Die Sozialisten müssen die Geburtshelfer der neuen Gesellschaft sein, deren Keime die bestehende bürgerliche Ordnung in ihrem Schooße birgt. Der Geburtshelfer aber bildet das gerade Gegentheil des Utopisten. Er giebt sich nicht mit Betrachtungen darüber ab, wie der Geburtsakt sein sollte, sondern beobachtet, wie er sich in der Wirklichkeit vollzieht: er studirt den Mechanismus der Geburt und, indem er sich dessen Gesetzen vollkommen fügt, benützt er dieselben, um sein praktisches Ziel zu erreichen.

Die utopistischen Sozialisten hatten es nothwendig, alle Einzel= heiten der von ihnen vorgeschlagenen Gesellschaftsverfassung im Voraus zu bestimmen: der geringfügigste Fehler konnte ihrer Ansicht nach der gesammten neuen Ordnung zum Verderben ge= reichen. Dem materialistischen Sozialisten dagegen kommt es darauf an, die allgemeine Richtung der ökonomischen Entwicklung vorauszusehen. Die Einzelheiten der zukünftigen gesellschaftlichen Verhältnisse interessiren ihn nicht — schon aus dem einfachen Grunde, weil diese Einzelheiten durch ganz besondere wirthschaft= liche Bedingungen werden bestimmt werden, die sich schlechterdings nicht voraussehen lassen. Und da der materialistische Sozialist außerdem weiß, daß nicht das Bewußtsein der Menschen die je= weiligen Formen der gesellschaftlichen Verhältnisse bedingt, sondern umgekehrt diese die jeweiligen Bewußtseinsformen bedingen, so kann er sich ruhig sozusagen auf die belehrende Macht der öko=

nomischen Nothwendigkeit verlassen. Die Menschheit stellt sich
überhaupt nur solche Aufgaben, zu deren Lösung die nothwendigen
ökonomischen Bedingungen bereits heranreifen. Die mangelhafte
Einsicht der Menschen, die den Utopisten so viel Sorgen machte,
kann daher nicht die Sache der sozialistischen Umwälzung ge=
fährden. Der Gedanke wird stets im Stande sein, die praktischen
Forderungen des Lebens zu begreifen. In dem Maße, als die
materiellen Bedingungen der neuen Gesellschaft heranreifen, wird
auch die menschliche Einsicht in die nothwendigen Einzelheiten ihrer
Verfassung wachsen. In der Gegenwart aber besteht die Auf=
gabe der Sozialisten lediglich darin, das Proletariat zu organi=
siren und es über die allgemeinen ökonomischen Bedingungen seiner
Befreiung aufzuklären.

Auf diese Weise wird der Sozialismus aus einer utopi=
schen zu einer kritischen Lehre. Die sozialistische Negation
der bürgerlichen Gesellschaft kommt in den engsten Zusammenhang
mit dem Verständniß dieser Gesellschaft, das heißt, mit der
Klarlegung ihrer historischen Bedeutung. Demgemäß be=
kommt die klassische bürgerliche Oekonomie (d. h. diejenige Oeko=
nomie, welche allein den Namen einer Wissenschaft verdient) in
den Augen der Sozialisten eine ganz andere Bedeutung. Sie
wird von ihnen betrachtet als das, was sie in Wirklichkeit war,
nämlich nicht als ein Gewebe von Lügen und Sophismen, welche
die Menschheit irre geführt haben, sondern als eine Lehre von
den Gesetzen, die das ökonomische Leben der Gesellschaft auf einer
gewissen Entwicklungsstufe beherrschen. Die Theorien der bürger=
lichen Oekonomen dienen den Sozialisten als ein nothwendiges
Hilfsmittel bei der Erforschung der Gesellschaftsordnung, welche
die Vorbedingungen der sozialistischen Revolution schafft. Von den
Utopien unbefriedigt, beginnt Marx in den vierziger Jahren seine
kritische Arbeit mit einem ernsten Studium der bürgerlichen Oeko=
nomie. Damit fängt eine neue Epoche in der Geschichte der
ökonomischen Wissenschaft an. Marx' dialektische Kritik hat die
einseitigen, metaphysischen Anschauungen der bürgerlichen Oeko=
nomen beseitigt, die Lücken ausgefüllt, das Irrthümliche ihrer

Theorien berichtigt und der politischen Oekonomie eine ganz neue Grundlage gegeben. Die raschen theoretischen Fortschritte des Sozialismus sind zugleich theoretische Fortschritte der ökonomischen Wissenschaft. Die politische Oekonomie ist zu einer Wissenschaft von der ökonomischen Entwicklung der Gesellschaft geworden. Sie sucht die Geschichte und die Gesetze der bürgerlichen Ordnung zu erforschen und sie zeigt, daß die fortwährende und unabwendbare Wirkung dieser Gesetze die bestehende Ordnung untergräbt und die materiellen Vorbedingungen einer neuen Gesellschaftsordnung schafft. — Mit anderen Worten, die bürgerliche politische Oeko= nomie betrachtete die bürgerliche Ordnung als etwas Fertiges und Unveränderliches, die politische Oekonomie der Gegenwart dagegen betrachtet diese Ordnung in ihrer Entwicklung, in ihrem Ent= stehen und Vergehen.

Allgemeines.

Das Ziel der literarischen Thätigkeit N. G. Tschernischewsky's bestand, nach seinen eigenen Worten, darin, die von den vorgeschritteneren Denkern des Westens ausgearbeiteten „erhabenen Ideen der Wahrheit, Wissenschaft und Kunst" in Rußland zu verbreiten. In seinen ökonomischen Abhandlungen gab er nun gewöhnlich die Ansichten der westeuropäischen Sozialisten wieder. Allein Marx' Lehre kannte er gar nicht. Zu jener Zeit, in welche die für Tschernischewsky's Entwicklung entscheidenden Jahre fallen (Ende der vierziger und Anfang der fünfziger Jahre), war Marx' Lehre selbst in Deutschland verhältnißmäßig wenig beachtet, im Ausland war sie vollends nur sehr Wenigen bekannt. Tschernischewsky's Lehrer auf dem Gebiete des Sozialismus waren die Utopisten. Aus diesem Umstand sind fast alle Eigenthümlichkeiten seiner nationalökonomischen Ansichten zu erklären.

Für Tschernischewsky, wie für alle utopistischen Sozialisten, lag die Hauptaufgabe der Wissenschaft darin, zu zeigen, wie eine normale Gesellschaft beschaffen sein muß. Er spricht sich darüber in den Schlußsätzen seiner „Umrisse der politischen Oekonomie" höchst unzweideutig aus: „Wir sind nicht dazu gekommen, in unseren Umrissen denjenigen Theil der Theorie zu behandeln, der nach unserer Ansicht der wichtigste in der Wissenschaft ist. Durch die Kritik der herrschenden Begriffe gelang es uns, dem Leser die allgemeinen Prinzipien der für die Menschen vortheilhaftesten Ordnung nahezulegen. Wir sind aber nicht dazu gekommen, darzulegen, wie die Gesellschaft — in den hauptsächlichsten Details —

beſchaffen ſein muß, in der dieſe Prinzipien einſt ihre Verwirk=
lichung finden ſollen, und durch welche Uebergangsſtufen die
Menſchen bereits jetzt der beſten Einrichtung ihrer materiellen
Verhältniſſe näher kommen könnten. In dieſer Hinſicht haben
wir uns mit den unbeſtimmten Abriſſen begnügen müſſen, die bei
Mill im Kapitel über die wahrſcheinliche Zukunft der arbeitenden
Klaſſen dargeboten ſind. Mill's Gedanken ſind richtig, aber allzu
verſchwommen. Wir bedauern ſehr, daß wir ſeine Zeichnungen
nicht durch genauere haben ergänzen können. Es läßt ſich aber
nun dagegen nichts machen!"* — Der Analyſe der ökonomiſchen
Erſcheinungen der beſtehenden Geſellſchaft, der Darlegung der
Geſetze der bürgerlichen Wirthſchaft legte Tſcherniſchewsky eine
untergeordnete Bedeutung bei, — Beides diente ihm vorzugsweiſe
zu polemiſchen Zwecken: „Die Kritik der herrſchenden Begriffe"
ſollte „dem Leſer die allgemeinen Prinzipien der für die Menſchen
vortheilhafteſten Ordnung nahelegen", dieſe Prinzipien ins rechte
Licht ſtellen. Demgemäß geht er gleichgiltig an den Widerſprüchen
vorüber, in die Mill bei der Darlegung der wichtigſten national=
ökonomiſchen Theorien geräth. Es läßt ſich kaum annehmen,
daß dieſe Widerſprüche ſeinem klaren Blick hätten entgehen können,

---

* Tſcherniſchewsky's Werke, 4. Band: „Umriſſe der politiſchen Oeko=
nomie" (nach Mill). Genf 1870, S. 469. — An einer anderen Stelle
deſſelben Bandes definirt er die Aufgabe der „ökonomiſchen Theorie"
folgendermaßen: „Nachdem die Theorie das Produkt in mehrere, den ver=
ſchiedenen Elementen der Produktion entſprechende Theile zerlegt, muß ſie
feſtzuſtellen ſuchen, welche Kombination dieſer Elemente und Theile das
vortheilhafteſte praktiſche Reſultat liefert. Worin dieſe Aufgabe beſteht,
liegt auf der Hand: es gilt herauszufinden, unter welcher Kombination
der Produktionselemente ein gegebenes Quantum von Produktivkräften die
größte Produktenmenge liefert. Hat auch die Theorie eine ſolche Kom=
binationsform gefunden, ſo wird es ſelbſtverſtändlich dem Menſchen den=
noch unmöglich ſein — nicht nur jetzt, ſondern in alle Ewigkeit —, eine
abſolute Vollkommenheit in der Verwirklichung dieſer Form zu erreichen;
das iſt aber die allgemeine Eigenſchaft aller Forderungen der Wiſſenſchaft:
keine derſelben kann abſolut vollkommen verwirklicht werden, denn abſolute
Vollkommenheit gab es überhaupt nie und nirgends, noch auch kann es
eine ſolche geben" u. ſ. f. (S. 136).

wenn er diese Seite der Sache auch nur der geringsten Aufmerk=
samkeit gewürdigt hätte. Das interessirte ihn einfach nicht. Er
war ungehalten nicht über das mangelhafte Verständniß Mill's
für das jetzige ökonomische Leben der zivilisirten Gemeinwesen,
sondern darüber, daß Mill sich zu viel mit diesem Leben abgiebt
und sich zu wenig um die Forderungen der „gesunden Theorie",
d. h. um die Prinzipien der zukünftigen Gesellschaftsordnung
kümmert. Er vergleicht Mill mit einem Menschen, der sich ent=
schlossen hat, Petersburg zu verlassen, aber nicht weiß, wohin er
gehen soll, — nach Berlin oder nach Kasan, und der, nachdem
er sich endlich für Berlin entschieden hat, dennoch den Weg nach
Kasan einschlägt. Das ist ein sehr witziger Vergleich. Indeß wird
dadurch blos das praktische Verhalten Mill's gegenüber dem großen
Streit zwischen Proletariat und Bourgeoisie gekennzeichnet, die theo=
retischen Irrthümer des englischen Oekonomen aber werden gar nicht
berührt. Ja, der Vergleich sollte sie auch gar nicht berühren: trotz
aller Unklarheit der ökonomischen Begriffe Mill's hält ihn Tscherni=
schewsky dennoch für einen „würdigen Schüler Ricardo's".

Unter dem Einfluß der Arbeiterbewegung seiner Zeit konnte
Mill nicht mehr die bürgerliche Gesellschaftsordnung als eine
ewige und unveränderliche betrachten. Er mußte zugeben, daß
diese Ordnung wohl durch eine andere, den Interessen der Masse
mehr entsprechende ersetzt werden könnte. Ueber die Zukunft der
„arbeitenden Klassen" sprach er Gedanken aus, die selbst dem
Sozialisten Tschernischewsky richtig schienen. Deshalb hat auch
dieser dessen Werk zur Uebersetzung ins Russische gewählt. Indeß
waren erstens die „richtigen" Gedanken Mill's zu „verschwommen",
und zweitens waren sie für ihn etwas Nebensächliches, da Mill
sich fast ausschließlich „mit den Daseins= und Fortschrittsbeding=
ungen einer auf dem Privateigenthum beruhenden Gesellschaft"
beschäftigte (Mill's Worte). Deshalb beschloß Tschernischewsky,
die Uebersetzung des Mill'schen Werkes mit Ergänzungen und
Anmerkungen zu versehen, in denen richtigere Prinzipien des ge=
sellschaftlichen Lebens dargelegt werden sollten. Dies die Ent=
stehungsgeschichte des ökonomischen Hauptwerkes unseres Verfassers.

Für das Verhalten Tschernischewsky's gegenüber den strittigen Theorien der bürgerlichen Oekonomen kann als typisch folgende Bemerkung dienen, die er über die Staatsanleihen macht: „Wie die Steuern, können auch die Anleihen selbstverständlich verschiedener Natur sein, — die Einen sind für die Nation drückender als die Anderen. Der Raum gestattet uns aber nicht, hier auf diese Einzelheiten einzugehen, — Einzelheiten, die übrigens für die theoretische Forschung bedeutend an Wichtigkeit verlieren, wenn wir uns von der allgemeinen Unvortheilhaftigkeit des Prinzips selbst, Steuern durch Anleihen zu ersetzen, fest überzeugt haben. Die Theorie sagt, man solle keine Anleihen aufnehmen; von welcher Wichtigkeit könnten demnach Raisonnements darüber sein, unter welchen Umständen und in welchem Umfange Anleihen aufgenommen werden dürfen?"* Von diesem Standpunkt aus könnte man an den wichtigsten Fragen der bürgerlichen Wirthschaft gleichgiltig vorbeigehen. Welche Wichtigkeit können wir den Untersuchungen über den Werth beilegen, wenn wir uns von der allgemeinen Haltlosigkeit des gegenwärtigen Austausches fest überzeugt haben? Welche Wichtigkeit können wir ferner den Erörterungen über das Lohngesetz beilegen, wenn die Theorie sagt, daß die Arbeitskraft nicht als Waare verkauft werden solle? — Der Leser weiß bereits, daß dies gerade der Standpunkt der utopistischen Sozialisten war, und daß dieser Standpunkt gegenüber den Theorien der bürgerlichen Oekonomie einen der wichtigsten unter den Fehlern des utopistischen Sozialismus bildete, welche die weitere Entwicklung der Gesellschaftswissenschaft hemmten.

Im Jahre 1866 erschien in der englischen Zeitschrift „Common Wealth" eine Artikelserie des Arbeiters Georg Eccarius, der sich vorgenommen hatte, Mill's ökonomische Lehren eingehend zu analysiren. Eccarius' Artikel wurden nachher ins Deutsche übertragen und als Broschüre herausgegeben unter dem Titel: „Eines Arbeiters Widerlegung der nationalökonomischen Ansichten John Stuart Mill's". Eccarius war ein thätiges Mitglied der Inter-

---

* A. a. O. S. 430.

nationalen Arbeiterassoziation und war längere Zeit von Marx stark beeinflußt. Aus seinem Verhalten zu Mill kann man daher darauf schließen, wie sich die Sozialisten der Gegenwart, d. h. Marx' Anhänger, zu demselben Schriftsteller verhalten. Eccarius griff nun Mill von einer ganz anderen Seite an, als Tscherni=
schewsky. Er war unwillig nicht darüber, daß Mill zu wenig von der Zukunftsgesellschaft sprach, sondern darüber, daß der englische Oekonom ein mangelhaftes Verständniß für die Gesetze der bestehenden bürgerlichen Gesellschaft an den Tag legte. Der Hauptmangel des Mill'schen Werkes besteht nach Eccarius' Mei=
nung darin, daß der Verfasser es nicht verstanden habe, sich auf den historischen Standpunkt zu stellen, von dem aus alle Kate=
gorien der bürgerlichen Oekonomie als vergängliche, historische erscheinen. Eccarius suchte „die reaktionären Tendenzen der Mill=
schen Oekonomie vom Arbeiterstandpunkte aus zu beleuchten". Er konnte Mill nur polemisch behandeln. Seine eigenen Ansichten als Ergänzungen zu Mill's Theorien darzulegen, wäre für ihn sowohl eine logische wie psychologische Unmöglichkeit gewesen: seine Ansichten und die Mill'schen gingen zu weit, zu schroff auseinander. Woher nun dieser Unterschied in der Behandlung Mill's seitens zweier Sozialisten, die über ihn fast zu gleicher Zeit schrieben? Eben daher, daß die beiden sozialistischen Zeitgenossen ihren An=
sichten nach verschiedenen Epochen in der Geschichte des Sozialis=
mus angehörten. Eccarius war Marxist, Tschernischewsky aber theilte die Ansichten der vormarxischen, der utopistischen Epoche.

Die von Tschernischewsky unternommene „Kritik der herrschen=
den Begriffe" fällt ihrem Verfahren und ihren Resultaten nach vollständig zusammen mit der Kritik der gesellschaftlichen Ein=
richtungen, mit der sich z. B. Fourier so eifrig beschäftigte. Was sind aber gesellschaftliche Einrichtungen? Das ist der juristische Ueberbau, der sich auf einer gegebenen ökonomischen Basis erhebt, deren Charakter durch den jeweiligen Entwicklungsgrad der ge=
sellschaftlichen Produktivkräfte bestimmt ist. Auf einer gegebenen Entwicklungsstufe der Produktivkräfte müssen die Produzenten nothwendiger Weise in gewisse, bestimmte Beziehungen zu einander

11*

treten. Durch diese gegenseitigen Beziehungen der Produzenten innerhalb des Produktionsprozesses sind aber, wie wir wissen, die gesammten gesellschaftlichen Verhältnisse derselben bestimmt, d. h. folglich auch sämmtliche gesellschaftlichen Einrichtungen. Eine gegebene gesellschaftliche Einrichtung kritisiren, heißt daher, zu begreifen suchen, welche Entwicklungsstufe der Produktivkräfte dieselbe ins Leben gerufen, welche andere dieselbe befestigt hat und welche weitere ihren Untergang herbeiführen wird. So fassen die modernen Sozialisten die Aufgabe ihrer Kritik auf. Selbst in ihren Agitationsreden bildet den Hauptgrund gegen diese oder jene Einrichtung der Hinweis darauf, daß sie den gegenwärtigen ökonomischen Bedürfnissen der Menschheit nicht mehr entspricht. Aber die modernen Sozialisten fassen die Sache so auf, weil jetzt die Abhängigkeit der gesellschaftlichen Einrichtungen von dem Gang der ökonomischen Entwicklung bereits aufgeklärt ist. Die Sozialisten der utopistischen Epoche dagegen waren über diese Abhängigkeit noch ganz im Unklaren, ja, in den meisten Fällen hatten sie davon gar keine Ahnung. Deshalb betrachteten sie die gesellschaftlichen „Einrichtungen" als etwas rein vom menschlichen Willen Abhängiges und durch eine mehr oder minder vernünftige Entscheidung der Mitglieder der gegebenen Gesellschaft Bestimmbares. Deshalb reduzirte sich auch für sie die Kritik der gesellschaftlichen Einrichtungen auf die Bloslegung ihrer unvortheilhaften Seiten, wobei sie diese unvortheilhaften Seiten, die ja in Wirklichkeit als solche erst auf gewissen Stufen der ökonomischen Entwicklung hervortreten, durchaus als unbedingte betrachteten. Der utopistischen Kritik geht das wichtigste, nämlich das historische Element ab. Denselben Mangel finden wir auch bei N. G. Tschernischewsky vor.

In den ersten zwei Kapiteln des zweiten Buches seiner „Grundsätze der politischen Oekonomie" läßt sich Mill in weitläufige Erörterungen über das Privateigenthum ein. Nachdem Tschernischewsky die Ansichten des englischen Oekonomen darüber dargelegt hat, ergänzt er sie, wie gewöhnlich, durch eigene Bemerkungen. Er sagt aber dabei kein Wort über die historische

Bedeutung des Privateigenthums. Er sucht blos zu zeigen, daß das Privateigenthum und das damit verbundene Prinzip der Erb= lichkeit unvortheilhaft sind, weil sie zur Ungleichheit des Besitzes führen. Wie er richtig bemerkt, wirkt das Privateigenthum als eine zerstörende, revolutionäre Kraft; indem es wenige Glückspilze bereichert und zur materiellen Knechtung der Masse führt. Wenn nun aber das Privateigenthum und das Prinzip der Erblichkeit immer, „fortwährend, alltäglich und allstündlich" so wirken, wenn ihre Nachtheile so handgreiflich sind, — so frägt es sich, wie sie denn in der Geschichte entstanden sein können? Darauf antwortet Tschernischewsky ebenso, wie alle utopistischen Sozialisten: weil es den Menschen an der richtigen ökonomischen Einsicht fehlte.

Aus einer mangelhaften Einsicht oder aus dem Einfluß des bösen Willens — der Gewalt, der Eroberungen — erklärt unser Verfasser überhaupt das ganze gegenwärtige ungerechte Verthei= lungssystem der Produkte. Er sagt: „Die Oekonomen nach der herkömmlichen Schablone erklären uns alle Seiten des ökonomi= schen Lebens als gleichmäßig unabhängig von den Ansichten der Menschen über eine bessere Gestaltung des menschlichen Daseins. In Wirklichkeit aber werden die Prinzipien nur Einer Seite des ökonomischen Lebens, und zwar der Produktion, den Menschen mit der Nothwendigkeit von physikalischen Gesetzen aufgezwungen, die übrigen Elemente des ökonomischen Lebens dagegen werden von den Menschen selbst geordnet und stehen durchaus in ihrer Macht." Wenn die Menschen bisher die erzeugten Güter schlecht vertheilten, so geschah dies deshalb, weil sie die wahren ökono= mischen Prinzipien nicht gekannt, oder weil sie sich selbst die thatsächliche Möglichkeit genommen hätten, diesen Prinzipien gemäß zu verfahren. „Ist denn das gesellschaftliche Leben zur Zeit der Eroberung des Römischen Reichs durch die Barbaren, oder zur Zeit des Feudalismus, oder selbst in späteren Zeiten, — bis auf unsere Tage herab, auf Grund nationalökonomischer Prinzipien geordnet worden? Wird denn dieses Leben noch heute nicht in stärkstem Maße von ganz anderen Faktoren beherrscht, als von einer gesunden ökonomischen Einsicht? Wurden denn die Kriege unter Napoleon I. aus einer gesunden ökonomischen Voraussicht geführt, — Kriege, deren Ausgang über die wirthschaftliche Gestaltung Europas entschieden hat? Hat denn Frankreich aus ökonomischer Voraussicht sich Algeriens bemächtigt und will es dasselbe aus diesem Grunde weiter in seiner Hand behalten? War es denn eine gesunde ökonomische Einsicht, die die agrarischen Verhältnisse Englands befestigt hat und sie noch fortbestehen läßt?"* Eine materielle, objektive Möglichkeit, die gesellschaftlichen Verhältnisse normal zu gestalten, sei schon seit langer Zeit vorhanden, vielleicht sogar seit den ersten Anfängen der menschlichen Geschichte: „Nicht nur in zivilisirten Gemeinwesen, sondern selbst in all' denjenigen Gemeinwesen, die höchstens über die roheste Wildheit hinausgelangt sind, sich seßhaft gemacht und dem Ackerbau zugewendet haben, — also nicht nur im gegenwärtigen England oder Deutschland, sondern auch im England des neunten, in Deutschland des zehnten Jahrhunderts, im gegenwärtigen Persien und Kleinasien könnte bereits die Arbeit durch ihre Ertragsfähigkeit der Bevölkerung den Wohlstand sichern. Die menschliche Natur ist aber doch nicht dafür verantwortlich zu machen, daß die Sache einen schlechten Verlauf nimmt, wenn die Menschen ohne Einsicht, aufs Gerathewohl handeln: da trägt einzig der Mangel an Einsicht die Schuld."** Die ganze Wirthschaftsgeschichte der Menschheit wird also von Tschernischewsky, ebenso wie von allen utopistischen Sozialisten, einfach aus den Irrungen des menschlichen Verstandes erklärt.

Diese Auffassung brachte es mit sich, daß Tschernischewsky, ebenso wie Mill, es für möglich hielt, die Gesetze der Produktion ganz unabhängig von der Vertheilung und dem Austausch zu behandeln. Die Produktion so behandeln, hieß aber — in der Sprache Mill's und Tschernischewsky's — dieselbe unabhängig von deren gesellschaftlichen Bedingungen, d. h. von den Beziehungen, in denen die Produzenten zu einander stehen, behandeln. Deshalb löst sich die Frage der Produktion für beide Schriftsteller auf in die Frage

---

* A. a. O. S. 62.
** A. a. O. S. 93.

nach dem zweckmäßigen Verhältniß des Menschen zu den Natur=
kräften, d. h. in die Frage nach einer mehr oder minder zweckmäßigen
Benutzung der vom Menschen schon beherrschten Naturkräfte zur Be=
friedigung der menschlichen Bedürfnisse, und in die weitere Frage nach
einigen technologischen Bedingungen der Produktivität der Arbeit.
Da aber alle wichtigeren Kategorien der politischen Oekonomie —
„Kapital“, „Arbeit“ u. s. w. — weiter nichts sind, als der Ausdruck
der Beziehungen der Produzenten zu einander — und zwar nicht
innerhalb der Werkstatt, sondern im gesellschaftlichen
Produktionsprozeß, — so heißt die Produktion unabhängig von
deren gesellschaftlichen Bedingungen behandeln nichts Anderes, als
sich selbst freiwillig das Verständniß der genannten Kategorien er=
schweren. Weiterhin wird uns dies noch deutlicher entgegentreten.
Wir werden gleichfalls sehen, daß Tschernischewsky in Bezug auf
viele Kategorien der politischen Oekonomie die Ansichten der bürger=
lichen Oekonomen theilt.

Da nun die Gesetze der Vertheilung, im Gegensatz zu den=
jenigen der Produktion, durchaus vom menschlichen Willen ab=
hängig seien, so hätten die Oekonomen — nach Tschernischewsky’s
Ansicht — insbesondere in der Lehre von der Vertheilung die
Forderungen der „gesunden Theorie“ darlegen sollen. Die Smith=
sche Schule sei nun anders verfahren, sie hätte sich damit be=
gnügt, die gegenwärtig herrschenden Gesetze der Vertheilung zu
erforschen. Dies hätte eben die Fortentwicklung der ökonomischen
Wissenschaft gehemmt. Dank diesem Umstande erweise sich die
Theorie der Vertheilung bei der Smith’schen Schule „nicht als
das Resultat einer strengen wissenschaftlichen Analyse, sondern
einfach als die Darlegung einer ziemlich widrigen Routine, deren
materielle Grundlage die Thatsache der Eroberung ist, die bis
auf den heutigen Tag durch ihre Nachwirkungen die ökonomische
Seite des bestehenden Regimes beherrscht, dessen ideelle Stütze die
Unwissenheit der Masse ist“;* um eine wissenschaftliche Theorie

---

* Tschernischewsky’s Werke, 3. Band. Anmerkungen und Ergänzungen
zum ersten Buch der „Politischen Oekonomie John Stuart Mill’s“. Genf
1869, S. 46.

zu werden, müßte die Theorie der Vertheilung zu einer Lehre von der Vertheilung der Produkte gemäß den Forderungen der Vernunft und der Gerechtigkeit werden.

Die Forschungsmethode wird im Allgemeinen von dem Standpunkt eingegeben, von dem aus der Forscher die Erscheinungen betrachtet. Marx betrachtete die gesellschaftlichen Erscheinungen in ihrer inneren Entwicklung, vom Standpunkt der ihnen innewohnenden Dialektik; deshalb befolgte er auch die konkrete dialektische Methode. Die utopistischen Sozialisten dagegen, die das gesellschaftliche Leben vom abstrakten Standpunkt der „gesunden Theorie", d. h. vom Standpunkt ihrer Normalgesellschaft betrachteten, — befolgten auch in ihren Forschungen die abstrakte Methode der Vergleichung der Wirklichkeit mit dem Ideal. Darin besteht eben die Methode, die von Tschernischewsky die hypothetische genannt wird. Um über die ökonomischen Erscheinungen richtig urtheilen zu können, „müssen wir uns — meint unser Verfasser — von dem Gebiete der historischen Ereignisse in dasjenige des abstrakten Denkens versetzen, welches anstatt der statistischen Data, die uns die Geschichte darbietet, mit abstrakten Zahlen operirt, die eine konventionelle Bedeutung haben und einfach nach Belieben gewählt werden".* — Tschernischewsky's Methode läuft also hinaus auf ein Abstrahiren von allen konkreten Bedingungen der gegebenen Erscheinung. Aber auf diesem Wege läßt sich offenbar keine Erscheinung erforschen. Zu einzelnen Beispielen übergehend, glaubt Tschernischewsky, vermittelst seiner Methode endgiltig die Frage gelöst zu haben, „ob die Kriege, die England mit Frankreich zu Ende des vorigen und zu Anfang des laufenden Jahrhunderts geführt, dem ersteren Lande nützlich gewesen sind oder nicht?" Mit Hilfe sehr einfacher Erwägungen, die darthun, daß der Krieg stets der nützlichen Arbeit die produktiven Kräfte entzieht, kommt er nun zum Schluß, daß „der Krieg dem Wohlstand der Gesellschaft schädlich ist". Vom abstrakten Standpunkte aus läßt sich die Frage nach der Nützlichkeit des Krieges aller

---

* A. a. O. S. 89/90.

dings gar nicht anders beantworten. Aber diese abstrakte Lösung wird
von der historischen Wirklichkeit sehr wesentlich modifizirt. Erstens
zeigt uns diese Wirklichkeit, daß eine der gesammten Gesellschaft
schädliche Erscheinung der innerhalb dieser Gesellschaft herrschenden
Klasse sehr nützlich sein kann. Da nun aber die internationale
Politik der zivilisirten Gemeinwesen stets in der Hand der jeweils
herrschenden Klassen lag, so ist der Schlüssel für die im bezeich=
neten Zeitraum von England entfaltete kriegerische Thätigkeit in
den damaligen Interessen der englischen Aristokratie und Bour=
geoisie zu suchen, keineswegs aber in einer ökonomischen Verrech=
nung der Engländer. Und zweitens kann ein Handelsstaat —
wie schon James Stewart in seinem berühmten, zehn Jahre vor
dem Smith'schen Buch „Ueber den Reichthum der Nationen"
erschienenen Werke mit Recht bemerkt — langdauernde Kriege führen
und glänzende Siege davontragen, ohne einen einzigen Tropfen
Blutes seiner eigenen Bürger zu vergießen. In diesem Falle
läuft die ganze Sache auf eine mehr oder minder bedeutende
Aufwendung von Geldmitteln hinaus, mit deren Hilfe eine Handels=
nation ihre Bundesgenossen oder Söldner für sich kämpfen läßt.
Ob nun solche Aufwendungen für sie vortheilhaft sind? — Ja
und nein, Alles hängt da ab von dem thatsächlichen Gang und
Ausgang des Krieges, nicht aber von abstrakten Erörterungen
darüber, daß das für den Krieg verwendete Geld mit größerem
Nutzen für die Menschheit hätte verwendet werden können. Wollten
wir mit Tschernischewsky polemisiren, so würden wir, ihm seine
eigenen Worte entgegenhaltend, sagen, daß hier wie überall Alles
durch die Umstände der Zeit und des Raums entschieden wird.
Wir brauchen indeß nicht mit ihm zu polemisiren, denn heutzu=
tage dürfte wohl kaum Jemandem einfallen, für dessen Methode
einzustehen. Heutzutage wird wohl Jedermann zugeben, daß
Tschernischewsky irrte; es läßt sich nur darüber streiten, warum
er irrte und warum er gerade in dieser und nicht in einer anderen
Richtung irrte. Dies erklärt sich aber ausreichend aus der all=
gemeinen Auffassung der utopistischen Sozialisten vom gesellschaft=
lichen Leben der Menschheit.

Wir haben bereits gesehen, daß die Utopisten in ihrer lite=
rarischen Propaganda sich eine ganz bestimmte, aber sehr einseitige
Aufgabe stellten: vor Allem war es ihnen, wie sich Tschernischewsky
ausdrückt, darum zu thun, „durch die Kritik der herrschenden Be=
griffe dem Leser die allgemeinen Prinzipien der für die Menschen
vortheilhaftesten Ordnung nahezulegen." Das ließ sich nun aber
am bequemsten vermittelst abstrakter Berechnungen, mathematischer
Aufstellungen erreichen. Schon Fourier hatte eine besondere Vor=
liebe für solche Aufstellungen, und in Wirklichkeit läuft auch die
hypothetische Methode Tschernischewsky's auf dasselbe hinaus. Es
fällt schwer, vermittelst einer solchen Methode etwas Neues zu
entdecken, es lassen sich dagegen mit ihrer Hilfe sehr bequem
Wahrheiten popularisiren, die von Anderen, und zwar im Grunde
genommen keineswegs auf „hypothetischem" Wege entdeckt worden
sind, — insbesondere, wenn diese Wahrheiten einen abstrakten,
mathematischen Charakter tragen, wenn — um mit unserem Ver=
fasser zu reden — die ganze Frage sich nur darum dreht, „ob
eine bestimmte Proportion sich vergrößert oder vermindert hat
durch die Größenveränderung desjenigen Elements, dessen Charakter
wir bestimmen wollen", oder wenn „es uns einzig und allein
darauf ankommt, zu erfahren, ob eine Vergrößerung oder Ver=
minderung stattfinden wird." Den Utopisten kam es nun gerade
darauf an, zu zeigen, daß in der von ihnen empfohlenen idealen
Gesellschaft eine „Vergrößerung", in der bestehenden Gesell=
schaft aber eine „Verminderung" stattfinden wird. Um dieses
Ziel zu erreichen, ließ sich gar keine bequemere Argumentations=
weise ersinnen, als diejenige, zu der Tschernischewsky so gerne
seine Zuflucht nahm. Die hypothetische Methode — wie er die=
selbe auffaßte — kann zwar als Forschungsmethode gar nicht in
Betracht kommen, aber auf einer gewissen Entwicklungsstufe des
Sozialismus war sie die beste Methode, die sozialistischen Lehren
(gleichviel ob sich selbst oder den Anderen) zu erklären. An
überzeugender Kraft konnten es mit dieser Methode nur die Fourier
eigenthümlichen satirischen Ausfälle aufnehmen. Indeß ist es schwerer,
Satiren zu schreiben, als arithmetische Aufstellungen zu machen.

Tschernischewsky glaubte, die berühmtesten Oekonomen hätten die hypothetische Methode befolgt. Er behauptet dies auch in Bezug auf David Ricardo. Der Letztere liebte allerdings wirklich zu „Hypothesen" seine Zuflucht zu nehmen. Aber er benutzte dieselben eben nur dazu, um Begriffe zu erklären, nicht um Erscheinungen zu erforschen. Ihm galt als Maßstab der Richtigkeit dieser oder jener Theorie die ihn umgebende bürgerliche Wirklichkeit; für Tschernischewsky und dessen Lehrer dagegen wurden alle Fragen durch die Forderungen der abstrakten „Theorie" gelöst. Ricardo verließ den realen Boden niemals; Tschernischewsky, sowie alle utopistischen Sozialisten überhaupt hielten es nicht für nöthig — wenigstens in der „Theorie" nicht — auf diesem Boden zu bleiben. Lord Brougham sagte von Ricardo, es sei, als betrachte er die Erde von einem anderen Planeten aus. Von den Utopisten könnte man sagen, daß die Erde aus ihrem Gesichtskreise verschwand, indem sie ihre Blicke auf andere, anziehendere Planeten richteten.

Der Tauschwerth.

Im vorigen Kapitel haben wir versucht, den allgemeinen Standpunkt Tschernischewsky's zu charakterisiren; nunmehr wollen wir dazu übergehen, dessen ökonomische Ansichten im Einzelnen zu betrachten. Es wäre indeß ebenso unnöthig wie unbequem, dieselben in der Reihenfolge zu betrachten, die er, der Darstellung Mill's folgend, innehielt. Um seine ökonomischen Ansichten mit den modernen sozialistischen leichter vergleichen zu können, ziehen wir es vor, uns an eine andere Reihenfolge zu halten.

Wir beginnen mit der Werththeorie.

In der bürgerlichen Gesellschaft ist die Arbeitstheilung bekanntlich bis zu einem sehr hohen Grade entwickelt. Die bürgerlichen Oekonomen thun sich nun auf die Arbeitstheilung sehr viel zu gut und lieben es ungemein, nach dem Beispiel Adam Smith's, von der wunderwirkenden Kraft der Arbeitstheilung, von deren wohlthätigem Einfluß auf den Gang der Produktion zu sprechen. Trotzdem aber blieben die Rolle und der Charakter der Arbeitstheilung in der modernen Gesellschaft nur ungenügend aufgeklärt bis zum Erscheinen der Hauptwerke von Marx, — und zwar deshalb, weil die bürgerlichen Oekonomen in den meisten Fällen bei der Behandlung dieser Frage gerade das wichtigste Moment wenig berücksichtigten. — Die Arbeitstheilung läßt sich unter verschiedenen Gesichtspunkten betrachten. „Hält man nur die Arbeit selbst im Auge — bemerkt Marx —, so kann man die Trennung der gesellschaftlichen Produktion in ihre großen Gattungen, wie Agrikultur, Industrie u. s. w., als Theilung der Arbeit im All=

gemeinen, die Sonderung dieser Produktionsgattungen in Arten und Unterarten als Theilung der Arbeit im Besonderen, und die Theilung der Arbeit innerhalb einer Werkstatt als Theilung der Arbeit im Einzelnen bezeichnen."* Die bürgerlichen Oekonomen faßten nun bei der Erforschung dessen, was sie Gesetze der Produktion nannten, vorzugsweise blos die Theilung der Arbeit innerhalb einer Werkstatt ins Auge, d. h. die Theilung der Arbeit „im Einzelnen". Aber in der bürgerlichen Gesellschaft ist die Theilung der Arbeit „im Einzelnen" ebenso verschieden von derjenigen „im Allgemeinen", wie von derjenigen „im Besonderen". Mit anderen Worten, in dieser Gesellschaft hat die Theilung der Arbeit innerhalb einer Werkstatt einen ganz anderen Charakter und eine andere ökonomische Bedeutung, als die gesellschaftliche Theilung der Arbeit.

Unter der Herrschaft der letzteren ist jeder einzelne Produzent mit der Herstellung eines besonderen Artikels beschäftigt; er produzirt nicht diejenigen Gegenstände, welche zur Befriedigung seiner persönlichen Bedürfnisse dienen, sondern diejenigen, welche die anderen Produzenten brauchen, die ihrerseits an der Herstellung anderer Artikel arbeiten.** Darin besteht die gegenseitige Abhängigkeit der Produzenten voneinander. Andererseits aber sind die Produzenten in der bürgerlichen Gesellschaft vollkommen unabhängig voneinander, da sowohl die Produktionsmittel, wie auch die mit deren Hilfe hergestellten Produkte das Privateigenthum der einzelnen Produzenten bilden. Der Austausch ist daher das einzige gesellschaftliche Band, das die Produzenten miteinander verbindet. Jeder Produzent kann seine eigenen Bedürfnisse nur dadurch befriedigen, daß er sein Produkt zu Markte bringt und es gegen andere vertauscht. Auf diese Weise werden die Produkte der bürgerlichen Produzenten zu Waaren. Die Waaren werden nun gegeneinander in einem bestimmten Ver

---

* „Das Kapital", 3. Auflage, 1. Band, S. 352.
** Bei der Theilung der Arbeit innerhalb der Werkstatt verfertigen die Arbeiter nicht einzelne Exemplare, sondern einzelne Theile des betreffenden Artikels, der in der Werkstatt hergestellt wird.

hältniß ausgetauscht: für eine bestimmte Quantität der Waare A kann man so und soviel von der Waare B, C, D u. s. w. bekommen. Jedem Produzenten liegt natürlich vor Allem und am meisten daran, zu wissen, wie viel von den anderen Waaren er beim Austausch für seine eigene Waare bekommen kann, — mit anderen Worten, wie groß der Tauschwerth seiner Waare ist. Und sobald in der Welt der Waarenproduzenten Gelehrte auftreten, die sich mit dem Studium der Gesetze des ökonomischen Lebens der bürgerlichen Gesellschaft befassen, bekommt die Frage des Tauschwerths eine ungeheure theoretische Bedeutung und wird eine der Kardinalfragen der bürgerlichen politischen Oekonomie. Betrachten wir nun auch unsererseits, wodurch die Austauschverhältnisse der Waaren bestimmt sind.

Hans arbeitet an der Herstellung von Möbelstücken, Peter an der Herstellung von Tuch. Sie tauschen ihre Produkte gegen einander aus, wobei Hans für einen Stuhl eine Elle Tuch bekommt. Es ergiebt sich somit die Gleichung: 1 Stuhl = 1 Elle Tuch. Was bedeutet nun diese Gleichung? In welchem Sinne und warum kann ein Stuhl einer Elle Tuch gleichgesetzt werden? Es liegt auf der Hand, daß in diesem Falle nicht die physikalischen Eigenschaften dieser Gegenstände, nicht ihre respektiven Gebrauchswerthe, sondern irgend welche andere, von den bezeichneten unabhängige Eigenschaften miteinander verglichen werden. Welches sind nun diese Eigenschaften? — Der Stuhl ist das Produkt von Hansens Arbeit, das Tuch ist das Produkt von Peters Arbeit. Wenn also 1 Stuhl 1 oder 2 Ellen Tuch gleichgesetzt wird, so bedeutet dies, daß die zur Herstellung eines Stuhls erforderliche Arbeit der zur Herstellung einer oder zweier Ellen Tuch erforderlichen Arbeit gleichgesetzt wird. Durch das Verhältniß zwischen Stuhl und Tuch wird folglich nichts Anderes ausgedrückt, als das Verhältniß zwischen Hansens und Peters Arbeit. Dasselbe in einer allgemeinen Form ausgedrückt, kann man sagen, daß durch die Austauschverhältnisse der Waaren die Beziehungen der Menschen (ihre produktiven Thätigkeiten) zu einander im gesellschaftlichen Produktionsprozeß ausgedrückt werden.

Gehen wir nun weiter: in welcher Hinsicht kann die Arbeit des Möbelmachers mit derjenigen des Tuchmachers verglichen werden? Was haben diese durchaus verschiedenen Arten produktiver Thätigkeit miteinander gemein? Eben dasjenige, daß sowohl die eine wie die andere trotz aller Unterschiede im Grunde genommen auf ein- und dasselbe zurückzuführen ist, — nämlich auf eine gewisse Verausgabung menschlicher Kraft, auf eine gewisse Arbeit der Muskeln und Nerven. Die Gleichung: 1 Stuhl = 1 Elle Tuch bedeutet also, daß zur Herstellung Eines Stuhls ebenso viel menschliche Kraft verausgabt worden ist, wie zur Herstellung Einer Elle Tuch. Durch die Austauschverhältnisse der Waaren werden also die gesellschaftlichen Beziehungen der Waarenproduzenten zu einander ausgedrückt, oder — wie Marx sagt — „Tauschwerth ist eine bestimmte gesellschaftliche Manier, die auf ein Ding verwandte Arbeit auszudrücken". Das heißt, die Arbeit ist die einzige Quelle des Tauschwerths und ihre Zeitdauer dessen Maßstab. Heutzutage ist dies ebenso offenbar, wie daß die Anziehungskraft die einzige Quelle der Schwere ist. Es wird aber so offenbar erst dann, wenn wir die Frage des Tauschwerths unter dem Gesichtspunkt der gesellschaftlichen Verhältnisse der Produzenten betrachten. Wenn wir aber von den gegenseitigen Beziehungen der Menschen abstrahiren und den Schlüssel zum Verständniß des Tauschwerths in den Eigenschaften der austauschbaren Dinge suchen wollen, so müssen wir nothwendiger Weise zu den absurdesten Schlüssen gelangen. Daraus erklärt sich auch der Umstand, daß über den Tauschwerth unglaublich viel Unsinn verschiedenster Art geschrieben worden ist: anmaßender, pedantischer, schönrednerischer, naiver, „patriotischer" und endlich selbst eine gewisse „wühlerische" Tendenz verrathender Unsinn, — wie wir denselben bei Proudhon vorfinden. Uebrigens ist es den besten Vertretern der Wissenschaft gelungen, wenigstens die quantitative Seite des Tauschwerths aufzuklären. Ricardo hat am entschiedensten und bestimmtesten den Gedanken ausgesprochen, daß die Größe des Tauschwerths eines Dinges durch das zu dessen Herstellung nothwendige Arbeitsquantum bestimmt wird. Und auch Adam Smith kam diesem Gedanken nahe, nur hat ihn die Vertheilung der Produkte in der bestehenden Gesellschaft irre geleitet. Er glaubte nämlich, daß in der Urgesellschaft (in the early and rude state of society) der Tauschwerth der Produkte allerdings einzig und allein durch das auf dieselben verwandte Arbeitsquantum bestimmt worden sei, daß sich das aber geändert habe, seitdem Kapitalisten und Landlords aufgetreten.* „Adam bestimmt allerdings den Werth der Waare durch die in ihr enthaltene Arbeitszeit, verlegt dann aber wieder die Wirklichkeit dieser Werthbestimmung in die präadamitischen Zeiten."** — Immerhin hat die Frage nach der Größe des Tauschwerths seit Ricardo wenigstens eine annähernde Lösung gefunden. An Angriffen gegen die Ricardo'sche Werththeorie fehlte es nicht, es sind aber keine ernsten Einwendungen vorgebracht worden, und es konnten auch keine vorgebracht werden.

So wurde z. B. mitunter gegen die Bestimmung der Größe des Tauschwerths durch die Arbeitszeit die Einwendung gemacht, daß in diesem Falle der Tauschwerth einer Waare um so größer sein müßte, je geringer die Geschicklichkeit des Produzenten, da dieser um so mehr Zeit zur Herstellung seiner Waare verwenden müsse. Das ist aber offenbar die reinste Absurdität. Denn als werthbildende Arbeit zählt nur die gesellschaftlich nothwendige Arbeitszeit. „Gesellschaftlich nothwendige Arbeitszeit ist Arbeitszeit, erheischt um irgend einen Gebrauchswerth mit den vorhandenen gesellschaftlich-normalen Produktionsbedingungen und dem gesellschaftlichen Durchschnittsgrad von Geschick und Intensität der Arbeit darzustellen. Nach der Einführung des Dampfwebstuhls in England z. B. genügte vielleicht halb so viel Arbeit als vorher, um ein gegebenes Quantum Garn in Gewebe zu verwandeln. Der englische Handweber brauchte zu dieser Verwandlung in der That nach wie vor dieselbe Arbeitszeit, aber das Produkt seiner individuellen Arbeitsstunde stellte jetzt nur noch eine halbe gesell-

---

* „Wealth of Nations", Book I, ch. VI.
** Karl Marx, „Zur Kritik ꝛc.", S. 37.

schaftliche Arbeitsstunde dar und fiel daher auf die Hälfte seines früheren Werths."*

Man sieht, dieses Mißverständniß ist sehr leicht zu beseitigen. Die Bestimmung des Werths durch die Arbeit führte aber bisweilen zu weiteren Mißverständnissen, die sich nicht so leicht beseitigen ließen. Wenn der Werth einer Waare durch die zu deren Herstellung verwandte Arbeit bestimmt wird, — dachten einige Schriftsteller, — wenn die Arbeitszeit das innere Maß der Werthe bildet, — warum messen dann alle Waaren ihren Werth an einer besonderen Waare, die Geld genannt wird? Warum tauschen sie sich nicht vielmehr unmittelbar gegen einander aus im Verhältniß zu der auf sie verwandten Arbeitszeit? Ist das nicht vielleicht die Folge irgend eines Fehlers oder Mißbrauchs? Und wenn ja, so ließe sich nicht vielleicht der Fehler wieder gut machen, der Mißbrauch beseitigen? — Bei einer oberflächlichen Behandlung der Sache schien dies wirklich möglich zu sein. Daher die Projekte betreffend die „Organisation des Austausches", wodurch dem Geld das ihm gegenwärtig zustehende „Privilegium" genommen werden sollte. Es genügt aber, die der bürgerlichen Ordnung eigenthümlichen Verhältnisse der Produzenten zu einander zu begreifen, um die ganze Haltlosigkeit derartiger Projekte einzusehen.

Nehmen wir z. B. den englischen Handweber, von dem Marx an der oben angeführten Stelle spricht. In Folge der Einführung des Dampfwebstuhls stellte das Produkt einer individuellen Arbeitsstunde des Handwebers nur noch eine halbe gesellschaftliche Arbeitsstunde dar und fiel daher auf die Hälfte seines früheren Werths. Auf welche Weise hat sich nun aber diese Reduktion der individuellen Arbeit der Handweber auf die Norm der gesellschaftlich nothwendigen Arbeitszeit vollzogen? War sie etwa die Folge einer bewußten Handlung der Menschen? Das war sie nicht, noch auch konnte sie es sein — bei dem, den bürgerlichen Verhältnissen eigenthümlichen Mangel an jeglicher Planmäßigkeit in

---

* „Das Kapital", S. 6.

der gesellschaftlichen Produktion. In der bürgerlichen Gesellschaft arbeiten die Produzenten unabhängig voneinander, Jeder derselben arbeitet, wie er will, kann und es versteht, — auf eigene Faust und nach eigenem Gutdünken.* Deshalb wird das Verhältniß der Arbeit jedes einzelnen Produzenten zum gesammten gesellschaftlichen Produktionsmechanismus auf dem Markt — nach Marx' Ausdruck — hinter dem Rücken der Produzenten, durch die blind wirkende ökonomische Kraft festgesetzt, die Konkurrenz genannt wird. Damit jedoch noch nicht genug. Jeder Produzent sucht natürlich ein solches Produkt herzustellen, das irgend ein Bedürfniß befriedigt, das einen gesellschaftlichen Gebrauchswerth darstellt. Denn ist dies mit seinem Produkt nicht der Fall, so würde es keine Waare sein und die auf dasselbe verausgabte Arbeit keine „werthbildende Arbeit". Die gesellschaftlichen Bedürfnisse sind aber den bürgerlichen Produzenten weder in quantitativer, noch in qualitativer Hinsicht bekannt, und können ihnen auch nicht bekannt sein. Daraus entstehen eben all' die zahlreichen Gefahren, die den Produkten der bürgerlichen Produzenten auf dem Markte drohen. Vielleicht ist das Produkt eines gegebenen Produzenten „Produkt einer neuen Arbeitsweise, die ein neu aufgekommenes Bedürfniß zu befriedigen vorgiebt oder auf eigene Faust ein Bedürfniß erst hervorrufen will. Gestern noch eine Funktion unter den vielen Funktionen eines und desselben Waarenproduzenten, reißt sich eine besondere Arbeitsverrichtung heute vielleicht los von diesem Zusammenhang, verselbständigt sich und schickt eben deswegen ihr Theilprodukt als selbständige Waare zu Markt. Die Umstände mögen reif oder unreif sein für diesen Scheidungsprozeß. Das Produkt befriedigt heute ein gesellschaftliches Bedürfniß. Morgen wird es vielleicht ganz oder theilweise von einer ähnlichen Produktenart aus seinem Platze verdrängt."** Freilich giebt es Produkte, die immer ein gesellschaftliches Be-

---

* Selbstverständlich sprechen wir hier nicht von Lohnarbeitern, sondern von selbständigen Produzenten.

** „Das Kapital", S. 77.

dürfniß befriedigen und die daher von Marx „patentirte Glieder der gesellschaftlichen Arbeitstheilung" genannt werden. Die Produzenten solcher Waaren können sich nun hinsichtlich der qualitativen Seite der gesellschaftlichen Bedürfnisse nicht täuschen. Ist ihnen aber die quantitative Seite derselben bekannt? Wissen sie denn alle überhaupt, wie viel von ihren Produkten die Gesellschaft braucht? Und weiß denn jeder einzelne Produzent, wie viel Waaren von den übrigen Produzenten, seinen Konkurrenten, hergestellt worden sind? Nein, sie wissen weder das Eine noch das Andere. Deshalb ist es immer ein bloßer Zufall, wenn sie gerade so viel Produkte herstellen, wie viel die Gesellschaft braucht, — nicht mehr und nicht weniger; und in den meisten Fällen werden sie entweder mehr oder weniger als nothwendig herstellen. Nehmen wir an, es sei von einem bestimmten Produkt mehr als nothwendig hergestellt worden. Welche Folgen wird dies für das weitere Schicksal unseres Produkts nach sich ziehen? — Sein Preis wird fallen, und das beweist, daß ein zu großer Theil der gesellschaftlichen Gesammtarbeitszeit in der Form der besonderen, zur Herstellung unserer Produkte dienenden Arbeit verausgabt wurde. „Die Wirkung ist dieselbe, als hätte jeder einzelne Produzent mehr als die gesellschaftlich nothwendige Arbeitszeit auf sein individuelles Produkt verwandt."* Die durch den Preisfall ihrer Produkte bestraften Produzenten werden darnach trachten, künftighin dem Umfang des von ihnen zu befriedigenden gesellschaftlichen Bedürfnisses in genauerer Weise Rechnung zu tragen; sie werden dafür zu sorgen haben, daß auf ihr Produkt gerade der, unter den bestehenden Verhältnissen auf dasselbe entfallende Theil der gesellschaftlichen Gesammtarbeitszeit verausgabt werde. Nehmen wir an, sie würden, durch die bittere Erfahrung gewitzigt, nunmehr zu wenig Produkte herstellen. Die Wirkung wird alsdann eine der früher besprochenen entgegengesetzte sein: der Preis der Produkte wird steigen, und das wird veranlassen, daß sie ihre Produktion erweitern, beziehungsweise, daß neue

* „Das Kapital", S. 78.

12*

Produzenten sich ihrem Produktionszweige zuwenden. Das Schwanken der Preise ist also der Ausdruck des anarchischen Zustandes der bürgerlichen Produktion, zugleich aber deren einziger und nothwendiger Regulator. Wenn die Preise nicht schwankten, wenn jeder einzelne Produzent ohne Weiteres sein Produkt gegen andere austauschen könnte, im Verhältniß zu der auf dasselbe verausgabten Arbeitszeit, so würde die Existenz der bürgerlichen Gesellschaft zur völligen Unmöglichkeit werden: sie würde sofort dem unglaublichsten Chaos in der Produktion zum Opfer fallen.

Die Produkte könnten sich unmittelbar mit anderen im Verhältniß zu der zu ihrer Herstellung verausgabten Arbeitszeit nur dann austauschen, wenn die gesellschaftliche Produktion organisirt und planmäßig betrieben würde. In diesem Falle würde die individuelle Arbeit jedes Produzenten stets einen gesellschaftlichen Charakter besitzen, denn sie würde stets nur für die Gesellschaft nothwendige Produkte, nur „gesellschaftliche Gebrauchswerthe" schaffen. In diesem Falle würde die individuelle Arbeit jedes Einzelnen unmittelbar einen „werthbildenden" Charakter besitzen. Aber alsdann würde auch der Waarenaustausch auf dem Markt — der Vergangenheit angehören. Wie sodann die Vertheilung der Produkte vor sich gehen würde, das ist eine andere Frage. Die Vertheilungsweise würde jedesmal dem historischen Entwicklungsgrad der Produktivkräfte entsprechen. So viel steht aber jedenfalls fest, daß die Produkte sich nicht mehr in Waaren verwandeln würden, daß Kauf und Verkauf sinn- und zwecklos würden. In einer Gesellschaft, die keinen Austausch kennt, kann von einer „Organisation des Austausches" nicht die Rede sein. Es ist also sonnenklar, daß alles Gerede von einem Produktionsaustausch ohne Vermittlung des Geldes ebenso haltlos ist in Bezug auf eine derartige Gesellschaft, wie in Bezug auf die gegenwärtige bürgerliche Gesellschaft.

Die der bürgerlichen Ordnung eigenthümlichen gesellschaftlichen Verhältnisse der Produzenten sind entstanden zu einer Zeit, da die Produktivkräfte bereits groß genug waren, um eine ausgedehnte gesellschaftliche Arbeitstheilung nothwendig zu machen, aber noch nicht groß genug waren, um die Vergesellschaftlichung der Produktionsmittel und damit auch eine planmäßige Organisation der Produktion nothwendig zu machen. In der bürgerlichen Gesellschaft ist die Arbeit planmäßig organisirt nur innerhalb der Werkstatt, die gesellschaftliche Arbeitstheilung dagegen bleibt Sache des Zufalls und der blinden Nothwendigkeit. Und die bürgerlichen Oekonomen, die auf die planmäßige Organisation der Arbeit im Innern der Werkstatt so sehr stolz sind, „wissen nichts Aergeres gegen jede allgemeine Organisation der gesellschaftlichen Arbeit zu sagen, als daß sie die ganze Gesellschaft in eine Fabrik verwandeln würde".*

Die bürgerliche Ordnung hat die Entwicklung der Produktivkräfte auf eine vorher nie dagewesene Höhe gebracht. Jetzt sind sie so weit entwickelt, daß die bürgerlichen Produktionsverhältnisse ihnen nicht mehr entsprechen. Jetzt tritt immer gebieterischer die Nothwendigkeit hervor, die Produktionsmittel zu vergesellschaften, d. h. die bürgerlichen Verhältnisse selbst zu beseitigen. Und je mehr die Produktivkräfte wachsen, um so reifer werden die bürgerlichen Verhältnisse für den Untergang. Diese Verhältnisse, die auf einer gewissen Entwicklungsstufe der Produktivkräfte nothwendig waren, werden auf einer anderen, höheren Stufe unmöglich.

Wir müssen indeß auf die Frage des Werths zurückkommen, um noch ein paar Schlußbemerkungen darüber zu machen.

Der Preis einer Waare ist blos der Geldname des Waarenwerths. Dagegen wird wohl Niemand etwas einzuwenden haben. Andererseits aber sind die Waarenpreise in fortwährendem Schwanken begriffen, weshalb eben die Waaren beim Austausch stets von dem Werthgesetz abweichen, kraft dessen sie sich austauschen müßten im Verhältniß zu der zu ihrer Produktion verausgabten Arbeitszeit. Das Schwanken der Waarenpreise beweist, daß das Verhältniß der individuellen Arbeit jedes einzelnen Waarenproduzenten zum gesammten gesellschaftlichen Produktionsmechanismus sich fort-

---

* „Das Kapital", S. 359.

während verändert, — daß das spezifische Gewicht dieser Arbeit bald dem gesellschaftlich=normalen nahe kommt, bald von ihm nach der einen oder der anderen Richtung abweicht. Wir wissen bereits, daß dies in der bürgerlichen Gesellschaft gar nicht anders möglich ist. Wir werden daher mit Leichtigkeit die Frage beant=worten können, auf welche Weise das Werthgesetz sich durchsetzt.

Dies geschieht auf dem Wege fortwährender „Umwäl=zungen", fortwährender Abweichungen von der Norm, — dadurch, daß das Gesetz in sein gerades Gegentheil umschlägt. „... Die unabhängig voneinander betriebenen, aber als natur=wüchsige Glieder der gesellschaftlichen Theilung der Arbeit allseitig voneinander abhängigen Privatarbeiten werden fortwährend auf ihr gesellschaftlich proportionelles Maß reduzirt, weil sich in den zufälligen und stets schwankenden Austauschverhältnissen ihrer Produkte die zu deren Produktion gesellschaftlich nothwendige Arbeitszeit als regelndes Naturgesetz gewaltsam durchsetzt, wie etwa das Gesetz der Schwere, wenn einem das Haus über dem Kopf zusammenpurzelt."[*] „... Das Werthgesetz der Waaren bestimmt, wie viel die Gesellschaft von ihrer ganzen disponiblen Arbeitszeit auf die Produktion jeder besonderen Waarenart ver=ausgaben kann. Aber diese beständige Tendenz der verschiedenen Produktionssphären, sich ins Gleichgewicht zu setzen, bethätigt sich nur als Reaktion gegen die beständige Aufhebung dieses Gleich=gewichts."[**] Es ist also lächerlich, das Werthgesetz widerlegen zu wollen durch den Hinweis auf das Schwanken der Preise, denn gerade durch dies Schwanken der Preise setzt sich das Werth=gesetz durch.

Wie denkt nun über den Werth J. S. Mill, dessen An=sichten von N. G. Tschernischewsky dargelegt und ergänzt wurden?

---

[*] „Das Kapital", S. 44.
[**] A. a. O. S. 358. — In der Waarenproduktion ist, in Folge des anarchischen Charakters dieser Produktion, „das Gleichgewicht selbst ein Zufall". („Das Kapital", 2. Band, S. 496.)

Mill besaß eine große Neigung, durchaus unvereinbare Begriffe miteinander in Einklang zu bringen. Deshalb finden wir bei ihm über einen und denselben Gegenstand zwar an sich wohl richtig begriffene, aber einander schnurstracks entgegengesetzte Theorien zusammengefaßt. Daraus entsprang etwas ganz Unfaßbares. Mit größter Mühe schluckt der Leser diese logisch unmögliche Mixtur hinunter und sieht aufs Deutlichste, was für ein ungeheuerliches Volk die Herren Eklektiker sind. Es ist besser, an irrthümlichen Ansichten festzuhalten, als zu suchen, irrthümliche Ansichten mit richtigen zu versöhnen. Wenn Mill an irgend einer irrthümlichen Werttheorie konsequent festhielte, so wäre dies zwar schlimm, jedoch leicht wieder gut zu machen. Der Leser, insofern er sich die Mill'schen Ansichten zu eigen machte, hätte dann freilich irrthümliche, aber immerhin bestimmte Ansichten über den Werth. Mit der Zeit könnte er vielleicht eine andere, ebenfalls bestimmte und dazu noch richtige Werttheorie kennen lernen. Alsdann aber wäre es ihm, den guten Willen vorausgesetzt, leicht möglich, die beiden Theorien miteinander vergleichend, sich zu einer wahren Auffassung durchzuarbeiten. Mill setzt nun aber dem Leser einen Mischmasch vor, worin zunächst eine irrthümliche Theorie in den Vordergrund tritt, worauf diese durch eine der Wahrheit etwas näher kommende Theorie gleichsam einigermaßen zurückgedrängt und schließlich der Versuch gemacht wird, Wahrheit und Unsinn unter einen Hut zu bringen, wodurch eine seltsame Zwittertheorie zu Stande kommt, in der das Richtige durch das Falsche endgiltig verdorben und das Falsche durch die widernatürliche Allianz mit der Wahrheit in die zweite Potenz erhoben ist. Alle Anstrengungen nützen da nichts, — man kann daraus nie klug werden. Wer politische Oekonomie bei Mill studirt, der wird gar nichts lernen, obwohl er glauben wird, er sei mit sämmtlichen Haupttheorien über eine gegebene ökonomische Frage bekannt, da ja sämmtliche Haupttheorien von Mill dargelegt würden.

In der Werttheorie läßt sich vielleicht am allerdeutlichsten erkennen, wie schwierig es für Mill war, sich zu einer klaren und bestimmten Auffassung durchzuarbeiten.

Mill wußte, daß nach Ricardo die Arbeit die einzige Quelle des Werths ist. Er konnte nicht den großen Oekonomen vollständig ignoriren. Zugleich aber konnte er seiner geistigen Veranlagung nach auch nicht mit ihm vollkommen übereinstimmen. Er suchte daher die Ricardo'sche Lehre nach eigener Façon umzuwandeln. „Man wird bemerkt haben" — schreibt Mill — daß Ricardo sich so ausdrückt, als ob die Menge Arbeit, welche es kostet, eine Waare herzustellen und sie auf den Markt zu bringen, das Einzige sei, wovon der Werth abhängt. . . . Aber für den Kapitalisten bestehen die Produktionskosten nicht in Arbeit, sondern in Arbeitslohn, und dieser kann größer und kleiner sein. . . ."* Was folgt nun daraus? Hatte etwa Ricardo unrecht? Nein! Es folgen Erörterungen, die anscheinend die Ricardo'sche Theorie vertheidigen sollen. — Er wird also wohl recht haben? Ja, aber nur insofern, als die Arbeit das Hauptelement des Werths ist, denn daneben soll es noch andere, untergeordnete Elemente des Werths geben. Schließlich gelangt Mill zu folgendem erfreulichen Schluß: „Wenn man von den gelegentlichen Elementen absieht, so lassen Dinge, welche eine unbeschränkte Vermehrung gestatten, sich natürlich und dauernd gegeneinander austauschen in Gemäßheit des vergleichsweisen Betrages von Arbeitslohn, welcher bezahlt werden muß, um sie hervorzubringen, und des vergleichsweisen Betrages des Gewinnes, den die Kapitalisten, welche jenen Lohn bezahlt haben, erhalten müssen."** Dieser Satz enthält keine Spur mehr von der Ricardo'schen Werththeorie; diese verschwindet spurlos im Nebel eines Eklektizismus, der es erlaubt, den Unternehmergewinn zu den Produktionskosten zu schlagen. — Der Unternehmergewinn ist ein Theil des durch die Arbeit des Arbeiters geschaffenen Werths. Hängt nun etwa die Werthgröße ab von der Vertheilung des Werths zwischen Arbeiter und Unternehmer? Ebenso wenig, wie etwa die Größe des Ernteertrages

---

* J. S. Mill, „Grundsätze der politischen Oekonomie", 1. Band. — Uebersetzt von Ad. Soetbeer, Hamburg 1852. — S. 480.
** A. a. O. S. 507.

von der Vertheilung desselben zwischen Grundbesitzer und Halbpächter, oder wie der Umfang der Haut des erlegten Bären von den gegenseitigen Beziehungen der Jäger, die an der Bärenjagd theilgenommen haben, zu einander abhängt. Jedermann sieht sofort ein, daß, wie man auch die Bärenhaut theilen mag, dieselbe im Ganzen weder größer noch kleiner als vorher werden kann. Wenn es sich aber um die Werthgröße handelt, so wollen die Oekonomen herausfinden, daß sie — wenn auch nur „ein klein wenig", „theilweise" — von dem Austausch oder der Vertheilung abhänge. In diesem Falle werden die Oekonomen durch den kommerziellen Standpunkt des einzelnen Unternehmers irre geleitet. Der einzelne Unternehmer bringt in seinen Berechnungen allerdings wirklich in Anschlag nicht „die Arbeit", d. h. die Verausgabung menschlicher Arbeitskraft, sondern die Produktionskosten (welche, beiläufig gesagt, keineswegs in Arbeitslohn allein bestehen) und den Gewinn. Aber was können uns all die Berechnungen des einzelnen Unternehmers angehen? Sagt doch uns Mill selbst, daß das Wort „Reichthum" zwei verschiedene Bedeutungen hat, „je nachdem man es auf den Besitz eines Individuums, oder auf den einer Nation oder den der ganzen menschlichen Gesellschaft anwendet."* Warum soll nun dasselbe nicht auch mit dem Ausdruck „Produktionskosten" der Fall sein? Und wenn dieser Ausdruck wirklich zwei Bedeutungen hat, je nachdem man einen einzelnen Unternehmer, oder eine „Nation" im Auge hat, — welche der beiden Bedeutungen muß dann für einen Oekonomen in Betracht kommen, der von Wealth of Nations (Nationalreichthum) handelt? Der einzelne Unternehmer kann selbst die von ihm den Arbeitern auferlegten Bußen, welche seine Ausgaben für Arbeitskraft verringern, bei seiner Berechnung der Produktionskosten in Anschlag bringen. Sollen wir nun vielleicht die Bußgelder etwa zu den „gelegentlichen" (negativen) Elementen des Werths rechnen? Das hat unseres Wissens bisher noch Niemand gethan; wir sehen aber nicht ein, warum es diejenigen Oekonomen nicht thun sollten, die

---

* A. a. O. S. 9.

sich über den Standpunkt des einzelnen Unternehmers nicht er=
heben können.

Man wird uns vielleicht entgegenhalten, Mill sei von der
Ricardo'schen Werththeorie keineswegs so sehr abgewichen, wie wir
dies annehmen, da ja Ricardo selbst zugegeben hätte, die Tendenz
des Profits, in allen Unternehmungen ein gleich hohes Niveau
zu erreichen, modifizire die Wirkung seines Werthgesetzes. Indem
nun Mill den Gewinn ein „Element" des Werths nennt, habe
er vielleicht nur mit anderen Worten den Gedanken seines Lehrers
ausgedrückt. Darauf haben wir Folgendes zu erwidern. Ehe der
dritte Band des „Kapital" erschienen ist, wollen wir nicht ver=
suchen, den Widerspruch zwischen dem Werthgesetz und dem Gesetz
der Durchschnittsprofitrate zu lösen. Indeß, welche Lösung immer
dieser Widerspruch finden mag, das Eine steht jedenfalls fest, daß
das Vorhandensein dieses Widerspruchs nie und nimmer die eklek=
tische Werththeorie Mill's rechtfertigen wird. Man kann nicht
sagen, Mill habe blos mit anderen Worten die Ansicht Ricardo's
vom Widerspruch zwischen zwei ökonomischen Gesetzen ausgedrückt.
Vielmehr hat er diese Ansicht wesentlich entstellt. Ricardo sah
wohl ein, daß das Gesetz der Durchschnittsprofitrate dem Werth=
gesetz widerspricht, und er suchte auch, so gut es eben ging, diesen
Widerspruch zu lösen. Aber er sagt sich doch von seiner Ansicht
über den Werth nicht los. Er sah ein, daß, wenn er dies thäte,
er sich selbst die Möglichkeit nehmen würde, die Natur und den
Ursprung des Profits selbst aufzuklären. Mill dagegen hat den
entgegengesetzten Weg eingeschlagen. Aus dem Konflikt zwischen
dem Werthgesetz und dem Gesetz der Durchschnittsprofitrate hat
er ein seltsames Zwitter=Werthgesetz zurechtgeschnitten, das ebenso
die Natur des Werths wie die des Profits in ganz falschem
Licht erscheinen läßt. Der von Ricardo konstatirte Widerspruch
zwischen zwei Gesetzen spiegelte sich in Mill's Kopf als eine
Konfusion zweier Begriffe wieder.

Angenommen aber, daß Mill recht habe, — daß die Dinge ...
sich gegeneinander austauschen „in Gemäßheit des Betrages von
Arbeitslohn .... und des Betrages des Gewinnes 2c.", wie läßt

sich dann damit die Ueberzeugung Mill's in Einklang bringen, daß „Werth ein relativer Ausdruck" sei? Warum denn — „relativ"? Können denn die „Produktionskosten" (nämlich das, was Mill unter Produktionskosten versteht) nicht als inneres Maß des Werths dienen? — Zur Herstellung eines gegebenen Produkts brauchte man früher sagen wir z. B. zwei Arbeitstage, die dem Unternehmer sechs Mark kosteten, wobei dieser einen Gewinn von a Mark erzielte. Der Werth des Produkts war also nach Mill gleich 6 Mark + a Mark. Nehmen wir an, man brauche jetzt zur Herstellung desselben Produkts nur einen Arbeitstag. Ist dabei die Höhe des Arbeitslohnes unverändert geblieben, so wird der Unternehmer an Arbeitslohn nur noch drei Mark zu zahlen haben. Auf diese drei Mark wird er nicht mehr a Mark Gewinn bekommen, sondern sage nur die Hälfte — ½ a Mark. Der Werth des Produkts wird somit jetzt 3 Mark + ½ a Mark betragen. Ohne von dem Werthverhältniß seiner Waare zu den übrigen etwas zu wissen, sieht dennoch der Unternehmer, daß deren Werth um die Hälfte gefallen ist. Wer wird nun dem gegenüber noch behaupten wollen, der Werth sei ein „relativer Ausdruck"? Selbst nach den irrthümlichen Ansichten Mill's entbehrt diese Behauptung jedes logischen Grundes.

Wenn die Gesetze der bürgerlichen Oekonomie N. G. Tschernischewsky an sich interessirt hätten, so hätte er dieselben sicherlich weit besser und tiefer durchschaut, als J. St. Mill. Seiner geistigen Veranlagung nach war er vom Eklektizismus himmelweit entfernt. Bei einer einigermaßen aufmerksamen Behandlung der Frage hätte er leicht die ganze Haltlosigkeit der Mill'schen Werththeorie einsehen können. Allein, wie wir bereits wissen, interessirte ihn fast ausschließlich die Frage der zukünftigen Gesellschaftsordnung. Deshalb erschien ihm die Mill'sche Theorie als befriedigend, wenn auch unvollständig. Mit Vergnügen hebt er seine Uebereinstimmung mit dem englischen Oekonomen hervor: „In der Theorie der Vertheilung — sagt er — fanden wir Abschnitte, die von den Begründern der herrschenden Theorie genügend ausgearbeitet und bei Mill in befriedigender Weise dargelegt worden find. In der Theorie des Austausches werden wir noch mehr solcher Abschnitte finden."* Indem unser Verfasser ferner die siebzehn Sätze wiedergiebt, worin Mill seine Werththeorie zusammenfaßt, bemerkt er, daß jene vollkommen richtig, aber durch weitere, nicht weniger wichtige Sätze zu ergänzen seien. Und seine ergänzenden Sätze lauten:

„XVIII. Die angeführten Schlußfolgerungen beziehen sich sämmtlich ausschließlich auf den Tauschwerth. Derselbe löst sich von dem inneren Werth ab, wenn die menschliche Arbeit als Waare auftritt. Aber ein derartiger Zustand der Dinge ist weder für den Arbeiter selbst noch für die Gesellschaft vortheilhaft, da die Lohnarbeit niedrigerer Qualität ist, als die selbständige Arbeit.

„XIX. Betrachtet man hingegen die Arbeit nicht als verkäufliche Waare, so fällt der Tauschwerth mit dem inneren Werth zusammen und die Begriffe der Nachfrage, des Angebots, der Produktionskosten bekommen einen höchst präzisen Charakter, indem sie direkt auf die Grundelemente der ökonomischen Thätigkeit, auf die menschlichen Bedürfnisse zurückgeführt werden. Da ist die Größe des Angebots durch den Umfang der Produktivkräfte, die Größe der Nachfrage durch die Intensität der Bedürfnisse, da sind die Produktionskosten direkt durch die Arbeitsmenge bestimmt. Das Gleichgewicht zwischen Nachfrage und Angebot wird dadurch erreicht, daß man berechnet, in welcher Proportion die Produktivkräfte unter die verschiedenen Beschäftigungen vertheilt werden müssen, um die menschlichen Bedürfnisse am besten befriedigen zu können."**

In diesen zwei Ergänzungsthesen Tschernischewsky's sind zwar viele vollkommen richtige Gedanken enthalten. Indeß sind diese Gedanken theils nicht ganz präzis ausgedrückt, theils mit utopistischen Ansichten vermengt.

---

* Tschernischewsky's Werke, 4. Band, S. 207.
** A. a. O. S. 255.

Was Tschernischewsky mit den Worten: „Betrachtet man die Arbeit nicht als Waare" sagen will, ist leicht zu verstehen. Hinter diesem freilich fehlerhaften Ausdruck steckt eine durchaus richtige Ansicht über die hervorstechenden Merkmale der bürgerlichen Wirthschaft. Der Charakter dieser Wirthschaft bleibt freilich unverändert, gleichwohl, ob wir die Arbeit(skraft) als Waare „betrachten" oder nicht. Wenn aber die Arbeitskraft wirklich aufhörte, Waare zu sein, so würde die bürgerliche Gesellschaft unmöglich werden. Diese Gesellschaft beruht auf der Ausbeutung der Klasse der Arbeiter durch die Klasse der Unternehmer, auf der Ausbeutung der Verkäufer der zur Waare gewordenen Arbeitskraft durch die Käufer dieser Waare, welche zur Herstellung anderer Waaren dient, — kurz, auf der Ausbeutung des Proletariats durch die Bourgeoisie. Obwohl nun eine Gesellschaft von Waarenproduzenten nicht unbedingt eine kapitalistische sein muß, so gelangt doch die Waarenproduktion zur vollen Entfaltung erst dann, wenn sie sich zur kapitalistischen entwickelt, d. h. wenn die Arbeitskraft zur Waare wird. Deshalb beziehen sich eben die Schlußfolgerungen der bürgerlichen Oekonomen fast ausschließlich auf die kapitalistische Gesellschaft, die auf Verkauf und Kauf der Arbeitskraft beruht. — Die Frage des Tauschwerths hat einen Sinn nur da, wo die Produkte Waaren werden. Tschernischewsky sieht nun ein, daß die Waarenproduktion nicht das Alpha und Omega der ökonomischen Entwicklung ist, daß sie weder auf niedrigeren Entwicklungsstufen vorhanden war, noch auf einer höheren wird fortbestehen können. Hat aber die Waarenproduktion aufgehört zu existiren, dann wird der an ihre Stelle tretenden bewußten Organisation der Volkswirthschaft wirklich zu Grunde gelegt werden „die Berechnung darüber, in welcher Proportion die Produktivkräfte unter die verschiedenen Beschäftigungen vertheilt werden müssen, um die menschlichen Bedürfnisse am besten befriedigen zu können." — Das unterliegt keinem Zweifel. Indeß werden doch dadurch die Gesetze des Waarenaustausches nicht erklärt. Wenn wir wissen, daß die Produkte nicht immer Waaren waren und es nicht immer sein werden, so wissen wir doch noch

nicht, wie der Produktenaustausch vor sich geht, wenn die Pro=
dukte als Waaren auftreten, oder — wie Tschernischewsky sich
ausdrückt — wenn der Tauschwerth sich vom inneren Werth ablöst.

Was ist nun Tauschwerth? Obwohl unser Verfasser die
Analyse Mill's für durchaus befriedigend hält, können nicht
vielleicht seine eigenen Ansichten denn doch von den Mill'schen
etwas verschieden sein?

„Es giebt ein Verfahren" — sagt Tschernischewsky —,
„welches das Verständniß des Begriffs des Tauschwerths, trotz
dessen höchst abstrakter Natur, sehr erleichtert. Was der Preis eines
Dings ist, das ist Jedem sehr klar: es ist dessen Tauschwerth,
ausgedrückt in Geld. Setzt man nun an Stelle der konkreten
abstrakte Zahlen, — einfacher gesagt, läßt man die betref=
fenden Münznamen weg und läßt nur die vor denselben be=
findlichen Ziffern stehen, so bekommt man den Tauschwerth eines
Dings. Nehmen wir an, ein Tschetwert Weizen koste zu einer
gewissen Zeit an einem gewissen Ort fünf Rubel, ein Arbeits=
tag eines Zimmermanns einen Rubel, eine Kubikklafter Birken=
holz fünfzehn Rubel. Das sind Preise. Läßt man nun das
Wort „Rubel" weg, so bleiben nur noch Tauschwerthe, die sich
in den Zahlen 5, 1, 15 ausdrücken. Wenn man nur diese
Zahlen kennt, so wird man nicht mehr darnach fragen, wie viel
Geld man braucht, um ein gewisses Ding zu kaufen, sondern
darnach, in welcher Proportion sich ein Ding gegen ein anderes
austauscht. Der Begriff des Geldes ist es, der die Aufmerksam=
keit von der Thatsache ablenkt, daß ein Tschetwert Weizen (5)
sich mit fünf Arbeitstagen eines Zimmermanns (1) oder mit
ein Drittel Kubikklafter Birkenholz (15) austauscht. Und doch
ist gerade dieses Verhältniß, diese Proportion die Hauptsache.
Der Tauschwerth eines Dings ist dessen Kauffraft, der Grad
seiner Macht, andere Dinge durch den Austausch gegen sich selbst
zu erlangen. In der bestehenden Gesellschaftsordnung fällt der
Tauschwerth im Allgemeinen mit dem Preis zusammen, deshalb
wurden diese zwei Begriffe sehr lange nicht nur in der Praxis,
sondern auch in der Theorie verwechselt. Aber die Wissenschaft

muß darnach streben, jeden komplizirten Begriff in seine Grund=
elemente aufzulösen. Wir sehen nun, daß der Begriff des Preises
sich aus zwei Begriffen: Tauschwerth und Geld zusammensetzt.
Deshalb hat die Wissenschaft jeden dieser Begriffe einzeln zu
erforschen."*

Man sieht also, der Tauschwerth ist für Tschernischewsky
ebenso wie für Mill etwas ganz Relatives, mit anderen Worten,
der Begriff des Tauschwerths fällt für ihn ganz zusammen mit
dem Begriff des relativen Werths. Der letztere Begriff aber ist
höchst inhaltslos. Derselbe vermag weder die Natur des Werths,
noch auch selbst dessen Größe zu erklären. „Ein Tschetwert
Weizen (5) tauscht sich aus mit fünf Arbeitstagen eines Zimmer=
manns (1) oder mit ein Drittel Kubikklafter Birkenholz (15). . . .
Diese Proportion ist die Hauptsache." Die Richtigkeit dieses Satzes
zugegeben, fragt es sich doch, woher diese Proportion kommt?
Warum tauscht sich 1 Tschetwert Weizen aus gerade mit 5,
und nicht etwa mit 3, mit 6, mit 10 Arbeitstagen eines Zimmer=
manns, nicht mit 2/3, mit 1/5 Kubikklafter Birkenholz? — Diese
unvermeidlichen Fragen sucht Tschernischewsky vermittelst des
„Grundgesetz des Werthes" zu lösen.

„Wenn die Quantität eines bestimmten Gegenstandes beliebig
vergrößert werden kann, so ist dessen Tauschwerth durch das
Gleichgewicht zwischen Angebot und Nachfrage bestimmt, das heißt
der Tauschwerth dieses Gegenstandes erreicht eine Größe, bei
welcher Angebot und Nachfrage einander gleich sind. Steigt der
Werth, so vermindert sich die Nachfrage, und vermehrt sich das
Angebot, so sinkt der Werth, so ist also das Umgekehrte der
Fall. Wenn demnach bei einer gewissen Höhe des Werths
die Nachfrage größer ist als das Angebot, so wird der
Werth so lange steigen, bis das Angebot um so viel größer
und die Nachfrage um so viel kleiner wird, daß beide Ele=
mente einander gleich werden. Wenn aber umgekehrt das An=
gebot größer ist als die Nachfrage, so wird das gleiche Resultat

* A. a. O. S. 209, 210.

durch das Sinken des Werths herbeigeführt. Dies das Grund=
gesetz des Werthes." *

Der Tauschwerth eines Dings besitzt also eine Größe, bei
welcher Angebot und Nachfrage einander gleich sind. Diese Ant=
wort ist im Grunde genommen nichts als die in affirmativer
Form ausgedrückte Frage, wodurch die Werthgrenze bestimmt
werde, wenn Angebot und Nachfrage sich decken. Tschernischewsky
selbst hat das Gefühl, daß sein „Grundgesetz" darüber gar keine
Auskunft giebt, er fügt daher einige Einschränkungen hinzu. „Un=
mittelbar und mit physischer Nothwendigkeit wirkt" das Grund=
gesetz des Werthes „nur in den wenigen Fällen, wo es sich um Waaren
handelt, deren Quantität gar nicht vergrößert werden kann. Aber
auf künstlichem Wege kann jede beliebige Waare unter die direkte
Wirkung jenes Gesetzes gestellt werden, nämlich auf dem Wege
des Monopols, wo der Monopolist die Möglichkeit hat, nicht die
ganze Quantität Waare zu produziren oder zu verkaufen, die
er produziren oder verkaufen könnte, sondern nur diejenige Quan=
tität, welche ihm nach Abzug der Produktionskosten die größte
Summe Reingewinn liefert. Alle übrigen Waaren aber werden
auf indirektem Wege unter die Wirkung des Gleichgewichts zwischen
Nachfrage und Angebot gestellt, vermittelst des Elements, das
Produktionskosten genannt wird." **

Das Grundgesetz des Werthes bekommt somit eine andere Ge=
stalt. Es stellt sich nunmehr heraus, daß der Tauschwerth einer
Waare durch deren Produktionskosten bestimmt wird. Das kommt der
Wahrheit etwas näher, ist aber dennoch weit von derselben. Warum
hat sich aber unser Verfasser nicht direkt zu den Produktions=
kosten gewendet, warum hat er es vorgezogen, zu denselben auf
dem Umweg von Angebot und Nachfrage zu gelangen? Merkte
er denn nicht, daß er sich dadurch J. B. Say näherte, den er
stets — und mit vollem Recht — sehr geringschätzig behandelte?
Er näherte sich ihm gerade dadurch, daß er bei der Formulirung

* A. a. O. S. 213.
** A. a. O. S. 213, 214.

seines „Grundgesetzes des Werthes" mehr an die zukünftige Gesell=
schaftsordnung dachte, als an die gegenwärtig bestehenden ökonomi=
schen Verhältnisse. Für ihn kam ausschließlich der Umstand in
Betracht, daß das Gesetz „des Gleichgewichts zwischen Nachfrage und
Angebot", wenn richtig aufgefaßt, der sozialistischen Gesellschaft
zu Grunde gelegt werden kann und gelegt werden wird.

„Was ist Nachfrage und was ist Angebot?" — fragt
Tschernischewsky. — „Die Nachfrage ist eine gewisse Energie der
menschlichen Triebe nach Erlangung eines Gegenstandes, das An=
gebot eine gewisse Energie der menschlichen Triebe nach Her=
stellung eines Gegenstandes. Auf diese Weise wird Alles auf
Eines und Dasselbe zurückgeführt, — auf die Energie der mensch=
lichen Triebe. Damit haben wir die Grundnorm jeglicher öko=
nomischen Berechnung entdeckt: diese liegt in den menschlichen
Trieben, Neigungen und Bedürfnissen. Dieser Analyse gemäß
bedeutet das Gleichgewicht zwischen Nachfrage und Angebot nicht
mehr und nicht weniger als die Thatsache, daß die Kraft des
Triebes nach Herstellung und diejenige des Triebes nach Be=
nutzung eines Gegenstandes gleich groß sind. Je stärker das
Bedürfniß oder das Verlangen nach einem Produkt, um so stärker
werden sich die Menschen der Produktion desselben zuwenden. Das
ist Alles. Diese Thatsache ist aber einem Jeden aus der alltäglichen
Lebenserfahrung bekannt."*

Unter dem Gesichtspunkt der Bedürfnisse zerfallen nach
Tschernischewsky sämmtliche Produkte in drei Kategorien: 1) solche,
welche die ersten Bedürfnisse befriedigen, 2) Komfort= und 3) Luxus=
produkte. So lange die nothwendigen Produkte nicht in genügender
Menge vorhanden sind, wird eine Gesellschaft, die an einer rich=
tigen ökonomischen Berechnung festhält, ihre Produktionskräfte nicht
auf Komfortprodukte verausgaben wollen; so lange letztere Pro=
dukte nicht in genügender Menge vorhanden sind, werden keine
Luxusprodukte hergestellt werden. Auf diese Weise wird das noth=
wendige Gleichgewicht zwischen „der Kraft der Triebe nach Be=

---

* A. a. O. S. 237.

nutzung" und „der Kraft der Triebe nach Herstellung eines
Gegenstandes", d. h. zwischen Nachfrage und Angebot herbeigeführt
werden. Zwar geben auch die ordinären Schablonenökonomen
zu, daß „die Grund=Triebfeder und die Grundnorm aller öko=
nomischen Erscheinungen in den menschlichen Bedürfnissen liegen".
Mit dieser Wahrheit beginnt jedes Handbuch der politischen
Oekonomie. Aber in den Schablonen=Handbüchern dringt diese
Wahrheit nicht weiter als bis zum ersten Paragraphen. „Unser
Verdienst besteht eben nur darin", — sagt Tschernischewsky von
sich selbst —, „daß wir dieses Grundprinzip nicht außer Acht
lassen und jede Frage auf dasselbe zurückzuführen suchen, während
die alte ökonomische Schule dasselbe ganz außer Acht läßt und
es in jedem speziellen Fall durch irgend eine routinenhafte Illusion
ersetzt."*

Das Gleichgewicht zwischen Nachfrage und Angebot ist also
deshalb das Grundgesetz des Tauschwerths, d. h. mit anderen
Worten, eines der Grundgesetze der ganzen bürgerlichen Wirth=
schaft, weil die Produktion in der sozialistischen Gesell=
schaft auf einer richtigen Klassifikation der Produkte und der
Bedürfnisse beruhen wird. Diese Manier, streitige Fragen der
bürgerlichen Oekonomie zu lösen, ist am besten geeignet, den
utopistischen Standpunkt Tschernischewsky's zu kennzeichnen.

Ebenso bezeichnend für seine utopistische Auffassung sind auch
alle übrigen Erörterungen über den Tauschwerth. — Er glaubt,
daß der „Tauschwerth im Grunde genommen mit dem inneren
Werth zusammenfallen muß und von diesem blos deshalb ab=
weicht, weil die Arbeit irrthümlicher Weise als Waare
betrachtet wird,** — was die Arbeit keineswegs sein sollte.
Die Möglichkeit, den Tauschwerth vom inneren Werth zu unter=
scheiden, zeugt daher lediglich von der ökonomischen Unzulänglich=
keit einer Gesellschaftsordnung, worin dieser Unterschied vorhanden
ist. Die Theorie muß die Trennung des Tauschwerths vom

---

* A. a. O. S. 237, 238.
** Von mir unterstrichen. G. P.

inneren Werth ebenso beurtheilen, wie die Sklaverei, das Mono=
pol, den Schutzzoll. Sie kann und muß diese Erscheinungen mit
aller Ausführlichkeit behandeln, sie darf aber nicht vergessen, daß
sie es hier mit Abweichungen von der natürlichen Ordnung zu
thun hat. Sie mag finden, daß es zur Beseitigung der einen
oder der anderen dieser ökonomischen Erscheinungen sehr viel Zeit
und sehr bedeutender Anstrengungen bedürfen werde; sie mag aber
die Zeit der Genesung von dieser oder jener ökonomischen Krank=
heit noch so sehr in die Ferne rücken, — das enthebt sie denn
doch nicht der Aufgabe, darzustellen, wie der gesunde Zustand der
Dinge beschaffen sein muß. — In diesem Sinne sprechen wir
eben von der Trennung des Tauschwerths vom inneren Werth
als von einer krankhaften Erscheinung, die von der Theorie ver=
worfen wird.... Ob im Leben und in den Gewohnheiten irgend
einer Nation in kurzer Zeit solche Veränderungen stattfinden können,
in Folge deren die Arbeit nicht mehr Waare sein und der Tausch=
werth mit dem inneren Werth zusammenfallen wird, — das ist
eine Frage nach der Zukunft, und wir wollen es nicht unter=
nehmen, die Geschichte der Zukunft mit Angabe von Jahreszahlen
zu erzählen."* Eine solche Erzählung wird man nun selbst=
verständlich von Niemandem verlangen können. Wohl darf man
aber die Frage aufwerfen, was denn eigentlich Tschernischewsky
unter dem „Zusammenfallen des Tauschwerths mit dem inneren
Werth" verstand? — Im buchstäblichen Sinne des Wortes ge=
nommen, ist ein derartiges Zusammenfallen durchaus unmöglich,
wenn wir unter dem inneren Werth das zu verstehen haben, was
man heutzutage Gebrauchswerth nennt: der Tauschwerth des
Brotes kann in keinem Falle mit dessen Nährwerth zusammen=
fallen, der Tauschwerth des Ricinusöls nicht mit dessen Eigen=
schaft, die allbekannten Erscheinungen im Verdauungssystem her=
vorzurufen. Die Sache verhält sich aber so, daß Tschernischewsky
bei dem Gebrauch des Ausdrucks „innerer Werth" sehr ungenau
verfährt. „Um einen Tauschwerth zu haben" — sagt er an einer

---

* A. a. O. S. 238, 239.

13*

Stelle — „muß ein Gegenstand sich zu einem gewissen Gebrauch
eignen — nach der Meinung des Käufers. Niemand giebt etwas
für das, was er zu Nichts brauchen kann. In der Sprache der
politischen Oekonomie wird dies so ausgedrückt: einen Tauschwerth
haben nur diejenigen Gegenstände, die einen inneren Werth haben."*
Hier versteht er unter innerem Werth — Gebrauchswerth. Mitunter aber äußert er sich darüber ganz anders, indem er den
inneren Werth — Produktionskosten nennt.** Und diese Produktionskosten hat er eben im Sinn, wenn er vom Zusammenfallen des Tauschwerths mit dem inneren Werth in der sozialistischen
Gesellschaft spricht. Und zwar müssen wir diesen Punkt sehr
aufmerksam behandeln, wenn wir uns über Tschernischewsky's
ökonomische Ansichten klar werden wollen.

Auf welche Weise die Produktionskosten nach Tschernischewsky's
Ansicht in der zukünftigen Gesellschaft werden bestimmt werden, —
das zeigt folgende Berechnung:

„Eine Familie zähle zum Beispiel 20 Glieder, deren Ge-
sammtarbeit der Arbeit von 10 Arbeitern gleichkomme. Wenn
wir 300 Arbeitstage im Jahre rechnen, so haben wir insgesammt
3000 Arbeitstage. Nehmen wir nun an, alle nothwendigen
Produkte zerfielen in vier Kategorien:

„1) Nahrung, in Weizen umgerechnet; die Familie braucht
60 Tschetwert Weizen per Jahr und verwendet zur Herstellung
dieses Quantums Weizen 1500 Arbeitstage.

„2) Kleidung, in Tuch umgerechnet; die Familie braucht
100 Arschin Tuch per Jahr und verwendet darauf 500 Arbeitstage.

„3) Heizung, in Kubikklaftern Holz ausgedrückt; es sind
10 Klafter nothwendig und darauf werden 500 Arbeitstage verwendet.

„4) Wohnung sammt Zubehör, in Tausende Ziegel umgerechnet; man braucht per Jahr 5 Tausend Ziegel, die 500 Arbeitstage kosten.

---

* A. a. O. S. 212.
** A. a. O. S. 303.

„Sämmtliche 5000 Arbeitstage werden auf diese noth=
wendigen Produkte verausgabt; es bleibt keine Zeit übrig, Gegen=
stände des Komforts zu produziren; diese haben gar keinen Werth,
weil sie nicht existiren. Wollen Sie nun vielleicht den Werth
der nothwendigen Produkte festgestellt wissen? — Sie sehen selbst,
wie sich derselbe bestimmt:

Ein Tschetwert Weizen kostet (1500 : 60) = 25 Arbeitstage.
Eine Arschin Tuch   =   (500 : 100) =   5   =
Eine Kubikklafter Holz =   (500 : 10) = 50   =
Ein Tausend Ziegel   =   (500 : 5)   = 100   =

„Nehmen wir nun an, die Herstellung der nothwendigen
Produkte erheische in Folge von Vervollkommnungen um ein Fünftel
weniger Arbeit als ehedem. Von den 3000 Arbeitstagen braucht
man also zur Herstellung dieser Produkte nur noch 2400; die
übrigen 600 Arbeitstage können (und warum nun auch nicht —
müssen?) auf Gegenstände des Komforts verwendet werden. Fassen
wir diese der Kürze halber zusammen in Eine Kategorie: gute
Möbel, in Divane umgerechnet und nehmen wir an, Ein Divan
werde in 60 Arbeitstagen hergestellt. Nunmehr beträgt der Werth
der einzelnen Produkte:

Ein Tschetwert Weizen 20
Eine Arschin Tuch   4
Eine Kubikklafter Holz 40
Ein Tausend Ziegel   80
Ein Divan   . . . . 60" *

Die weiteren Ausführungen Tschernischewsky's über die
Bestimmung der Produktionskosten der Luxusgegenstände können
unerwähnt bleiben: es ist ja ohnehin klar, daß die Produktions=
kosten dieser Gegenstände, genau eben so wie diejenigen aller
anderen Produkte, durch die Zahl der Arbeitstage, durch die
zu deren Herstellung nothwendige Arbeitsmenge werden bestimmt
werden.

_____

* A. a. O. S. 248, 249.

So wird es in der sozialistischen Gesellschaft sein. — Ist dies denn aber nicht auch heutzutage der Fall? Werden denn nicht die Produktionskosten heutzutage, wie dies immer der Fall war und sein wird, auf die zur Herstellung eines gegebenen Produkts nothwendige Arbeitsmenge zurückgeführt? — Nein, antwortet Tschernischewsky. Denn erstens setzen sich gegenwärtig die Produktionskosten zusammen „aus dem Tauschwerth der auf das Produkt verwandten Arbeit und dem Gewinn, welchen diese Arbeit abwirft."* Und zweitens ist es heutzutage überhaupt ganz und gar unbekannt, wie viel Arbeit zur Herstellung dieses oder jenes Produkts erforderlich ist: „Man mag fragen, wen man will, — Niemand wird im Stande sein, zu sagen, wie viele Arbeitstage nothwendig sind, um alle wichtigen Bedürfnisse einer gewissen Anzahl von Menschen reichlich zu befriedigen. Nur im Baufach werden derartige Voranschläge von den Architekten gemacht, aber auch da wird die Rechnung nicht bis zu Ende geführt; es wird blos festgestellt, wie viel Arbeitstage die Maurer, die Schreiner, die Dachdecker, — kurz, die beim Bau unmittelbar thätigen Arbeiter zu verwenden haben; Niemand wird aber sagen können, wie viel Arbeit die Reparatur der von denselben gebrauchten Werkzeuge und die Herstellung der Baumaterialien kosten: die letzteren werden in die Rechnung gestellt nicht nach der auf sie verwandten Arbeitsmenge, sondern nach ihrem Marktpreis, und die Reparatur der Werkzeuge macht keinen besonderen Posten aus, sondern wird ohne weiteres als ein Theil des Arbeitslohnes in Rechnung gebracht. Folglich wird auch im Baufach die Kalkulation nicht auf wissenschaftliche Weise ausgeführt. . . . Und was die übrigen Bedürfnisse des alltäglichen Lebens anbetrifft, so hat noch Niemand auch nur daran gedacht, derartige Berechnungen anzustellen, weder die Oekonomen der Adam Smith'schen Schule, noch die Männer, die unmittelbaren Einfluß auf die öffentlichen Angelegenheiten besitzen."** In der sozialistischen Gesellschaft dagegen

---

* A. a. O. S. 235.
** A. a. O. S. 95.

wird einerseits die zur Herstellung eines beliebigen Produkts noth=
wendige Arbeitsmenge genau festgestellt und damit die objektive
Möglichkeit gegeben werden, die Produktionskosten in richtiger
Weise zu bestimmen. Und andererseits wird die sozialistische Ge=
sellschaft weder den Arbeitslohn noch den Unternehmergewinn
kennen. Es wird somit „nur noch der Grundbegriff der Arbeits=
menge übrig bleiben."*

Dies Alles bezieht sich auf die Produktionskosten. Sehen
wir nun, von welchem Einfluß die genaue Bestimmung derselben
auf den Tauschwerth sein wird.

Da könnte man uns einwenden, daß Tschernischewsky nach
unseren eigenen Worten den Austausch in der sozialistischen
Gesellschaft überhaupt für unmöglich hält. In der That, er hat
sich darüber wiederholt in sehr bestimmter Weise ausgesprochen.
Wir meinen aber, daß in diesem Falle seinen bestimmten Aeuße=
rungen ziemlich unbestimmte Begriffe zu Grunde liegen.

In seinen Reformideen tritt uns als Produktionseinheit
eine große Arbeiterkommune entgegen — das Fourier'sche Pha=
lanstère —, die nicht für den Markt, sondern zur Befriedigung
ihrer eigenen Bedürfnisse arbeitet. Innerhalb der Kommune
giebt es keinen Austausch, wohl aber zwischen den verschiedenen
Kommunen. „Wie und warum sollte auch unter ihnen kein
Austausch bestehen? Besteht doch ein Produktenaustausch auch
zwischen ganzen Ländern, — um so bequemer und nothwendiger
ist ein solcher in den Beziehungen einzelner Provinzen, Städte,
Dörfer zu einander.... Die Theorie verlangt, daß jede Gruppe
von Produzenten die Hauptmasse der Produkte für den inneren
Gebrauch produzire; und wenn nun außerdem ein gewisser Theil
der Produkte zum Austausch gelangt, so kann das gar nicht
schaden, — im Gegentheil, es kann sehr nützlich sein."** Welches
werden aber die Grundlagen dieses Austausches sein? „Der
Tauschwerth tritt dabei nicht als vom inneren Werth verschieden

---

* A. a. O. S. 235, 236.
** A. a. O. S. 252, 253.

auf, — der innere Werth wird unmittelbar in Tauschwerth verwandelt ohne jegliche Vergrößerung oder Verminderung."* Wir finden also bei Tschernischewsky im Produktentausch zwischen den einzelnen Kommunen so etwas wie die „valeur constituée" Proudhon's, — wie denn auch das bekannte Buch des Letzteren: „Système des Contradictions Économiques" offenbar nicht ohne starken Einfluß auf den russischen Oekonomen geblieben ist.

Welch'unklare Vorstellungen Tschernischewsky vom „Zusammen= fallen des Tauschwerths mit dem inneren Werth" hatte, das zeigen seine folgenden Ausführungen:

„Wenn der Tauschwerth mit dem inneren Werth zusammen= fallen muß und letzterer in den menschlichen Bedürfnissen seinen Maßstab hat, so können wir ohne Mühe zu folgenden Schlüssen gelangen: Unmittelbar kommensurabel können nur gleichartige Bedürfnisse sein, — z. B. die verschiedenen Bedürfnisse, welche mit dem physischen Wohlsein des Organismus zusammenhängen. Deshalb müssen die nothwendigen Produkte gegenseitig einen Tauschwerth besitzen. Hingegen dürfen ganz verschiedenartige Bedürfnisse nicht unmittelbar miteinander verglichen werden. Auf welche Weise ließe sich z. B. das Verhältniß bestimmen zwischen dem Nahrungs= und dem Lesebedürfniß, oder zwischen dem Bedürfniß an Schuhen und dem an Musik? Deshalb sollen auch Produkte, die verschiedenartige Bedürfnisse befriedigen, unmittelbar keinen gegenseitigen Tauschwerth besitzen. Um wie viel Mal mehr oder weniger braucht der Mensch eine Violine als Schuhe? Bronze=Statuen als Wohnung? Das sind unmittelbar inkommensurable Dinge." Nachdem er darauf seine Klassifikation der Bedürfnisse ergänzt und die Bemerkung gemacht hat, daß die= selben „vom ökonomischen Standpunkt aus" in materielle, geistige und ästhetische zerfallen, fährt er fort: „Die ästhetischen Be= dürfnisse können schon an und für sich keineswegs mit den materiellen verglichen werden. Der Mensch kann sich nicht gut dem Genuß des Schönen hingeben, so lange seine materiellen

* A. a. O. S. 307.

Bedürfnisse noch nicht befriedigt sind. Um sich vielleicht zu hart aber vollkommen richtig auszudrücken, muß gesagt werden, daß der ästhetische Genuß eigentlich nur für die Zeit am Platze ist, von der der Mensch gar keinen anderen Gebrauch machen kann, und dies zwar entweder aus Mangel an anderen Bedürfnissen oder aus Erschöpfung durch vorhergehende Arbeit: der ästhetische Genuß ist stets entweder Erholung oder Müßiggang. Erholung und Müßiggang sollen aber natürlich keinen Tauschwerth haben, und folglich auch nicht die dem ästhetischen Genuß dienenden Gegenstände. Wir wissen freilich sehr gut, daß heutzutage diese einen Tauschwerth haben: an den Theatern wird Eintrittsgeld erhoben, Bilder und Statuen werden verkauft. Aber wir sagen, daß dadurch die innere Natur dieser Dinge verletzt wird. . . . Die Thätigkeit, die Gegenstände des ästhetischen Genusses herstellt, darf durch nichts Anderes belohnt werden, als durch das Vergnügen, das sie denen gewährt, die sich mit ihr befassen. Von Tauschwerth darf dabei keine Rede sein.“ . . . Von demselben Standpunkt aus wird auch die geistige Thätigkeit betrachtet, die des Gelehrten und des Lernenden; auch ihre Arbeit darf keinen Tauschwerth haben. „Es giebt aber eine geistige Thätigkeit anderer Art, eine Thätigkeit, die keinen Genuß, sondern ein Opfer für den sich damit Befassenden bedeutet. Das ist die pädagogische Thätigkeit. . . . Der Pädagog ist ebenso gut ein gemeiner Arbeiter, wie der Erdgräber oder der Schneider. Seine Arbeit muß einen ökonomischen Werth haben.“*

Dies Alles ist mindestens sehr nebelhaft. Wir wissen ja bereits, daß der „innere Werth“ seinen Maßstab findet nicht in den „menschlichen Bedürfnissen“, sondern in der zur Herstellung eines Gegenstandes erforderlichen Arbeitsmenge. Die oben angeführten Berechnungen Tschernischewsky’s lassen darüber nicht den geringsten Zweifel bestehen. Nehmen wir aber für diesmal an, der innere Werth sei nach den menschlichen Bedürfnissen zu messen. Unter dem Gesichtspunkt der Bedürfnisse läßt sich nun

---

* A. a O. S. 243—246.

allerdings nicht entscheiden, „um wie viel Mal mehr oder weniger
der Mensch eine Violine als Schuhe braucht." Aber die Violine
ist doch ein Produkt der Arbeit. Zu deren Herstellung ist, ebenso
wie zur Herstellung von Schuhen, ein gewisses Quantum Arbeits=
zeit erforderlich. Warum „soll" also die Violine gegenüber den
Schuhen „keinen Tauschwerth haben"? Doch nur einzig des=
halb, weil die sozialistische Gesellschaft keinen Austausch kennen
wird und folglich die auf einen Gegenstand verwandte Arbeit
nicht als dessen Tauschwerth erscheinen wird. Aber aus eben
demselben Grunde kann doch kein einziges Produkt „gegen=
über" dem anderen einen Tauschwerth haben, welche Bedürfnisse
immer sie auch befriedigen mögen. Tschernischewsky ist aber
darüber anderer Meinung: „Die nothwendigen Produkte müssen
gegenseitig einen Tauschwerth besitzen", nicht aber die Produkte,
die verschiedenartige Bedürfnisse befriedigen. Es liegt nun auf
der Hand, daß, — wie immer die Bedürfnisse „vom ökonomischen
Standpunkte aus" klassifizirt werden mögen — sobald es sich
um eine Gesellschaftsordnung handelt, worin die Produkte einen
Tauschwerth haben, ihre Tauschverhältnisse keineswegs durch den
Charakter der Bedürfnisse bestimmt werden, die sie befriedigen.
Und wenn Tschernischewsky sagt, daß die Produkte, die ver=
schiedenartige Bedürfnisse befriedigen, „gegenseitig keinen Tausch=
werth haben sollen", so spricht er damit im Grunde genommen
lediglich seine Mißbilligung einer derartigen Erscheinung aus: er
möchte dieselbe aus der sozialistischen Gesellschaft verbannt wissen.
Indeß die ökonomische Unmöglichkeit einer Erscheinung und ihre
Unerwünschbarkeit für einen so oder so gesinnten Menschen sind
durchaus verschiedene Dinge, die übrigens sehr häufig von den
utopistischen Sozialisten verwechselt werden.

Ueberhaupt laufen die soeben angeführten Erörterungen
Tschernischewsky's darauf hinaus, daß die sogenannte geistige
Thätigkeit ihre Belohnung in sich selbst finden muß, und etwa
noch darauf, daß man nicht an Angenehmes denken soll, so lange
das Nothwendige fehlt. Das ist freilich richtig. Indem aber
Tschernischewsky diesen richtigen Gedanken zu erläutern sucht,

verwickelt er vollends die Frage nach den ökonomischen Folgen des „Zusammenfallens des Tauschwerths mit dem inneren Werth".

Wir wiederholen, Proudhon's „System der ökonomischen Widersprüche" ist nicht ohne starken Einfluß auf die Ansichten unseres Verfassers geblieben. Wenn, wie Marx bemerkt, Adam Smith die Werthbestimmung durch die Arbeit in die präadamitischen Zeiten verlegte, so verlegt sie Tschernischewsky, ebenso wie Proudhon, in eine schönere Zukunft. Wir wissen aber bereits, daß dieselbe gerade der gegenwärtigen unschönen bürgerlichen Wirklichkeit entspricht. Tschernischewsky schien es unwahrscheinlich, daß die Arbeit die einzige Quelle des Werths sein könne in einer Gesellschaft von Unternehmern, die sich lediglich um den Gewinn kümmern und die Arbeit als eine gemeine Waare behandeln. Behauptet er doch, wie wir gesehen haben, daß die zur Herstellung eines Produktes nothwendige Arbeitsmenge in der bürgerlichen Gesellschaft eine unbekannte Größe sei.* Und außerdem würde er auch

---

* Vorhin haben wir gegen diese Behauptung nichts eingewendet, weil wir voraussetzten, daß der Leser selbst Tschernischewsky's Irrthum einsehen wird. Um Mißverständnissen vorzubeugen, wollen wir jedoch an dieser Stelle darüber einige Bemerkungen machen. — Daß die Oekonomen und „die Männer, die unmittelbaren Einfluß auf die öffentlichen Angelegenheiten besitzen", nicht wissen, „wie viele Arbeitstage nothwendig sind, um alle ersten Bedürfnisse einer gewissen Anzahl von Menschen reichlich zu befriedigen", — das ist allerdings wahrscheinlich, zugleich aber ganz begreiflich: sie brauchen es nicht zu wissen. Aber jeder Arbeiter, jeder Meister, jeder Fabrikdirektor, wenn auch nicht jeder Fabrikant, weiß genau, wie viel Arbeitszeit im Durchschnitt nothwendig ist zur Herstellung einer Einheit des in ihrer Werkstatt verfertigten Produkts. Sie mögen allerdings keine derartigen Kenntnisse besitzen hinsichtlich der von ihnen verarbeiteten Materialien und der von ihnen gebrauchten Arbeitsinstrumente: aber die Produzenten dieser Materialien und dieser Werkzeuge sind ihrerseits darüber wohl informirt. Wenn also die ganze Summe der auf ein gegebenes Produkt verwandten Arbeit auch nicht bekannt ist, so sind dagegen die einzelnen Additionsglieder, d. h. die Arbeitsmengen, die dem Produkt jeweilen auf jeder Stufe des Verarbeitungsprozesses hinzugefügt werden, wohl bekannt. Der Spinner weiß, wie viel Arbeitszeit man zur

durch die Schwankungen der Waarenpreise irregeleitet. Wohl wußte er, daß „der Preis eines Dings dessen Tauschwerth ist, ausgedrückt in Geld". Er wußte aber zugleich, daß die Preise in fortwährendem Schwanken begriffen sind, daß außerdem jeder Produzent per fas et nefas darnach strebt, für seine Waare

---

Herstellung eines Pfundes Garn braucht, der Weber weiß, wie viel Arbeits=
zeit zur Verwebung dieser Quantität Garn erforderlich ist, der Schneider
weiß, wie viele Arbeitstage er braucht, um aus dem gegebenen Stoff einen
Anzug zu verfertigen u. s. f. Und wenn der Spinner sein Garn dem
Weber verkauft, so braucht er blos dasjenige Additionsglied, diejenige
Arbeitsmenge in Betracht zu ziehen, die er selbst dem Produkt hinzugefügt
hat, — die übrigen gehen ihn gar nichts an. Freilich kann ja die Arbeit
des einzelnen Produzenten nicht immer die durchschnittliche gesellschaftlich
nothwendige Arbeit sein. Das wird aber durch die Konkurrenz ent=
schieden: wenn Jemand auf die Herstellung seiner Waare doppelt so viel
Arbeitszeit verwendet, als nach den gesellschaftlichen Produktionsbedingungen
nothwendig ist, so wird ihm die Konkurrenz der anderen Produzenten der=
selben Waare sofort zeigen, wie sehr er „hinter seinem Jahrhundert" zurück=
geblieben ist. — Es ist bezeichnend, daß Tschernischewsky den uns beschäf=
tigenden Gedanken gerade in dem Kapitel geäußert hat, welches von der
Konkurrenz handelt. Er war dabei ganz vertieft in Betrachtungen darüber,
ob die Produktion auch ohne die Konkurrenz möglich wäre. Indem er also
die Konkurrenz vom utopistischen Standpunkte aus kritisirte, d. h. ihre für die
Gesellschaft unvortheilhaften Folgen betonte und den historischen Ursprung
und die Bedeutung derselben gar nicht berührte, mußte er natürlich die
wichtigste Seite der Sache übersehen, — nämlich die Rolle, welche die
Konkurrenz bei der Zurückführung des Tauschwerths der Waaren auf die
Norm der gesellschaftlich nothwendigen Arbeitszeit spielt. Dieser Irrthum
allein würde genügen, um alle seine ökonomischen Ansichten zu verwirren.
    Wir bemerken zugleich, daß Tschernischewsky's Ansicht, wonach der
Tauschwerth nicht durch die zur Herstellung eines jeden gegebenen Pro=
dukts erforderliche Arbeitsmenge bestimmt werden könne (weil diese Arbeits=
menge heutzutage Niemandem genau bekannt sei), an eine ähnliche, von
Rodbertus geäußerte Ansicht erinnert. Ein deutscher Architekt, der von
der Richtigkeit der Rodbertus'schen Ansicht überzeugt worden war, ent=
schloß sich, diesem Uebelstand der bürgerlichen Gesellschaft abzuhelfen und
machte sich daran, die durchschnittliche Produktivität der Arbeit der in der
Baubranche beschäftigten Arbeiter (der Maurer, Zimmerleute, Schreiner u. s. f)
zu berechnen. Unnöthig hinzuzufügen, daß der Einfall des Rodbertusianers
keinen Erfolg gehabt hat.

möglichst viel zu bekommen, ohne sich durch Rücksichten auf den sogenannten „rechtmäßigen Gewinn" beirren zu lassen. Dieser Umstand hat einerseits unseren Verfasser bewogen, nach Mill's Beispiel, den Werth für einen „relativen Ausdruck" zu erklären, und andererseits ihm einen neuen Anlaß zu Ausfällen gegen die bürgerliche Gesellschaft gegeben. „Das Produkt kann nur dann nach seinem Werth geschätzt werden", — bemerkt er — „wenn Niemand da ist, der bei der Schätzung seines Werths etwas zu gewinnen hätte, d. h. wenn der Konsument zugleich Produzent ist. Letzteres aber ist unter der bestehenden ökonomischen Ord= nung ein Ding der Unmöglichkeit." — Die Konkurrenz, die in Wirklichkeit die Waaren gerade auf die Norm der Arbeitszeit zurückführt, scheint ihm das Haupthinderniß für die Werthbestimmung durch die Arbeit zu sein. Seiner Ansicht nach „besteht das Grund= übel der Konkurrenz darin, daß derselben als Norm der Berechnung nicht das Wesen, sondern der äußere Schein der Sache gilt, — nicht der Werth, sondern der Preis."* — Bei der Besprechung des Unterschiedes zwischen den Ricardo'schen Ansichten über den Werth einerseits und denjenigen A. Smith's und Malthus' anderer= seits bemerkt Mill sehr richtig: „Wenn von Ricardo und Anderen behauptet wird, daß der Werth einer Sache durch die Arbeits= menge bestimmt werde, so verstehen sie darunter nicht die dafür einzutauschende, sondern die zur Herstellung derselben erforderliche Arbeitsmenge.... Wenn aber Adam Smith und Malthus be= haupten, daß Arbeit ein Maßstab für den Werth sei, so verstehen sie darunter nicht die Arbeit, durch welche die Sache hergestellt worden ist oder werden kann, sondern die Arbeitsmenge, welche sich dafür eintauschen oder kaufen läßt...."** Tschernischewsky fügt nun hinzu, Adam Smith und Malthus hätten in der Arbeit „einen richtigen Maßstab nicht für den Tausch=, sondern für den inneren Werth oder für die Produktionskosten" gesucht und wären

---

* Das heißt, nicht die Produktionskosten, sondern der Preis. — A. a. O. S. 85.

** J. S. Mill, a. a. O., 2. Band, S. 17.

somit nahe gekommen „dem wahren Sinn der Frage, die von ihren Anhängern als eine Frage des Tauschwerths aufgefaßt wurden."* Demnach hätte Ricardo nach dem ursächlichen Zusammenhang zwischen der Arbeit und dem Tauschwerth blos deshalb gesucht, weil er Adam Smith und Malthus mißverstanden hätte! Das ist vollends eine ganz utopistische Auffassung von der Geschichte der politischen Oekonomie.

---

* Tschernischewsky, a. a. O. S. 303.

Das Geld.

Wir haben im Vorigen Tschernischewsky's Lehre vom Werth
so ausführlich dargelegt und analysirt, weil die Werththeorie mit
Recht als der Eckstein der Wissenschaft von den Gesetzen der
bürgerlichen Wirthschaft angesehen wird. Wer über den Werth, diese
einfachste Kategorie der bürgerlichen Oekonomie sich im Irrthum
befindet, der muß nothwendiger Weise auch über die übrigen
Kategorien derselben irrthümliche Ansichten hegen. Der Tausch=
werth drückt das einfachste Verhältniß der Produzenten zu ein=
ander im gesellschaftlichen Produktionsprozeß aus. Die übrigen
Kategorien, wie z. B. das Kapital, entsprechen schon weit kompli=
zirteren und dazu noch abgeleiteten Verhältnissen. Es ist daher
unmöglich, diese richtig zu verstehen, ohne den Werth richtig zu
verstehen. Indem Tschernischewsky die bürgerliche politische Oeko=
nomie als Utopist beurtheilte, das heißt, es für unnöthig hielt,
die ökonomischen Gesetze der bürgerlichen Gesellschaft, — die ja
weiter nichts sei, als eine traurige Abweichung von der „natür=
lichen Ordnung“ und allen „Forderungen der Theorie“ wider=
spreche, — aufmerksam und unbefangen zu erforschen, mußte er
naturgemäß zu irrthümlichen Schlüssen gelangen, sowohl hinsich=
lich der bestehenden ökonomischen Verhältnisse, wie auch hinsicht=
lich der zukünftigen Umgestaltung derselben. Die Unklarheit, die
Verworrenheit seiner Erörterungen über das „Zusammenfallen
des Tauschwerths mit dem inneren Werth“ in der sozialistischen
Gesellschaft erscheint als eine logische Folge der irrthümlichen
Sätze, die jenen Erörterungen zu Grunde liegen. Er hat es
für gut erachtet, als Ausgangspunkt seiner Kritik der bürger=

lichen Wirklichkeit die ökonomischen Theorien Mill's zu nehmen. Kein Wunder also, daß er hinsichtlich seiner Zukunftspläne bei Proudhon angelangt ist. Seine Lehre vom Werth liefert dafür den schlagendsten Beweis. In den übrigen Abschnitten seines ökonomischen Hauptwerks hat er mit Proudhon unzweifelhaft sehr wenig Gemeinsames. Aber auch da macht sich der Grundfehler des Standpunktes, von dem aus er das gesellschaftliche Leben betrachtete, sehr stark fühlbar; auch da gelangt er, indem er seine Vordersätze unzulänglich kritisirt, zu irrthümlichen, utopistischen Schlußfolgerungen.

Wir wollen bei seiner Lehre von „der Kauffkraft", d. h. vom Geld, nicht lange verweilen. Wer mit der politischen Oekonomie auch nur einigermaßen bekannt ist, wird selbst einsehen, daß Tscherni= schewsky, der Mill's Ansichten über den Tauschwerth theilte, in der Aufklärung der ökonomischen Rolle des Geldes unmöglich über Mill hinausgehen konnte. Und in der That, in dieser Hin= sicht stimmt er mit Mill in allen Punkten überein. Die vielen Ungereimtheiten, die sich bei Mill ebenso wie bei den übrigen bürgerlichen Oekonomen in der Lehre vom Geld vorfinden, merkt Tschernischewsky nicht. Er meint vielmehr, die Frage des Geldes sei fast vollständig von der bürgerlichen Oekonomie gelöst: „Die herrschende Theorie setzt sehr klar die Schwierigkeiten eines un= mittelbaren Produktenaustausches und die Nothwendigkeit eines allgemeinen Tauschmittels auseinander, als welches das Geld erscheint. Sie legt in vorzüglicher Weise dar, welche Eigen= schaften ein gutes Tauschmittel oder das Geld besitzen muß, und weist sehr gründlich nach, daß die edlen Metalle sich am besten für die Funktion des Geldes eignen. Alles, was sie über diese Seiten der Frage sagt, setzen wir als dem Leser bekannt voraus oder überlassen es ihm, darüber in den gewöhnlichen Handbüchern der politischen Oekonomie sich zu erkundigen." . . . .*

Derartige Ansichten über das Geld ließen unserem Ver= fasser nur noch ein Gebiet der Kritik offen, d. h. wiederum das=

---

* A. a. O. S. 256.

jenige der utopistischen Kritik der bürgerlichen Verhältnisse: er konnte nur die unvortheilhaften Seiten der Geldwirthschaft hervorheben, auf den Widerspruch hinweisen, in dem diese Wirthschaft zu den Forderungen der „Theorie" steht. Darüber macht er einige treffende Bemerkungen, welche jedoch, angesichts der Unzulänglichkeit seines allgemeinen Begriffs vom Geld, nicht ganz von irrthümlichen Auffassungen haben frei bleiben können. — Er behauptet, daß in der Naturalwirthschaft, der Logik der Verhältnisse selbst entsprechend, eine ökonomische Knechtung des Menschen durch den Menschen, wie sie in der Geldwirthschaft entsteht, unmöglich sei. Wie gewöhnlich, sucht er seinen Gedanken an der Hand eines Beispiels zu erläutern: „Stellen wir uns das Verhältniß zwischen einem sehr reichen und einem sehr wohlhabenden Mann innerhalb der — im Gegensatz zur „Geld"wirthschaft — sogenannten „Natural"wirthschaft vor, in der das Geld keine wichtige Rolle spielt. Die Heerden des Kirgisen Abdallah zählen zehntausend Stück Pferde, der Kirgise Jußuf besitzt deren blos hundert Stück. Welche ökonomische Macht kann nun Abdallah durch seinen Reichthum über Jußuf erlangen, wenn nämlich Beide in einem Theil der Steppe nomadisiren, wohin die Geldwirthschaft noch nicht eingedrungen ist? Vorausgesetzt, daß Jußuf ein gewöhnlicher Charakter sei, müssen wir sagen, daß er nicht den geringsten Vortheil wird darin erblicken können, in ökonomische Abhängigkeit von seinem Stammesgenossen zu treten. Denn was könnte ihm Abdallah besonders Nothwendiges bieten? Pferde und Kumyß* hat Jußuf genug, etwas Anderes aber kann ihm Abdallah nicht bieten. Nehmen wir nun an, bei diesem Stamme sei die Geldwirthschaft eingeführt worden. Ein Pferd kostet nun im Durchschnitt zehn Rubel. Abdallah würde also über eine Vermögenssumme von hunderttausend, Jußuf nur über eine solche von eintausend Rubeln verfügen. Nun ist einem Jeden aus der alltäglichen Erfahrung bekannt, welches in der Geldwirthschaft das Verhältniß zwischen einem nicht reichen Mann und dessen Nachbar

---

* Ein berauschendes Getränk aus Stutenmilch.

ist, der um das Hundertfache mehr besitzt. Es ist ein Verhältniß der Abhängigkeit. Woher kommt nun diese Abhängigkeit? Eben daher, daß das Geld als allgemeine Kaufkraft dient und die Möglichkeit verschafft, nicht blos irgend ein einziges Bedürfniß zu befriedigen, wie dies mit jedem unmittelbar für den Konsum bestimmten Produkt der Fall ist, sondern im Allgemeinen alle Neigungen und Wünsche überhaupt. Der Mensch kann sich dessen bewußt sein, daß er diesen oder jenen Gegenstand nicht nöthig hat, daß ein bestimmter Gegenstand für ihn etwas Ueberflüssiges wäre, — er kann aber keineswegs sicher sein, daß er nie etwas nöthig haben wird. Um aber nach Geld nicht zu verlangen, muß man eben des Letzteren sicher sein, und zwar nicht allein für die Gegenwart oder die nächste Zukunft, sondern für seine ganze Zukunft."* — Diesen Gedanken weiter fortspinnend, bemerkt Tschernischewsky, daß „der Mensch erst im Geld eine ökonomische Quelle von ganz arbeitslosem Einkommen gewinnt." Das ist zwar ganz richtig, insofern nämlich die Entwicklung der Geldwirthschaft, d. h. der Waarenproduktion auf einer gewissen Stufe nothwendiger Weise zur Verwandlung der Arbeitskraft in eine Waare und damit auch zur Ausbeutung einer Klasse durch die andere führt. Indeß erklären sich doch die ökonomischen Eigenschaften des „Geldes" durch nichts Anderes, als die gegenseitigen Beziehungen der Menschen im gesellschaftlichen Produktionsprozeß. Tschernischewsky scheint sie aber aus den Eigenschaften des Materials, aus dem das Geld gemacht wird, erklären zu wollen: „Fast alle unmittelbar für den Konsum bestimmte Gegenstände sind sehr wenig dauerhaft. Als eine bedeutende Ausnahme davon sind nur die edlen Metalle zu nennen, das Material, aus dem das Geld gemacht wird, von welch' letzterem Gold- oder Silberbarren sich kaum unterscheiden, wenngleich diese auch keinen Stempel hätten, der sie zu Geld im strengen Sinne des Wortes (Tschernischewsky meint zu Münze) macht. Die übrigen in ökonomischer Beziehung wichtigen Gegenstände besitzen nicht die Eigenschaft, sich von selbst

---

* A. a. O. S. 256, 257.

dauernd zu erhalten, — diese Eigenschaft besitzt nur das Geld. Es giebt eine zahlreiche Kategorie von Produkten, die sich durch keine Sorgfalt länger als einige Jahre aufbewahren lassen. Hier= her gehört das Getreide, das seinem Werthe nach wichtigste Pro= dukt in allen ackerbautreibenden Ländern. Diese Produkte werden nur durch die Reproduktion erhalten, das heißt vermittelst der Wiederherstellung des Produkts mit Hilfe einer ebenso großen Arbeitsmenge, wie diejenige, welche zur ersten Produktion noth= wendig war. Andere Gegenstände bleiben lange Zeit unversehrt — zum Beispiel steinerne Gebäude — erfordern aber Reparatur= arbeiten, welche binnen einigen Jahren insgesammt eine Summe von Arbeit ausmachen, die der zur ursprünglichen Produktion des Gegenstandes erforderlichen Arbeitsmenge gleichkommt. Ohne diese Reparaturarbeiten würden sie rasch ihre Brauchbarkeit und ihren Werth verlieren. Allgemein gesprochen, unterscheidet sich also das Geld von den übrigen Produkten dadurch, daß es von selbst sich unversehrt erhält, ohne weitere produktive Arbeit zu er= fordern, und seinen Besitzer jeder Arbeit ganz überhebt, — während die Aufbewahrung aller übrigen Gegenstände die Fortsetzung der Arbeit erheischt, durch die sie ursprünglich erlangt worden sind."*

Es ist beinahe überflüssig, auf die Unzulänglichkeit und Un= klarheit derartiger Erklärungen hinzuweisen. Der Leser dürfte selbst einsehen, daß Tschernischewsky hier in den Irrthum der sehr, sehr zahlreichen Oekonomen verfällt, die den Dingen die Eigen= schaften zuschrieben, welche in Wirklichkeit den gesellschaft= lichen Verhältnissen zukommen. Die Bedeutung des Geldes ist ebenso wenig durch die physischen Eigenschaften der edlen Metalle bestimmt, wie der Tauschwerth der Waaren durch deren konkrete Beschaffenheit. Die physischen Eigenschaften der edlen Metalle bewirken nur, daß diese sich am meisten für die Funktion des Geldes geeignet erweisen. Desgleichen entsteht in der Geldwirth= schaft die Knechtung des Menschen durch den Menschen, die öko= nomische Unterjochung der einen Klasse durch die andere nicht

---

* A. a. O. S. 257, 258.

daraus, daß das Geld zu seiner Erhaltung fast keine Arbeit seitens des Besitzers erfordert, sondern daraus, daß die entwickelte Waarenproduktion, wie wir bereits oben bemerkt haben, zur Verwandlung der Arbeitskraft in eine Waare, zu ihrem Verkauf und Kauf, d. h. zu ihrer Ausbeutung führt. Nur vermöge dieser Ausbeutung kann das Geld als „eine Quelle des müßigen Genusses" dienen nicht allein für einzelne Personen, sondern auch für ganze Klassen.

Für Tschernischewsky, der ein Anhänger der utilitaristischen Morallehre war, ist der Umstand sehr bezeichnend, daß er es für nothwendig hält, anläßlich seiner Angriffe auf die Geldwirthschaft, sich gegen den etwaigen Verdacht übermäßiger Sentimentalität zu verwahren: „In der Anerkennung des Prinzips des Eigennutzes als Grundmotiv und letzte Norm aller ökonomischen Thätigkeit des Menschen stehen wir sicherlich keinem einzigen Schriftsteller der Smith'schen Schule nach und gehen wir viel weiter als die Mehrzahl der Durchschnitts=Oekonomen, welchen wir es auch überlassen, mit den Moralisten über die Nothwendigkeit idealer Bestrebungen zu raisonniren. . . . . Wir sind der Meinung, daß der Eigennutz einer der Hauptantriebe des Menschen ist, wir suchen nur zu erforschen, was dem persönlichen Vortheil des Menschen am besten entspricht, und wünschen weiter nichts, als daß die Menschen ihren wahren Vortheil einsehen möchten. . . . . Die Ordnung der Dinge, in der das Geld allmächtig ist, finden wir unzulänglich nicht etwa deshalb, weil die Menschen dabei eigennützig sind, — sie werden und müssen stets vor allem auf ihren persönlichen Vortheil bedacht sein — sondern einfach deshalb, weil dabei die materiellen Bedürfnisse der ungeheuren Mehrzahl der Menschen allzu schlecht befriedigt werden, weil diese Ordnung für die ungeheure Mehrzahl unvortheilhaft ist."[*]

Durch welch' andere ökonomische Ordnung die für die Masse unvortheilhafte Geldwirthschaft nach Tschernischewsky's Meinung zu ersetzen sei, — das haben wir bereits bei Besprechung seiner

---

[*] A. a. O. S. 259, 260.

Werththeorie hervorgehoben. Eine große Wirthschaftseinheit, die ihre meisten Bedürfnisse aus eigener Kraft befriedigt und nur eine geringe Zahl ihrer Produkte für den Austausch bestimmt — dies das Ideal unseres Verfassers. Aber der Austausch dieser wenigen Produkte zwischen den einzelnen Wirthschaftseinheiten müsse vermittelst des Geldes bewerkstelligt werden: „Anders könnte die Sache nicht gut gehen, und an und für sich ist der Gebrauch des Geldes oder gleichbedeutender allgemeiner Werthzeichen — von großem Nutzen. Sich gegen das Geld ereifern heißt ebenso viel, als gegen die Schnupftücher zu Felde ziehen, welch' letztere an und für sich ebenfalls ein vorzügliches Ding und unter anständigen Leuten nothwendig sind. Wir möchten keineswegs die Menschen in den Zustand zurückkehren sehen, da sie sich ohne Schnupftücher behalfen. Ob aber der Schnupfen, der dem Schnupftuch eine so große Rolle zuweist, ein gutes Ding sei, das ist eine ganz andere Frage. Wir glauben nun, daß man den Schnupfen kuriren lassen soll, und daß, wenn der Schnupfen einmal verschwunden ist, das Schnupftuch von selbst die übermäßige Bedeutung verlieren wird, die es ohne sein Verschulden erlangt hat." — — Die sozialistische Organisation der Produktion werde also nach Tschernischewsky das Geld nicht beseitigen, sondern nur dessen Rolle sehr einschränken.

Wir wollen noch im Vorbeigehen bemerken, daß Tschernischewsky die, lange Zeit unter den bürgerlichen Oekonomen vorherrschend gewesene Meinung theilte, wonach die Preise der Waaren durch die Quantität des im Lande zirkulirenden Geldes bestimmt würden. In Wirklichkeit verhält sich die Sache gerade umgekehrt: die Quantität des im Lande zirkulirenden Geldes ist durch die Preise der Waaren bestimmt. — Dies ist jedoch eine allzu sehr spezielle Frage, auf die wir hier nicht eingehen können.*

---

* Siehe darüber K. Marx, „Zur Kritik ꝛc.", S. 138—170, ferner auch: „Die Geschichte und Bestimmung der Preise während der Jahre 1793—1857" von Tooke und Newmarch. Deutsch von Dr. C. W. Asher, Dresden 1862.

Das Kapital.

Wir gehen nun über zu Tschernischewsky's Lehre vom Kapital.

Was ist Kapital? — Das Kapital ist ein gesellschaftliches Produktionsverhältniß, antwortet Karl Marx, dadurch die bürgerlichen Oekonomen in das größte und — diesmal — aufrichtigste Erstaunen versetzend. Wieso kann das Kapital ein gesellschaftliches Verhältniß sein? fragen diese stutzend. Kapital — das ist entweder Geld oder Waare, oder überhaupt Produktionsmittel; Kapital — das ist ein Ding oder Dinge, aber keineswegs ein „Verhältniß". Die bürgerlichen Oekonomen bemühen sich nicht einmal, gegen eine derartige Definition des Kapitals zu poleniisiren, wie sie dies doch zum Beispiel gegen die Bestimmung der Werthgröße einer Waare durch die zu deren Herstellung nothwendige Arbeitsmenge thun; sie begnügen sich einfach mit einem Achselzucken, überzeugt wie sie sind, daß der berühmte Sozialist seine Leser einfach durch ein Paradoxon habe überraschen wollen.

Betrachten wir jedoch, was dieses angebliche Paradoxon bedeutet.

Welches sind die Merkmale des „Kapitals"? Jedermann weiß, daß als dessen hauptsächliches Unterscheidungs-Merkmal die Fähigkeit dient, „Einkommen" abzuwerfen, periodisch Gewinn zu liefern, wie das Schaf Wolle liefert.* Wenn das Kapital

---

* Sismondi nennt das Kapital „permanenten sich vervielfältigenden Werth". In ähnlicher Weise definirt das Kapital auch Malthus, den die Vorstellung vom „sich vervielfältigenden Werth" so sehr verfolgt, daß er auf dem Punkte steht, ausschließlich diejenige Arbeit als produktiv zu betrachten, die — Mehrwerth liefert.

kein Einkommen abwirft, wird es als „todtes Kapital“, als ent=
seeltes, seinem wahren Begriff nicht mehr entsprechendes Kapital
betrachtet. Wird denn nun dieses Hauptmerkmal des Kapitals
angedeutet, wenn die bürgerlichen Oekonomen sagen, Kapital sei
angehäufte Arbeit, die als Mittel zu neuer Produktion dient? —
Keineswegs! Und doch ist diese Definition die verbreitetste. Was
ist das aber für eine Definition, die das hauptsächliche Unter=
scheidungsmerkmal des zu definirenden Gegenstandes außer Acht
läßt! Wenn nun diese Definition haltlos, wenn wir ferner wissen,
warum sie es ist, welch neue Definition werden wir an ihre
Stelle setzen? — Vor Allem ist folgender, höchst wichtiger Um=
stand zu beachten: „Das Kapital bleibt dasselbe, ob wir an
die Stelle von Wolle Baumwolle, an die Stelle von Getreide
Reis, an die Stelle von Eisenbahnen Dampfschiffe setzen, vor=
ausgesetzt nur, daß die Baumwolle, der Reis, die Dampf=
schiffe — der Leib des Kapitals — denselben Tauschwerth
haben, ... wie die Wolle, das Getreide, die Eisenbahnen, wo=
rin es sich vorher verkörperte. Der Körper des Kapitals kann
sich beständig verwandeln, ohne daß das Kapital die geringste
Veränderung erlitte.“* Und nicht nur kann es der Körper
des Kapitals, sondern er muß es, wenn anders das Kapital
Kapital bleiben soll. Im Produktionsprozeß erscheint das Kapi=
tal zunächst in der Form einer bestimmten Geldsumme, welche
die erste Phase seiner Metamorphosen bildet. Das Geld wird
sodann verwendet zum Ankauf der jeweils nothwendigen Pro=
duktionsmittel, welche die zweite Phase seiner Metamorphosen
bilden. Sobald die Produktionsmittel da sind, beginnt die Pro=
duktion, aus der schließlich gewisse Produkte hervorgehen, — die
dritte Phase der Metamorphosen: die hergestellten Produkte werden
zu Markte gebracht, dort verkauft, und nun fließt das Kapital
wiederum in der Form von Geld in die Tasche des Kapitalisten
zurück. Alle diese Metamorphosen sind für die Existenz des Kapitals
ebenso nothwendig, wie der Stoffwechsel im Organismus für das

---

* Karl Marx, „Lohnarbeit und Kapital“, S. 22.

animalische Leben. Und in jeder neuen Phase seiner Metamor=
phosen bleibt das Kapital dasselbe, wie in allen vorhergehenden.
Wodurch erklärt sich nun diese seine Eigenschaft? Dadurch, daß
jegliches Kapital einen gewissen Werth darstellt, dem Werth
aber ist es absolut gleichgiltig, durch welche Waare er repräsentirt
wird: „So mögen ein Band Properz und acht Unzen Schnupf=
tabak derselbe Tauschwerth sein, trotz der disparaten Gebrauchs=
werthe von Tabak und Elegie."* — Wenn aber jedes Kapital
unbedingt einen Werth darstellt, so ist nicht jeder Werth zugleich
Kapital, indem nicht jeder Werth die Eigenschaft besitzt, „Ein=
kommen" zu liefern. Das Kapital ist ein Werth, begabt mit der
Fähigkeit zu anscheinend ganz spontaner Selbstvergrößerung. In
den Produktionsprozeß als eine gegebene Größe A eingehend,
geht es aus demselben als eine neue Größe A + a hervor.
Wir haben bereits bemerkt, daß diese Eigenschaft des Kapitals
als dessen hauptsächliches Kennzeichen dient. Betrachten wir nun,
woher diese Eigenschaft rührt.

Wir wissen bereits, daß die Austauschverhältnisse der Waaren
die gegenseitigen Verhältnisse der Produzenten im gesellschaftlichen
Produktionsprozeß darstellen. Wenn dem so ist, so kann auch
das Kapital, — dieser Werth, der die neue Qualität erhalten
hat, sich zu vergrößern — nichts Anderes darstellen als die gesell=
schaftlichen Verhältnisse der Produzenten zu einander. Alle seine
Eigenschaften, ebenso wie die des Werthes, müssen also den Eigen=
thümlichkeiten entspringen, die die Verhältnisse der Produzenten
im Produktionsprozeß kennzeichnen. In diesem Sinne sagt eben
Marx, daß „das Kapital ein gesellschaftliches Produktionsver=
hältniß" ist, und zwar ein der bürgerlichen Gesellschaft eigen=
thümliches, ein „bürgerliches Produktionsverhältniß".

Wodurch kennzeichnet sich dies Verhältniß? Dadurch, daß
der Arbeiter dem Unternehmer seine Arbeitskraft verkauft, welche
die von dem Käufer angeschafften Produktionsmittel in Bewegung
setzt. Die von dem Unternehmer erworbene Arbeitskraft bildet

* Karl Marx, „Zur Kritik 2c.", S. 4.

ebenso sehr sein Eigenthum, wie etwa das Garn, die Maschinen, oder irgend ein anderes „Produktionsmittel". Der Arbeiter begiebt sich unter die Macht des Kapitals. Die „angehäufte", in Lebensmitteln vergegenständlichte Arbeit herrscht also über die lebendige Arbeit des Arbeiters, — und einzig dieser Umstand macht die angehäufte Arbeit zu Kapital. Zu welchem Zweck der Kapitalist die Arbeitskraft kauft, ist Allen und Jedem bekannt, außer natürlich gewissen „Gelehrten". Im Produktionsprozeß schafft der Arbeiter durch seine Arbeit einen Werth, der die auf den Kauf seiner Arbeitskraft verwendete Werthsumme, oder — was dasselbe ist — den Werth seines Arbeitslohnes übersteigt. Die Differenz zwischen dem neuen, vom Arbeiter geschaffenen Werth und dem Werth seines Arbeitslohnes heißt Mehrwerth. Dieser Mehrwerth gehört dem Unternehmer und bildet die Quelle des „Einkommens", welches das Kapital seinem Besitzer abwirft. Daraus ist wiederum zu ersehen, daß die Eigenschaften des Kapitals in Wirklichkeit durch die Verhältnisse der Menschen bedingt werden, und nicht etwa durch die geheimnißvollen Eigenschaften der zu weiterer Produktion gebrauchten Dinge, die man in der politischen Oekonomie Produktionsmittel nennt. Man sieht ferner, daß die angeblich paradoxe Definition — „das Kapital ist ein gesellschaftliches Produktionsverhältniß" — der thatsächlichen Lage der Dinge in der bürgerlichen Gesellschaft vollkommen entspricht. Und wenn sie die bürgerlichen Oekonomen in Erstaunen setzt, so nur deshalb, weil diese, dank ihren Vorurtheilen, nicht im Stande oder nicht gewillt sind, das Wesen der kapitalistischen Verhältnisse zu durchschauen. Wer die bürgerliche Ordnung als die beste und der „menschlichen Natur" am meisten entsprechende betrachtet, der wird nicht leicht zum Schlusse gelangen können, daß die angenehmen und lobenswerthen Eigenschaften des Kapitals, im Grunde genommen, in der Ausbeutung einer Gesellschaftsklasse durch die andere ihren Ursprung haben — in einer Ausbeutung, die nicht im Geringsten lobenswerth und durchaus unangenehm ist, — wenigstens für eine dieser Klassen. So erklären sich die Ausfälle der bürgerlichen Oekonomen über die von Marx gegebene

Definition des Kapitals — vom Standpunkte desjenigen, was Kant psychologische Logik nannte. Vom Standpunkte der formalen Logik aber erklären sie sich einfach daraus, daß die bürgerlichen Oekonomen das gesellschaftliche Leben vom abstrakten Standpunkte betrachteten und deshalb fast niemals im Stande waren, den gegenseitigen Zusammenhang der gesellschaftlich ökonomischen Erscheinungen bis ans Ende zu verfolgen. So wissen wir bereits, daß Mill z. B. es für möglich und sogar nöthig hielt, die „Gesetze der Produktion" ganz unabhängig von den gesellschaftlichen Verhältnissen der Produzenten zu behandeln. Bei einem solchen Forschungsverfahren blieb ihm aber nichts Anderes übrig, als sich mit einer gar nichts definirenden Definition des Kapitals zu begnügen. In der That, er nennt Kapital — „diejenigen Produkte der Arbeit, die zu neuer Produktion angewendet werden". Ob die zu neuer Produktion dienenden Arbeitsprodukte auch immer Mehrwerth schaffen, darüber war Mill im Unklaren; ja, diese Frage selbst dürfte sich ihm kaum ernsthaft aufgedrängt haben.

Wenn wir das „Kapital" unabhängig von den gesellschaftlichen Verhältnissen der Produzenten betrachten, so werden wir selbstverständlich in ihm keine einzige derjenigen unangenehmen Eigenschaften entdecken können, welche sich dem Proletariat so sehr fühlbar machen. Als „Produkte, die zu weiterer Produktion angewendet werden", ist das Kapital nicht nur etwas ganz Harmloses, sondern auch Nothwendiges, Nützliches, „Ewiges" und „Vernünftiges". Von diesem Standpunkte aus erweisen sich alle Angriffe auf das „Kapital" allerdings als die reinste Absurdität. — Tschernischewsky hielt nun an der Mill'schen Definition des Kapitals fest. Als Sozialist aber konnte er zugleich nicht umhin, die Berechtigung des Kampfes der Arbeiter gegen das Kapital anzuerkennen. Das war seinerseits ein Widerspruch, — welchen er auf folgende Weise zu lösen suchte: „Die rückschrittliche Schule ist unerschöpflich in Lobeshymnen auf das Kapital, die fortschrittliche in Verwünschungen desselben. Der Leser wird aber leicht einsehen können, daß es sich dabei nicht um dasjenige

Element der Produktion handelt, welches in der strengen Wissen=
schaft Kapital genannt wird, sondern lediglich um die Rolle, welche
unter gewissen gesellschaftlichen Bedingungen die Kapitalisten spielen."*
Das erinnert an den Unterschied, den Rodbertus zwischen dem
„Kapital an sich" und „historischem Kapital" festzustellen ver=
suchte. Wir wissen bereits, daß in Wirklichkeit der Charakter
und die Eigenschaften des Kapitals gerade durch die ökonomische
Rolle bestimmt werden, welche die Kapitalisten unter den gesellschaft=
lichen Bedingungen spielen, die sie zu Kapitalisten machen. Von
dieser Rolle abstrahiren, heißt sich selbst die Möglichkeit nehmen,
die Natur des Kapitals zu erkennen. Tschernischewsky scheint
selber das Gefühl zu haben, daß die von ihm angenommene De=
finition des Kapitals nicht ganz zutreffend ist. Er möchte das
Wort „Kapital" durch ein anderes ersetzen. Wenn er dies nicht
gethan habe, so nur deshalb, weil er im Voraus nicht gewußt
habe, ob sein Buch „eine solche Bedeutung erlangen werde, um
eine so große Neuerung, wie die Ersetzung des Wortes Kapital
durch irgend einen anderen von uns selbst gewählten Terminus,
einbürgern zu können."** Wir wissen freilich nicht, welchen
neuen Terminus Tschernischewsky gewählt hätte, es ist aber bereits
aus dem Vorhergehenden ersichtlich, daß dieser neue Terminus
nicht im Geringsten die gesellschaftliche Natur des Kapitals zum
Ausdruck gebracht hätte. Sollte er doch unserem Verfasser gerade
dazu dienen, um jener Abstraktion einen passenderen Ausdruck zu
geben, mit deren Hilfe die bürgerlichen Oekonomen den Begriff
des Kapitals auf den Begriff der Produktionsmittel reduzirten.

---

* Werke, 3. Band, S. 130.
** A. a. O. S. 133, 134.

Der Arbeitslohn.

Wie an der Mill'schen Definition des Kapitals, so hält Tschernischewsky auch an dessen Lehre vom Arbeitslohn fest. Er stimmt mit Mill darüber vollkommen überein, daß „der Arbeits= lohn hauptsächlich von dem Verhältniß zwischen Nachfrage und Angebot der Arbeit, oder, wie es oft ausgedrückt wird, zwischen Bevölkerung und Kapital, abhängig ist". Wer mit der Geschichte der ökonomischen Literatur einigermaßen bekannt ist, weiß, welche Rolle diese Lehre, die sogenannte „Arbeitsfonds"=Theorie, spielte. Sie war der Haupttrumpf der Prediger der „Harmonie zwischen den Interessen der Arbeit und denen des Kapitals". — „Mit dem Wachsen des Kapitals — behaupteten die bürgerlichen Syko= phanten — wächst auch der Lohnfonds, d. h. derjenige Theil des Kapitals, welcher zur Miethung von Arbeitern angewendet wird, nimmt folglich auch die Nachfrage nach Arbeit zu, steigt der Arbeitslohn; ein rasches Anwachsen des Kapitals bildet daher die unumgänglichste Bedingung des Wohlstandes der Arbeiterklasse. Alles, was das erstere schädigt, fügt der letzteren einen un= geheueren Schaden zu. Eine auf ihre Interessen bedachte Arbeiter= klasse muß gerade um dieser Interessen willen die Interessen der Kapitalisten sorgfältig schützen. Der Kampf der Arbeiter gegen das Kapital ist — auch dann, wenn sie, von umstürzlerischen Utopien sich fernhaltend, blos einen höheren Lohn erkämpfen wollen — ihnen selbst schädlich und dazu ganz aussichtslos. Die Erhöhung des Arbeitslohnes kann nur durch die Vergrößerung des nationalen Lohnfonds herbeigeführt werden, letzteres aber wird natürlich nicht durch Strikes und Widerstandsverbände er=

reicht, die, indem sie das Kapital schädigen, zu einem ganz ent=
gegengesetzten Resultat führen: zur Verminderung des Lohnfonds
und somit auch zum Sinken des Arbeitslohnes." Diesen Ge=
bankengang weiter entwickelnd, könnte man vielleicht gar beweisen,
daß der Arbeiter, im Interesse seiner Klasse, sich mit einem
möglichst niedrigen Arbeitslohn begnügen müßte. In der That,
nehmen wir an, der Lohnfonds betrage in einem bestimmten Lande
a Rubel. Wenn der durchschnittliche Lohn in diesem Lande
b Rubel beträgt, so wird die Zahl der Arbeiter, die Beschäftigung
finden können, sich auf a : b belaufen. Es liegt nun auf der
Hand, daß, wenn der Nenner dieses Bruchs $\frac{a}{b}$, d. h. der
durchschnittliche Arbeitslohn kleiner würde, so würde die in diesem
Bruch ausgedrückte Größe, d. h. die Zahl der beschäftigten Arbeiter
zunehmen. Fällt der durchschnittliche Arbeitslohn auf die Hälfte
seiner früheren Größe herab, so würde die Zahl der Arbeiter,
die Beschäftigung finden können, um das Doppelte zunehmen.
Der Arbeiter, der sich mit einem niedrigen Lohn begnügte, erwiese
sich also dadurch vor Allem seinen eigenen Klassengenossen nütz=
lich. Das wachsende Bewußtsein seiner Klasseninteressen und das
kameradschaftliche Gefühl müßten den Arbeiter dazu führen, sich
hinsichtlich des Arbeitslohnes einer immer größeren Mäßigung zu
befleißigen. Wenn aber in Wirklichkeit das Gegentheil der Fall
ist, so seien daran die umstürzlerischen Lehren der Sozialisten
schuld, die leider! einen allzu großen Einfluß auf die Arbeiter=
klasse besitzen. — Zu solchen Schlüssen gelangte nachgerade der
schönrednerische Bastiat.

Die Lehre vom „Arbeitsfonds" ist zum Zwecke der Bändi=
gung der Arbeiterklasse ersonnen worden. Wie konnte nun Tscherni=
schewsky diese augenfällige Tendenz jener Lehre übersehen? Wie
konnte ein so starker logischer Kopf die jener Lehre eigenthüm=
lichen ungeheuerlichen Sophismen und schamlosen Verdrehungen
unbeachtet lassen? Die Antwort auf diese Fragen liegt in dem,
von uns bereits gekennzeichneten Verhalten der utopistischen Sozia=
listen zur bürgerlichen Oekonomie. Nachdem Tschernischewsky ein

für allemal die gesellschaftliche Ordnung verurtheilte, in der die Arbeit als Waare auf dem Markt verkauft wird, interessirte er sich wenig für die Gesetze, die den Preis dieser Waare reguliren. Die ganze Kraft seiner Logik war ausschließlich darauf gerichtet, zu beweisen, daß die Arbeit nicht eine Waare sein soll.*

---

* Um zu beweisen, daß die Arbeit nicht eine Waare sein soll, führt Tschernischewsky Gründe an, die weit über das Ziel hinausschießen, indem sie selbst die Möglichkeit der Erscheinung bestreiten, welche er beseitigt wissen möchte: „Wir haben gefunden" — schreibt er —, „daß der Begriff der Arbeit nicht mit dem Begriff des Tauschwerths zusammen= zuwerfen ist. . . . Der Arbeit einen Tauschwerth zuschreiben, heißt die= selbe Begriffen gleichsetzen, die auf den Menschen nicht anwendbar sind. Nehmen wir an, ein Tschetwert Weizen z. B. koste fünf Arbeitstage zu je zwölf Stunden. Das heißt, wir setzen sechzig Stunden menschlicher Arbeit einem Tschetwert Weizen gleich. Möge nun der Leser beurtheilen, ob diese Begriffe miteinander passender Weise verglichen werden können? — Die Arbeit ist eine Thätigkeit des menschlichen Organismus, die mit nichts Anderem kommensurabel ist, als mit einer Thätigkeit desselben Organis= mus. . . . Man kann Produkte der Arbeit miteinander vergleichen, nicht aber mit der Arbeit selbst: das sind inkommensurable Dinge. Wohl ver= wandelt sich Arbeit in Produkt, nichtsdestoweniger aber können sie ebenso= wenig miteinander verglichen werden, wie die Töne des Pianofortes mit dem sie erzeugenden Holz und Eisen. Natürlich, je mehr Arbeit, desto mehr Produkt; natürlich, je besser die Arbeit, desto besser das Pro= dukt. Aber ebenso sehr: je dicker die Saiten, desto stärker die Töne, je besser das Metall und das Holz, desto besser der Ton. Daß sich dieser Gegenstand in jenen, diese Erscheinung in jene verwandelt, berechtigt noch keineswegs, die betreffenden Gegenstände oder Erscheinungen mitein= ander zu vergleichen, wenn sie sonst ganz verschiedenartig sind." (Werke, 4. Band, S. 236, 237.) Die Arbeit (das heißt — richtiger gesprochen — die Arbeitskraft) läßt sich also nicht mit den Produkten der Arbeit ver= gleichen. Andererseits sehen wir aber, daß die Arbeitskraft auf dem Markte beständig mit denselben „verglichen" wird. Auf welche Weise erklärte nun unser Verfasser diesen Widerspruch zwischen der bürgerlichen Praxis und den Forderungen der „gesunden Theorie"? Bisweilen — durch die Ver= irrungen des Verstandes: „Der Tauschwerth muß mit dem inneren Werth zusammenfallen und weicht von diesem blos deshalb ab, weil die Arbeit irrthümlicher Weise als Waare betrachtet wird" u. s. w.; bis= weilen aber begnügt er sich mit der bloßen Bemerkung, daß die Theorie durch die Abweichungen der Praxis von ihren Forderungen sich nicht beirren

Es wäre übrigens nicht leicht, die Haltlosigkeit der bürger=
lichen „Arbeitsfonds“=Theorie vermittelst der „hypothetischen“
Methode unseres Verfassers bloszulegen. Mathematische Auf=
stellungen bilden die Hauptwaffe dieser Methode. Nun sind aber
solche Aufstellungen nothwendiger Weise höchst abstrakter Natur.
Um sie zu machen, muß man von allen konkreten Bedingungen,
unter denen die zu untersuchende Erscheinung stattfindet, ab=
strahiren, — während Alles doch gerade auf jene Bedingungen
ankommt. Die „Arbeitsfonds“=Theorie selbst ist nichts Anderes,
als eine zum Schutze der Bourgeoisie angeführte mathematische Auf=
stellung. Die Arithmetik vermag nicht, die Sophismen jener
Theorie zu enthüllen. Dagegen fällt deren Irrthümlichkeit in die
Augen, sobald wir das Gebiet des abstrakten Denkens verlassen
und auf den Boden der Wirklichkeit herabsteigen. — Die Arbeits=
fonds=Theorie sagt, die Nachfrage nach Arbeit und folglich auch
die Höhe des Arbeitslohns sei vom Umfang jenes Fonds ab=
hängig. Vom abstrakten Standpunkte aus scheint dies ganz un=
streitig. Blicken wir nun aber auf die konkrete Lage der Dinge.
In einem gegebenen Land zu einer gegebenen Zeit ist eine gewisse
Menge Produktionsmittel vorhanden, zu deren Anwendung eine ge=
wisse Menge Arbeit erforderlich ist; wie viel Arbeit — das hängt
von der jeweiligen Entwicklungsstufe der Technik ab: je produk=
tiver die Arbeit, eine um so geringere Arbeitsmenge ist erforder=
lich zur Herstellung einer gegebenen Produktenmenge, — bei einem
gegebenen, bestimmten Stand der Technik ist jedoch die noth=
wendige Arbeitsmenge eine ganz bestimmte Größe. Es fragt sich
nun, ob man unter den bezeichneten Bedingungen die Zahl der

---

zu lassen brauche: „Was wird nicht Alles in der Praxis zu einer Waare!
Die Liebe ebenso sehr, wie die Arbeit. Aber die Theorie muß diese beiden
Funktionen des menschlichen Organismus als unveräußerliche Attribute
desselben betrachten und feststellen, daß der Mensch selbst sich nicht die
Möglichkeit nehmen darf, über diese Attribute frei zu verfügen, — in der=
selben Weise, wie er nicht auf das Recht verzichten darf, eine eigene
Meinung zu haben, oder nach eigener Ueberzeugung zu handeln.“ (Werke,
4. Band, S. 234.)

Arbeiter, die zur Anwendung der Produktionsmittel erforderlich sind, als eine bestimmte betrachten kann? Keineswegs, die Gesammt= zahl der Arbeiter wird davon abhängen, wie viel Arbeit die Unternehmer aus jedem einzelnen Arbeiter werden herauspressen können: je mehr Arbeit aus jedem einzelnen Arbeiter heraus= gepreßt werden wird, um so geringer wird die Gesammtzahl der zur Anwendung des „Kapitals" erforderlichen Arbeiter sein; und umgekehrt, mit der Verminderung der aus jedem einzelnen Arbeiter herausgepreßten Arbeitsmenge wird die Gesammtzahl der für die Kapitalisten nothwendigen „Hände" steigen. Wodurch aber ist die aus jedem einzelnen Arbeiter herausgepreßte Arbeitsmenge bestimmt? Selbstverständlich durch die Intensivität der Arbeit und die Länge des Arbeitstages. Wir sehen nun, daß in Wirklichkeit die Interessen der Arbeit keineswegs mit denjenigen des Kapitals so solidarisch sind, wie dies die bürgerlichen Oekonomen zu ver= sichern suchten. Für die Kapitalisten ist es vortheilhafter, die Länge des Arbeitstages und die Intensivität der Arbeit (selbstverständ= lich nicht ihrer eigenen, sondern der ihrer Arbeiter) zu vergrößern, für die Arbeiter dagegen ist es vortheilhafter, den Arbeitstag zu verkürzen und die Intensivität ihrer Arbeit zu verringern, denn dadurch erhöhen sie die Nachfrage nach „Händen", — letzteres aber führt zur Erhöhung des Arbeitslohnes. Es giebt da also keine Solidarität zwischen den Interessen der Arbeit und denen des Kapitals, sondern vielmehr einen direkten Gegensatz der Inter= essen, — einen Gegensatz, dessen sich beide Seiten mehr oder minder klar bewußt sind, ganz unabhängig von irgendwelchen „umstürzlerischen" Lehren. Indem die Kapitalisten aus ihren Arbeitern eine möglichst große Arbeitsmenge herauszupressen, d. h. die Zahl der für sie nothwendigen „Hände" zu vermindern suchen, lassen sie sich nicht im Geringsten durch den Gedanken stören, daß der nationale „Lohnfonds" — nach der Behauptung ihrer Anwälte, der Oekonomen — eine bestimmte Werthsumme dar= stelle, welche angeblich in ihrer Totalität zum Ankauf von Arbeits= kraft verwendet werden müsse. Die Kapitalisten haben keine Furcht vor den etwaigen „Ersparnissen", die in ihrer Tasche zurückbleiben könnten, falls die Ausgaben für die Arbeits-„Hände" verringert würden. Sie verstehen es, von solchen „Ersparnissen" einen gehörigen Gebrauch zu machen: entweder werden dieselben konsumirt oder zur Erweiterung ihrer Unternehmungen angewendet, oder endlich im Auslande angelegt.

Es ist nun allerdings wahr, daß die Erweiterung der nationalen Produktion und der Export von Kapitalien ins Ausland für die Arbeiterklasse insofern vortheilhaft sind, als dadurch hie oder da die Nachfrage nach Arbeitskraft erhöht wird. Entspricht aber dieser Vortheil dem, was die „Arbeitsfonds"-Theorie dem Proletariat vorspiegelt? Zur Erweiterung der nationalen Produktion ist nicht allein variables Kapital, d. h. zum Ankauf von Arbeitskraft verwendetes Kapital erforderlich, sondern auch noch konstantes Kapital, d. h. Produktionsmittel. Im Falle der Erweiterung der Produktion werden also die von dem Kapitalisten auf Kosten des Arbeitslohnes gemachten „Ersparnisse" keineswegs der Arbeiterklasse in der Form von Arbeitslohn vollständig zurückerstattet. Dies geschieht nur zum Theil, und zwar wird der zurückerstattete Theil immer kleiner in dem Maße, worin die Fortschritte der Technik den relativen Umfang des konstanten Kapitals vergrößern. Und außerdem ist die Erhöhung des Grades der Ausbeutung der Arbeiter doch nicht das einzige Mittel zur Erweiterung der Produktion: die höheren Klassen brauchten nur ihre unproduktive Konsumtion einzuschränken, um neue Mittel zur Erweiterung der Produktion zu finden. Der Leser weiß, was heutzutage in der Wissenschaft Mehrwerth genannt wird. Es ist das Produkt der unbezahlten Arbeit des Arbeiters, derjenigen Arbeit, welche aus ihm herausgepreßt wird, nachdem er bereits den Werth seines Arbeitslohnes erarbeitet hat. Je größer der relative Betrag des Mehrwerths, desto geringer der relative Betrag des Arbeitslohnes, und umgekehrt. Die „Arbeitsfonds"-Theorie erwähnt dieses Umstandes mit keinem Wort, während es doch einleuchtend ist, daß dadurch die ganze Theorie über den Haufen geworfen wird. Dieser Umstand zeigt, daß der „Arbeitsfonds" keineswegs eine unveränderliche Größe ist.

Dessen Umfang hängt von dem relativen Betrag des Mehr=
werths ab: wird dieser größer, so nimmt der Arbeitslohn und
folglich auch der „Arbeitsfonds" ab; wird dieser kleiner, so wird
der „Arbeitsfonds" zunehmen in Folge der Erhöhung des Arbeits=
lohnes. Das angebliche „Naturgesetz" der bürgerlichen Oekonomie
löst sich also in die Frage nach dem Ausbeutungsgrad der Arbeiter
auf. Das Proletariat ist sich dessen wohl bewußt. Die Be=
wegung des ersten Mai zeigt in anschaulicher Weise, welch' geringe
Bedeutung das Proletariat heutzutage der Bourgeoisfabel vom
„Arbeitsfonds" beimißt.

So stellt sich die Sache dar, wenn wir dieselbe unter dem
Gesichtspunkte der realen Verhältnisse zwischen den Produzenten
und den Aneignern, zwischen Proletariat und Bourgeoisie be=
trachten. Unter diesem Gesichtspunkte erscheint auch die Frage nach
dem Verkauf der Arbeitskraft in einem ganz anderen Lichte, als
in welchem sie Tschernischewsky betrachtete. Letzterer meinte, die
Arbeitskraft sei inkommensurabel mit den Produkten, gegen welche
sie sich auf dem Markte austauscht. Dem ist jedoch nicht so. Die
Arbeitskraft besitzt einen Werth, wie jede andere Waare. Schon
die bürgerlichen Oekonomen haben klargestellt, wodurch der Werth
der Waare Arbeitskraft bestimmt wird: durch die, zur Erhaltung
des Lebens des Arbeiters und zur „Fortpflanzung seiner Rasse"
erforderliche Arbeitsmenge. Der Werth der Arbeitskraft ist dem=
nach mit demjenigen jeder anderen Waare durchaus kommen=
surabel. Freilich ist eine Gesellschaftsordnung, in welcher die mensch=
liche Arbeitskraft auf dem Markte neben anderen Waaren feil=
geboten wird, nicht viel werth. Indem wir aber diese Ordnung
verurtheilen, dürfen wir doch nicht deren Gesetze ignoriren. Da=
durch, daß wir die Kommensurabilität der Arbeitskraft mit den
anderen Waaren leugnen, ändern wir nichts an der thatsächlichen
Lage des Besitzers der Arbeitskraft, wohl aber erschweren wir
uns das Verständniß dieser Lage. Tschernischewsky wünschte,
daß die Arbeitskraft aufhöre, eine Waare zu sein. Allein durch
diesen lobenswerthen Wunsch getrieben, kam er dazu, eine That=
sache zu leugnen, mit deren Feststellung die wissenschaftliche Unter=

suchung der Frage des Arbeitslohnes beginnen muß. Das war seinerseits ein großer Fehler, welcher übrigens leicht erklärlich wird, wenn man bedenkt, daß, wie wir gesehen haben, seine Begriffe vom Werth überhaupt sehr verworrener Art waren: in Folge dessen mußte er natürlich in der speziellen Frage nach dem Werth der Arbeitskraft fehlgehen. Es genügt, darauf hinzuweisen, daß er mit Mill es für möglich hielt, die Lehre vom Arbeitslohn vor der Werththeorie und unabhängig von ihr zu behandeln.

————————

Wenn ein religiös gesinnter Mensch von schweren und fortwährenden Schicksalschlägen verfolgt wird, sucht er sich mit der Hoffnung auf das Jenseits zu trösten. „Das Dulden hier auf Erden wird mir Gott im Himmel belohnen", — denkt der Fromme, und dieser Glaube verleiht ihm wirklich neue Kraft zu weiterem Dulden. Nicht umsonst nannte Marx die Religion „das Opium des Volkes", und sagte, die Beseitigung der Religion, dieses „illusionären Glücks der Menschheit", sei gleichbedeutend mit der „Forderung ihres reellen Glücks". Indeß ist der mit einem harten Loos aussöhnende Glaube an das Jenseits auch ohne die Religion möglich. So dachten wenigstens die bürgerlichen Oekonomen. Jedesmal, wenn die von den Kapitalisten ausgebeuteten und bedrückten Arbeiter ihre Unzufriedenheit zu bekunden begannen, erzählten ihnen die Oekonomen wunderschöne Märchen von dem „Fortschritt". Diese Märchen lauteten dahin, daß die Arbeiterklasse nur ein wenig in der Gegenwart sich zu gedulden brauche, um sich eine glänzende Zukunft zu sichern. Der „Fortschritt" werde sie sicherlich für all' das erlittene Ungemach belohnen, wenn sie nicht dessen Gang durch revolutionäre Versuche verzögern würden. In ihren Lobeshymnen auf den Fortschritt beriefen sich die bürgerlichen Oekonomen oft und gern auf die Geschichte. Die Vergangenheit mit der Gegenwart vergleichend, kamen sie selbstverständlich zum Schlusse, daß der „Fortschritt" bereits ungemein viel zur Besserung des Looses der

Arbeiterklasse beigetragen habe. Dieser Schluß sollte nämlich das Proletariat im Glauben an die zukünftigen Wohlthaten des Fortschritts bestärken. In alledem steckte ein gut Stück Charlatanerie, aber auch nicht wenig simple Naivetät. Die beschränkten aber dankbaren Bourgeois, die an die Allmacht ihres Wohlthäters, des Fortschritts, glaubten, dachten in allem Ernste, dieser sei im Stande, die Schafe unversehrt zu erhalten, ohne daß der Appetit der Wölfe unbefriedigt bliebe, — die Arbeiter zu beglücken, ohne die Interessen der Bourgeoisie zu beeinträchtigen.

Tschernischewsky wußte wohl, welch' geringen Werth diese besänftigenden Raisonnements haben. Er ließ sich weder durch die bürgerliche Naivetät, noch durch die bürgerliche Sophistik täuschen. Er belächelte die optimistischen Versicherungen der bürgerlichen Oekonomen und suchte nachzuweisen, daß innerhalb der heutigen Gesellschaftsordnung der ökonomische Fortschritt zum Sinken des Arbeitslohnes führt. In diesem Falle hatte er freilich vollkommen recht; allein die von ihm angeführten Beweisgründe waren, wie immer, zu abstrakt und daher nicht überzeugend.

Nachdem er die Bemerkung gemacht, daß — nach Mill — die Höhe des Arbeitslohnes unter Anderem von den Gewohnheiten und Bedürfnissen der Arbeiterklasse abhängig sei, fragt er, wodurch sich denn das Niveau der Gewohnheiten und Bedürfnisse des Arbeiters bestimmt? „Alles, was innerhalb dieses Niveaus das Maß des physisch Nothwendigen übersteigt, wird — wie wir dies selbst aus der Mill'schen Analyse der Gesetze des Arbeitslohnes wissen — nur durch die Selbstachtung, das Selbstgefühl des Arbeiters erzeugt. Was bringt nun aber der ökonomische Fortschritt mit sich in Bezug auf die gesellschaftliche Lage der Arbeiter innerhalb der heutigen Ordnung, da Rente und Gewinn vom Arbeitslohn getrennt sind? — Der charakteristische Zug des ökonomischen Fortschritts in technischer Hinsicht ist — Erweiterung der Produktionseinheit entsprechend dem Fortschritte der Kombination der Arbeit; in sämmtlichen Produktionszweigen werden die kleinen Werkstätten nach und nach durch Fabriken verdrängt. . . . In

Folge dessen nimmt, entsprechend dem ökonomischen Fortschritt, innerhalb der arbeitenden Klassen die relative Zahl der Lohn= arbeiter zu und diejenigen der selbständigen Meister ab. Es fragt sich nun, ob hinsichtlich des Grades des Selbstbewußtseins ein scharfer Unterschied zwischen einem selbständigen und einem abhängigen Menschen besteht, zwischen einem Meister und einem Miethlinge? Jawohl, dieser Unterschied ist ein sehr scharfer; wer das Leben beobachtete, kann daran nicht zweifeln. Wer tausend Rubel Einkommen von seinem eigenen Betrieb bezieht, fühlt sich bei Weitem achtbarer und höher, als Einer, der ebenso viel Lohn von irgend einem Prinzipal bekommt. . . . Wenn wir folglich einen selbständig arbeitenden Meister und einen Arbeiter, der ebenso viel Einkommen, wie Jener, in der Form von Arbeits= lohn bezieht, nehmen, — so werden wir bei dem Ersteren (unter sonst gleichbleibenden Bedingungen) unbedingt mehr Selbstachtung finden, als bei dem Letzteren. Ist dem aber so, so wird der Lohn des Lohnarbeiters sich nicht auf dem Niveau des vom arbeitenden Meister bezogenen Einkommens behaupten können: er wird im Vergleich mit diesem um so viel heruntersinken, um wie viel das Selbstbewußtsein des Lohnarbeiters geringer ist, als das des Meisters. . . . Dabei bleibt es aber nicht stehen. . . . Wie eine Wendung zum Besseren, so nimmt auch eine Wendung zum Schlimmeren, wenn einmal eingetreten, ihren weiteren Fort= gang ganz von selbst, — gleichviel, ob es sich um ein Individuum oder um einen ganzen Stand, ob es sich um moralische Eigen= schaften oder um materiellen Wohlstand handelt. Hat einmal die Arbeiterklasse gelernt, ihre Ansprüche herabzusetzen, einen Theil ihrer Selbstachtung preiszugeben, so wird sie auf dem Wege fortgesetzter Konzessionen und Erniedrigungen ins äußerste Elend versinken und — insofern nicht andere Einflüsse sie auf dieser schiefen Ebene zum Stehen bringen — erst dann Halt machen, wenn der Druck bereits unerträglich geworden. Hat einmal der Arbeiter in die Nothwendigkeit sich versetzt gesehen, sich an eine schlimmere Lage zu gewöhnen, — indem er sein unab= hängiges Meistereinkommen gegen Arbeitslohn vertauschte, — so

wird er sich leicht auch eine weitere Verringerung seines Ein=
kommens, eine allmälige Herabsetzung seines Arbeitslohnes gefallen
lassen." *

Diese Argumentation scheint uns am besten geeignet, die
Tschernischewsky eigene abstrakte Forschungsmethode zu kenn=
zeichnen; sie bildet sozusagen den Triumph der „hypothetischen
Methode". Die ganze Erörterung läuft auf den einzigen Syl=
logismus hinaus: die Höhe des Arbeitslohnes hängt ab vom
Grad der Selbstachtung des Arbeiters; der Arbeiter verliert an
Selbstachtung, sobald er Lohnarbeiter wird; folglich sinkt der
Arbeitslohn in dem Maße, worin das System der Lohnarbeit
sich entwickelt. Der Hintersatz dieses Syllogismus erreicht die
äußersten Grenzen der Abstraktion von allen konkreten Bedingungen
des Lebens und der Entwicklung der Gewohnheiten verschiedener
Gesellschaftsschichten. Ist es vor Allem richtig, daß der selb=
ständige Handwerker mehr Selbstachtung besitze, als der Lohn=
arbeiter? Das mag vielleicht zutreffen für diejenigen Entwicklungs=
stufen des Lohnsystems, da dem Arbeiter noch das Klassenbewußt=
sein fehlt. Man kann doch aber nicht sagen, daß in den Ländern
mit entwickelter kapitalistischer Produktion der Proletarier einen
niedrigeren Grad von Selbstgefühl aufweise, als der Kleinbürger
oder Handwerker. Wir glauben sogar, daß dort das gerade Gegen=
theil der Fall ist. Aber selbst zugegeben, daß der, vom Be=
wußtsein seiner ökonomischen Selbständigkeit durchdrungene Klein=
bürger mehr Achtung vor seiner eigenen werthen Person, als
der Proletarier an den Tag legt, — so fragt es sich doch,
welchen Einfluß diese Ehrerbietung gegen sich selbst, die noch
keineswegs wahre Selbstachtung bedeutet, auf das Niveau der
Bedürfnisse des Kleinbürgers, auf dessen standard of life aus=
übt? Die dem Kleinbürger eigene „Selbstachtung" führt ihn
zur „Sparsamkeit", zur Beschneidung seiner Ausgaben, zur Knau=
serei. Diese Knauserei vermag freilich, bis zu einem gewissen
Grade, seine ökonomische Selbständigkeit zu schützen, sie wird aber

---

* A. a O. S. 347—349.

in keinem Falle das Niveau seiner Bedürfnisse heben können. Den Kleinbürger beherrscht Ein Bedürfniß, — das Bedürfniß, seine Existenz als Kleinbürger zu behaupten. Um dies Bedürfniß zu befriedigen, ist er bereit, selbst auf das Niveau einer chinesischen Bedürfnißlosigkeit herabzusinken. Der Proletarier dagegen, der in den weitaus meisten Fällen nicht die geringste Aussicht hat, selbständiger Meister zu werden, — wird durch seine Lage selbst vor einem der hauptsächlichsten Antriebe zur Knauserei bewahrt. Bei einem gleich hohen Verdienst wird sich der Proletarier sicherlich mehr Ausgaben gestatten, d. h. er wird sich durch ein höheres Niveau der Bedürfnisse auszeichnen, als der Kleinbürger. Dies der Grund, warum der Letztere stets geneigt ist, dem Ersteren Verschwendungssucht vorzuwerfen. Würde die Entwicklung des Kapitalismus den Arbeiter blos mit dem von Tschernischewsky erwähnten Verlust von Selbstachtung bedrohen, so könnte man mit Bestimmtheit sagen, daß der Arbeitslohn vor dem Herab= sinken vollkommen gesichert sei. In Wirklichkeit aber bereitet die Entwicklung des Kapitalismus dem Arbeiter ganz andere Leiden, — Leiden, die einen weit reelleren, und zwar nicht psychologischen, sondern ökonomischen Charakter tragen. Wir werden sogleich sehen, was dies für Leiden sind, zuvor aber wollen wir die von Tschernischewsky aufgestellte Proportion betrachten: „ . . . Der Lohn des Lohnarbeiters wird sich nicht auf dem Niveau des vom arbeitenden Meister bezogenen Einkommens behaupten können: er wird im Vergleich mit diesem um so viel heruntersinken, um wie viel die Selbstachtung des Lohnarbeiters geringer ist, als die des Meisters." Zwei Glieder dieser Proportion gehören also in das Gebiet der Psychologie, die zwei anderen in das der Oekonomie. Schon abgesehen davon, daß zwischen psychologischen Erscheinungen einerseits und ökonomischen andererseits sich keine mathematischen Verhältnisse aufstellen lassen, ist doch zu erwägen, daß „Selbstachtung" und alle derartigen, im Grunde sehr kom= plizirten und unendlich vieler Schattirungen fähigen Gefühle ein bestimmtes gesellschaftliches Milieu voraussetzen, innerhalb dessen sie erst entstehen und sich thatsächlich äußern können. Dies

Milieu eben muß die politische Oekonomie untersuchen: für sich genommen, erklären derartige Gefühle gar nichts.

Hätte Tschernischewsky, anstatt sich mit psychologischen Abstraktionen zu begnügen, mit mehr Aufmerksamkeit die ökonomischen Entwicklungsgesetze der Gesellschaft, worin die Arbeitskraft als Waare auftritt, behandelt, so würde er eingesehen haben, daß die Tendenz des Arbeitslohnes zum Sinken bewiesen werden kann ohne jeglichen Hinweis auf die Selbstachtung des Lohnarbeiters. Bemerkt er doch selbst, daß „der charakteristische Zug des ökonomischen Fortschritts in technischer Hinsicht die Erweiterung der Produktionseinheit entsprechend dem Fortschritte der Kombination der Arbeit ist", und daß „in sämmtlichen Produktionszweigen die kleinen Werkstätten nach und nach durch Fabriken verdrängt werden". Auf diese Seite der Sache hätte er eben seine ganze Aufmerksamkeit richten sollen. Er hätte den Einfluß untersuchen sollen, welchen die fortwährende Entwicklung der großen Industrie auf die soziale Lage der Lohnarbeiter ausübt. Er hätte sich fragen sollen, ob nicht der „ökonomische Fortschritt" zur Verdrängung der sogenannten qualifizirten Arbeit durch einfache, des mehr oder minder gelernten durch den geradezu ganz ungelernten Arbeiter, der Männerarbeit durch die Frauenarbeit, der Erwachsenen durch Kinder führe. Er hätte ferner in Betracht ziehen sollen, daß der Fortschritt der Technik das Verhältniß zwischen konstantem und variablem Kapital in der Art verändert, daß letzteres relativ abnimmt, daß die Maschine den Arbeiter verdrängt, — wodurch wiederum die Nachfrage nach Arbeitskraft und folglich auch der Arbeitslohn vermindert wird. Auf diese Weise wäre er auf dem festen Boden absolut unbestreitbarer ökonomischer Erscheinungen geblieben und hätte dadurch nicht nur seinen Schlußfolgerungen bezüglich des Arbeitslohnes ein größeres Gewicht verliehen, sondern auch neue, höchst werthvolle Anhaltspunkte gewonnen für die Beurtheilung der Malthus'schen Lehre, gegen die er sehr scharfsinnige, zugleich aber allzu abstrakte Einwendungen machte. — Darüber jedoch weiter unten.

Indeß, welcher Art immer die Argumentation war, mit

deren Hilfe Tschernischewsky nachzuweisen suchte, daß innerhalb
der bestehenden Gesellschaftsordnung der ökonomische Fortschritt
zum Sinken des Arbeitslohnes führe, — ihm erschien dieselbe
unwiderleglich. Und dennoch wagte er nicht zu behaupten, daß
der Arbeitslohn im Laufe der letzten Jahrhunderte wirklich ge=
fallen sei: „Die Geschichte des ökonomischen Lebens" — bemerkt
er — „ist noch so mangelhaft bearbeitet, daß es sich schwer ent=
scheiden läßt, welche Schlußfolgerungen der Wahrheit mehr ent=
sprechen: ob das Gerede der Oekonomen der herrschenden Schule von
einer gewaltigen Erhöhung des Arbeitslohnes im Laufe der letzten
Jahrhunderte, oder die von den Gelehrten der progressiven Schule
angeführten Beweise, wonach das durchschnittliche Niveau des
Arbeitslohnes heutzutage niedriger sei, als vor hundert, zwei=
hundert, dreihundert Jahren."* — Was hinderte ihn nun, den
Gelehrten der progressiven (d. h. der sozialistischen) Schule bei=
zustimmen, — jener Schule, zu welcher er selbst unzweifelhaft
gehörte und mit deren Schlußfolgerungen seine eigenen sich voll=
kommen zu decken schienen? Nichts anderes, als seine allgemeine
Auffassung vom Fortschritt, — eine Auffassung, die für den
Vertreter des russischen fortschrittlichen Geistes der sechziger Jahre
sehr charakteristisch ist.

Wir haben bereits darauf hingewiesen, daß Tscherni=
schewsky's Ansicht über das Kapital etwas Gemeinsames hat
mit der Ansicht von Rodbertus, der das „Kapital an sich"
vom „historischen Kapital" unterschied. Etwas Aehnliches finden
wir nun auch in der Auffassung unseres Verfassers vom Fort=
schritt: er unterscheidet gleichsam zwischen dem Fortschritt „an
sich" und dem ökonomischen Fortschritt. Wenn der öko=
mische Fortschritt zum Sinken des Arbeitslohnes führt, so arbeitet
der Fortschritt „an sich" dieser Tendenz entgegen. Tschernischewsky
äußert sich darüber wie folgt: „Es mag sein, daß, trotz der
von uns bezeichneten Tendenz, der Wohlstand der Arbeiterklasse
in den zivilisirten Ländern während der letzten Jahrhunderte nicht

---

* A. a O. S. 350, 351.

gesunken ist, sondern sich gehoben hat, — Dank der Macht der
Umstände, die jener Tendenz entgegenarbeiten. Denn es giebt
solche Umstände, und zwar sind sie sehr mächtig. Die Urquelle
derselben sind die Entwicklung des Wissens und die Fortschritte
der Aufklärung, — die Zivilisation oder der allgemeine Geist
eben desselben Fortschritts, welcher in einem speziellen Fall seiner
Wirksamkeit — innerhalb einer Lebensordnung, die auf Grund=
lagen aufgebaut ist, welche ihm widersprechen — eine Tendenz an
den Tag legt, welche seinem eigenen Wesen ganz entgegengesetzt
ist. Dank dem Fortschritt der Aufklärung und der Wissenschaften,
verbessern sich die Gesetze und Institutionen. Gestattet doch das Gesetz
heutzutage nicht, irgend Jemanden, selbst einen Taugenichts oder
einen Bettler so zu behandeln, wie jeder Privilegirte im sechzehnten
Jahrhundert einen wohlhabenden bäuerlichen Grundbesitzer behan=
delte. Ein verdächtiger Vagabund wird im heutigen Frankreich
oder England beim Verhör nicht so grob angefahren, wie in
denselben Ländern vor drei=, zweihundert Jahren der ehrbare
Mann niedrigen Standes angeredet wurde in einem Privat=
gespräch, — durch welch' letzteres man ihm obendrein noch eine
besondere Ehre erwies. Zwar sind wir nicht allzu sehr entzückt
ob dieser und ähnlicher Fortschritte der Humanität, weil sie noch
immer zu gering und zu langsam sind. Indeß — man mag sie
für hinlänglich halten oder nicht, — diese Fortschritte sind doch
immerhin nicht zu leugnen. Die Achtung vor dem Menschen,
als Menschen, unabhängig von seiner gesellschaftlichen Stellung,
wird denn doch durch gesetzgeberische Reformen und die in Folge
der Verbreitung der Bildung eintretende Milderung der Sitten
gefördert. ... Die Männer behandeln die Frauen weniger grob
wie früher, die Eltern ihre Kinder ebenfalls. Der Mann aber,
welcher seine Ehefrau nicht mißhandelt, achtet auch sich selbst
mehr als derjenige, welcher dies thut. Das Kind, welches weniger
Mißhandlungen erfährt, reift zu einem mit mehr Selbstgefühl
ausgestatteten Menschen heran. Wenn folglich der Arbeiter mit
dem Verlust seiner selbständigen Stellung an Selbstachtung ver=
liert, insofern diese auf seiner sozialen Stellung beruhte, und

daher auch sein Einkommen dem Einfluß der Tendenz zum Sinken unterworfen wird, — so steigt andererseits, allgemein gesprochen, mit jeder neuen Generation dessen Achtung gegen sich selbst, als gegen einen Menschen überhaupt, und demgemäß macht sich auch die Tendenz des Fortschritts zur Erhöhung seines Einkommens geltend." *

Der Arbeitslohn wird also durch den ökonomischen Fort= schritt herabgedrückt, durch die Zivilisation aber, den Fortschritt im Allgemeinen (den Fortschritt „an sich"), erhöht. Tscherni= schewsky weiß nun nicht, welcher dieser beiden Faktoren in der neueren Geschichte Europas vorgeherrscht habe; deshalb kann er nicht bestimmt aussprechen, ob der Arbeitslohn heutzutage höher oder niedriger sei, als vor zwei= oder dreihundert Jahren. Wir haben bemerkt, daß Tschernischewsky's Auffassung vom Fortschritt im Allgemeinen für ihn, als den Vertreter des russischen fort= schrittlichen Geistes der sechziger Jahre, sehr charakteristisch ist. In der That, niemals wurde in Rußland so viel über den Fortschritt gesprochen, wie in den sechziger Jahren, und niemals waren die Begriffe der gebildeten Russen vom Fortschritt so ab= strakt, wie eben zu jener Zeit. Nicht doch, laßt uns gerechter über die Epoche der sechziger Jahre urtheilen, — drücken wir uns genauer aus: da zu jener Zeit in Rußland mehr denn je über den Fortschritt gesprochen wurde, so trat auch damals mehr denn je die Unklarheit der Begriffe davon bei den gebildeten Russen hervor. Tschernischewsky war nun der hervorragendste literarische Vertreter jener Epoche; deshalb treten auch bei ihm sowohl die Vorzüge als die Mängel der jener Epoche eigenen Weltanschauung schärfer hervor. Was ist der Fortschritt im Allgemeinen, unab= hängig von der ökonomischen Entwicklung der Gesellschaft? — „Die Entwicklung des Wissens und die Fortschritte der Auf= klärung", antwortet Tschernischewsky. Durch die Zivilisation würden die Sitten des Arbeiters gemildert, die Milderung der Sitten erhöhe seine Selbstachtung und damit auch — mittelbar —

---

* A. a. O. S. 349, 350.

sein Einkommen. Was wir von der Selbstachtung, als einem Faktor der Lohnreduktion, gesagt, gilt auch von derselben, als einem Faktor der Lohnerhöhung: damit sie sich bethätigen, ja auch nur entstehen könne, ist ein gesellschaftliches Milieu nothwendig. Die Selbstachtung vermag nicht, ohne Vermittlung der Muskeln und Nerven den Organismus auch nur von der Stelle zu rücken. So sehr auch ein vom Schlage gerührter Mensch sich „achten" mag, wird er nicht im Stande sein, die gelähmten Organe zu gebrauchen. Und ebenso wenig vermag die „Selbstachtung" die gesellschaftliche Lage des Menschen ohne Vermittlung der gesellschaftlichen Verhältnisse, in dem in Rede stehenden Falle das Einkommen desselben ohne Vermittlung der ökonomischen Verhältnisse zu beeinflussen. Diese Verhältnisse sind also unbedingt in Betracht zu ziehen, wenn es sich um den Einfluß des allgemeinen Fortschritts auf den Arbeitslohn handelt. Freilich müßte man dann den Schwerpunkt seiner Erörterungen von dem Gebiet des abstrakten in das des ökonomischen Fortschritts verlegen. Da es aber bekannt ist, daß letzterem die Tendenz innewohnt, den Arbeitslohn herabzudrücken, so könnte man nicht mehr, ohne mit sich selbst in offenen Widerspruch zu gerathen, behaupten, daß ihm zugleich eine entgegengesetzte Tendenz innewohne. Das hieße doch die ganze Erörterung ad absurdum führen. Nun könnte man freilich darauf hinweisen, daß der den Arbeitslohn herabdrückende ökonomische Fortschritt zugleich den Arbeitern die Möglichkeit verschafft, gegen diese Herabdrückung durch Widerstandsverbände, Strikes und — in erster Linie — auf dem Wege des politischen Klassenkampfes, welcher die „Sparsamkeit" der Kapitalisten einigermaßen im Zaume hält, zu kämpfen. Das würde auch der Wirklichkeit vollkommen entsprechen. Das hieße aber schon auf dem Boden der thatsächlichen Verhältnisse bleiben und wohl auch auf jegliche psychologische Abstraktionen verzichten, was allerdings der in Rede stehenden Untersuchung sehr förderlich wäre.

Tschernischewsky behauptet, die heutige gesellschaftliche Ordnung sei auf Grundlagen aufgebaut, die dem Fortschritt widersprechen, der Fortschritt vollziehe sich im Gegensatz zu dieser Ordnung. Es unterliegt nun zwar keinem Zweifel, daß heut= zutage die bürgerliche Ordnung in sehr vielen Beziehungen den Fortschritt hemmt. Dies war jedoch nicht immer der Fall, und auch heute noch wird der Fortschritt in manchen Beziehungen von dieser Ordnung gefördert. Wäre dem nicht so, würde die bürgerliche Ordnung immer und in jeder Beziehung den Fort= schritt hemmen, — woher käme denn der Fortschritt selbst? Tschernischewsky's Antwort ist uns bereits bekannt: der Fort= schritt werde durch die Entwicklung der Wissenschaften geschaffen. Es besteht doch aber ein Zusammenhang zwischen dem gesell= schaftlichen Leben und den Ideen, zwischen der gesellschaftlichen Struktur und dem Stand der Wissenschaften: in einer Gesell= schaft, die in keiner Weise den Fortschritt fördert, ist auch der Fortschritt der Wissenschaften, auch der „Fortschritt der Auf= klärung", auch die Milderung der Sitten unmöglich. Ueberhaupt müssen unsere Begriffe vom „Fortschritt" so lange abstrakt und folglich irrthümlich und einseitig bleiben, bis wir nicht gelernt haben, dessen Quelle in der inneren Entwicklung der gesellschaft= lichen Verhältnisse zu suchen. Tschernischewsky hingegen betrachtete den Fortschritt als eine besondere historische Kraft, die von der Logik der gesellschaftlichen Verhältnisse unabhängig sein, ja sogar derselben entgegen wirken kann. In Rußland hat man nicht nur bis auf den heutigen Tag diesen Irrthum noch nicht abgelegt, sondern vielmehr denselben durch verschiedene „subjektive" An= sichten über den Gang des Fortschritts vervielfältigt. Daher wäre es ungerecht, der Epoche der sechziger Jahre die irrthüm= lichsten Ansichten hierüber zuzuschreiben.

Man könnte uns entgegenhalten, daß, indem Tschernischewsky die Selbstachtung des Arbeiters als die Hauptursache der Ver= änderung des Arbeitslohnes nach dieser oder jener Richtung be= trachtete, er zugleich auch die ökonomischen Verhältnisse der kapitalistischen Gesellschaft nicht ganz außer Acht gelassen hätte. Findet man doch bei ihm z. B. folgende Aeußerungen über den Einfluß des industriellen Fortschritts auf die Lage des Arbeiters

als eines Konsumenten: „Der industrielle Fortschritt ruft die
Tendenz der Manufakturprodukte hervor, im Vergleich mit den
landwirthschaftlichen Produkten im Werthe zu fallen, — mit
anderen Worten, die Tendenz der letzteren, im Vergleich mit den
Bekleidungs= und dergleichen Gegenständen im Werthe zu steigen.* *
Die Vertheuerung der Nahrungsmittel ruft bei dem gemeinen
Mann die Neigung hervor, seine Ausgaben für Nahrung mög=
lichst zu beschneiden, und mit der Zeit erreicht diese Selbst=
beschränkung in Bezug auf die eigene Ernährung einen übermäßig
hohen Grad. Auf einer gewissen Stufe der industriellen Ent=
wicklung leben die Arbeiter geradezu bloß halb gesättigt.“ ** Da
haben wir es allerdings wirklich nicht mehr mit psychologischen
Abstraktionen zu thun. Es wird da auf eine ungemein wichtige
ökonomische Thatsache hingewiesen, welche unzweifelhaft eine sehr
wichtige Rolle in der Geschichte des Arbeitslohnes gespielt hat.
Allein, anstatt den Einfluß zu verfolgen, welchen diese Thatsache
in Verbindung mit den anderen ökonomischen Existenzbedingungen
des Arbeiters auf den Arbeitslohn ausgeübt hat, verläßt unser
Verfasser sofort den Boden der Oekonomie, um von Neuem zu
psychologischen Betrachtungen überzugehen: „Wer einmal auf
reichliche Befriedigung seiner Nahrungsbedürfnisse verzichtet hat,
der wird sich bald daran gewöhnen, auch in allen anderen Be=
ziehungen Noth zu leiden. Das allgemeine Niveau seiner Be=
dürfnisse wird sinken. Er wird sich selbst und auch die Gesell=
schaft wird ihn als einen Menschen betrachten, der alle seine
Ausgaben beschneiden muß, der nicht anständig, sondern nur
mit knapper Noth zu leben braucht. Wir wissen aber aus
Mill, daß die Höhe des Arbeitslohnes durch das Niveau der
Bedürfnisse des Arbeiters bestimmt wird. Mit dem Sinken des

* „Es handelt sich nicht darum, ob die Produktionskosten der land=
wirthschaftlichen Produkte absolut steigen oder nicht“, fügt Tschernischewsky
erläuternd hinzu. „Sie mögen nicht nur nicht steigen, sondern sogar fallen:
es kommt darauf an, daß die Produktionskosten der Manufaktur=Erzeug=
nisse rascher fallen, als die der Lebensmittel.“

** A. a. O. S. 354.

letzteren fällt auch) der erstere. Diese theoretische Schlußfolgerung entspricht vollkommen den Thatsachen."* Letzteres ist allerdings vollkommen richtig: der Arbeitslohn sinkt wirklich allmälig, aber die Ursache dieses Sinkens liegt nicht dort, wo sie Tschernischewsky suchte. Der Arbeitslohn sinkt keineswegs deshalb, weil der Arbeiter sich für einen zu einem kümmerlichen Dasein verurtheilten Menschen hält, sondern weil die ökonomische Nothwendigkeit ihn zwingt, mit einem niedrigen Lohn fürlieb zu nehmen. Wenn Alles davon abhinge, für wen und was sich der Arbeiter hält, so würde sein Lohn sicherlich ein sehr hoher sein, denn jedenfalls hält er sich für einen Menschen, der seine Arbeitskraft möglichst theuer zu verkaufen hat. All' sein Leid rührt eben daher, daß ihm mit der fortschreitenden Entwicklung des Kapitalismus dies immer unmöglicher gemacht wird, und zwar aus rein ökonomischen, nicht aus psychologischen Ursachen.

Einige dieser Ursachen haben wir bereits oben aufgezählt. Wir haben gesagt, daß der industrielle Fortschritt zur relativen Abnahme des variablen, d. h. des auf den Ankauf von Arbeitskraft verwandten Kapitals führt. „Mit dem Fortgang der Akkumulation wandelt sich also das Verhältniß von konstantem zu variablem Kapitaltheil, wenn ursprünglich 1 : 1, in 2 : 1, 3 : 1, 4 : 1, 5 : 1, 7 : 1 u. s. w., so daß, wie das Kapital wächst, statt ½ seines Gesammtwerths progressiv nur ⅓, ¼, ⅕, ⅙, ⅛ u. s. w. in Arbeitskraft, dagegen ⅔, ¾, ⅘, ⅚, ⅞ u. s. w. in Produktionsmittel umgesetzt wird. Da die Nachfrage nach Arbeit nicht durch den Umfang des Gesammtkapitals, sondern durch den seines variablen Bestandtheils bestimmt ist, fällt sie also progressiv mit dem Wachsthum des Gesammtkapitals. ... Sie fällt relativ zur Größe des Gesammtkapitals und in beschleunigter Progression mit dem Wachsthum dieser Größe. Mit dem Wachsthum des Gesammtkapitals wächst zwar auch sein variabler Bestandtheil oder die ihm einverleibte Arbeitskraft, aber in beständig abnehmender Proportion. ... Diese mit dem Wachs

* A. a. O. S. 356.

thum des Gesammtkapitals beschleunigte und rascher als sein eigenes Wachsthum beschleunigte relative Abnahme seines variablen Bestandtheils scheint auf der anderen Seite umgekehrt stets rascheres absolutes Wachsthum der Arbeiterbevölkerung als das des variablen Kapitals oder ihrer Beschäftigungsmittel. Die kapitalistische Akkumulation produzirt vielmehr, und zwar im Verhältniß zu ihrer Energie und ihrem Umfang, beständig eine relative, d. h. für die mittleren Verwerthungsbedürfnisse des Kapitals überschüssige, daher überflüssige oder Zuschuß=Arbeiterbevölkerung."* Diese überflüssige Arbeiterbevölkerung wurde von Fr. Engels sehr treffend die industrielle Reservearmee genannt.

Wie wirkt nun, wie kann wirken dieser Wechsel in der Zusammensetzung des Kapitals auf die Bewegung des Arbeits= lohnes? Es liegt auf der Hand, daß die industrielle Reserve= armee, die nur zeitweise am Produktionsprozeß theilnimmt, fortwährend den Arbeitslohn der aktiven Arbeiterarmee herab= drücken muß. Die Tendenz des Arbeitslohnes zum Sinken wird demnach leicht erklärlich — ohne Zuhilfenahme irgend welcher abstrakter psychologischer Erörterungen — gerade erst von dem konkreten Standpunkt, von dem aus die Sozialisten unserer Zeit das gesellschaftlich=ökonomische Leben betrachten. Von Tscherni= schewsky's abstraktem Standpunkt, — welchem der nicht weniger abstrakte Standpunkt der bürgerlichen Oekonomen gegenüberstand, — erscheint dagegen die Sache in einem anderen Licht. Bei dem Mangel an thatsächlichen Angaben blieb eben nichts anderes übrig, als abstrakte und daher willkürliche Vermuthungen anzustellen, deren Charakter nicht durch das Wesen der Sache, sondern durch die geistigen Anlagen und Gewohnheiten des betreffenden Forschers bestimmt war.

Wenn Tschernischewsky von dem Einfluß des ökonomischen Fortschritts auf den Arbeitslohn spricht, setzt er mit Mill überall einen einförmigen, gleichmäßigen, durch nichts gestörten Gang der Industrie voraus. Diese Voraussetzung erscheint schon an sich

---

* „Das Kapital", 1. Band, 3. Aufl., S. 645, 646.

als eine höchſt willkürliche Abſtraktion. In Wirklichkeit kennt der Produktionsprozeß der bürgerlichen Geſellſchaft keinen gleichmäßigen Gang: er iſt Umwälzungen unterworfen, welche mit der Regel= mäßigkeit aſtronomiſcher Erſcheinungen wiederkehren und einen mächtigen Einfluß auf die Lage der Lohnarbeiter ausüben. Die moderne Induſtrie durchläuft die periodiſchen Phaſen der Pro= ſperität, der Stagnation und der Kriſe; und da die Aufeinander= folge dieſer Phaſen ſchon ſeit Langem ein Geſetz der kapitaliſtiſchen Induſtrie geworden iſt, ſo kann man nicht vom Arbeitslohn ſprechen, ohne die induſtriellen Umwälzungen in Betracht zu ziehen. Dieſen Umſtand hat Marx bereits 1847 in ſeiner „Rede über den Freihandel“ betont. Im „Kapital“ ſpricht er darüber ſehr ausführlich: „Im Großen und Ganzen — leſen wir da* — ſind die allgemeinen Bewegungen des Arbeitslohnes ausſchließlich regulirt durch die Expanſion und Kontraktion der induſtriellen Reſervearmee, welche dem Periodenwechſel des induſtriellen Cyklus entſprechen. Sie ſind alſo nicht beſtimmt durch die Bewegung der abſoluten Anzahl der Arbeiterbevölkerung, ſondern durch das wechſelnde Verhältniß, worin die Arbeiterklaſſe in aktive Armee und Reſervearmee zerfällt, durch die Zunahme und Abnahme des relativen Umfangs der Uebervölkerung, durch den Grad, worin ſie bald abſorbirt, bald wieder freigeſetzt wird. Für die moderne Induſtrie mit ihrem zehnjährigen Cyklus und ſeinen periodiſchen Phaſen, die außerdem im Fortgang der Akkumulation durch ſtets raſcher aufeinander folgende unregelmäßige Oſcillationen durch= kreuzt werden, wäre es in der That ein ſchönes Geſetz, welches die Nachfrage und Zufuhr von Arbeit nicht durch die Expanſion und Kontraktion des Kapitals, alſo nach ſeinen jedesmaligen Verwerthungsbedürfniſſen regelte, ſo daß der Arbeitsmarkt bald relativ untervoll erſcheint, weil das Kapital ſich expandirt, bald wieder übervoll, weil es ſich kontrahirt, ſondern umgekehrt die Bewegung des Kapitals von der abſoluten Bewegung der Be= völkerungsmenge abhängig machte. Dies jedoch iſt das ökono=

* „Das Kapital“, 1. Band, S. 654, 655.

mische Dogma. Nach demselben steigt in Folge der Kapital=
akkumulation der Arbeitslohn. Der erhöhte Arbeitslohn spornt
zur rascheren Vermehrung der Arbeiterbevölkerung und diese dauert
fort, bis der Arbeitsmarkt überfüllt, also das Kapital relativ zur
Arbeiterzufuhr unzureichend geworden ist. Der Arbeitslohn sinkt,
und nun die Kehrseite der Medaille. Durch den fallenden Arbeits=
lohn wird die Arbeiterbevölkerung nach und nach bezimirt, so daß
ihr gegenüber das Kapital wieder überschüssig wird, oder auch,
wie Andere es erklären, der fallende Arbeitslohn und die ent=
sprechende erhöhte Exploitation des Arbeiters beschleunigt wieder
die Akkumulation, während gleichzeitig der niedere Lohn das
Wachsthum der Arbeiterklasse in Schach hält. So tritt wieder
das Verhältniß ein, worin die Arbeitszufuhr niedriger als die
Arbeitsnachfrage, der Lohn steigt u. s. w. Eine schöne Bewegungs=
methode dies für die entwickelte kapitalistische Produktion! Bevor
in Folge der Lohnerhöhung irgend ein positives Wachsthum der
wirklich arbeitsfähigen Bevölkerung eintreten könnte, wäre die
Frist aber und abermal abgelaufen, worin der industrielle Feldzug
geführt, die Schlacht geschlagen und entschieden sein muß."

All' dieses wird in der Untersuchung Tschernischewsky's über
den Arbeitslohn nicht einmal angedeutet. In seinen diesbezüg=
lichen Erörterungen begnügt er sich mit dem „ökonomischen Dogma",
welches blos das allgemeine Verhältniß des Kapitals zur ab=
soluten Arbeiterbevölkerung berücksichtigt. Zwar weiß er sehr wohl,
daß der Gang der modernen Industrie keineswegs ein regel=
mäßiger ist. Er vergißt die Krisen nicht; aber er bringt die
Schwankungen der modernen Industrie nicht in Zusammenhang
mit den Bewegungen des Arbeitslohnes. Uebrigens verfielen in
denselben Fehler mehrere seiner sozialistischen Zeitgenossen. Das
berühmte „eherne Lohngesetz" Lassalle's ist weiter nichts als eine
etwas veränderte Fassung eben derselben Lehre, zu der sich auch
Tschernischewsky bekannte. Lassalle betont blos andere Seiten
dieser Lehre. Woraus erklärt sich nun der Unterschied in der
Fassung eines und desselben Gesetzes bei den beiden hervor=
ragenden Männern, die sich zur bestehenden bürgerlichen Ordnung

gleich negativ verhielten? Aus den Unterschieden der gesellschaft=
lichen Umgebung und Stellung der Beiden.   Lassalle verfolgte
unmittelbar Agitationszwecke und wendete sich an das arbeitende
Volk; in Folge dessen gab er dem zur Zeit herrschenden ökono=
mischen Dogma eine solche Fassung, daß dasselbe den bürgerlichen
Oekonomen ganz neu vorkam.   Diese betheuerten hoch und theuer,
Lassalle hätte die wissenschaftlichen Sätze verdreht; es konnte ihm
indeß nicht schwer fallen, ihnen zu zeigen, daß in seinem „ehernen
Lohngesetz" nichts Neues war als das Epitheton „ehern".   Tscherni=
schewsky dagegen konnte nicht zu den Arbeitern sprechen, er schrieb
für „die gescheidten und guten Leute" aus den höheren Klassen,
daher appellirte er mehr an ihren Verstand als an ihr Gefühl,
raisonnirte mehr als daß er agitirte.   Er betonte nicht so sehr
die „ehernen" Eigenschaften des Lohngesetzes, als die allgemeine
Haltlosigkeit einer Gesellschaftsordnung, worin der Arbeiter seine
Arbeitskraft überhaupt um Lohn verkaufen muß, — möge dieser
hoch oder niedrig, Schwankungen unterworfen sein oder sein
Niveau, entsprechend dem allgemeinen Gang des „Fortschritts",
langsam verändern.

Welches der Zweck war, den Tschernischewsky bei seiner
Analyse des Arbeitslohnes verfolgte, zeigen unter Anderem die
Schlußworte jener Analyse: „Die Analyse eines der Elemente
(b. h. des Arbeitslohnes) des dreigliedrigen Systems der Ver=
theilung (b. h. der Vertheilung des Nationaleinkommens zwischen
Grundbesitzern, Kapitalisten und Lohnarbeitern) hat eine Menge
von Momenten ergeben, die dasselbe sehr empfehlen. (Es ist
das ironisch gemeint. Der Uebers.)   Sehen wir nun, was sich
bei der Analyse der beiden übrigen Elemente (b. h. des Profits
und der Rente) ergeben wird."*   Ihm ist es eben darum zu thun,
möglichst viele solcher „Empfehlungen" zu Gunsten der bürger=
lichen Gesellschaft zusammenzubringen, b. h. zu zeigen, wie wenig
diese Gesellschaft den Forderungen der „Theorie" entspricht.   Die
von den Oekonomen entdeckten Gesetze der bürgerlichen Wirth=

---

* A. a. O. S. 174.

schaft auf ihre Richtigkeit zu prüfen brauchte er nicht. In dieser Hinsicht konnte er sich vollkommen mit den Entdeckungen der bürgerlichen Nationalökonomie zufrieden geben, da ja diese Entdeckungen selbst schon in genügender Weise die bürgerliche Gesellschaft „empfahlen".

Dafür ist unser Verfasser in Empfehlungen für diese Gesellschaft geradezu unerschöpflich. Da erscheint er in der ganzen Größe seines polemischen Talents, da kommt ihm jener ätzende Sarkasmus zu Hilfe, dessen Kraft seine literarischen Gegner so gut kannten. „Ein sehr schönes Ding dieses Prinzip der dreigliedrigen Theilung!" ruft er aus. „Je mehr man sich in dessen Betrachtung vertieft, um so klarer sieht man, wie wundervoll es zu den Grundideen der ökonomischen Wissenschaft paßt. Arbeitet der Mann allein, so bekommt er einen gewissen Lohn. Fängt auch seine Frau an, anstatt ihre Zeit mit abgeschmacktem Klatsch zu vertrödeln, ebenso tüchtig zu arbeiten wie er, so werden Mann und Frau zusammen nicht mehr Lohn bekommen, als früher der Mann allein. Fangen die Kinder an, den Eltern zu helfen, so wird sich die Lage der ganzen Familie nicht im Geringsten verbessern. Welch' schönes Mittel, alle arbeitsfähigen Leute zur tüchtigen Arbeit, zur Arbeitsamkeit anzuspornen! Welch' gerechtes System der Belohnung nach Maßgabe der geleisteten Arbeit!"

Indem er gegen die bürgerlichen Oekonomen das von diesen verherrlichte Prinzip der Arbeitstheilung ausspielt, weist Tschernischewsky ironisch darauf hin, daß dieses Prinzip bislang seine volle Anwendung auf den Arbeitslohn noch nicht gefunden hat: „Der Arbeitslohn enthält viele Elemente, außer demjenigen, welches im eigentlichen Sinne des Wortes Arbeitslohn genannt werden darf. Erstens wird dem Lohnarbeiter im Lohn gewöhnlich eine mehr oder minder hohe Versicherungsprämie gezahlt. Der Matrose erhält im Lohn zum Theil eine Vergütung für die Gefahren seines Gewerbes; der Lastträger, der an der Straßenecke oder auf dem Markt seinen Beschäftiger erwartet, erhält eine solche für das Risiko, an manchen Tagen keine Arbeit zu finden. Zweitens enthält der Arbeitslohn stets ein Element, das als Vergütung für das auf die professionelle Ausbildung des Arbeiters verausgabte Kapital dient. . . . Ferner erhält der erwachsene Arbeiter überhaupt einen gewissen Theil des Lohnes eigentlich nur deshalb, weil er diesen Theil auf die Erziehung seiner Kinder verausgaben muß. Da kommt gleichsam die solidarische Haft der Generationen zu Tage: jede Generation bekommt im arbeitsfähigen Alter das auf ihre Erziehung von der vorhergehenden Generation verausgabte Kapital vergütet. . . . Wenn man nun die Vollkommenheit der ökonomischen Verfassung darin sieht, daß für jedes an der Produktion theilnehmende Element eine besondere Klasse von Menschen existirt, so sollte man nicht bei der dreigliedrigen Theilung des Produkts stehen bleiben, sondern vielmehr eine weitergehende, viel komplizirtere Theilung einführen, da ja jedes der drei Hauptelemente der Produktion wiederum in mehrere untergeordnete Elemente zerfällt. Ver= sicherungsprämie und Kapital=Vergütung sind Elemente, die von der herrschenden Theorie als in die Kategorie des Profits ge= hörend betrachtet werden.* Wir sehen nun, daß sie ebenfalls in die des Arbeitslohnes gehören. Sollte man sie also nicht lieber von diesem ablösen, damit der Lohnarbeiter eben nur Arbeits= lohn im strengen Sinne des Wortes bekomme? Eine Ordnung, die dies verwirklichen würde, läßt sich wohl ersinnen. Die Er= ziehung der Kinder und die spezielle professionelle Ausbildung der jungen Leute könnten einer besonderen Klasse von Unter= nehmern überwiesen werden, welche alsdann auch das darauf verwandte Kapital wieder herausschlagen würden, indem sie die von ihnen ausgebildeten Arbeiter vermietheten unter der Be= dingung, daß diese ihnen einen bestimmten Theil des erhal= tenen Arbeitslohnes abzuliefern hätten. Nicht wahr, eine solche Ordnung würde weit besser dem Prinzip der Arbeitstheilung entsprechen, wenn man nämlich mit den Oekonomen der alten Schule darunter verstehen will, daß für jede einzelne Beschäfti=

---

* Tschernischewsky drückt sich da allerdings ungenau aus. Ein „Ele= ment", wie die Versicherungsprämie, kann in keinem Falle unter die Pro= duktionselemente gerechnet werden. Dies ändert jedoch an der Sache nichts.

gung eine besondere Klasse von Menschen da sein müsse, die sich speziell und ausschließlich mit derselben abzugeben hätte? Denn, wie die Dinge gegenwärtig liegen, ist der Lohnarbeiter zugleich auch Kindererzieher — kann es wohl etwas Unpassenderes geben? Muß doch die eine Beschäftigung der anderen hinderlich sein, nicht wahr?"

Mit der gleichen Ironie spricht er auch von der Nothwendigkeit, die „Versicherungsprämie" aus dem Arbeitslohn auszuscheiden. Er schlägt vor, besondere Gesellschaften zu gründen, die jeden Arbeiter gegen einen ihnen zu zahlenden Theil des Arbeitslohnes gegen Arbeitslosigkeit versichern würden: „Andernfalls bleibt der Lohnarbeiter noch immer nicht nur eigentlicher Lohnarbeiter, sondern ein seltsames Gemisch von Arbeiter, Versicherer und Unternehmer. Die Spezialisation der Beschäftigungen ist also noch immer nicht voll und ganz verwirklicht. Es ist wahr, wäre dies der Fall, so würde der Lohnarbeiter in eine Art Leibeigenschaftsverhältniß gerathen sowohl zum Kapitalisten, der ihn erzogen, wie zu dem, der ihn versichert hat. Dadurch sollte man sich jedoch nicht beirren lassen: nur so könnte das routinenmäßig aufgefaßte Prinzip der Arbeitstheilung zur vollen Durchführung gelangen. Die Oekonomen der herrschenden Schule lassen sich in der That durch solche Kleinigkeiten, wie der Verlust des Arbeiters an Selbständigkeit, nicht beirren. Das Fatale bei der Sache ist aber dies: die konsequente Durchführung ihrer Ansichten von der Arbeitstheilung ist gleichbedeutend mit der Vernichtung der Lohnarbeiterklasse. Wer in irgend einer Beziehung einem anderen zinspflichtig wird, sinkt ökonomisch zu einem Sklaven herab.... So weit ist es noch nicht gekommen, noch auch wird es dazu kommen, denn wir stehen vor dem Wendepunkt zu einer anderen Ordnung der Dinge, welche der heutigen von der herrschenden Theorie verherrlichten Gesellschaftsform entgegengesetzt ist. Ehe noch diese Form zur vollen Entwicklung gelangt ist, wird sie aus der Wissenschaft und aus dem Leben durch ein ganz anderes Prinzip verdrängt werden. Wäre dies aber nicht der Fall, so würde sie an ihrer eigenen

Entwicklung zu Grunde gehen. Sie würde zur Herstellung der Sklaverei unter irgend einem neuen Namen führen."*

Indem wir die Analyse der Ansichten Tschernischewsky's vom Arbeitslohn schließen, halten wir es für nothwendig, auf eine Seite seiner sozialistischen Ansichten zurückzukommen, die wir bereits an einer anderen Stelle dieser Schrift angedeutet haben. Unser Verfasser berührt in keiner Weise die Frage nach der Länge des Arbeitstages und nach der Fabrikgesetz= gebung. Diese Fragen existirten für ihn gleichsam gar nicht. Der praktische, fortwährende Kampf der Arbeiter gegen das Kapital mit all' seinen Wechselfällen und ungemein wichtigen historischen Folgen interessirte ihn wohl kaum mehr, als die anderen utopistischen Sozialisten. Er spricht davon selbst dann nicht, wenn ihn der Gang seiner Untersuchung geradezu darauf stößt. Er kommt z. B. darauf zu sprechen, wie die Unternehmer die Konkurrenz unter den nach Beschäftigung suchenden Arbeitern benutzen, um den Arbeitslohn herabzudrücken. Er schildert nun den Vorgang folgendermaßen: „Nehmen wir an, die Arbeit sei in England im Preise gestiegen. Die Unternehmer suchen nun nach billigen Arbeitern und lassen nach England Deutsche oder Belgier kommen. Das ist eine bekannte und bei der dreigliedrigen Theilung des Produkts unvermeidliche Thatsache. Jedesmal, wenn die Arbeiter eines gewissen Industriezweiges höheren Lohn fordern, antworten ihnen die Unternehmer in England: Wir lassen billige Arbeiter von auswärts kommen, — und sie thun es in der That jedesmal, wenn die englischen Arbeiter nicht schnell genug auf ihre Forderungen verzichten."** Es ist wahr, die englischen Kapitalisten, wie alle anderen auch, lieben es wirklich, zu dem bezeichneten Mittel ihre Zuflucht zu nehmen, wie auch überhaupt theuere und anspruchsvolle „Hände" durch billige und

---

* A. a. O. S. 169—171.
** A. a. O. S. 167.

anspruchslose zu ersetzen. Indeß hätten schon die englischen Trades Unions durch ihr Beispiel Tschernischewsky daran erinnern können, daß die Arbeiter der vorgeschrittenen Länder ihre Gegenmaßregeln treffen, um der Kapitalisten=Taktik die Spitze zu bieten. An sich allein sind diese Maßregeln freilich durchaus unzulänglich. Aber sie wirken erzieherisch auf die Arbeiter, entwickeln ihr Klassen= bewußtsein und bereiten dadurch ihren künftigen Sieg vor. Schon 1847 hat Marx in seiner Antwort an Proudhon die große historische Bedeutung der Widerstandsverbände der Arbeiter aus= führlich dargelegt. Tschernischewsky ignorirte diese Erscheinung im Anfang der sechziger Jahre, am Vorabend der Gründung der Internationalen Arbeiterassoziation, die eine neue Epoche in der Geschichte des Proletariats der Alten und Neuen Welt be= ginnen sollte.

Der Mehrwerth.

"Bei dem System der dreigliedrigen Theilung des Produkts" — schreibt Tschernischewsky — "werden die Kosten der
Produktion vom Kapitalisten vorgeschossen; nach Abzug derselben
verbleibt ihm aus dem fertigen Produkt derjenige Theil, welcher
Gewinn genannt wird. Der Gewinn besteht aus mehreren Elementen. Ein Theil desselben dient dem Kapitalisten als Belohnung dafür, daß er sein Kapital für die Produktion verwendet
hat: dieser Theil wird im strengen Sinne des Worts Kapitalzins genannt. Der Rest des Gewinnes zerfällt in weitere zwei
Theile, wovon der eine als Entschädigung für das Unternehmer-
risiko, der andere als Belohnung für die Geschäftsverwaltung
dient. Jedes dieser drei Elemente löst sich sehr häufig von den
beiden anderen ab. Wenn nämlich, wie dies mitunter geschieht,
der Kapitalist sein Geschäft von einem Angestellten verwalten
läßt, so fällt diesem die Belohnung für die Geschäftsverwaltung
zu, während dem Kapitalisten aus dem Gewinn nur noch der
Kapitalzins und die Versicherungsprämie verbleiben. Oft muß
aber der Unternehmer das zum Geschäftsbetrieb nothwendige Kapital
von einem anderen Kapitalisten entlehnen; in diesem Falle muß
er demselben den Zins überlassen, um selbst nur die Versicherungsprämie und den Verwaltungslohn, — oder auch nur die
erstere allein zu beziehen, wenn er dabei noch einen gemietheten
Verwalter anstellt. Im System der dreigliedrigen Theilung des
Produkts sind industrielle Betriebe nur möglich, wenn der Gewinn
hoch genug ist, um jedem der drei Gewinnelemente eine, dem
Zustand einer gegebenen Gesellschaft zu einer gegebenen Zeit ent-

sprechende Größe zu sichern. Unter verschiedenen Gesellschafts=
zuständen ist jedoch die Größe jedes der drei Elemente sehr ver=
schieden."*

An einer anderen Stelle bemerkt unser Verfasser, die Grund=
rente sei „weiter nichts als ein Gewinnüberschuß, den gewisse
Produktionsbranchen in einigen Fällen liefern."** Aus seinen
weiteren Ausführungen ist noch zu entnehmen, daß er auch den
Gewinn, den das Handelskapital erzielt, als einen Theil des
Gewinnes überhaupt betrachtet.

Es folgt nun aus alledem, daß Tschernischewsky unter dem
Unternehmergewinn eigentlich den Mehrwerth versteht, d. h. den=
jenigen Theil des von den Arbeitern geschaffenen Werths, welcher
unter verschiedenen Bezeichnungen unter die verschiedenen Kate=
gorien der Aneigner fremder unbezahlter Arbeitsfrüchte vertheilt
wird. Wir werden daher bei der Darlegung seiner Ansichten da=
rüber das Wort „Gewinn" durch den genaueren Ausdruck: Mehr=
werth ersetzen.

Auf welche Weise der Mehrwerth unter die verschiedenen
Kategorien der Ausbeuter vertheilt wird, darüber äußert sich
Tschernischewsky sehr kurz. Nur in Bezug auf die Grundrente
findet man bei ihm ausführlichere Erörterungen. Was dagegen
die anderen „Elemente des Gewinnes" anbetrifft, so beschränkt
er sich blos auf einige allgemeine Bemerkungen. So bemerkt er
z. B., daß „die Versicherungsprämie das Durchschnittsniveau über=
steigt, wenn das Unternehmen mit einem größeren Risiko ver=
bunden ist; daß bei einer besonders angenehmen Beschäftigung
der Verwaltungslohn unter dem Durchschnittsniveau steht."*** Er
hält es nicht einmal für nöthig, zu erklären, welche industrielle
Unternehmungen so angenehm sind, daß ihre Verwalter sich mit
einem unter dem durchschnittlichen stehenden Lohn begnügen. Seine
Aufmerksamkeit ist hauptsächlich auf die Frage nach der Rate des

---

* Werke, 4. Band, S. 174, 175.
** A. a. O. S. 185.
*** A. a. O. S. 175.

Mehrwerths gerichtet: „Diese Durchschnittsrate selbst steht bald höher, bald niedriger. Wovon hängt aber ihre Größe ab?" — Diese Frage beantwortet er ebenso wie Mill, indem er glaubt, daß „diese Frage durch die Forschungen der englischen Oekonomen, insbesondere Ricardo's, vortrefflich klargelegt worden ist und die Darlegung derselben bei Mill, dem würdigen Schüler Ricardo's, nichts zu wünschen übrig läßt."*

Sehen wir nun, wie sich Mill darüber äußert. Die betreffende, von Tschernischewsky wiedergegebene Stelle aus Mill beginnt mit dem Hinweis auf den Ursprung des Mehrwerths: „Derjenige, welcher mit der Wissenschaft nicht vertraut ist, meint, der Gewinn eines kommerziellen Unternehmens hänge von den Preisen ab. Der Gewinn der Produzenten oder der Händler kommt scheinbar daher, daß diese ihre Waare theuerer verkaufen, als sie ihnen kostet, — dadurch wird man zu der Meinung verleitet, der Gewinn sei das Resultat von Kauf und Verkauf. Diejenigen, welche mit der Wissenschaft nicht bekannt sind, glauben, der Gewinn des Produzenten komme nur daher, daß es Waarenverkäufer giebt, — die Nachfrage, die Käufer, der Waarenmarkt seien es, die den Kapitalisten, welche durch den Verkauf ihrer Waaren ihr Kapital erneuern und seine Masse vermehren, Gewinn verschaffen. Die Sache so auffassen, heißt jedoch blos die äußere Oberfläche des ökonomischen Mechanismus der Gesellschaft berücksichtigen."

Wir bitten nun den Leser, die Mill'sche Definition des Tauschwerths sich ins Gedächtniß zu rufen: „Wenn man von den gelegentlichen Elementen absieht, so lassen Dinge, welche eine unbeschränkte Vermehrung gestatten, sich natürlich und dauernd gegeneinander austauschen in Gemäßheit des vergleichsweisen Betrages von Arbeitslohn, welcher bezahlt werden muß, um sie hervorzubringen, und des vergleichsweisen Betrages des Gewinnes, den die Kapitalisten, welche jenen Lohn bezahlt haben, erhalten müssen."** Mit anderen Worten: „Als allgemeine Regel gilt...,

---

* A. a. O. S. 176, 177.
** Mill, a. a. O., 1. Band, S. 507.

daß die Dinge die Tendenz haben, eines gegen das andere sich zu solchem Werthe austauschen zu lassen, daß jeder Produzent in den Stand gesetzt wird, die Produktionskosten sammt dem gewöhnlichen Kapitalgewinn zurückerstattet zu erhalten."* Was besagt nun aber letzteres? Eben nichts anderes, als daß „der Gewinn der Produzenten daher kommt, daß diese ihre Waare theurer verkaufen, als sie ihnen kostet", daß der Gewinn „das Resultat von Kauf und Verkauf" ist. Man sieht also, daß die Ansicht, welche Mill im Kapitel „vom Gewinn" als eine un=wissenschaftliche, eine Laien=Ansicht hinstellt, im Kapitel „vom Werth" von ihm selbst getheilt wird. Logisch läßt sich dieser seltsame, schreiende Widerspruch gar nicht lösen, wohl aber ist er psychologisch daraus zu erklären, daß in Mill's Kopf die wider=spruchsvollsten Ansichten über einen und denselben Gegenstand sich sehr häufig in der friedlichsten Weise miteinander vertrugen.

Daß die Ursache des Mehrwerths nicht im Austausch liegt, ist zwar selbstverständlich, da der Austausch gar keinen Werth schafft. Hieraus folgt jedoch noch keineswegs, daß man bei Er=forschung des Ursprungs des Mehrwerths die Gesetze des Aus=tausches, d. h. folglich auch den Tauschwerth der Waaren unbe=rücksichtigt lassen darf. „Die Ursache des Gewinnes — sagt Mill — liegt darin, daß die Arbeit mehr produzirt, als zu deren Unterhalt erforderlich ist. . . . Würde der Kapitalist es unter=nehmen, Arbeiter zu ernähren unter der Bedingung, daß das von ihnen hergestellte Produkt ihm verbleibe, so erhielte er dabei einen gewissen Ueberschuß über die von ihm gemachten Ausgaben." Worin würde nun aber dieser „Ueberschuß" bestehen? Etwa in Produkten? Aber die von den Arbeitern hergestellten Produkte sind doch in ihrer unmittelbaren, dinglichen Form mit der vom Kapitalisten vorgeschossenen „Nahrung" inkommensurabel. Wie soll man etwa den Satz verstehen, daß der von den Arbeitern erzeugte Kattun größer ist als das von ihnen aufgezehrte Brot oder abgetragene Schuhwerk? Werden da etwa Ellen Kattun mit

---

* Mill, a. a. O., 1. Band, S. 472.

Pfund Brot oder Paar Stiefel verglichen? Es ist klar, daß man, um die „Nahrung" der Arbeiter mit dem durch ihre Arbeits= kraft geschaffenen Produkt vergleichen zu können, den Werth der einen und des anderen zu Rathe ziehen muß. (Wir werden denn auch später sehen, daß Mill selbst es nicht für möglich hält, ohne diese Berufung auf den Werth auszukommen.) Es muß folglich heißen, daß der Mehrwerth oder — wie Tschernischewsky und Mill sich ausdrücken — der Gewinn die Differenz ist zwischen dem durch die gegebene Arbeitskraft geschaffenen Werth und dem Werth der „Nahrung", welche auf die Erzeugung jener Arbeits= kraft verausgabt wird; oder, um die Sache genauer auszudrücken, muß man sagen, daß der Mehrwerth („Gewinn") die Differenz ist zwischen dem durch die gegebene Arbeitskraft geschaffenen Werth und dem Werth dieser Arbeitskraft. Damit sind wir aber wiederum bei der Frage angelangt: wodurch wird denn der Werth be= stimmt? — Nach Mill wird er bestimmt durch die jeweiligen Produktionskosten der Waare und den Gewinn, welchen diese Kosten dem Unternehmer einbringen müssen. Benützt man nun diese Werthbestimmung zur Lösung der Frage nach dem „Gewinn", so gelangt man zu folgendem lehrreichen Schluß: die Größe des Gewinnes wird bestimmt durch die Werthgröße jenes „Ueber= schusses", welchen die Arbeiter nach Rückerstattung des Werthes ihrer „Nahrung" erzeugen; der Werth dieses „Ueberschusses" aber, wie der jeder anderen Waare auch, durch dessen Produktionskosten und den von diesen einzubringenden Gewinn. Das heißt: der Gewinn hängt ab vom Werth und der Werth vom Gewinn. Das sieht schon an und für sich verzwickt aus; die Sache wird jedoch noch verzwickter, wenn man bedenkt, daß der fragliche „Ueberschuß" dem Unternehmer gar nichts kostet, daß folglich von irgend welchen Produktionskosten dieses „Ueberschusses" nicht einmal die Rede sein kann. Man sieht also, die Mill'schen Definitionen führen den auf sie Vertrauenden nicht nur nicht geraden Weges zur Lösung der Frage nach dem „Gewinn", sondern lassen ihn eine logische Kurve durchmachen, die als doppelt gekrümmt bezeichnet werden darf.

In der ganzen Erörterung Mill's über den „Gewinn" ist nur das Eine richtig, daß dessen Produktion eine gewisse Stufe der Produktivität der Arbeit voraussetzt, welche es den Arbeitern ermöglicht, mehr zu produziren als zu ihrem Unterhalt nothwendig ist. Zeigt uns dies aber, — freilich nur durch den denkbar dichtesten Nebel von Widersprüchen hindurch — daß der „Gewinn" durch unbezahlte Arbeit hervorgebracht wird, so sehen wir doch noch keineswegs, wieso die Hervorbringung des „Gewinnes" durch den Mechanismus der bürgerlichen Gesellschaft bedingt wird. In dieser Hinsicht steht Mill weit hinter Ricardo zurück, welch' letzterer bereits die Frage nach der Produktion des Mehrwerths mit der Werthfrage überhaupt zu verbinden wußte. Tschernischewsky übersieht aber die Irrthümer des „würdigen Schülers Ricardo's". Durch Mill's Zugeständniß hinsichtlich der Ausbeutung des Arbeiters durch den Unternehmer bestochen, ist er nachsichtig sowohl gegen die verworrenen Raisonnements, in welche jener dies Zugeständniß einhüllt, als auch gegen andere Absurditäten, wie z. B. die Behauptung Mill's, daß „in dem ganzen Vorgange der Produktion, wenn man bei den Stoffen und Werkzeugen beginnt und mit dem vollendeten Produkt endigt, alle Vorschüsse in Nichts als Arbeitslohn bestanden haben", und daß „Alles, was bei dem schließlichen Produkt nicht Kapitalgewinn sei, Rückerstattung von Arbeitslohn" darstelle.

Indem Tschernischewsky mit Mill hinsichtlich des Ursprungs des Mehrwerths übereinstimmt, thut er es auch in Bezug auf die Ursachen, welche die Rate des Mehrwerths bestimmen.

Nach Mill sind „die beiden Elemente, von denen, und zwar allein, der Gewinn des Kapitalisten abhängt, folgende: erstens die Größe des Ertrags, — oder mit anderen Worten, die produktive Kraft der Arbeit; zweitens der Bruchtheil des Ertrags, den die Arbeiter selbst erhalten, — das Verhältniß, in dem die Vergütung an die Arbeiter zu dem von ihnen produzirten Betrage steht. Diese beiden Dinge bilden die Daten zur Bestimmung des Betrags, der als Kapitalgewinn sich unter alle Kapitalisten des Landes vertheilt, aber die Höhe (sollte heißen: die Rate) des

Kapitalgewinnes, das Prozent-Verhältniß zum Kapital, ist nur von dem zweiten dieser beiden Elemente abhängig, vom verhältniß= mäßigen Antheil des Kapitals, und nicht von dem zur Verthei= lung kommenden Betrage. Wenn der Ertrag der Arbeit sich verdoppeln würde und die Arbeiter denselben verhältnißmäßigen Antheil, wie vorhin erhielten, d. h. wenn ihre Vergütung ebenfalls verdoppelt würde, so gewännen die Kapitalisten allerdings zweimal so viel; da sie aber auch zweimal so viel Kapital vorschießen müßten, so würde ihr Gewinn nur eben so hoch sein, als er vorhin war." Hierauf bemerkt Mill, daß die Rate des Mehr= werths (des „Gewinnes") eigentlich nicht vom Arbeitslohn, sondern von den „Arbeitskosten", d. h. von dem Werth der Arbeitskraft abhänge: wohlfeile Arbeit kann „wenig leisten. In keinem Lande Europas steht der Arbeitslohn so niedrig wie in Irland; die Vergütung an einen landwirthschaftlichen Arbeiter im Westen Irlands beträgt nicht mehr als die Hälfte des Lohnes der am schlechtesten bezahlten Engländer, eines Arbeiters in Dorsetshire. Wenn aber zwei Tagewerke eines Irländers, wegen seiner min= deren Geschicklichkeit und Betriebsamkeit, nicht mehr ausrichten, als ein Engländer an einem Tage vollbringt, so kostet die Arbeit des Irländers ebenso viel wie die des Engländers, obschon die= selbe ihm selbst so viel weniger einbringt."* Wir sehen also, daß Mill selbst es nicht für möglich hält, die Rate des Mehr= werths zu bestimmen ohne Berufung auf den Werth überhaupt. Freilich, „besser später als niemals", nur schade, daß er sich dabei blos auf Erörterungen über die „Arbeitskosten" beschränkt und den Werth des durch die „Arbeit" geschaffenen Produkts vergißt. — Eines der Elemente, von denen nach Mill die Gesammtsumme des Gewinnes (des Mehrwerths) abhänge, sei die „produktive Kraft der Arbeit". Das ist ein ungenauer Ausdruck. Der Mehrwerth unterscheidet sich als Werth seiner Natur nach durch nichts von jedem anderen Werth. Das Epitheton: Mehr drückt nicht dessen Natur, sondern dessen Ursprung aus. Das leuchtet

---

* Mill, a. a. O., 1. Band, S. 429, 430.

von selbst ein. Wodurch wird nun der Werth einer gegebenen Waare bestimmt? Durch das zu deren Produktion erforderliche Arbeitsquantum. Würde dies Arbeitsquantum in Folge technischer Vervollkommnungen, d. h. in Folge gestiegener Produktivität der Arbeit, um die Hälfte fallen, so fiele um ebenso viel auch der Werth der Waare. Die Werthgröße einer gegebenen Waare steht in umgekehrtem Verhältniß zur Produktivität der Arbeit in der betreffenden Industriebranche. Die Produktivität der Arbeit bestimmt also noch nicht die Größe des Mehrwerths. Von derselben hängt die den Mehrwerth repräsentirende Produktenmenge ab, nicht aber die Größe des Mehrwerths selbst. Letztere wird ebenso bestimmt wie die Werthgröße überhaupt, das heißt durch die Arbeit, — nur daß die im Mehrwerth vergegenständlichte Arbeit die Eigenthümlichkeit besitzt, unbezahlte Arbeit zu sein, Arbeit, die von den Ausbeutern umsonst angeeignet wird. Dies ändert jedoch nichts an der Natur der Arbeit: ob sie bezahlt oder unbezahlt sei, erscheint sie in gleicher Weise als die einzige Quelle des Werths. Folglich hängt die Größe des Mehrwerths ab von dem Arbeitsquantum, welches den Ausbeutern aus den Arbeitern herauszupressen gelingt. Gesetzt den Fall, dies Arbeitsquantum bliebe unverändert, so bliebe auch die Größe des Mehrwerths unverändert, wenn auch die Produktivität der Arbeit noch so sehr stiege.

„Wenn der Ertrag der Arbeit sich verdoppeln würde, und die Arbeiter denselben verhältnißmäßigen Antheil erhielten, wie vorhin, d. h. wenn ihre Vergütung ebenfalls verdoppelt würde, so" — versichert Mill — „gewännen die Kapitalisten allerdings zweimal so viel; da sie aber auch zweimal so viel vorschießen müßten, so würde ihr Gewinn nur ebenso hoch sein, als er vorher war." Dieses Raisonnement stellt wahrhaftig einen unentwirrbaren logischen Knäuel dar. Aus dem Vorhergehenden ist zu ersehen, daß Mill dabei eine Verdoppelung des Ertrages im Sinne hat, welche durch eine Steigerung der Produktivität der Arbeit hervorgerufen wird. Wenn aber die Produktivität der Arbeit unter sonst gleichen Umständen steigt, so ändert dies

nicht das Geringste weder an der Größe des Mehrwerths noch
an derjenigen des Werths der Arbeitskraft. Die Kapitalisten
würden also „zweimal so viel" gewinnen — nicht an Mehrwerth,
sondern an den Produkten, gegen die sie ihren Mehrwerth aus=
tauschen. Mit anderen Worten: bei gleichbleibender Größe des
Mehrwerths, bei gleichbleibendem Quantum aus den Arbeitern
herausgepreßter unbezahlter Arbeit würden diese Leute, die „ernten,
wo sie nicht gesäet haben", die Möglichkeit bekommen, zweimal
so gut zu leben wie vorher, — genau ebenso wie ein Natural=
wirthschaft treibender Gutsbesitzer zweimal so gut wie vorher leben
könnte, wenn seine Leibeigenen in der gleichen Anzahl Frohn=
diensttage einen zweimal so großen Ertrag wie vorher lieferten.
Ist dem aber so, wie kämen dann die Kapitalisten dazu, zwei=
mal so viel Kapital wie vorher „vorzuschießen"? Ist es denn
nicht im Gegentheil, dem Sinne unserer Annahme nach, evident,
daß der Werth ihrer „Vorschüsse" unverändert bleiben würde? —
Wir wissen, daß für Mill alle „Vorschüsse" der Kapitalisten in
letzter Instanz in Arbeitslöhnen bestehen; wenn er nun sagen
will, daß die Lebenshaltung der Arbeiter um das Doppelte steigen
würde, so hat er allerdings recht. Indeß wäre doch die Hebung
der materiellen Lage der Arbeiter das Resultat der gestiegenen
Produktivität der Arbeit, nicht aber der Vermehrung der von den
Kapitalisten gemachten „Vorschüsse".

Vielleicht aber versteht Mill unter der Vergrößerung des
Ertrages (d. h. des gesammten nationalen Arbeitsertrages über=
haupt) die Vergrößerung des Werths desselben? In diesem Falle
löst sich seine Hypothese von dem Steigen der Produktivität der
Arbeit in die Annahme auf, daß die Arbeiter eines gegebenen
Landes doppelt so viel Werth als bisher produziren. Verweilen
wir nun bei dieser Annahme.*

---

* Der Werth des Ertrages eines gegebenen Jahres enthält immer
als einen sehr bedeutenden Bestandtheil den Werth der Produktionsmittel,
die durch die Arbeit der vorhergehenden Jahre geschaffen worden sind.
Indeß wollen wir der Vereinfachung halber diesen Bestandtheil unberück=
sichtigt lassen, d. h. unter dem Ertrag eines gegebenen Jahres blos den

Um einen zweimal so großen Werth wie vorher zu produziren, müssen die Arbeiter zweimal so viel Arbeitskraft ausgaben. Letzteres ist in zwei Fällen möglich: entweder wenn die Zahl der ausgebeuteten Arbeiter sich verdoppelt, oder auch wenn die gleiche Zahl Arbeiter das doppelte Quantum Arbeit liefert. Selbstverständlich ist noch ein dritter Fall möglich: eine mehr oder minder bedeutende Vergrößerung der Arbeiterzahl und des auf jeden einzelnen Arbeiter entfallenden Arbeitsquantums zugleich; es wäre aber unnütz, diesen Fall zu betrachten, da er doch nichts zum Verständniß der Sache beitragen würde.

Betrachten wir also zunächst den ersten Fall. Mill setzt voraus, daß mit der Vergrößerung des Ertrages die verhältnißmäßige Theilung desselben in Arbeitslohn und Mehrwerth keine Veränderung erfahren würde: wenn vorher auf den Mehrwerth, sagen wir die Häfte des Gesammtertrages entfiel, so würde dasselbe auch jetzt der Fall sein. Demnach würde auch auf den Arbeitslohn nach wie vor die Hälfte des Gesammtertrages entfallen. Da nun der Werth des Gesammtertrages sich verdoppelt hat, so würde sich auch derjenige Theil desselben verdoppeln, welcher den Arbeitslohn darstellt. Da aber dieser doppelte Werth jetzt unter eine doppelte Zahl Arbeiter vertheilt wird, so bleibt der Arbeitslohn jedes einzelnen Arbeiters dem Werth nach unverändert. Und wie würde es nun um die Kapitalisten stehen? Der von ihnen angeeignete Mehrwerth würde sich verdoppeln, — mit anderen Worten, sie würden jetzt ein doppeltes Quantum fremder unbezahlter Arbeit sich aneignen. Die Rate des Mehrwerths bliebe zwar unverändert, aber die Ausbeutung der Arbeiterklasse stiege genau um das Doppelte, entsprechend der Verdoppelung der Zahl der Ausgebeuteten. Bei Mill ist dieser unvermeidliche Schluß hinter dem Satz versteckt: da die Kapitalisten „zweimal so viel Kapital vorschießen (d. h. zweimal so viel Arbeitskraft kaufen) müßten, so würde ihr Gewinn (die Rate des „Gewinnes") eben

---

Werththeil des nationalen Jahresertrages verstehen, welcher durch die Arbeit dieses Jahres allein produzirt worden ist.

so hoch sein, als er vorher war". Allerdings verändert sich die Rate des Mehrwerths nicht, wenn dessen Verhältniß zum Arbeitslohn unverändert bleibt. Was ist aber das Verhältniß des Mehrwerths zum Arbeitslohn? Eben nichts anderes, als dessen Rate. Jener Satz besagt also so viel, daß die Rate des Mehrwerths sich nicht verändert, wenn sie — unverändert bleibt!

Betrachten wir nun den zweiten Fall. Die gleiche Arbeiterzahl wie vorher produzirt, indem sie zweimal so viel arbeitet, einen doppelten Werth, wobei das Verhältniß des Mehrwerths zum Arbeitslohn unverändert bleibt. Die Arbeiter erhalten also jetzt einen zweimal so großen Werth in der Form von Arbeitslohn, die Kapitalisten einen solchen in der Form von Mehrwerth. In diesem Falle wird uns Mill wiederum sagen, daß, da die Kapitalisten „zweimal so viel vorschießen müßten, so u. s. f." — kurz, daß die Rate des „Gewinnes" sich nicht verändern würde. Aber das wissen wir selbst auch, das ist ja in den Bedingungen der Aufgabe enthalten. Uns kommt es darauf an, zu erfahren, welche Folgen eine „Verdoppelung des Arbeitsertrages" im angenommenen Falle nach sich ziehen würde. Betrachten wir also diese Folgen etwas näher. Der Mehrwerth wird durch die unbezahlte Arbeit der Arbeiter geschaffen. Im behandelten Falle hat sich die Masse des Mehrwerths verdoppelt. Folglich haben die Kapitalisten ein doppeltes Quantum unbezahlter Arbeit aus den Arbeitern herausgepreßt. Und da nun die Arbeiterzahl unverändert geblieben ist, so haben die Kapitalisten aus jedem einzelnen Arbeiter zweimal so viel unbezahlte Arbeit herausgepreßt. Mill aber spricht kein Wort davon, daß das Wachsthum des nationalen Arbeitsertrages verursacht werden kann gerade durch diese eigenartige „Produktivität" der Arbeit, das heißt durch das Steigen des Ausbeutungsgrades.

Marx würde sagen, daß Mill die Arbeit als Quelle stofflichen Reichthums mit der Arbeit als Werthquelle verwechsle. Diese zwei Begriffe auseinander zu halten ist von wesentlicher Wichtigkeit für die Erklärung der Grundgesetze der bürgerlichen

Wirthschaft. Freilich ist es erst Marx gelungen, den Unterschied zwischen diesen Begriffen vollständig klarzulegen, während vor ihm die Oekonomen, ohne daß sie es merkten, dieselben fortwährend durcheinander warfen. Aber bei Mill findet man auch in dieser Beziehung viel mehr Verworrenheit als bei den klassischen Vertretern der bürgerlichen Oekonomie.

Das Wachsthum der Produktivität der Arbeit hat eine sehr wichtige Rolle in der historischen Erhöhung der Rate des Mehrwerths gespielt. Indem nämlich dasselbe die nothwendigen Existenzmittel der Arbeiter verbilligte, verminderte es eben dadurch den Werth der Arbeitskraft und ermöglichte so thatsächlich den Verkäufern der Arbeitskraft, den Proletariern, sich mit einem immer geringeren Theil des nationalen Produkts zu begnügen. Aber freilich ist es unmöglich, diese Erscheinung zu begreifen, wenn man die Begriffe des stofflichen Reichthums und des Werths durcheinander wirft.

Nachdem Tschernischewsky Mill's Lehre vom „Gewinn" dargelegt und seine vollkommene Uebereinstimmung mit derselben kundgegeben hat, findet er es doch für nöthig, noch eine Ergänzung zu machen, welche er für sehr wichtig hält. Diese Ergänzung besteht wesentlich in Folgendem:

Nach Malthus' Lehre entsteht das Elend der Arbeiterklasse daraus, daß die Menschen sich rascher vermehren als ihre Existenzmittel. Indeß ist eine Lage der Dinge denkbar, wobei die Existenzmittel, wie auch der Gesammtreichthum des Landes überhaupt, sehr rasch wachsen, die Bevölkerung dagegen sich bei Weitem nicht so rasch oder sogar gar nicht vermehrt, und trotzdem der Arbeitslohn sinkt und die Arbeiterklasse immer mehr verarmt. Und zwar würde eine solche Lage der Dinge unbedingt eintreten, wenn der Mehrwerth rascher anwüchse als die Gesammtmasse des nationalen Arbeitsertrages. In diesem Falle würde der Mehrwerth, nachdem er sehr rasch den ganzen Zuwachs des nationalen Reichthums verschlungen, dazu übergehen, sich immer mehr auf Kosten des auf die Arbeiterklasse entfallenden Antheils zu vermehren. Folglich würde in diesem Falle die Armuth der

Arbeiterklasse nicht aus dem Mangel an Produkten entstehen, sondern aus der allzu ungleichmäßigen Vertheilung derselben, — nicht aus der schwachen Entwicklung der Produktivkräfte, sondern aus dem mangelhaften Vertheilungssystem. Auf den ersten Blick erscheint zwar eine solche Lage der Dinge als eine rein hypothetische. Man braucht aber nur das Leben der zivilisirten Länder etwas näher zu betrachten, um zu sehen, wie sehr eine derartige Hypothese der Wirklichkeit entspricht. Denn in allen zivilisirten Ländern hat der Mehrwerth „die fortwährende Tendenz, einen möglichst großen Theil des Lohnfonds zu verschlingen; ja, er strebt darnach, den ganzen Lohnfonds zu verschlingen, und wird daran einzig dadurch verhindert, daß für die bloße Existenz des Arbeiters ein gewisses Minimum von Arbeitslohn physisch nothwendig ist.“ Es ist also sonderbar, die Armuth der Arbeiterklasse und all' die Uebelstände, welche vollkommen hinlänglich aus dem bestehenden Vertheilungssystem sich erklären, ja daraus nothwendigerweise entspringen, der zu raschen Vermehrung der Arbeiter zuschreiben zu wollen. Diese Seite der Frage hat keiner der Oekonomen der Smith'schen Schule beachtet, deshalb hat auch keiner derselben es vermocht, die Malthus'sche Lehre richtig zu beurtheilen.*

Dies der — wenn auch mit anderen Worten, doch sinngetreu wiedergegebene — Gedankengang Tschernischewsky's. Und

---

* Tschernischewsky wundert sich darüber, das keiner der Oekonomen der Smith'schen Schule beachtet hat, daß „das Gesetz des Wachsthums des Zinses und des Gewinnes überhaupt eine genaue Parallele zur Malthus'schen Lehre darstellt“. Nun verhält sich aber die Sache so, daß Malthus selbst in seinen „Grundsätzen der politischen Oekonomie“ (S. 370) Folgendes bemerkt: „Die Gesetze, welche die Rate des Gewinnes und das Wachsthum des Kapitals regeln, weisen eine sehr merkwürdige und auffallende Aehnlichkeit mit den Gesetzen auf, welche die Rate des Arbeitslohnes und das Wachsthum der Bevölkerung regeln.“ — Inwiefern Malthus im Obigen recht hat, ist eine Frage, welche uns hier nicht weiter angeht. Jedenfalls kann man aber unmöglich sagen, er habe jene „Parallele“ unbeachtet gelassen. Uebrigens ist aus Allem zu ersehen, daß Tschernischewsky aus Malthus' Werken blos den „Essay on Population“ kannte.

wer den gegenwärtigen Stand der ökonomischen Wissenschaft auch
nur einigermaßen kennt, der wird den obigen Ausführungen im
Allgemeinen seine Zustimmung nicht versagen können. Heut zu
Tage läßt es sich nicht mehr daran zweifeln, daß die Armuth
des Proletariats nicht durch Naturgesetze, sondern durch gesell=
schaftliche Verhältnisse bedingt wird. Wenn die Arbeiter=
klasse gänzlich aufhörte, sich zu vermehren, würde die Entwicklung
des Kapitalismus dennoch zur Bildung einer relativen Ueber=
völkerung und zu allen damit verbundenen Uebelständen führen.
Die Armuth des modernen Proletariats ist eben eine ganz eigen=
artige Armuth. Sie entwickelt sich neben und in Folge der
Entwicklung des Nationalreichthums. Das Bevölkerungsgesetz
erklärt diese Armuth nicht nur nicht, sondern, insofern es sich
um die bestehende Gesellschaft handelt, ist es selbst aus dieser
zu erklären, da die Zahl der Geburten überall in engem Zusammen=
hang mit den gesellschaftlichen Verhältnissen steht: „ein abstraktes
Populationsgesetz existirt nur für Pflanze und Thier" (Marx).
Von alledem hatten die Oekonomen der Smith'schen Schule
wirklich keine Ahnung, — wenigstens bis auf Ricardo, bei dem
man bereits eine ziemlich klare Vorstellung von den Ursachen der
relativen Uebervölkerung in der kapitalistischen Gesellschaft findet.
Im Allgemeinen hat also Tschernischewsky recht. Im Einzelnen
dagegen enthalten seine diesbezüglichen Ausführungen eine Menge
Irrthümer der seltsamsten Art.

Daß die Armuth der Arbeiterklasse dadurch bedingt wird,
daß der Mehrwerth einen immer größeren Theil des nationalen
Gesammtertrages verschlingt, ist allerdings richtig. Wovon hängt
aber letzterer Umstand ab? — Davon, meint Tschernischewsky,
daß der Mehrwerth die Eigenschaft besitze, in geometrischer Pro=
gression zu wachsen: „Jedermann weiß, wie ungeheuer rasch ein
Kapital wächst, wenn der Zins zur ursprünglichen Summe ge=
schlagen wird, um seinerseits wiederum Zins abzuwerfen." Es
folgt eine Tabelle, welche das Wachsthum eines gegebenen Ka=
pitals bei verschiedener Höhe des Gewinnes — von zehn bis
vierzig Prozent — darstellt. „Ist es aber möglich, daß ein

Handelsmann vierzig Prozent Reingewinn erhalte? — Jawohl, andernfalls gäbe es keine Beispiele dafür, daß ein Mann, der im zwanzigsten Lebensjahr ein Handelsgeschäft mit lumpigen hundert Rubel angefangen, im fünfzigsten Lebensjahr ein Millionär wird. ... Wir wollen jedoch nicht bei diesen 40 Prozent verweilen, noch auch bei 35, 30, 25, nicht einmal bei 20 Prozent, — bleiben wir bei nur 15 Prozent Reingewinn stehen. ... Bei dieser Höhe des Gewinnes, welche unter der gewöhnlichen steht, vermehrt sich nun ein gegebenes Kapital im Laufe einer Generation um das Sechsundsechzigfache. Es fragt sich nun, ob es je der Fall gewesen, ob es je der Fall sein könnte, daß der Gesammtreichthum einer Nation in dem kurzen Zeitraume von 30 Jahren — wir sagen nicht um das Sechsundsechzigfache, sondern nur um das Dreißigfache, ja um das Zwanzigfache sich vermehrte?" Diese Frage wird verneint: der Nationalreichthum könne nicht so rasch wachsen. Folglich, schließt Tschernischewsky, verschlinge der Gewinn stets einen immer größeren Theil des Arbeitsertrages: „Wir wissen, daß die Größe des Gewinnes (es sollte wohl heißen: der Gewinn) der Rest des Arbeitsertrages nach Abzug des Arbeitslohnes ist. ... Wir sehen, daß einer der beiden Theile des Arbeitsertrages weit rascher wächst als der Gesammtertrag. Das heißt eben, daß der andere Theil des Arbeitsertrages sich vermindert."

Um seine Argumentation anschaulicher zu machen, führt Tschernischewsky eine neue Tabelle vor, worin gezeigt wird, wie sich die Vertheilung des nationalen Arbeitsertrages — dessen ursprüngliche Größe 10 000 war — von Jahrzehnt zu Jahrzehnt verändern würde, wenn man den jährlichen Prozentsatz seines Wachsthums auf 6,15, und den jährlichen Prozentsatz des Gewinnes auf 10,5 ansetzt, wobei der Gewinn ursprünglich blos Ein Zehntel des Ertrages, d. h. 1000, ausmacht.

Wir lassen nun die Tabelle folgen:

Jahre	Gesammtertrag	Summe des Gewinnes	Wie viel aus dem Gesammtertrag bleibt für den Arbeitslohn übrig	Welcher Theil des Gesammtertrages (in Prozent) entfällt auf	
				den Gewinn	den Arbeitslohn
1	10 000	1 000	9 000	10	90
11	18 171	2 714	15 457	15	85
21	33 019	7 681	25 338	22	78
31	60 000	20 000	40 000	33	67
41	109 030	54 288	54 942	48	52
51	198 120	147 360	50 760	74	26
61	360 000	400 000	— 40 000	111	— 11

Zu dieser Tabelle bemerkt Tschernischewsky, daß der darin dargestellte Verlauf der Dinge im Grunde derselbe bleiben würde, sowohl bei wachsender als auch bei stabil bleibender Bevölkerung. „Der Unterschied würde blos darin bestehen, daß im letzteren Falle der Arbeitslohn Anfangs bedeutender stiege, als im ersteren." Um diese Bemerkung verstehen zu können, muß man im Gedächtniß behalten, daß für Tschernischewsky die Größe des Arbeitslohnes der Quotient ist, welchen man erhält, wenn man den Lohnfonds durch die Zahl der Arbeiter dividirt. Der Lohnfonds aber ist die Differenz, welche man erhält, wenn man den Gewinn vom nationalen Jahresertrag abzieht. Es ist also klar, daß die Zahl der Arbeiter die Größe des Gewinnes nicht beeinflußt, während Alles doch gerade auf diese Größe ankommt: der Lohnfonds vermindert sich folglich einzig deshalb, weil der Gewinn einen immer größeren Theil desselben verschlingt. — Um die Sache zu vereinfachen, wählen wir den Fall, worin die Bevölkerung stabil bleibt. Bevor wir jedoch irgend welche Berechnungen anstellen, wollen wir den allgemeinen Charakter der Beweisführung unseres Verfassers näher betrachten.

Woher stammt der Kapitalzins? Vom Mehrwerth. Die Größe desjenigen Theils des Mehrwerths, welcher sich unter die Kapitalisten in der Form von Kapitalzins vertheilt, und folglich auch der Zinsfuß, hängt ab von vielen Umständen, auf deren Betrachtung wir nicht eingehen wollen. Für uns kommt lediglich in Betracht, daß die Erhöhung des Zinsfußes noch nicht die Vermehrung der Gesammtsumme des Mehrwerths bedeutet: „Obwohl der Zinsfuß in letzter Instanz von der Höhe des Gewinnes beherrscht wird, ist er nichtsdestoweniger zeitweiligen Schwankungen unterworfen, welche von anderen Ursachen abhängen."* Man kann noch hinzufügen, daß z. B. die Entwicklung der Aktiengesellschaften die stetige Tendenz hat, den Zinsfuß zu erhöhen unabhängig von der Erhöhung der Rate des Mehrwerths. — Wenn nun der Zinsfuß in einem gegebenen Lande zehn Prozent beträgt, heißt es dann etwa, daß das Kapital dieses Landes jährlich um zehn Prozent wächst? Das ist gewiß nicht der Fall, wenn diejenigen, denen dieser Zins zufällt, ihr ganzes Einkommen verzehren, und wenn außerdem die übrigen Elemente des Mehrwerths (Bodenrente, Unternehmer- und Handelsgewinn) von ihren respektiven Aneignern ebenfalls verzehrt werden. Freilich kann der Mehrwerth trotz alledem einfach dadurch wachsen, daß die von den Arbeitern gelieferte relative Menge Gratisarbeit sich vergrößert. Vorläufig aber lassen wir diesen Umstand unberücksichtigt, indem wir mit Tschernischewsky voraussetzen, daß die Gesammtsumme des Mehrwerths einzig von der Gesammtsumme des Kapitals abhängt. Was würde also geschehen, wenn der ganze Mehrwerth von dessen Aneignern verzehrt würde? Das nationale Kapital würde nicht wachsen, folglich auch nicht die Summe des Mehrwerths, wie immer derselbe sich unter die Rentiers, Unternehmer 2c. vertheile, wie immer auch dessen Vertheilung sich verändere. Nach dieser Bemerkung kehren wir nun zur Tabelle unseres Verfassers zurück.

Wir ersehen aus derselben, daß der Mehrwerth, welcher ursprünglich 1000 betrug, nach fünfzig Jahren bereits die Höhe von 147360 erreicht. Ein solches Wachsthum ist nur möglich, wenn der Mehrwerth in seiner Gesammtheit zum Kapital

---

* Ricardo, „Principles etc." Chapter XXI.

geschlagen wird. Dies setzt aber voraus, daß die Kapitalisten nichts für sich persönlich verausgaben, und zwar während fünf= zig Jahren. Wovon leben sie nun, wie befriedigen sie ihre irdischen Bedürfnisse? Dies erfahren wir nicht, die Dinge liegen aber — nach der Tabelle — thatsächlich so, daß sie während dieser langen Zeit kein einziges Atom Mehrwerth zur Befriedigung ihrer Bedürfnisse verausgabt haben. Das ist ein wahrhaft seltener Fall kapitalistischer „Enthaltsamkeit". Um volle fünfzig Jahre nichts für sich selbst zu verausgaben, müssen die Kapitalisten gar keine Bedürfnisse gehabt haben. Wer aber keine Bedürfnisse hat, braucht auch nicht Arbeiter auszubeuten.

Oder — haben wir uns vielleicht geirrt? Sehen wir uns noch einmal Tschernischewsky's Tabelle an. Der ursprüngliche Mehrwerth wird darin auf Eintausend angesetzt. Es mußte also doch ein Kapital vorhanden sein, das diese Mehrwerthsumme abgeworfen hatte. Warum finden wir nun aber keine Spur von diesem Kapital in der Tabelle? Offenbar hat dieses Kapital aufgehört, Mehrwerth abzuwerfen, denn in der Tabelle figurirt blos die Mehr= werthsumme, welche in Folge des progressiven Wachsthums der ursprünglichen Mehrwerthsumme entsteht. Die Kapitalisten haben also dasselbe der Produktion entzogen. Was haben sie aber damit ge= macht? Vielleicht war es eben dies Kapital, welches ihnen ermöglichte, während der vielen Jahrzehnte, auf die sich Tscherni= schewsky's Tabelle erstreckt, ihre Existenz zu fristen? Wenn ja, so darf man die weitere Frage stellen, in welcher Form dieses sozusagen todtgewordene Kapital von dessen Besitzern aufbewahrt und verbraucht wurde? — Einen sehr bedeutenden Theil jedes „produktiven Kapitals" bilden die Produktionsmittel: Rohstoffe, Werkzeuge u. s. f. Hätten die Kapitalisten, um nicht Hungers zu sterben, all' diese Dinge in ihrer unmittelbaren Form ver= zehrt? ... Das wäre zwar seltsam, nehmen wir aber an, daß dies wirklich der Fall war, daß die Kapitalisten Jahrzehnte lang lebten, indem sie die Produktionsmittel verspeisten, mit deren Hilfe die Arbeiter die ursprüngliche Mehrwerthsumme produzirt hatten. Indeß bleibt auch dann folgender Umstand unbegreiflich. Da nämlich das Kapital, nachdem es eine Mehrwerthsumme von Eintausend abgeworfen, aus der Produktion herausfällt, und in derselben nur noch tausend Einheiten Mehrwerth bleiben, — so beträgt das gesammte produktiv angelegte Kapital im zweiten Jahre blos Eintausend, — während nach dem Sinn der Tabelle der Arbeitslohn allein, d. h. — nach der heutigen Terminologie — der variable Theil des Kapitals in eben demselben Jahre 9510 betragen muß. Ist es denn nun möglich, daß das variable Kapital, d. h. ein Theil des nationalen Kapitals, 9510 betrage, während das gesammte nationale Kapital blos 1000 beträgt? Das ist doch eine augenfällige Ungereimtheit. Damit jedoch noch nicht genug. Nach dem Sinn der Tabelle beläuft sich der Mehrwerth im zweiten Jahre auf 1105 Einheiten. Es ergiebt sich also, daß ein Kapital von 1000 Einheiten 1105 Einheiten Mehrwerth eingebracht hat, d. h., daß der Prozentsatz des Mehrwerths nicht mehr 10,5 Prozent, sondern 110,5 Prozent beträgt und daß im dritten Jahre bereits ein Kapital von 2105 (nämlich 1000 + 1105) Einheiten in die Produktion hineingeworfen wird. Das Kapital muß demnach weit rascher wachsen, als dies in Tschernischewsky's Tabelle dargestellt wird. Wie nun diese neue Ungereimtheit erklären? — Wahrscheinlich befinden wir uns wiederum im Irrthum. Wahrscheinlich beläuft sich das Kapital im zweiten Jahre auf Zehntausend, d. h. es setzt sich zusammen aus dem von den Arbeitern reproduzirten Werth des Arbeitslohnes des ersten Jahres (9000) und dem durch ihre Arbeit geschaffenen Mehrwerth (1000). Wenn nun dieses Kapital 10,5 Prozent Mehrwerth abwirft, so muß es am Ende des zweiten Jahres auf 11 050 angewachsen sein. Diese 11 050 Einheiten werden eben das Produkt dieses Jahres darstellen, — während aus Tschernischewsky's Berechnung sich ergiebt, daß das Produkt des zweiten Jahres blos 10 650 beträgt. Zieht man von dieser Summe des Produkts die 10 000 Einheiten Kapital ab, so bleiben für den Mehrwerth nur noch 615 Einheiten, d. h. das Kapital hat 6,15 Prozent „Gewinn" abgeworfen. Aber auch damit noch nicht genug. Aus der Tabelle ersehen wir, daß der Arbeitslohn im zweiten Jahre nicht mehr 9000, sondern 9510 beträgt. Nun konnte der Arbeitslohn nur auf Kosten des Mehrwerths wachsen. Zieht man aber vom letzteren (615) die Summe ab, welche den Zuwachs des Arbeitslohnes ausdrückt (510), so bleibt für den „Gewinn" nur noch die Größe von 105 Einheiten. Wenn aber ein Kapital von 10 000 105 Einheiten „Gewinn" abwirft, so jedes Hundert blos 1,05, d. h. mit anderen Worten, unser Kapital bringt blos 1,05 Prozent ein, — was unserer Annahme widerspricht, wonach das Kapital 10,5 Prozent Gewinn einbringen soll. Um dieser Annahme treu zu bleiben, müssen wir annehmen, daß das Produkt des zweiten Jahres 11 050 Einheiten betrage, — mit anderen Worten, daß dessen Werth gleich sei dem Werth des verausgabten Kapitals + dem Mehrwerth oder, wie Tschernischewsky sagen würde, dem Gewinn, welcher 10,5 Prozent des Kapitals ausmacht. Eine andere Möglichkeit giebt es nicht. Wenn wir nun sagen, daß ein gegebenes Kapital 10,5 Prozent Gewinn einbringe, so bedeutet das, daß im Werth des Produkts erstens der Werth des Kapitals reproduzirt und zweitens zu diesem reproduzirten Werth ein neuer Werth, „Gewinn", hinzugefügt wird. Ist dem aber so, so kann unmöglich jene Inkongruenz zwischen dem „Gesammtertrag" und der „Summe des Gewinnes" stattfinden, welche uns Tschernischewsky's Tabelle vorführt. Und doch wurde diese Tabelle gerade dazu zusammengestellt, um die Unvermeidlichkeit einer solchen Inkongruenz zu beweisen. Man sieht also, die Tabelle zerschellt an ihrer eigenen Logik, und zwar sozusagen von verschiedenen Seiten und auf verschiedene Weise, je nachdem man die Logik der einen Rubrik (sagen wir, der Rubrik: „Gesammtertrag") oder der anderen (sagen wir, der Rubrik: „Summe des Produkts") ins Auge faßt. Dies beweist, daß die Tabelle auf einer irrthümlichen Grundlage beruht. Und zwar lassen sich deren Irrthümer unschwer herausfinden.

Der Tabelle liegt die Voraussetzung zu Grunde, daß das Produkt jährlich um 6,15, die Summe des Gewinnes um 10,5 Prozent wachse. Besteht nun irgend welcher Zusammenhang zwischen

diesen beiden Rubriken? — Keineswegs. Die Menge des Produkts
wächst bei Tschernischewsky ganz unabhängig vom Wachsthum des
Gewinnes, folglich auch von dem des Kapitals; der Gewinn,
somit auch das Kapital wächst ganz unabhängig vom Wachsthum
der Menge des Produkts. Zwar wird der Gewinn jährlich vom
Produkt abgezogen, er wächst aber aus und für sich selbst, nach
einem eigenen Gesetz, nach dessen Erklärung man vergebens im
Gang der nationalen Produktion suchen würde. Tschernischewsky
urtheilt folgendermaßen: Wenn der ursprüngliche Gewinn von
tausend Einheiten in einer Bank deponirt würde und jährlich
so und so viel Zins einbrächte, so würde er so und so wachsen;
das Gesetz seines Wachsthums ist somit gefunden, es bleibt nur
noch übrig, dessen stets wachsende Summe jährlich vom Gesammt=
produkt abzuziehen, um die Größe des Lohnfonds für jedes ge=
gebene Jahr zu bestimmen. Ueber kurz oder lang wird eine sehr
rasche Abnahme dieses Fonds eintreten, da das Produkt nicht
mit derselben Geschwindigkeit wachsen kann, wie das Kapital. Es
erweist sich also, daß die „Hypothese" vom Wachsthum des Ge=
winnes aufgebaut ist ohne jegliche Rücksicht auf die konkreten
Bedingungen der Produktion und Reproduktion des Kapitals. Als
deren einzige Grundlage dient die Zinseszinsen=Formel. Und da
die Größe des „Lohnfonds" von der Größe der „Summe des
Gewinnes" abhängt, so wird auch das Gesetz des Arbeitslohnes
in letzter Instanz durch dieselbe Formel bestimmt. Wir sehen aus
der Tabelle, daß der Lohnfonds Jahrzehnte lang sehr rasch zu=
nimmt. Im einundvierzigsten Jahre wächst er auf das Sechs=
fache seiner ursprünglichen Größe an. Woher nun dieses so
bedeutende Wachsthum? Einfach daher, weil die Differenz zwi=
schen der Summe des Gewinnes und der des Produkts wuchs.
Die Kapitalisten brachten vom Gesammtprodukt das in Abzug,
was ihnen zukam und überließen den ganzen Rest den Arbeitern,
ohne sich davon auch nur einen Heller anzueignen. Es ist die
Arithmetik, die die ganze Frage löst, die die Vertheilung des
Produkts regelt, — die thatsächlichen Verhältnisse zwischen Arbeit
und Kapital verschwinden gänzlich aus unserem Gesichtskreis. Wo=

von aber hängt das Wachsthum des Produkts ab, wodurch wird der Gang der nationalen Produktion bestimmt? Ebenfalls durch die Arithmetik: Das Produkt wächst ebenfalls nach der Zinseszinsen=Formel, nur daß der Prozentsatz seines Wachsthums niedriger ist, als der des Wachsthums des Gewinnes. Die ganze Sache wird so dargestellt, als hätten wir es mit zwei Banken zu thun, deren eine die ursprüngliche Summe des Produkts zum Zinsfuß von 6,15 Pro=zent per Jahr, deren andere die ursprüngliche Summe des Gewinnes zum Zinsfuß von 10,5 Prozent per Jahr als Einlage aufnimmt. Wir brauchen also nur noch unser Augenmerk auf diese Bank=operation zu richten, um zu sehen, wie erstaunlich rasch der Gewinn in seinem Wachsthum das Produkt ein= und sogar überholt. Allein das Kapital kann doch nur dann Gewinn abwerfen, wenn es zur Produktion verwendet wird; in diesem Falle aber reproduzirt es im Werth des Produkts seinen eigenen Werth und noch einen neuen Werth — „Gewinn“ — dazu, das heißt, das Kapital, welches immer nur einen Theil des Produkts bildet, kann nicht dem Ganzen über den Kopf wachsen, nicht einen größeren Werth haben als das Produkt. Man sieht also, die „Tendenz des Ge=winnes“, worin immer sie in Wirklichkeit bestehe, wird nicht durch diejenige Ursache bedingt, aus der sie Tschernischewsky abzuleiten sucht. Dies wird bis zur Evidenz klar, sobald man das Gebiet der Abstraktion verläßt und die konkreten Bedingungen der Re=produktion des Kapitals ins Auge faßt.

Man könnte uns nun allerdings einwenden, daß der Werth des Kapitals den Werth des Produkts nicht nur übersteigen könne, sondern vielmehr unbedingt müsse. Und zwar aus folgenden Gründen: Das Kapital zerfällt bekanntlich in konstantes (Pro=duktionsmittel) und variables (Arbeitslohn). Das variable Kapital wird wirklich in seiner Gesammtheit im Werth des Produkts reproduzirt, das konstante dagegen nur theilweise. Werkzeuge, Fabrikgebäude und andere derartige Bestandtheile des Körpers des konstanten Kapitals dienen zur Produktion viele Jahre hin=durch; ihre jährliche Abnutzung, folglich auch der Theil ihres Werthes, welcher auf das Produkt eines gegebenen Jahres über=

tragen wird, ist verhältnißmäßig nicht groß. Ein noch so ge=
ringes Maß von Einsicht in die Oekonomie der kapitalistischen
Länder genügt, um zu wissen, daß das Jahresprodukt eines be=
liebigen Landes viel kleiner ist als die Gesammtsumme des in
demselben befindlichen Kapitals. Tschernischewsky wäre also voll=
kommen im Recht, wenn er bei seiner Behauptung, daß das
nationale Kapital rascher wachse als das nationale Produkt, eben
diese allgemein bekannte Thatsache im Auge gehabt hätte.

Gewiß wäre Tschernischewsky vor vielen Irrthümern be=
wahrt geblieben, wenn er den wesentlichen Unterschied zwischen
den beiden Bestandtheilen des Kapitals berücksichtigt hätte. Allein
thatsächlich ist bei ihm das Gegentheil der Fall: in seinen Ueber=
schlägen ignorirt er das konstante Kapital vollständig. In der
in Rede stehenden Frage hat ihn J. S. Mill irregeführt. Nach
Mill nämlich bestehen im ganzen Produktionsprozeß „alle Kapital=
vorschüsse in nichts als Arbeitslohn". Bei einer solchen Auf=
fassung von den „Produktionskosten" wird natürlich der Werth
jeder Waare in der Formel ausgedrückt: Arbeitslohn (Produktions=
kosten, würde Mill sagen, — variables Kapital, sagen wir)
+ Gewinn (d. h. Mehrwerth), — in einer Formel, welche das
konstante Kapital, oder richtiger, den auf das gegebene Produkt
übertragenen Theil seines Werths nicht berücksichtigt. Tscherni=
schewski hat diese so mangelhafte Formel ohne jegliche Verbesse=
rungen und Einschränkungen angenommen. Wenn Mill behauptete,
der Werth einer Waare bestehe nur aus zwei Elementen: aus
Arbeitslohn und Gewinn, so verstand er unter Arbeitslohn nicht
allein den Lohn der Arbeiter, die im gegebenen Jahre an
der Herstellung der Waare arbeiteten, sondern auch den Lohn
der Arbeiter, die die Rohstoffe und die übrigen Produktionsmittel
hergestellt hatten. Dasselbe gilt auch für den Gewinn. In der
Formel: Arbeitslohn + Gewinn muß berücksichtigt werden
der Gewinn sämmtlicher Unternehmer, die nacheinander im Laufe
des Produktionsprozesses die Produktionsmittel in Besitz gehabt
hatten. So verstanden, drückt diese Formel, freilich in absurder
Weise, die Thatsache aus, daß die Produktionsmittel ihren Werth

auf die gegebene Waare übertragen, immerhin aber wird darin diese Thatsache berücksichtigt. Tschernischewsky dagegen hat bei der Zusammenstellung seiner Tabelle dieser Formel einen anderen Sinn beigelegt. Er verstand unter Gewinn und Arbeitslohn den Gewinn und Lohn, welche von den an der Produktion Betheiligten nur in dem Jahre bezogen werden, auf das sich jeweilen seine Berechnung bezieht. Das ist bereits ein großer Fehler, wenn auch zugegeben werden muß, daß er bei der absurden Form der angeführten Werthformel nicht leicht zu vermeiden war. — Sehen wir nun, wozu dieser Fehler Tschernischewsky geführt hat. Der Nationalreichthum besteht aus Werthen. Die Gesammt= summe dieser Werthe kann in einer allgemeinen Werthformel ausgedrückt werden. In dieser Formel haben wir es nur mit zwei „Elementen" zu thun: Arbeitslohn und Gewinn, wobei unter beiden die Löhne und der Gewinn eines bestimmten Jahres zu verstehen sind. Folglich ist der Nationalreichthum eines bestimmten Landes gleich dem in diesem Jahre von den Arbeitern erhaltenen Arbeitslohn + dem von den Ausbeutern angeeigneten Mehrwerth. Diese Gleichung liegt überall Tschernischewsky's Tabelle zu Grunde. Seine Tabelle beruht durchweg auf der Erwägung, daß der „Ge= sammtreichthum der Nation" nicht so rasch wachsen könne, wie der „Gewinn", wobei der „Gesammtreichthum der Nation" stets dem „Gesammtertrag" eines gegebenen Jahres gleichgesetzt wird. Nun ist es Jedermann bekannt, daß diese Gleichsetzung den That= sachen direkt widerspricht. Und dennoch hätte dieser Fehler Tscherni= schewsky nicht zu neuen Fehlern geführt, wenn er die „Summe des „nationalen Ertrages" eines gegebenen Jahres nicht der Summe der „Arbeitslöhne" und der „Gewinne" (des Mehr= werths) dieses Jahres gleichgesetzt hätte. Allein diese neue Gleichung ergab sich mit Naturnothwendigkeit aus seiner Werthformel, welche das konstante Kapital nicht berücksichtigt, folglich den Werth des nationalen Produkts auf die Summen „des Gewinnes" und des Arbeitslohnes zusammenschrumpfen läßt. Dies der Grund, warum auch wir bei manchen Schlüssen, die wir aus Tschernischewsky's Sätzen zogen, vom konstanten Kapital absehen mußten.

Man kann uns zwar noch einwenden, daß Tschernischewsky eigentlich vom Wachsthum der „Summe des Gewinnes", nicht vom Wachsthum des Kapitals spreche. Aber der Gewinn wird doch bei ihm stets zum Kapital geschlagen, d. h. verwandelt sich stets in Kapital. Der Gewinn des einen Jahres wird zum Kapital des folgenden. Nur unter dieser Bedingung kann er eben seinerseits Quelle von Gewinn werden. Und da Tschernischewsky außerdem den Prozentsatz des Gewinnes als unveränderlich voraussetzt, so ist es klar, daß das Wachsthum der „Summe des Gewinnes" mit dem Wachsthum des Kapitals gleichbedeutend ist.

Die von Tschernischewsky acceptirte Werthformel: „Der Werth der Waare = dem Arbeitslohn + Gewinn" läßt ihrem unmittelbaren Sinne nach keineswegs den Interessengegensatz zwischen Arbeit und Kapital erkennen. Wenn der Arbeitslohn niedrig steht, so haben die Anwälte des Kapitals, gestützt auf jene Formel, eine sehr bequeme Ausrede zur Hand: Je höher der Gewinn, desto rascher wachse das Kapital oder könne es wenigstens wachsen. Das Kapital aber werde in seiner Gesammtheit für Arbeitslöhne verausgabt; folglich, je höher der Gewinn, desto mehr Chancen für das Wachsthum des Lohnfonds, d. h. für die Erhöhung des Arbeitslohnes. Das Kapital scheint danach also mit ähnlichen Eigenschaften begabt zu sein wie jener mythologische Speer, der die von ihm geschlagenen Wunden selbst heilte: lastet das Joch des Kapitals zur Zeit allzu schwer auf den Arbeitern, so verbürgt ihnen gerade die Last ihrer gegenwärtigen Lage eine bessere Zukunft.* Unnöthig zu erwähnen, daß Tschernischewsky's Aufgabe gerade darin bestand, jene apo-

---

* So meint beispielsweise Malthus, die Nothlage der Arbeiterklasse bei sich vermehrender Bevölkerung könne insofern auf die Erweiterung der Produktion von Einfluß sein, als sie den Arbeitslohn senke und dadurch den Herren Kapitalisten einen neuen „Ansporn" (zur Akkumulation von Kapital) gebe. (Malthus, a. a. O. S. 349.) Zwar muß nach Malthus die Wirkung dieses „Ansporns" eine sehr beschränkte sein, dies hängt jedoch von dem „Bevölkerungsgesetze" ab.

logetischen Schlußfolgerungen zu widerlegen. Er konnte dies aber nur unter einer Bedingung, — nämlich wenn er die von ihm anerkannte Werthformel vom abstraktesten und einseitigsten Standpunkte aus betrachtete. Das Mangelhafte der Formel ist, daß sie das konstante Kapital unberücksichtigt läßt. Das ist schon für sich allein einseitig genug, und nur eine so einseitige Auffassung vom Kapital kann zur Behauptung führen, der ganze Zuwachs des Kapitals werde zur Vergrößerung des „Lohnfonds" verwendet. Immerhin setzt doch diese Behauptung wenigstens die Reproduktion des Kapitals voraus. — Nun bleibt aber Tschernischewsky bei diesen abstrakten und einseitigen Sätzen nicht stehen, vielmehr thut er auf dem Wege der Abstraktion noch einige weitere Schritte. Während in der Formel das konstante Kapital, d. h. Eine der nothwendigen Produktionsbedingungen unberücksichtigt blieb, läßt er den ganzen Prozeß der Produktion und Reproduktion des Kapitals überhaupt außer Spiel. Was wird dann aus seiner Werthformel? Der letzte Lebenshauch verläßt sie, sie wird eine trockene, todte Abstraktion, welche uns nicht nur nicht die Bewegung des konkreten ökonomischen Prozesses vor Augen führt, sondern gleichsam bestrebt ist, jede Erinnerung an dieselbe auszumerzen, und uns dadurch immerfort zu neuen Irrthümern verleitet. Der Werth der Waare, folglich auch der Nationalreichthum, folglich auch die Summe des Produkts ist = dem Arbeitslohn + Gewinn, — das ist Alles, was die Formel besagt. Wie das nationale Produkt geschaffen wird, das ersieht man aus derselben nicht, und so „setzt" Tschernischewsky ohne Weiteres „voraus", daß der „Gesammtertrag" jährlich um 6,15 Prozent wachse. Welche Metamorphosen erlebt der zum Kapital geschlagene und seinerseits Quelle von Gewinn werdende Gewinn, — mit anderen Worten, unter welchen Bedingungen wird der Gewinn Kapital? Auch das ersieht man aus der Formel nicht, und so wird denn die Frage wiederum ohne Weiteres durch die einfache Annahme gelöst, daß die „Summe des Gewinnes" rascher wachse als die Summe des Produkts, nämlich um 10,5 Prozent jährlich. Was ist der „Lohnfonds"? In welchem

Verhältniß steht er zum Kapital? Bildet er einen Theil des Kapitals, das ganze Kapital, oder haben wir ihn vielleicht gar als eine besondere ökonomische Kategorie zu betrachten? Die Formel beruht auf der Voraussetzung, daß „alle Kapitalvorschüsse in nichts als Arbeitslohn" beständen, d. h. mit anderen Worten, daß das Kapital und der „Lohnfonds" eins und dasselbe seien. Betrachtet man aber die Formel unabhängig vom Prozeß der Reproduktion des Kapitals, so erinnert sie uns nicht einmal mehr an diesen so schief ausgedrückten Zusammenhang zwischen dem Kapital und dem „Lohnfonds". In diesem Falle besagt die Formel nur noch so viel, daß, je größer die „Summe des Ge= winns", desto geringer der „Lohnfonds". Das erscheint schon ohne weitere Annahme einleuchtend: für jedes gegebene Jahr ist die Summe des Produkts eine bestimmte Größe, folglich je größer der Subtraktor, der Gewinn, desto kleiner der Rest, der Antheil der Arbeiterklasse. Und da — nach Tschernischewsky's früherer Annahme — die Summe des Produkts, der Diminuend, langsamer wächst als der Subtraktor, so ist es klar, daß der „Lohnfonds" über kurz oder lang auf Null herabsinken muß, d. h., daß das Wachsthum des Gewinnes zu einem „unmöglichen Gesellschaftszustand" führt. Nun braucht man nur noch diese Schlußfolgerungen durch arithmetische Ueberschläge zu erläutern, — um zu beweisen, was keiner der Oekonomen der Smith'schen Schule beachtet hat. Natürlich werden diese erläuternden Ueber= schläge ebenso abstrakter Natur sein, wie die ganze Analyse der Werthformel: die Arithmetik kann nicht zu den konkreten Be= dingungen des ökonomischen Produktionsprozesses zurückführen. So schreibt denn Tschernischewsky eine Zahlenreihe hin, die das Wachsthum des Produkts, und daneben eine zweite Zahlenreihe, die das Wachsthum der „Summe des Gewinnes" darstellt. Jeder dieser Reihen liegen bloße „Annahmen" zu Grunde; kein innerer Zusammenhang verbindet sie miteinander, ihr gegenseitiges Ver= hältniß ist das rein äußerliche Verhältniß des Subtraktors zum Diminuenden. Im Resultate der Subtraktion ergiebt sich eine neue Zahlenreihe, die den Rest, den „Lohnfonds", darstellt und

ebenfalls in einem bloßen arithmetischen Verhältniß zu den anderen
Reihen steht, ohne jegliche Rücksicht auf den konkreten Gang der
Produktion und Reproduktion. Immerhin! Seinen Zweck hat
Tschernischewsky anscheinend erreicht: der Interessengegensatz zwi=
schen Arbeit und Kapital ist „mathematisch" bewiesen, die bürger=
lichen Sykophanten sind widerlegt. Auf welchem Wege aber ist
er dazu gelangt? Als Ausgangspunkt benützte er gewisse, sehr
einseitige und daher irrthümliche Sätze. Um aber die Schluß=
folgerungen zu vermeiden, die sich aus diesen, von ihm als richtig
anerkannten, irrthümlichen Sätzen ergeben, beging er einen neuen
Fehler, lieferte eine irrthümliche Analyse einer irrthümlichen
Werthformel. Er kämpfte gegen eine Abstraktion vermittelst einer
neuen, noch weiter gehenden Abstraktion. Kein Wunder, daß seine
Erörterungen vor der leisesten Berührung der Kritik sich haltlos
erweisen, daß die von ihm zusammengestellte Tabelle ohne Weiteres
zerschellt an der Logik bald dieser, bald jener ihrer eigenen
Zahlenreihen.

Daß die ganze Erörterung Tschernischewsky's über das
Wachsthum des Gewinnes auf einer irrthümlichen Analyse der
Werthformel beruht, ersieht man u. A. aus Folgendem. Die
Wirklichkeit — meint er — weiche vom „mathematischen Gesetz"
ab: Die „Summe des Gewinnes" wachse in Wirklichkeit nicht
so rasch, wie man auf Grund der Tabelle erwarten könnte, —
und zwar aus Ursachen, die in der „menschlichen Natur" lägen.
Je mehr nämlich das Kapital eines beliebigen „kommerziellen
Unternehmens" wachse, je mehr das Geschäft sich erweitere, um
so mehr entzögen sich die Einzelheiten der unmittelbaren Kon=
trolle des Geschäftsinhabers, ein um so größerer Antheil an
der Beaufsichtigung des Geschäfts falle gemietheten Verwaltern zu.
„Wer weiß denn aber nicht, wie ein Geschäft von gemietheten
Verwaltern geführt wird? Fast immer nachlässig und in den
meisten Fällen nicht allzu gewissenhaft. . . . Aber auch beim
Prinzipal selbst macht sich meistens eine nach Maßgabe der
Vergrößerung seines Kapitals wachsende Nachlässigkeit geltend.
Ein russisches Sprüchwort sagt: „Der Kopeke ist des Rubels

Wächter";* aber über den Kopeken zu wachen ist für denjenigen sehr langweilig, dessen frühere Rubel zu Tausenden angewachsen sind.... Der Prozentsatz des Gewinnes sinkt mit der Vergrößerung des Gewinn abwerfenden Vermögens. Das ist eine so allgemein verbreitete Thatsache, daß in England bereits kein Mensch die Richtigkeit des Satzes: Der Prozentsatz des Gewinnes steht in umgekehrtem Verhältniß zur Größe des betreffenden Kapitals — wird bestreiten wollen.... Damit jedoch noch nicht genug. So lange der wachsende Wohlstand eines Menschen nicht die der Befriedigung seiner vernünftigen Bedürfnisse angemessenen Grenzen überschreitet, wird der Mensch mit diesem Wachsthum immer verständiger. Es giebt aber ein Maß von Reichthum, welchem die Kraft der gewöhnlichen menschlichen Klugheit nicht mehr gewachsen ist.... Es kommen gar häufig Beispiele vor, daß Menschen im Maße, wie sie reicher werden, an Verstand verlieren.... Und wenn auch oft das Gegentheil der Fall ist, wenn diejenigen, die aus eigener Kraft reich geworden sind, bis ans Ende sparsam und klug bleiben, so sind es schon selten ihre Kinder: was der Vater erworben, verschwendet der Sohn — das ist eine gewöhnliche Geschichte."**

Gegen alle diese Ausführungen ließe sich nun gar manches einwenden. Aber wir disputiren mit Tschernischewsky nicht, sondern suchen seine Ansichten klarzulegen. Wir möchten daher die Aufmerksamkeit des Lesers nur auf den Hauptgedanken unseres Verfassers lenken. Dieser Gedanke läuft, wenn wir nicht irren, darauf hinaus, daß, wenn die „Summe des Gewinnes" nicht mit aller möglichen Geschwindigkeit wächst, einzig die Unternehmerklasse selbst oder, wenn man will, die unter den gegebenen Umständen nicht zu verändernde menschliche Natur daran schuld ist. Gewiß, das Wachsthum der „Summe des Gewinnes" wird dadurch verlangsamt, daß in dem Maße, wie die Bourgeoisie reicher

---

* Zu Deutsch: „Wer den Pfennig nicht ehrt, ist des Thalers nicht werth."

** Werke, 4 Band, S. 189—191.

wird, allerhand unproduktive Ausgaben wachsen. Greifen wir aber auf die vielbesprochene Tabelle zurück. Diese zeigt uns, daß je größer die „Summe des Gewinnes", um so kleiner der „Lohnfonds". Wenn nun unproduktive Ausgaben das Wachsthum der „Summe des Gewinnes" verlangsamen, so verlangsamen sie eben dadurch auch die Abnahme des „Lohnfonds". Folglich sind unproduktive Ausgaben, der Luxus und die Verschwendung der Bourgeoisie, der Arbeiterklasse nützlich: je größer die Verschwendung, um so mehr Chancen für das Wachsthum oder wenigstens für eine weniger rasche Abnahme des „Lohnfonds". Wollte nun Tschernischewsky so etwas sagen? War er etwa geneigt, den Luxus der höheren Klassen aus Rücksicht auf das Wohl der Arbeiter zu rechtfertigen? Keineswegs. In seinen Werken läßt sich gar manche Seite finden, die der Begründung einer geradezu entgegengesetzten Ansicht gewidmet ist. Aber es ist doch nicht minder wahr, daß wir vollkommen recht haben, aus seiner Tabelle zu schließen, daß die Verschwendung der höheren Klassen den Arbeitern nützlich sei. Folgt nun daraus, daß er auch hier sich selbst widerspricht? Ja und nein. Der Gedanke an die Möglichkeit, aus seiner Tabelle einen solchen Schluß zu ziehen, kam ihm gar nicht in den Kopf, und zwar aus dem einfachen Grund, weil er bei der Zusammenstellung der Tabelle aller thatsächlichen Produktionsverhältnisse vergaß und von der einzigen Erwägung ausging, daß bei gegebener Summe des Produkts der Antheil der Arbeiterklasse um so größer sein wird, je kleiner der Gewinn und umgekehrt. Wer bei der Analyse der Formel: Summe des Produkts = Arbeitslohn + Gewinn — die Reproduktion des Kapitals außer Acht läßt, muß nothwendiger Weise zum Schluß kommen, daß, aus welchen Ursachen immer die Summe des Gewinnes abnehme, deren Abnahme der Arbeiterklasse vortheilhaft sei. Nun ist die Frage der Verschwendung der höheren Klassen gerade die Frage der Reproduktion des Kapitals in größerem oder kleinerem Umfang. Man kann also unmöglich auf den Gedanken an die schädliche ökonomische Wirkung der Verschwendung kommen, wenn man die Re-

produktion des Kapitals außer Acht läßt. Behält man dagegen
die Reproduktion des Kapitals im Auge, so wird man sofort
daran erinnert, daß, wenn die „Summe des Gewinnes" in
Folge der Verminderung der Größe des nationalen Kapitals ab=
nimmt, deren Abnahme — unter sonst gleichen Umständen —
eine Abnahme der Summe des Produkts bedeutet, daß ferner
das Wachsthum dieser Summe nicht so abstrakt aufgefaßt werden
kann, wie dies in Tschernischewsky's Tabelle geschieht, sondern
daß vielmehr zwischen dem Wachsthum des Produkts und dem
des Kapitals ein enger Zusammenhang besteht, welcher nicht im
Geringsten durch das äußere Verhältniß des Diminuenden zum
Subtraktor ausgedrückt wird. Worin besteht denn aber dieser
Zusammenhang? Die Antwort fällt verschieden aus, und zwar
wiederum je nach den Ansichten über die Produktionsverhältnisse
und die Bedingungen der Reproduktion des Kapitals. Wer hier=
über beispielsweise Mill's Ansichten theilt, wird auch jene Frage
ebenso beantworten wie Mill. Wer hierüber anders als Mill
denkt, wird natürlich auch jene Frage anders als Mill beant=
worten. Auf jeden Fall aber werden dabei jene Schlüsse ganz
belanglos, die ohne Rücksicht auf die Reproduktion des Kapitals
gezogen sind. Die Frucht einer unpassenden Abstraktion, müssen sie
ohne Weiteres bei Seite gelassen werden, sobald man das nebel=
hafte Gebiet einseitiger Abstraktionen verläßt und auch nur mit
einem Fuß den realen ökonomischen Boden betritt.

Wenigstens war dies bei Tschernischewsky der Fall. —
Während er in den beiden Kapiteln: „Gewinn" und „Rente"
das Kapital dem „Lohnfonds" gegenüberstellt und behauptet,
daß je rascher das Kapital wachse, um so mehr sich die Tendenz
des Gewinnes offenbare, den Arbeitslohn zu verschlingen, und
dies nicht nur bei zunehmender, sondern auch bei stationärer Be=
völkerung, — äußert er sich in ganz anderem Sinne da, wo er
auf den „Einfluß des ökonomischen Fortschritts auf den
Arbeitslohn" zu sprechen kommt: „Bliebe bei wachsendem
Kapital die Bevölkerung stationär, so würde der Arbeitslohn
steigen; folglich würde das Prozentverhältniß des Gewinnes zum

verausgabten Kapital immer kleiner und kleiner werden, da der Gewinn der Rest des Produkts nach Abzug des Arbeitslohnes ist. . . . Diese Tendenz des Gewinnes zum Sinken wird aufgehalten entweder durch unproduktive Verschwendung des Kapitals, oder durch dessen Export nach dem Ausland, oder durch Vervollkommnungen im Produktionsprozeß. Durch unproduktive Verschwendung des Kapitals (z. B. in Folge müßigen Wohllebens oder von Handelskrisen) nimmt nämlich dessen Summe ab, somit auch der Arbeitslohn; sinkt aber der Arbeitslohn, so nimmt natürlich der den Gewinn bildende Rest des Produkts zu. Desgleichen wird die Summe des im Lande bleibenden Kapitals vermindert durch dessen Export nach dem Ausland. Durch technische Vervollkommnungen endlich werden die Produktionskosten herabgesetzt, was in der bestehenden Ordnung gewöhnlich zum Sinken des Arbeitslohnes führt; sinkt aber der Arbeitslohn, so wächst der Rest des Produkts, der den Kapitalisten nach Abzug des Arbeitslohnes zufällt."*

Nach Obigem wächst also der „Lohnfonds" — unter sonst gleichen Umständen — um so mehr, je mehr das Kapital wächst. Wollte man nun aber Tschernischewsky auf Grund seiner oben angeführten Tabelle dagegen einwenden, rasches Wachsthum des Kapitals bedeute ja auch rasches Wachsthum der „Summe des Gewinnes", folglich auch Abnahme des „Lohnfonds", — so würde er auf das Sinken der Rate des Gewinnes hinweisen, in Folge dessen die Summe des Gewinnes, trotz der Vergrößerung der Masse des nationalen Kapitals, unverändert bleiben könne. Die Nothwendigkeit eines Sinkens der Rate des Gewinnes wird dabei durch den Hinweis auf den Umstand bewiesen, daß der Gewinn „der Rest des Produkts nach Abzug des Arbeitslohnes" sei, — ähnlich wie vorhin die Nothwendigkeit einer Abnahme des „Lohnfonds" durch die Erwägung bewiesen wurde, der Arbeitslohn sei der Rest des Produkts nach Abzug des Gewinnes. All dies erschwert sehr das Verständniß der Ansichten

---

* A. a. O. S. 363.

Tschernischewsky's. Der Leser fragt, welches denn schließlich seine positive Meinung sei: zeigt die „Summe des Gewinnes" bei raschem Wachsthum des Kapitals und stationärer Bevölkerung die Tendenz, den Arbeitslohn zu verschlingen oder nicht? Diese Schwierigkeit, auf welche wohl jeder aufmerksame Leser der „Umrisse der politischen Oekonomie" gestoßen sein wird, löst sich sehr einfach. Während nämlich Tschernischewsky im Kapitel: „Gewinn" die Reproduktion des Kapitals außer Acht läßt, berücksichtigt er dieselbe im Kapitel: „Einfluß des ökonomischen Fortschritts auf den Arbeitslohn" und gelangt daher natürlich im letzteren Kapitel zu neuen Schlüssen. Zugleich aber hält er auch hier nach wie vor an seiner Werthformel fest, nur daß er dieselbe jetzt in ihrer Bewegung, nicht, wie vorher, in abstrakt starrer Form betrachtet. Insofern er nun das Gebiet der Abstraktion verläßt, kommt er auch der Wahrheit näher. Wir sagen: insofern, denn seine Werthformel selbst ist nichts anderes, als eine irrthümliche Abstraktion. Obwohl er also dieselbe nunmehr von einem richtigeren Standpunkte aus analysirt, gelangt er dennoch zu einem durchaus irrthümlichen Schluß. — In Wirklichkeit wird das Wachsthum des nationalen Kapitals bei Weitem nicht immer von einer steigenden Nachfrage nach Arbeitskraft begleitet. Diese Nachfrage hängt ab nicht von der Gesammtsumme des Kapitals, sondern von der Summe des variablen Kapitals, d. h. eben des zum Ankauf von Arbeitskraft verwendeten Kapitals. Nimmt mit der Vergrößerung der Gesammtsumme des Kapitals dessen variabler Bestandtheil ab, so wird die Nachfrage nach Arbeitskraft sinken. Die Statistik der westeuropäischen Länder, insbesondere Englands, beweist unwiderleglich, daß auf einer gewissen Entwicklungsstufe des Kapitalismus das Wachsthum des Kapitals parallel mit dem Wachsthum einer relativ überschüssigen Arbeiterbevölkerung vor sich geht. Eigentlich gab Tschernischewsky selbst die Möglichkeit einer solchen Erscheinung vollkommen zu. Er hält an der Terminologie fest, welche das Kapital eintheilt in „umlaufendes, welches durch Eine Produktionsoperation konsumirt und reproduzirt wird, und in stehendes, welches zu einer

ganzen, langen Reihe von Produktionsoperationen dient." Dem
Sinne dieser Eintheilung gemäß bildet das Kapital, welches heut=
zutage variables genannt wird, oder — nach Tschernischewsky's
Ausdrucksweise — „die Verpflegung der Arbeiter" einen bedeuten=
den, ja sogar „einen Hauptbestandtheil des umlaufenden Kapi=
tals". Mit der Entwicklung der Maschinenproduktion verwandelt sich
ein Theil des umlaufenden Kapitals in stehendes, „und das be=
deutet, daß die Verpflegungssumme, welche von den Arbeitern
jährlich konsumirt und reproduzirt wurde, aus dem Kreis ihrer
Konsumtion fällt, um in der Folge nur noch in weit kleineren
Theilen reproduzirt zu werden".* Daraus geht schon bis zur
Evidenz hervor, daß das Wachsthum des Kapitals je nach den
Umständen ebenso wohl zur Verminderung als zur Vergrößerung
des „Lohnfonds" führen kann. Allein Tschernischewsky zieht
aus diesem außerordentlich wichtigen Satz gar keine weiteren
Schlüsse. Er beschränkt sich dabei auf folgende Bemerkung:
„Ohne Nachtheil für die Arbeiter kann zum stehenden Kapital
blos der Ueberschuß der neuen Jahresersparnisse geschlagen wer=
den, welcher nach voller Reproduktion des früheren umlaufenden
Kapitals, vergrößert durch einen dem Zuwachs der Landesbevöl=
kerung entsprechenden Zuschuß, übrig bleibt."** Letztere Be=
merkung finden wir in seiner Analyse der Mill'schen Ansichten
über „Arbeit und Kapital als Elemente der Produktion". In
der Lehre von der Vertheilung, welche er völlig unabhängig
von der Produktion behandelt, ignorirt er dagegen, wie wir ge=
sehen haben, nicht nur das Verhältniß des stehenden Kapitals
zum umlaufenden, sondern auch die Existenz selbst sowohl des
stehenden als auch desjenigen Theils des umlaufenden Kapitals,
welcher nicht zum Ankauf von Arbeitskraft verwendet wird. Hier
reduzirt er das ganze Kapital auf die „Erhaltungskosten der
Arbeiter". Deshalb kann hier von einer Veränderung der rela=
tiven Größe der Bestandtheile des Kapitals nicht einmal die Rede

---

* Werke, 3. Band, S. 160, 161.
** A. a. O. S. 161.

sein. — Aber auch in der Lehre von der Vertheilung findet man keine systematische Zusammenfassung seiner Ansichten über den Mehrwerth. Im Kapitel: „Gewinn" macht er zur bürgerlichen Lehre vom Mehrwerth die uns bereits bekannte, von ihm für wichtig gehaltene Ergänzung. Und im Kapitel: „Einfluß des ökonomischen Fortschritts auf den Arbeitslohn" vergißt er seine Ergänzung so sehr, daß er eben dieselben Ansichten der bürger= lichen Oekonomen über die Bewegung des Mehrwerths wieder= holt, welche durch jene „Ergänzung", sollte man meinen, endgiltig widerlegt wurden.

Das konnte gar nicht anders sein. Nicht umsonst wird die Werththeorie als der Eckstein der Wissenschaft von der bürger= lichen Wirthschaft betrachtet. Tschernischewsky konnte nicht die bürgerliche Lehre vom Mehrwerth einer gründlichen Kritik unter= werfen. Die Möglichkeit einer solchen Kritik wurde schon durch sein Verhalten zur bürgerlichen Oekonomie ausgeschlossen. Denn indem er die bürgerlichen Oekonomen bekämpfte, nahm er zugleich all' ihre Haupt=„Theoreme" vollständig und ohne jegliche Prüfung hin, wobei er auch diese Theoreme nicht den Klassikern der bürger= lichen Oekonomie, sondern dem nebelhaften, widerspruchsvollen Mill entlehnte. Zu Mill's Theorien machte er denn auch seine Ergänzungen. Diesen Ergänzungen lagen zwar oft sehr wichtige und geistreiche Gedanken zu Grunde, Gedanken, die sowohl Tschernischewsky's Geist, wie auch seine warmen Sympathien für die Arbeiterklasse eindringlich bezeugen. Aber er hörte dabei nicht auf — noch konnte er aufhören —, Utopist zu sein. Seine Ergänzungen tragen ein durchaus utopisches Gepräge an sich. Im weiteren Verlauf der Darstellung gerathen sie nun in Kon= flikt mit den Haupt=„Theoremen" und verlieren bald jeden Einfluß auf den Gedankengang des Verfassers, so daß dieser in den folgenden Kapiteln nothgedrungen die Ansichten der bürger= lichen Oekonomen wiederholen muß, die er in den vorhergehen= den Kapiteln so glänzend, mit so viel Feuer, Ironie und Geist widerlegt zu haben schien. Wie sehr ihm bei alledem seine ab= strakte hypothetische Methode schadete, die ihn die ökonomischen

Erscheinungen außerhalb ihres gegenseitigen lebendigen Zusammen=
hangs, eine nach der anderen und unabhängig von der anderen,
betrachten läßt, — darauf haben wir bereits wiederholt hin=
gewiesen. Es fällt schwer, irgend etwas vermittelst dieser Methode
zu entdecken, bemerkten wir an einer früheren Stelle. Wir wollen
jetzt hinzufügen — und der Leser wird uns hoffentlich darin
beistimmen, — daß diese Methode leicht zu einer Menge der
sonderbarsten Irrthümer führen kann. Eingenommen für die
„mathematische" Methode wie er war, verstieg sich Tscherni=
schewsky in seinen Ergänzungen zu Mill zu den unmöglichsten
Abstraktionen, alle thatsächlichen Produktionsverhältnisse außer Acht
lassend. Er stützte sich einzig auf die Mathematik, beziehungs=
weise auf die Zinseszinsen=Rechnung und etwa noch auf die Regel
der Subtraktion. Er verfiel sozusagen in eine Art ökonomischen
Pythagoräismus, indem er die Ursachen der ökonomischen Er=
scheinungen in „mathematischen Gesetzen" suchte. Aber die
Mathematik ist nicht im Stande, — noch auch macht sie darauf
Anspruch, — die Ursachen des gesellschaftlichen Lebens oder der
Natur klarzulegen. Sie hilft uns blos die quantitative Seite der
Wirksamkeit dieser Ursachen abschätzen. Die Kraft des Lichtes
steht in umgekehrtem Verhältniß zu den Quadraten der Ent=
fernungen. Erklärt nun etwa die Mathematik die Ursache dieser
Erscheinung? Nein, sie hilft uns nur deren Gesetz formuliren,
und überläßt der Physik, auf alle die „Warum?" zu antworten,
welche im Kopfe eines wißbegierigen Menschen entstehen können.
Versucht nun die Physik ihr „Darum" zu sagen, so kommt ihr
allerdings dabei die Mathematik sehr dienstbereit zu Hilfe, sie
überläßt aber wiederum das entscheidende Wort der Physik. Die=
selbe Rolle kommt der Mathematik auch in der politischen Oeko=
nomie zu, wo es sich um ökonomische Erscheinungen handelt.
Die Mathematik ist eine sehr ehrenwerthe, sehr nützliche und sehr
dienstbereite Wissenschaft. Man soll aber nicht ihre Dienstbereit=
schaft mißbrauchen, ihr nicht solche Aufgaben stellen, die sie nicht
lösen kann. Sonst rächt sie sich in grausamer Weise, indem
sie den Forscher zu ungeheuerlichen Abstraktionen verleitet, die er

schwer loswerden kann ohne das rechtzeitige Eingreifen der Wissen=
schaft, in deren Gebiet die betreffende Erscheinung gehört. Uebrigens
ist eine derartige Nachsucht nicht der Mathematik allein, sondern
auch allen übrigen Wissenschaften in höchstem Grade eigen. So
kamen z. B. Gelehrte, die sich mit Geschichtsphilosophie befaßten,
mitunter auf den Gedanken, die Lösung der Frage nach dem
Einfluß der Natur auf die Entwicklung der gesellschaftlichen Ver=
hältnisse in den Gesetzen der Physiologie — theilweise der vege=
tativen, am meisten aber der Nerven=Physiologie — zu suchen.
Was kam denn aber dabei heraus? Gescheidte Köpfe, wie z. B.
Montesquieu, redeten sich in einen furchtbaren, rein kindischen
Unsinn hinein, — welcher freilich noch heutzutage hie und da
von ebenfalls ziemlich verständigen Leuten wiederholt wird, aber
in Wirklichkeit der Lösung jener im höchsten Grade wichtigen
wissenschaftlichen Frage nur hinderlich ist. Dieser Unsinn mußte
eben naturgemäß zum Vorschein kommen, sobald man an die
Physiologie historische Fragen zu stellen begann, mit welchen sie
in keinem direkten Zusammenhang steht, noch auch stehen kann,
sobald man die „Darum" der Physiologie auf ganz un=
passende Fälle anzuwenden begann.

Die mathematische Möglichkeit einer gegebenen Erscheinung
bürgt noch keineswegs dafür, daß dieselbe auch in der Natur
oder im Gesellschaftsleben möglich ist. Tschernischewsky wußte
dies wohl und suchte dies sehr geistreich zu beweisen. So bemerkt
er z. B. anläßlich des Buches des deutschen Gelehrten Süßmilch,
auf welches sich Malthus zu stützen suchte: „Süßmilch hat unter
Anderem den Mathematiker Euler, Tabellen über das Wachs=
thum der Bevölkerungszahl bei verschiedenen Verhältnißzahlen
von Geburten und Todesfällen zusammenzustellen. Je nach den
genommenen Zahlen berechnete nun Euler sehr verschiedene Peri=
oden für die Verdoppelung der Bevölkerung — von etwa sechs=
hundertjährigen bis zu etwa siebenjährigen Perioden. Natürlich
könnte man noch viel kürzere Perioden herausrechnen. Anders
verhält sich die Sache, wenn man fragt, welchen Vermehrungssatz
der Bevölkerung der Bau des menschlichen Organismus selbst

zuläßt. Kann man denn annehmen, daß die Menschen in Wirklichkeit — unter welchen Bedingungen immer — jährlich um 10, oder um 8, oder auch nur um 5 Prozent sich vermehren könnten? Nicht darum aber war es Süßmilch zu thun; er wollte blos Tabellen über die Verdoppelung der Bevölkerung haben, berechnet nach Zinseszinsen bei verschiedenem Prozentsatz der Vermehrung. Ebenso wohl hätte er Euler bitten können, zu berechnen, wie viel Nahrung ein Mensch täglich bei gegebener verschiedener Körpergröße brauchen würde, von 1 Fuß bis 20 Faden. ... Mit einem Wort, Euler löste im angeführten Falle eine Aufgabe, wie man deren so häufig in Lehrbüchern der Mathematik oder der Physik findet. ... In allen solchen Fällen hat der Mathematiker gar nicht zu untersuchen, ob die Voraussetzungen der Aufgabe auch wirklich existiren können: es versteht sich von selbst, daß die Mathematik blos die Zahlen gruppirt, ohne irgendwie deren Realität zu verbürgen. Stellen· wir uns aber vor, daß ein Mensch, der diese selbstverständliche Voraussetzung vergessen oder gar nicht kennen gelernt hätte, die mathematischen Lösungen solcher Aufgaben zu Gesicht bekäme, daß er sich daher einbildete, der Verfasser der algebraischen Lehrbücher habe nicht einfach Zahlen gruppirt, sondern direkt behauptet, alle jene Lösungen könnten thatsächlich verwirklicht werden. Welch' merkwürdige Theorien könnten nicht im Kopfe eines solchen Menschen entstehen! ... Nun, etwas Aehnliches passirte eben Malthus. Nachdem er die Zahlen der Euler'schen Tabellen sich angesehen, kam er ohne Weiteres auf den Gedanken, die Bevölkerung könne sich in einem Zeitraum von 25, 20, 15, 10 Jahren, ja noch rascher verdoppeln, als dies in den Euler'schen Tabellen angegeben. Wäre nicht seine ganze Aufmerksamkeit auf den Gedanken gerichtet, einen Beweis gegen die Theorie Godwin's* zu führen, so hätte er sicherlich einen so überstürzten Fehler

---

* Bekanntlich schrieb Malthus seinen „Essay on Population" in der Absicht, die damaligen „Gleichheitssysteme", hauptsächlich Godwin's Ansichten, dargelegt in dessen Buch „Political Justice" (Ueber politische Gerechtigkeit), zu widerlegen.

nicht begangen; allein in den bei Süßmilch angeführten Euler'schen Tabellen erblickte er den von ihm gesuchten Beweis, Euler's Name verbürgte die Richtigkeit der Berechnung, — was brauchte er da noch mehr?"* Alles das ist sehr gut gesagt, indeß wollen wir aber, die Frage, was Malthus passirte, vorläufig bei Seite lassend, bemerken, daß gerade „etwas Aehnliches" Tscherni= schewsky selbst passirte. Indem er nämlich Mill's Lehre vom Mehr= werth ergänzte, that er eben weiter nichts als „Zahlen gruppiren", wobei er gänzlich von der ökonomischen Wirklichkeit absah. Und zwar passirte ihm dies bis zu einem bedeutenden Grade aus demselben Grunde, aus welchem er selbst den überstürzten Fehler des Malthus erklärte: er verfolgte eben ausschließlich einen polemischen Zweck, ge= leitet von dem einzigen Wunsch, die Schattenseiten der bestehenden Ordnung hervorzuheben. Die Mathematik schien für die Richtigkeit aller seiner Berechnungen zu bürgen. So begnügte er sich denn auch mit dieser Bürgschaft. Wie und warum aber die thatsächliche Bewegung des Mehrwerths vor sich geht, — das zu untersuchen kam ihm nicht in den Sinn.

Die Analyse der Malthus'schen Lehre geht bei Tscherni= schewsky der Untersuchung über den Gewinn voraus. Er begeht also denselben Fehler, den er Malthus vorwirft, und zwar nach= dem er bereits dies gethan. Wir werden auch sehen, daß er jenen Fehler nicht nur in der Untersuchung über den Gewinn begeht: sein Haupteinwand gegen Malthus beruht ebenfalls auf einer ähnlichen mathematischen Abstraktion.

Tschernischewsky will nicht den Leser durch „kuriose Be= rechnungen" ergötzen, die beweisen, daß, „hätte Adam Einen Kopeken in einer Bank deponirt, Jedermann von uns heutzutage für seinen Theil von jener Bank eine Geldmasse zu fordern hätte, die bei Weitem den Inhalt eines kugelförmigen Sackes übersteigen würde, dessen Durchmesser demjenigen des ganzen Sonnensystems gleich wäre."** Warum nicht? Weil die ökono=

---

* A. a. O. S. 194—196.
** Werke, 4. Band, S. 181, 182.

mische Absurdität der Berechnung allzu sehr in die Augen fällt. In der Anwendung auf die Thatsachen des modernen ökonomischen Lebens findet dagegen Tschernischewsky eine ganz ähnliche Berechnung nicht nur nicht absurd, sondern durchaus stichhaltig. Und doch besteht der ganze Unterschied blos in der Länge der Zeiträume. „Damit unser Fassungsvermögen die sich bei der Berechnung ergebenden Zahlen bewältigen könne" — sagt Tscherni= schewsky in der Einleitung zu seiner Tabelle, — „müssen wir uns auf einen der Lebensthätigkeit einer Generation entsprechen= den Zeitraum, auf 30 Jahre beschränken."* Indeß eine haltlose Berechnung gewinnt nichts an Ueberzeugungskraft dadurch, daß man sie auf einen noch so kurzen Zeitraum anwendet, — nur daß wir in diesem Falle uns eher über ihre Unrichtigkeit hinwegtäuschen, während bei langen Zeiträumen die Zahlen selbst durch ihre absurd=ungeheuerliche Größe uns zur Wirklichkeit zurückführen. Darin der ganze Vortheil (oder auch Nachtheil) der Annahme kurzer Zeiträume.

In der ganzen Berechnung Tschernischewsky's findet man nur einen einzigen Hinweis auf die ökonomische Wirklichkeit, nämlich dort, wo er davon spricht, daß einzelne Kapitalien mit= unter sehr rasch „in geometrischer Progression" wüchsen: „Ein Mann, der im zwanzigsten Lebensjahr ein Handelsgeschäft mit lumpigen hundert Rubel angefangen hat, wird im fünfzigsten Lebensjahr ein Millionär." Es dürfte aber doch kaum nöthig sein, heutzutage noch daran zu erinnern, daß das Wachsthum einzelner, insbesondere Handelskapitalien, durch Veränderungen in der Vertheilung des nationalen Einkommens und des Nationalreichthums überhaupt hervorgerufen werden kann, ohne zugleich vom Wachsthum der Gesammtsumme des nationalen Kapitals, folglich auch der Gesammtsumme des „Gewinnes", begleitet zu sein. Dagegen läßt sich das Wachsthum des National= reichthums der kapitalistischen Länder nicht anders erklären, als aus den Bedingungen der Reproduktion des Kapitals.

---

* A. a. O. S. 183.

Tschernischewsky nimmt in seiner Tabelle an, der ursprüng=
liche „Gesammtertrag" von 10000 wachse nach 60 Jahren auf
360000 an, und dies erscheint ihm möglich nicht nur bei wachsender,
sondern auch bei stationärer Bevölkerung, d. h. bei gleichbleibender
Arbeiterzahl. Was stellen aber die verschiedenen Zahlen der
Rubrik „Gesammtertrag" dar? Doch wohl nichts anderes als
den Werth dieses Ertrages, den Werth des Produkts. Der Werth
wird nun aber durch die Arbeit geschaffen. Wenn der Werth
der Waare A um 36 Mal größer ist als der Werth der
Waare B, so bedeutet dies, daß zur Herstellung der Waare B um
36 Mal weniger Arbeit erforderlich ist, als zur Herstellung der
Waare A. Wenn also bei gleichbleibender Arbeiterzahl der Werth
des von den Arbeitern hergestellten Produkts um 36 Mal größer
wird, so bedeutet dies, daß jeder einzelne Arbeiter jetzt auf das
Produkt um 36 Mal mehr Arbeit verausgabt als ursprünglich.*
Letzteres ist aber schlechterdings unmöglich ohne Vergrößerung
der Intensität der Arbeit und ohne Verlängerung des Arbeits=
tages. Tschernischewsky spricht nun von alledem kein Wort.
Noch mehr. Wie Mill, Ricardo und so viele andere Oekonomen,
betrachtet auch er stillschweigend die Länge des Arbeitstages und
die Intensität der Arbeit überall als konstante Größen.** Bei
gleichbleibender Intensität der Arbeit und gleichbleibender Länge
des Arbeitstages bleibt aber der Werth des von einer gegebenen
Arbeiterzahl hergestellten Produkts unveränderlich. Wie konnte
denn dies Tschernischewsky entgehen? Die Sache erklärt sich
daraus, daß er sich selbst schwerlich darüber klar war, was er
im Auge hatte, wenn er vom Wachsthum des „Gesammtertrages"
der Summe des Produkts, sprach: ob den Werth des Produkts
oder den in demselben dargestellten stofflichen Reichthum.
Uebrigens war von dem abstrakten Standpunkte aus, den er bei

---

* Es sei noch einmal daran erinnert, daß Tschernischewsky den im
Werth des Produkts reproduzirten Werththeil des konstanten Kapitals außer
Acht läßt.

** Daher kam er auch nicht auf den Gedanken von der Nothwendig=
keit eines gesetzlichen Normalarbeitstages.

der Zusammenstellung seiner Tabelle einnahm, nicht einmal die Nothwendigkeit einer strengen Auseinanderhaltung dieser beiden grundverschiedenen Begriffe einzusehen.

Noch eine und letzte Bemerkung. Wenn Tschernischewsky den Oekonomen der Smith'schen Schule vorwirft, sie hätten die Eigenschaft des Gewinnes, nach Zinseszinsen zu wachsen, übersehen, so drückt er seinen eigenen Gedanken unrichtig aus. In seiner Tabelle wächst ja auch der „Gesammtertrag" nach Zinseszinsen. Und wenn der Gewinn nichtsdestoweniger — nach der Tabelle — den ganzen Ertrag verschlingt, so einzig deshalb, weil der Prozentsatz des Wachsthums des Gewinnes größer ist als derjenige des Wachsthums des „Gesammtertrages". Es kommt also nicht auf die Progression, sondern auf den Quotienten derselben an. — Man könnte wohl solche Kleinigkeiten unerwähnt lassen; wir werden aber noch sehen, daß die ungenaue Ausdrucksweise unseres Verfassers nicht selten keineswegs unerhebliche Folgen nach sich zog, indem sie zu Irrthümern in seinen Erörterungen führte.

Indeß, wie gesagt, der Grundgedanke, den Tschernischewsky zu begründen suchte, ist vollkommen richtig. Mit der Entwicklung des Kapitalismus wird der Antheil des Arbeitslohnes am Nationalprodukt wirklich immer geringer. Jetzt ist das aufs Ueberzeugendste bewiesen, aber freilich nicht mit Hilfe der Arithmetik, sondern der Statistik. Die Statistik müssen denn diejenigen auch zu Rathe ziehen, die von der Richtigkeit des Gesagten sich überzeugen wollten. Wer aber, ohne an der Thatsächlichkeit dieser Erscheinung zu zweifeln, dafür eine befriedigende Erklärung finden wollte, müßte die Frage nach dem relativen Wachsthum des Mehrwerths unter dem Gesichtspunkt der sich verändernden Bedingungen der Reproduktion des Kapitals, der Beziehungen zwischen Arbeitern und Kapitalisten betrachten. Der „Gewinn" (Mehrwerth) hat das Bestreben, „den Arbeitslohn zu verschlingen", weil eben mit der Entwicklung des Kapitalismus die Stellung der Unternehmer gegenüber den Arbeitern eine immer günstigere wird. „Das rasche Wachsen des Kapitals ist die günstigste

Bedingung für die Lohnarbeit: der Arbeiter büßt zuerst und am fühlbarsten für jeden Stillstand in der geschichtlichen Entwicklung des Kapitalismus." Und dennoch: „Wächst das Kapital rasch, so wächst ungleich rascher die Konkurrenz unter den Arbeitern, d. h. desto mehr nehmen verhältnißmäßig die Beschäftigungsmittel, die Lebensmittel für die Arbeiterklasse ab."* Das Wachsen der Gesammtsumme des Kapitals wird von einer Abnahme seines variablen Bestandtheils begleitet und zu gleicher Zeit wächst, selbst abgesehen vom Wachsthum der Bevölkerung, das Angebot von Arbeitskraft: neben den Erwachsenen erscheinen auf dem „Arbeitsmarkt" Kinder, neben den Männern — Frauen. Die Konkurrenz unter den Verkäufern von Arbeitskraft drückt nunmehr deren Preis unter ihren Werth herunter. Die Kapitalisten schwimmen in Wonne. Die „Hände" sind billig und gefügig. Die Ausbeutung der Arbeiter wächst in unerhörtem Grade. Auf der Ausbeutung aber beruht die Bereicherung der Kapitalisten. Mit der wachsenden Ausbeutung wächst auch die Rate des Mehrwerths, — dieser macht einen immer größeren Theil des Nationalprodukts aus. Damit jedoch noch nicht genug. Wir haben gesagt, der Preis der Arbeitskraft falle unter ihren Werth. Wäre dem aber auch nicht so, würde der Kapitalist die Arbeitskraft nach ihrem wirklichen Werth bezahlen, so wäre auch dann eine verhältnißmäßige Abnahme des Antheils der Arbeiterklasse am Nationalprodukt unvermeidlich. Mit der Entwicklung des Kapitalismus steigt die Produktivität der Arbeit, d. h. wird der Lebensunterhalt des Arbeiters wohlfeiler. Und da nun der Werth der Arbeitskraft durch den Werth des Lebensunterhalts ihres Trägers bestimmt wird, so ist es klar, daß mit steigender Produktivität der Arbeit der nach Abzug des Werths der Arbeitskraft dem Kapitalisten zufallende Theil des Nationalprodukts wachsen muß. In dem Maße also, wie sich der Kapitalismus entwickelt, verschieben sich die Produktionsverhältnisse immer mehr und mehr zu Gunsten der Kapitalisten und zu Ungunsten der

---

* Karl Marx, „Lohnarbeit und Kapital", S. 36.

Arbeiter. Wenn also der Gewinn den Arbeitslohn verschlingt, so liegt die Ursache dieser Erscheinung in den Beziehungen der Menschen zu einander, und nicht in den Eigenschaften der Dinge, auch nicht im Charakter dieser oder jener ökonomischen Kategorie. Wenn wir sagen, der Gewinn besitze die Eigenschaft, in dieser oder jener Progression zu wachsen, sprechen wir damit blos in bestimmter Weise eine ökonomische Thatsache aus, ohne dieselbe im Geringsten zu erklären. Manche bürgerliche Oekonomen begnügten sich in ihren Erörterungen über den Tauschwerth mit dem Hinweis darauf, daß die Dinge die Eigenschaft besäßen, sich gegen einander in bestimmter Proportion auszutauschen. Der Tauschwerth wurde auf diese Weise als eine Eigenschaft der Dinge hingestellt. Tschernischewsky sucht nun seinerseits die Ursache der relativen Abnahme des Arbeitslohnes in den Eigenschaften des Gewinnes, d. h. in den Eigenschaften einer ökonomischen Kategorie. Allein die ökonomischen Kategorien selbst drücken eben nichts anderes aus, als die gegenseitigen Beziehungen der Menschen oder ganzer Klassen zu einander innerhalb des gesellschaftlichen Produktionsprozesses. Die ökonomische Wissenschaft betrat erst dann den richtigen Weg, als sie dies einsah, und zur Untersuchung jener gegenseitigen Beziehungen schritt, die hinter den angeblichen Eigenschaften der Dinge und den geheimnißvollen Eigenschaften der ökonomischen Kategorien versteckt sind. Freilich hatten von der Nothwendigkeit dieses hochwichtigen Schrittes in der Entwicklung der ökonomischen Wissenschaft weder J. S. Mill, noch dessen Uebersetzer und Kritiker Tschernischewsky eine Ahnung.

Kehren wir nun zur Frage des Mehrwerths zurück. Wir haben bemerkt, daß in dem Maße, wie sich der Kapitalismus entwickelt, die Rate des Mehrwerths steigt. Tschernischewsky, der denselben Satz im Kapitel: „Gewinn“ zu beweisen suchte, behauptet in den folgenden Kapiteln, der industrielle Fortschritt habe ein Sinken des Gewinnes zur Folge: „In den vorgeschrittenen Ländern ist der Gewinn im Allgemeinen dem Minimum sehr nahe, und sobald dieses Minimum erreicht wird, hört das Kapital auf zu wachsen, es tritt die sogenannte Stagnation

ein."* — Dies die endgiltige Schlußfolgerung unseres Verfassers.
Wir haben bereits gesagt, daß dieselbe der Wirklichkeit wider=
spricht. Um uns jedoch über Tschernischewsky's Ansicht allseitig
klar zu werden, müssen wir seine Lehre vom Gewinn mit seiner
Lehre von der Grundrente vergleichen.

———————

In der Lehre von der Grundrente hält Tschernischewsky
offenbar streng an den Ansichten Ricardo's fest. Er spottet über
den Versuch Carey's, die Theorie des berühmten englischen
Oekonomen zu widerlegen. Indem er aber Ricardo's Lehre
darlegt und vertheidigt, verliert er auch sein Hauptziel nicht aus
den Augen, — die Hervorhebung der Schattenseiten der bestehen=
den ökonomischen Ordnung. So bemerkt er, daß der Grund=
besitzer in der Form der Grundrente sich das Produkt fremder
unbezahlter Arbeit aneigne: „Wenn man will, kann man be=
weisen, daß die Rente keinen Bestandtheil der Produktionskosten,
keine neue Auslage darstellt, sondern blos eine Arbeitsersparniß,
wie sie bessere Arbeitsbedingungen gegenüber schlechteren ermög=
lichen. Dies Alles auch zugegeben, bleibt doch die Rente nichts=
destoweniger ein Theil des Produkts; löst sie sich vom Arbeitslohn
los, so bedeutet dies, daß der Antheil des Produzenten am Pro=
dukt genau um den Betrag verringert wird, der von dem Produkt
für die Rente in Abzug gebracht wird."** Das ist allerdings
vollkommen richtig. Wenn aber Tschernischewsky fast unmittelbar
darauf sagt, daß „die Rente, in ähnlicher Weise wie der Gewinn,
die Tendenz zeigt, einen immer größeren Theil des Produkts zu
verschlingen", daß also „die Rente gegenüber dem Gewinn und
Arbeitslohn genau dieselbe Rolle spielt, wie der Gewinn gegen=
über dem Arbeitslohn", — so offenbart er damit eine bedeutende
Unklarheit seiner ökonomischen Begriffe. In der That, in seiner
Untersuchung über den Gewinn hatte er nicht den eigentlichen Unter=

———————

* A. a. O. S. 366.
** A. a. O. S. 200.

nehmergewinn im Auge, sondern den ganzen Mehrwerth überhaupt, und er fügt dort selbst erklärend hinzu, daß die Rente dabei nicht in Betracht kommt, da sie selbst „blos einen Zuschuß zum Gewinn bedeutet, welcher in einigen Fällen in gewissen Produktionszweigen erzielt wird". Und die Grundrente ist auch wirklich weiter nichts als ein Theil des Mehrwerths. Ist dem aber so, muß die Bemerkung Tschernischewsky's über das Wachsthum der Rente folgendermaßen ausgedrückt werden: Das Wachsthum eines Theiles des Mehrwerths, der Grundrente, führt zur Verminderung desjenigen Theiles des Produkts, welcher — nach Abzug der Grundrente — den ganzen Mehrwerth überhaupt, d. h. die Grundrente und den Unternehmergewinn, sowie den Arbeits= lohn darstellt. Das ist eine augenfällige Absurdität, deren Ent= stehung sich eben nur daraus erklären läßt, daß Tschernischewsky im Kapitel über die Grundrente unter „Gewinn" nicht mehr den ganzen Mehrwerth überhaupt, sondern blos den sogenannten Unternehmergewinn, d. h. wiederum blos einen Theil des Mehr= werths versteht. Aber auch in diesem Falle ist seine Bemerkung über die Tendenz der Rente nicht ganz verständlich. Denn er durfte doch nicht die Tendenz der Rente der Tendenz des Unter= nehmergewinnes zur Seite stellen, da ja das von ihm über das Wachsthum des Mehrwerths Gesagte nicht ohne Weiteres auf den Unternehmergewinn anwendbar ist. Man sieht also, daß Tschernischewsky, indem er mit dem Worte „Gewinn" zwei durchaus verschiedene Begriffe verbindet, ohne daß er es merkte — und daher auch ohne jegliche Einschränkungen, — von dem einen Begriff zum anderen übergeht, wodurch er Verworrenheit sowohl in die Darlegung, wie auch selbst in die Untersuchung des Gegen= standes hineinträgt. Angesichts dieser seiner ungenauen Ausdrucks= weise kommt unwillkürlich der Gedanke auf, ob er sich vielleicht nicht widerspricht, indem er, den „Einfluß des ökonomischen Fortschritts auf den Arbeitslohn" betrachtend, dem Gewinn eine „sinkende Tendenz" zuschreibt: vielleicht meint er damit nicht den ganzen Mehrwerth überhaupt, sondern blos das Einkommen der Unternehmer. Um keinen Zweifel darüber zu lassen, wollen wir

— 295 —

die diesbezüglichen Worte unseres Verfassers anführen: „Bliebe bei wachsendem Kapital die Bevölkerung stationär, so würde der Arbeitslohn steigen; folglich würde das Prozentverhältniß des Gewinnes zum verausgabten Kapital immer kleiner und kleiner werden, da der Gewinn den Rest des Produkts nach Abzug des Arbeitslohnes darstellt. Vermehrte sich aber die Bevölkerung, so müßte die Menge der Nahrungsmittel vergrößert werden, d. h. man müßte zur Bebauung weniger fruchtbaren Bodens schreiten, die landwirthschaftliche Arbeit würde weniger produktiv und somit auch in diesem Falle der dem Unternehmer nach Abzug der Ausgaben für den Unterhalt der Arbeiter zufallende Theil verringert."* Hier wird, wenn wir nicht irren, unter „Gewinn" der Mehrwerth überhaupt verstanden, d. h. der Theil des Produkts, welchem Tschernischewsky die Eigenschaft zuschreibt, in geometrischer Progression zu wachsen. Aber auch dann, wenn man hier wider Erwarten unter „Gewinn" das Einkommen der Unternehmer verstehen müßte, würde unser Verfasser dennoch sich selbst widersprechen. Das Sinken des Gewinnes erweist sich hier unvermeidlich selbst dann, wenn die Bevölkerung stationär bleibt, die Nachfrage nach Nahrungsmitteln nicht steigt, der Ackerbau sich nicht auf weniger fruchtbaren Boden wirft und daher die Grundrente nicht wächst. Der Gewinn sinkt einzig und allein in Folge der gestiegenen Nachfrage nach Arbeit und der Erhöhung des Arbeitslohnes. Letztere wird also hier von Tschernischewsky als eine unvermeidliche Folge des Wachsthums des Kapitals betrachtet, — während er früher nachzuweisen suchte, daß selbst bei stationärer Bevölkerung das Wachsthum des Kapitals nicht das Sinken des Gewinnsatzes, sondern die Abnahme des „Lohnfonds" bedeute.

Was versteht aber Tschernischewsky unter dem Ausdruck: Gewinnsatz, Rate des Gewinnes? Da er das Wort „Gewinn" mit zwei verschiedenen Begriffen verbindet, so hat bei ihm auch der Ausdruck Gewinnsatz einen doppelten Sinn: mitunter be-

* A. a. O. S. 363.

deutet er das Verhältniß der Gesammtsumme des Mehrwerths
zum Kapital, mitunter aber blos das Verhältniß des eigentlichen
Unternehmergewinns zum Kapital. Das ist selbstverständlich. Es
fragt sich nun aber, von welchem Kapital denn Tschernischewsky
spricht? Wenn in jedem gegebenen Produktionsprozeß sämmtliche
Auslagen des Unternehmers „in nichts als Arbeitslohn bestehen",
so verwandelt sich das ganze Kapital in das, was heutzutage
variables Kapital genannt wird. Daher verstand unser Verfasser,
zuweilen wenigstens, unter dem Ausdruck Gewinnsatz genau das=
selbe, was heutzutage darunter verstanden wird, nämlich das
Verhältniß des Mehrwerths zum Werth der Arbeitskraft. Nun,
von diesem „Gewinnsatz" darf man entschieden sagen, daß
er mit dem Fortgang der ökonomischen Entwicklung nicht nur
nicht sinkt, sondern stetig steigt. Wenn hingegen Tscherni=
schewsky, vom „Gewinnsatz" sprechend, sich daran erinnerte, daß
in Wirklichkeit bei weitem nicht alle Auslagen des Unternehmers
sich auf Arbeitslöhne zurückführen lassen, wenn er das konstante
Kapital in Erwägung zog, so muß in diesem Falle bemerkt
werden, daß ein Sinken des „Gewinnsatzes" sehr wohl mit dem
Steigen des Ausbeutungsgrades Hand in Hand gehen kann. Um
dies zu erläutern, wollen auch wir von einer „Hypothese" Ge=
brauch machen. Nehmen wir an, das konstante und das variable
Kapital seien je zehn Einheiten gleich; der Mehrwerth betrage
ebenfalls zehn Einheiten. Die Gesammtsumme des Kapitals ver=
hält sich zum Mehrwerth wie 20 zu 10. Folglich beträgt der
„Gewinnsatz" (10 : 20) 50 Prozent. Nehmen wir ferner an,
unser Kapital wachse, wobei dessen Wachsthum von einer Ver=
änderung der verhältnißmäßigen Größen seiner Bestandtheile be=
gleitet sei: das konstante Kapital betrage alsdann 35, das variable,
wie vorher, 10 Einheiten; der Mehrwerth aber sei auf 15 Ein=
heiten angewachsen. Der „Gewinnsatz" beträgt nunmehr (15 : 45)
$33\frac{1}{3}$ Prozent. Er ist also, wie man sieht, gesunken, aber zu=
gleich ist der Ausbeutungsgrad sehr bedeutend gestiegen: während
vorher die Arbeiter gegen einen Lohn von 10 Wertheinheiten
durch ihre unbezahlte Arbeit für die Unternehmer ebenfalls 10 Ein=

heiten produzirten, der Ausbeutungsgrad also (10 : 10) 100 Prozent gleich war, — ist er nunmehr auf (15 : 10) 150 Prozent
gestiegen. Die Kapitalisten erhalten jetzt einen verhältnißmäßig
viel größeren Theil des Jahresprodukts. Da aber das Prozent-
verhältniß dieses Theils zur Gesammtsumme des Kapitals bedeutend kleiner geworden ist, so könnte man auf den Gedanken
kommen, daß nunmehr nicht der „Gewinn die Tendenz verfolgt,
den Arbeitslohn zu verschlingen", sondern umgekehrt, der Arbeitslohn einen Theil des Mehrwerths verschlungen habe. Tschernischewsky hat die Möglichkeit einer solchen Kombination außer
Acht gelassen.

Was die Grundrente anbetrifft, so wächst diese, dem Sinne
der Ricardo'schen Theorie gemäß, einzig und allein deshalb, weil
immer schlechterer Boden in Anbau genommen wird. Letzteres
bedeutet aber — unter sonst gleichen Umständen — das Wachsen
des Werths des Lebensunterhalts des Arbeiters, d. h., mit anderen Worten, Wachsen des Werths der Arbeitskraft, — welch
letzteres gleichbedeutend ist mit Verminderung des Antheils der
Ausbeuter am nationalen Arbeitsertrag, folglich mit dem Sinken
des Grades der Ausbeutung und der Rate des „Gewinnes" (des
Mehrwerths). Tschernischewsky würde vollkommen recht haben,
wenn er sagte, das Wachsen der Grundrente, hervorgerufen durch
den Anbau weniger fruchtbaren Bodens, sei von einer relativen
Verminderung des Mehrwerths begleitet. Er sagt aber etwas
ganz Anderes. Aus seinen Worten geht hervor, daß die Rente
gleichzeitig mit einer relativen Vergrößerung des Mehrwerths,
aber noch rascher als letzterer wachse, — was eine sehr rasche
Verminderung des, den Unternehmern und Arbeitern zusammen-
genommen zufallenden Theils des Produkts zur Folge habe. Das
steht aber in Widerspruch mit seinen eigenen Voraussetzungen,
d. h. mit derselben Theorie Ricardo's, welche seinen Erörterungen
über den Einfluß des Wachsens der Grundrente auf die Vertheilung des nationalen Ertrages zu Grunde liegt.

Uebrigens müssen wir hier eine Einschränkung machen. Viele
bürgerliche Oekonomen betrachteten es als eine unumstößliche That-

sache, daß das Wachsthum der Bevölkerung und des Kapitals begleitet ist von einem allmäligen Sinken der Produktivität der landwirthschaftlichen Arbeit. Tschernischewsky dagegen erkennt dies nur bedingungsweise an. Er meint, dies wäre unbedingt der Fall nur dann, wenn im Ackerbau keine Verbesserungen statt= fänden. Diese thatsächlich stets stattfindenden Verbesserungen aber wirkten der steigenden Tendenz der Grundrente entgegen: „Die allgemeine Formel jeglichen Fortschritts lautet: Abschwächung der Macht der Ungleichheit.* In der landwirthschaftlichen Produktion wirkt jede Vervollkommnung in der Weise, daß sie die Produk= tivität der besser gestellten Betriebe erhöht, den weniger günstig gestellten Betrieben gewöhnlich in noch bedeutenderem Maße zu Gute kommt und jedenfalls die Möglichkeit mit sich bringt, die schlechtest gestellten Betriebe aufzugeben. Wenn beispielsweise in Folge der Einführung eines guten Pfluges anstatt des Haken= pfluges der Boden erster Güte fortan 12 Tschetwert Getreide anstatt der früheren 10 hervorbringt, so wird der Boden fünfter Güte in den meisten Fällen anstatt der früheren 6 nicht 8, son= dern 9 Tschetwert hervorbringen; jedenfalls aber wird in Folge der eingetretenen bedeutenden Vergrößerung des Ertrages der Ländereien der fünf ersten Sorten die Möglichkeit gegeben, den Boden sechster Güte, der blos 5 Tschetwert lieferte, nunmehr unbebaut zu lassen. Auf diese Weise wird der niedrigste Grad der Produktivität, der Grad, welcher die Rente bestimmt, bedeu= tend erhöht.“ **

Außerdem giebt es nach Tschernischewsky noch eine andere Kraft, die dem Wachsen der Grundrente entgegenwirkt. Diese Kraft liegt „in der Maßlosigkeit der steigenden Tendenz der Rente selbst: die Rente hat die Tendenz, Gewinn und Arbeitslohn zu

---

* Das ist selbstverständlich nicht richtig. Wir haben bereits an einer früheren Stelle diesen Gedanken zu widerlegen gesucht. Wir bemerken nur noch, daß manche russische „Soziologen“ noch heutzutage denselben Stand= punkt einnehmen in ihren Erörterungen über die Frage: „Was ist der Fortschritt?“

** A. a. O. S. 202.

verschlingen, d. h. das System der breigliedrigen Theilung des Produkts umzustoßen, dasselbe durch eine noch weniger befriedigende Ordnung der Dinge zu ersetzen, — eine Ordnung, worin Unternehmer und Arbeiter ihre Selbständigkeit verlieren, zu einem Anhängsel des Grundbesitzers, zu einem Bestandtheil seines Eigenthums herabsinken würden. In der bestehenden Ordnung zeigt der Gewinn die Tendenz, den Arbeiter dem Kapitalisten zu unterjochen, die Rente aber hat die Tendenz, sowohl den Arbeiter als den Kapitalisten dem Grundbesitzer zu unterjochen. Selbstverständlich führt diese rückschrittliche Tendenz zur Verminderung der Produktivität, d. h. unter dem System der breigliedrigen Theilung strebt die Rente nach Verminderung nicht nur des für Arbeitslohn und Gewinn übrigbleibenden Theils des Produkts, sondern auch der Gesammtsumme des Produkts selbst, d. h. sie führt zur Verminderung der Bevölkerung; bei einer abnehmenden Bevölkerung aber hört natürlich die Nothwendigkeit auf, die letzte der früher bebauten Bodensorten fernerhin zu bebauen, — wodurch aber die Rente sich selbst untergräbt. Diese Tendenz der Rente, die Summe des Produkts zu vermindern, hat natürlich gegen die Macht des Fortschritts zu kämpfen, welche dasselbe zu vergrößern strebt, — und zwar ist in der neueren Zeit diese Macht bereits so groß geworden, daß sie stets die Oberhand gewinnt, so daß in der neueren Geschichte die Wirkung der Rente nicht in einer Verminderung des Produkts, sondern in einer Verlangsamung seiner Zunahme sich zeigt."*

Im Kapitel über die Grundrente streift Tschernischewsky nur beiläufig die Frage nach der Abnahme der Produktivität der landwirthschaftlichen Arbeit. Ausführlicher behandelt er dieselbe bei der Analyse der Malthus'schen Bevölkerungslehre, sowie auch im Kapitel über den „Einfluß des ökonomischen Fortschritts auf den Arbeitslohn". Sein Haupteinwand gegen Malthus läßt sich dahin zusammenfassen, daß die Abnahme der Produktivität der landwirthschaftlichen Arbeit, wie sie durch die Ausdehnung des

---

* A. a. O. S. 204.

Ackerbaues auf schlechteren Boden hervorgerufen wird, im Grunde genommen sehr gering sei, daß selbst in den ärgsten Zeiten des mittelalterlichen Stillstandes die Vervollkommnungen in der Land= wirthschaft die Wirkungen jener Ursache hätten leicht überwinden können. — Auf diesen Einwand Tschernischewsky's werden wir noch zurückkommen, vorläufig wollen wir blos folgende seiner Erwägungen näher betrachten: Die zur Herstellung der Produkte erforderliche Arbeitsmenge nimmt ab, sowohl in der Industrie wie in der Landwirthschaft, aber in der letzteren nicht so rasch, wie in der ersteren. Dies der Grund, warum der Werth der landwirthschaftlichen Produkte im Verhältniß zu dem der indu= striellen Produkte steigt. Warum bleibt denn aber die Land= wirthschaft hinter der Industrie zurück? „Landwirthschaftliche Ge= schicklichkeiten und Kenntnisse entwickeln sich langsam und verbreiten sich noch langsamer", sagt Mill. Tschernischewsky bemerkt dazu mit Recht, daß „diese sehr richtige Antwort eigentlich noch keine Antwort, sondern blos eine neue Frage sei". — Er fragt: „Warum entwickeln sich landwirthschaftliche Geschicklichkeiten und Kenntnisse langsam und warum verbreiten sie sich noch lang= samer?" Bekanntlich „bildet die landwirthschaftliche Produktion einen weit komplizirteren Vorgang als irgend eine Industrie; natürlich läßt sich nun das Einfache leichter vervollkommnen als das Komplizirte. Aber auch das ist doch noch immer keine Ant= wort. Wenn das Eine schwieriger ist als das Andere, so wäre es zu erwarten, daß die genialsten Köpfe gerade das Schwierige in die Hand nehmen würden, das Leichtere untergeordneten Geistern überlassend." Allein die Genies hätten gleichsam unter sich ab= gemacht, die Fragen der Landwirthschaft zu übergehen: „Die genialen Männer befassen sich gern mit allen möglichen Dingen: mit Malerei und Mathematik, mit Geschichte und Medizin, — mit Landwirthschaft aber befaßt sich gegenwärtig nur ein Ein= ziger unter ihnen — Liebig, aber auch dieser nebenbei, schier nur in den Mußestunden, welche seine anderweitigen Arbeiten ihm übrig lassen; und vor Liebig wird man keinen einzigen großen Gelehrten nennen können, der für die Theorie der Land=

wirthschaft etwas geleistet hätte." Diese Erscheinung sucht nun Tschernischewsky zu erklären, indem er auf den engen Zusammenhang hinweist, welcher zwischen der Entwicklung der Wissenschaft und den Interessen der herrschenden Klassen besteht: „Diejenigen Klassen, deren Interessen bisher die Richtung der Wissenschaft bestimmten, leiden an Brotmangel nicht. Die ihnen mit allen Menschen gemeinsame Wißbegier lenkte den menschlichen Gedanken auf die abstrakten Wissenschaften, und in den praktischen Wissenszweigen auf alle Vervollkommnungen, welche den Bedürfnissen der höheren oder mittleren Klassen eine vollständigere Befriedigung sichern. Wir haben gelernt, Schiffe, Häuser zu bauen, Kleidungsstoffe herzustellen; diese Künste haben erstaunliche Fortschritte gemacht, weil ohne eine sehr hohe Entwicklung derselben der Reiche oder der Wohlhabende sich unbehaglich fühlt. Ist denn aber auch bei dem primitivsten Zustand der Landwirthschaft die Nahrung des Reichen schlecht oder mangelhaft? — Gottlob, ihm fehlt es an schmackhafter und reichlicher Nahrung nicht! Natürlich muß ein Jeder für sich selbst sorgen, auf seine eigenen Bedürfnisse bedacht sein. Die Vervollkommnung der Landwirthschaft hat nur der gemeine Mann nöthig. So lange nun der gemeine Mann in der Geschichte nicht zählte, blieb es ihm selbst und seiner Unwissenheit überlassen, für landwirthschaftliche Verbesserungen zu sorgen. Das Auftreten Thaers, der zuerst rationelle Landwirthschaft zu treiben begann, fällt nicht umsonst ins Ende des vorigen Jahrhunderts, da der gemeine Mann den Versuch machte, seine Rechte in der Geschichte geltend zu machen. Es ist kein Zufall, daß Liebig, der unter den großen Gelehrten zuerst sich mit Landwirthschaft zu befassen begann, Zeitgenosse der sogenannten Utopisten war."*

Anläßlich dieser „gründlichen Antwort" Tschernischewsky's auf die Frage nach der Rückständigkeit der Landwirthschaft muß fast genau dasselbe gesagt werden, was wir über alle seine anderen Ergänzungen zu den Lehren der bürgerlichen Oekonomen gesagt

* A. a. O. S. 357—359.

haben. Es ist eine sehr geistreiche Antwort. Unser Verfasser offenbart darin eine weit richtigere Auffassung von der Geschichte der Wissenschaft und der Entwicklung des Gedankens überhaupt, als all' diejenigen angeblich tiefsinnigen Denker, nach deren Ansicht die Wissenschaft und der Gedanke aus und für sich selbst sich entwickelten, unabhängig von den Einflüssen des Lebens und ohne jeden Zusammenhang mit den ökonomischen Interessen der Gesell=schaft. Allein die geistreiche Antwort Tschernischewsky's berück=sichtigt die konkreten ökonomischen Verhältnisse doch in ungenügender Weise und kann daher in keinem Falle als eine „gründliche" betrachtet werden. Es ist noch immer eine sehr abstrakte, ein=seitige und daher irrthümliche Antwort. — Bekanntlich bildet gegenwärtig die Baumwollindustrie einen der wichtigsten Pro=duktionszweige in den kapitalistischen Ländern. Wer trägt denn aber Kleider aus Baumwolle? Doch die Armen; die Reichen ziehen andere Kleidungsstoffe vor. Die preußischen Junker be=treiben eifrigst die Kartoffel=Schnapsbrennerei. Für wen aber ist dieses nützliche Produkt bestimmt? Natürlich, nicht für die reichen Klassen; diese ziehen andere Getränke vor. Und überhaupt, kann man denn sagen, daß die moderne Industrie vorzugsweise auf die reichen und wohlhabenden Konsumenten rechne, daß sie aus=schließlich mit der Herstellung von Luxus= und Komfortgegen=ständen sich beschäftige? Ganz im Gegentheil. Erstens hat sie im Auge die Bedürfnisse der Produktion selbst: so die Eisen=, Maschinenbau= und Kohlenindustrie; und zweitens, in ihrem Be=streben, sich einen möglichst großen Absatzmarkt zu sichern, vor allem die Bedürfnisse der Volksmassen, d. h. eben der Armen, die sie nach Tschernischewsky gänzlich vergißt. Dieses Jagen nach Massenabsatz unterscheidet sie wesentlich, z. B. von der In=dustrie der orientalischen Völker, welche wirklich fast ausschließ=lich nur auf die Bedürfnisse der höheren Klassen berechnet ist, da die unter den Bedingungen der Naturalwirthschaft lebenden unteren Klassen auch ihren Bedarf an industriellen Erzeugnissen durch eigene Arbeit decken. In bedeutendem Grade war dies auch in der antiken Welt der Fall; dies eben der Grund, warum

Plutarch in seiner Schilderung der mechanischen Erfindungen des Archimedes diesen bei dem Leser damit zu entschuldigen sucht, daß der berühmte Mathematiker sich einer solchen, eines Philosophen unwürdigen Beschäftigung zugewendet habe ja doch einzig zum Zwecke der Vertheidigung seines Vaterlandes vor den Römern. In Griechenland und in Rom waren die gesellschaftlichen Verhältnisse wirklich derart, daß sie den menschlichen Gedanken fast ausschließlich auf abstrakte Wissenschaften lenkten. Heutzutage aber ist dem ganz anders geworden. In der kapitalistischen Gesellschaft sind es die Interessen der Ausbeuter selbst, die den menschlichen Gedanken auf technische Erfindungen locken, — Erfindungen, die fast keinen praktischen Sinn hätten, wären sie nur in der Produktion von Luxus= und Komfortgegenständen anwendbar. Und was geht es denn auch den Kapitalisten an, wer die von seinen Arbeitern hergestellten Produkte konsumirt, — ob die Reichen oder die Armen? Der Fabrikant X, der eine schlechte Kattunsorte herstellt, findet dabei seine Rechnung nicht minder, wie der Fabrikant Y, der luxuriöse Silberwaaren verfertigt. Dies genügt Herrn X vollkommen. Non olet. Für die auf die Bedürfnisse der Armen berechnete Industrie ist in technischer Hinsicht weit mehr geleistet worden, als für die Luxusindustrie. Warum nun das? Etwa darum, weil den Herren Technikern die Interessen der Armen sehr am Herzen liegen? Nein, einfach darum, weil, wie wir bereits bemerkt haben, die erstere Industrie gegenwärtig für die Ausbeuter selbst unvergleichlich wichtiger ist, als die letztere.* Jene Industrie giebt den Ton an, daher dient ihr auch die Wissenschaft am eifrigsten.

---

* „Warum aber sind Baumwolle, Kartoffeln und Branntwein die Angelpunkte der bürgerlichen Gesellschaft? Weil zu ihrer Herstellung am wenigsten Arbeit erforderlich ist und sie daher am niedrigsten im Preise stehen. Warum entscheidet das Minimum des Preises in Bezug auf das Maximum der Konsumtion? Etwa wegen der absoluten Nützlichkeit dieser Gegenstände, wegen der ihnen innewohnenden Nützlichkeit, wegen ihrer Nützlichkeit, insofern sie auf die nützlichste Art den Bedürfnissen des Arbeiters als Mensch und nicht des Menschen als Arbeiter entsprechen? Nein, sondern weil in

Warum ist aber alsdann die Landwirthschaft hinter der Industrie zurückgeblieben? Einerseits weil die erstere wirklich weit komplizirter ist als die letztere,* und andererseits weil jene sich unter anderen Produktionsverhältnissen entwickelte als diese. Die Fortschritte der Technik gingen Hand in Hand mit den Fortschritten des Kapitalismus. Sie waren bedingt, sie wurden ins Leben gerufen gerade durch die Entwicklung des Kapitalismus. Wo hat nun aber dieser seinen Anfang genommen, wo hat er sich zuerst entwickelt und festen Boden gefaßt, — in der Stadt oder auf dem Lande? Bekanntlich in der Stadt. Richtiger gesprochen, der Kapitalismus hat sich vor Allem solcher Produktionszweige bemächtigt, die zur Zeit der Trennung zwischen Stadt und Land im Besitz der Städter waren. Die Industrie hat also früher als die Landwirthschaft einen kapitalistischen Charakter angenommen, den anspornenden Einfluß der Konkurrenz erfahren. Kein Wunder, daß sie die Landwirthschaft so bedeutend überholt hat.

In derselben Richtung wirkte auch der internationale Handel. Als England Handelsbeziehungen mit Rußland anknüpfte, konnte es letzterem Lande nur Industrieerzeugnisse anbieten. Landwirthschaftliche Erzeugnisse hatte Rußland trotz all' seiner Rückständigkeit zur Genüge. Aber die Entwicklung der Ausfuhr von Industrieerzeugnissen aus England trug zur Erweiterung der Produktion derselben bei, führte der Industrie neue Kapitalien und neue

---

einer auf das Elend begründeten Gesellschaft die elendesten Produkte das naturnothwendige Vorrecht haben, dem Gebrauch der großen Masse zu dienen!" Karl Marx, Misère de la Philosophie. Réponse à la Philosophie de la Misère de M. Proudhon. Paris & Bruxelles, 1847. — S. 41, 42.

* Ganze Industriezweige, so die Weberei und Spinnerei, haben einen mächtigen Anstoß erfahren Dank der Entwicklung der Mechanik. Die Landwirthschaft ist heutzutage zwar nicht minder, wie die Industrie, in der Lage, sich die praktische Mechanik dienstbar zu machen. Dies genügt ihr aber nicht. Sie braucht außerdem die Dienste der organischen Chemie, welche Wissenschaft noch bis auf den heutigen Tag sich sehr langsam entwickelt. Geschieht aber letzteres etwa deshalb, weil die höheren Klassen an der Entwicklung der organischen Chemie kein Interesse haben?

Talente zu. Auf diese Weise gewann die Industrie neue Be=
dingungen des Gedeihens. Die Landwirthschaft der vorgeschritteneren
Länder dagegen litt, insofern sie nicht zu Schutzzöllen ihre Zuflucht
nahm, unter der Einfuhr landwirthschaftlicher Erzeugnisse aus
den rückständigen Ländern, ihr Absatzgebiet schrumpfte zusammen,
und dadurch wurde, wenigstens in einigen Fällen, ihre Entwick=
lung gehemmt. Gegenüber den rückständigen Ländern, die ihre
landwirthschaftlichen Erzeugnisse auf den Weltmarkt brachten,
wirkte zwar der Austausch als ein revolutionärer Faktor, ihre
althergebrachten gesellschaftlichen Verhältnisse erschütternd und auf=
lösend. Dadurch wurde in jenen Ländern der Boden für die
Entwicklung des Kapitalismus geebnet. Aber auch dort bot,
Dank den feudalen oder leibeigenschaftlichen Verhältnissen, die
Industrie gewöhnlich günstigere Bedingungen für die Anwendung
des aufkeimenden Kapitals. Amerika, ein Land, welches weder
feudale noch leibeigenschaftliche Verhältnisse kannte, bildet eine
derjenigen Ausnahmen, die blos die allgemeine Regel bestätigen.*
Auf dem jungfräulichen Boden Amerikas hat der agrarische Kapi=
talismus allerdings nicht weniger Fortschritte gemacht wie der
industrielle. Dafür sind aber die Amerikaner mit Recht auf die
Erfolge ihrer Landwirthschaft stolz, während der rückständige
russische Bauer in immer fühlbarerer Weise die unerträgliche Last
der amerikanischen Konkurrenz zu spüren bekommt.

Indem Tschernischewsky die langsame Verbreitung landwirth=
schaftlicher Kenntnisse zu erklären sucht, zieht er heftig zu Felde
gegen die „Routiniers", welche behaupten, der Bauer sei ein
Feind von Neuerungen, er hänge mit Vorliebe am Althergebrachten:
„Das ist eines derjenigen so zahlreichen Sprüchlein, deren hart=
näckiges Fortleben in den Büchern und Ideen der gebildeten Ge=
sellschaft uns die Ansicht aufzwingt, daß gerade sie, die gebildete

* Die Negersklaverei in den südlichen Staaten war selbst ein Pro=
dukt des Kapitalismus (wir möchten sagen: des kolonialen Kapitalis=
mus). Aber auch diese Sklaverei war ein Hemmniß für die Entwicklung
der Landwirthschaft. Erst mit der Beendigung des Bürgerkrieges brach
für Nordamerika eine Epoche unerhörter landwirthschaftlicher Blüthe an.

und vorgeschrittene Gesellschaft, mit an Wahnwitz streifender Vorliebe an jeder Absurdität festhält, welche sie sich einmal in den Kopf gesetzt hat." In Wirklichkeit erkläre sich die Sache nicht aus der Feindseligkeit der Bauern gegen Verbesserungen, sondern einfach aus deren Armuth: „Einem sehr armen Mann fehlt es natürlich an Mitteln zu Allem, also auch zur Durchführung von landwirthschaftlichen Verbesserungen." * Ohne im Geringsten die „gebildete und vorgeschrittene Gesellschaft" vertheidigen zu wollen, müssen wir dennoch unsererseits bemerken, daß aus der Armuth der Bauern allein ihre Rückständigkeit noch keineswegs sich erklärt. Sind doch die industriellen Arbeiter ebenfalls arm, trotzdem aber sind sie für Neuerungen jeder Art weit mehr und leichter zugänglich als die Bauern. Die Rückständigkeit der letzteren erklärt sich eben aus der allgemeinen Rückständigkeit der ökonomischen Verhältnisse, unter denen sie leben. Den Satz, daß der Mensch ein Produkt des ihn umgebenden gesellschaftlichen Milieus ist, wiederholte Tschernischewsky häufig und wußte ihn auch vortrefflich zu begründen. Er wußte ihn aber nicht immer bei der Erforschung dieser oder jener gesellschaftlichen Erscheinung in gehöriger Weise zu benutzen. Dies der Grund, warum der Materialismus Tschernischewsky's weit mehr in seinen „anthropologischen" als historischen Anschauungen hervortritt, d. h. mehr in seinen Ansichten über den einzelnen Menschen, als in denen über die ganze Gesellschaft.

---

* A. a. O. S. 360, 361.

Die Bevölkerungslehre.

I.

Die Bevölkerungslehre ist eng verknüpft mit dem Namen Malthus. Diejenigen, welche mit der Geschichte der politischen Oekonomie wenig bekannt sind, glauben gewöhnlich sogar, Malthus sei der erste gewesen, der jene Lehre behandelt habe. Das ist ein großer Irrthum. Nicht nur wurde die Bevölkerungsfrage lange vor Malthus, sondern auch — worauf es am meisten ankommt — viel gründlicher, als dies durch ihn geschehen, behandelt. Ohne im Geringsten zu beabsichtigen, hier auf die gesammte einschlägige vormalthus'sche Literatur in erschöpfender Weise einzugehen, wollen wir doch die diesbezüglichen Ansichten einiger Schriftsteller des achtzehnten Jahrhunderts wiedergeben.

Franklin sagt in einem kleineren Artikel „Observations concerning the Increase of Mankind etc."* (Bemerkungen über die Vermehrung der Menschen 2c.), daß sowohl die Pflanzen als die Thiere, der Mensch inbegriffen, die Fähigkeit besäßen, sich erstaunlich rasch zu vermehren, und daß, wäre die Erde sonst menschenleer, „irgend eine einzige Nation, z. B. die Engländer, sie in kurzer Zeit ganz besetzen könnten". Die Vermehrung des Menschengeschlechts wird durch sehr mannigfache Ursachen gehemmt, z. B. durch schlechte Verwaltung, durch Kriege und insbesondere durch Mangel an Unterhaltsmitteln. Die Aufgabe der Regierung besteht darin, dem Volke Lebensmittel zu sichern, denn

* Works, 2. Band, S. 384—391.

rasches Wachsthum der Bevölkerung bedeutet rasches Wachsthum der nationalen Macht und des nationalen Reichthums. Nach Franklin verdoppelte sich die weiße Bevölkerung Nordamerikas in je zwanzig Jahren. Beispielsweise nimmt er aber an, jene Bevölkerung verdopple sich „erst in fünfundzwanzig Jahren", und zeigt sodann, zu welch' einer mächtigen Nation eine nach Amerika eingewanderte Million Engländer anwachsen könnte. „Welcher Zuwachs an Macht für das Britische Reich, zur See und zu Lande!" ruft er entzückt aus. „Welche Vergrößerung der Industrie und der Schiffahrt! Welch' eine Menge Schiffe und Seeleute!"

Wie der Amerikaner Franklin, so stellte sich auch der Engländer Wallace die Aufgabe, zu zeigen, daß das Menschengeschlecht sich außerordentlich rasch vermehren könne, insofern dem ungünstige Umstände nicht entgegen arbeiteten, unter welche auch er vor Allem den Mangel an Unterhaltsmitteln rechnet: „In jedem beliebigen Lande wird man stets finden, daß — unter sonst gleichen Umständen — dessen Bevölkerung um so größer ist, je größer die Menge der dort produzirten Nahrung, insofern Ueberfluß an Nahrung die Volksmassen zum Heirathen anspornt." Wallace ist der Ansicht, in der antiken Welt sei die Bevölkerung bedeutend dichter gewesen als heutzutage. „Es wäre sehr wünschenswerth, daß man dem großen Mangel an Bevölkerung in allen Ländern mehr Aufmerksamkeit schenken und suchen möchte, geeignete Pläne zur Beseitigung dieses Mißstandes auszuarbeiten, da der wohlthätige Schöpfer der Natur die Erde hauptsächlich dazu bestimmt hat, dem Menschen als Wohnsitz zu dienen, und sie bei geeignetem Anbau eine Menschenzahl ernähren könnte, welche die sie gegenwärtig bevölkernde bedeutend übersteigen würde." *

Hume äußert genau dieselben Ansichten über die Vermehrungsfähigkeit der Menschen. Das Menschengeschlecht könnte sich

---

* „Essai sur la différence du nombre des hommes dans les temps anciens et modernes", übersetzt von de Joncourt, London 1754, S. 27 und 272.

in jeder Generation mehr als verdoppeln, wenn nicht Hindernisse da wären (some difficulties in men's situation), welche die Menschen zwingen, ihren Zeugungstrieb einzuschränken. Einer weisen Regierung liegt es ob, diese Hindernisse sorgfältig zu beobachten und zu beseitigen (difficulties .... which it belongs to a wise legislation carefully to observe and remove).* Im Vorbeigehen macht Hume eine Reihe von Bemerkungen (z. B. über die Vermehrungsfähigkeit der Sklaven, über Kindermord), welche Malthus wiedergiebt, ohne seine Quelle zu nennen.

Der bekannte Mirabeau (der Vater) betrachtet es als ein altes Axiom, daß „die Menschen sich vermehren, wie Ratten in einem Kornspeicher, wenn sie Unterhaltsmittel besitzen." Das Maß dieser Mittel dient als Maß der Bevölkerung. Aber gerade deßhalb sind es nicht Kriege, auch nicht Seuchen, die das Wachsthum der Bevölkerung hemmen (die dadurch verursachten Lücken werden außerordentlich leicht ausgefüllt), sondern der die Unterhaltsmittel vernichtende Luxus: „Wird ein überflüssiges Pferd im Lande aufgezüchtet, so kann man sicher behaupten, daß dadurch wenigstens vier Menschen in den Tod getrieben werden." Es liegt Mirabeau fern, in der Bevölkerungszunahme eines Landes eine Quelle der Armuth für dasselbe zu erblicken: „Man gebe einem Lande Menschen; wenn diese kein Geld haben, so werden sie es ins Land hinein locken."**

Montesquieu sieht ein, daß zwischen der Vermehrung von Pflanzen und Thieren einerseits und der Menschenvermehrung andererseits ein gewaltiger Unterschied besteht: „Die Weibchen von Thieren zeichnen sich durch eine fast unveränderliche Fruchtbarkeit aus. Bei den Menschen hingegen wird die Fortpflanzung auf tausendfache Weise gestört durch Ansichten, Charaktere, Leidenschaften, Phantasie, Laune, durch den Wunsch, die Schönheit zu erhalten, durch die Unzuträglichkeiten der Schwangerschaft und einer

---

* „Of the populousness of Ancient Nations", in „Essays and Treatises", London 1754, 4. Band, S. 139.

** L'ami des hommes ou traité de la population. Nouvelle édition. Paris 1758, première partie, S. 20—22 und 191.

allzu zahlreichen Familie."* Das ist ein vollkommen richtiger Gedanke. Aber Montesquieu verstand es nicht, alle die zahlreichen Bedingungen, durch welche die Fortpflanzung des Menschengeschlechts „auf tausendfache Weise gestört wird", auf Eine Grundursache zurückzuführen. Es ist in diesem Falle der ihm eigenthümlichen Denkweise treu geblieben: er verstand es überhaupt nicht, sich vom Begriff der Wechselwirkung der sozialen Erscheinungen zum Begriff von ihrer allgemeinen Grundlage zu erheben, wie dies am besten aus seiner Schrift über das alte Rom zu ersehen ist.

Sir James Steuart äußert in seinem, 1767 erschienenen „Inquiry into the Principles of political Economy" (Untersuchung über die Grundsätze der politischen Oekonomie) tiefere Ansichten über die Bevölkerungsfrage. Er sieht ein, daß zwischen der Oekonomie eines Landes und dessen Bevölkerungsmenge ein enger Zusammenhang besteht.** Er unterscheidet zwischen der

---

* L'Esprit des lois, L. XXIII, ch. I.
** Schon die Fragestellung ist bei Steuart höchst bemerkenswerth: „Wir werden finden, daß die Grundlagen des Erwerbes (the principles of industry) die Menschenvermehrung und die Bodenbebauung beeinflussen" (a. a. O. S. 16). Steuart hält es nicht für möglich, die Bevölkerungsfrage vom abstrakten Standpunkte aus zu betrachten: „Ich finde, daß die allgemeinen Proportionen stets irrthümlich sind. ... Im Grunde genommen giebt es kein vollkommen bevölkertes Land, wenn man darunter dessen Einwohnerzahl verstehen will, ohne Rücksicht auf die Konsumtion der Landeserzeugnisse durch die Einwohner. ... Bei einem freien Volke (er meint damit ein unter bürgerlichen Produktionsbedingungen lebendes Volk) vermehrt der Ackerbau die Bevölkerung nur in dem Maße, worin die Bedürftigen in die Lage gesetzt sind, Unterhaltsmittel mit ihrer Arbeit zu kaufen." (S. 28.) Steuart spricht sogar von einer Art ökonomischer Zuchtwahl, welche sich wesentlich von der später von Darwin behandelten natürlichen Zuchtwahl unterscheidet. Das von ihm aufgestellte Gesetz der ökonomischen Zuchtwahl ist allerdings unrichtig: er nimmt an, die Vermehrung der privilegirten Klassen stehe in direktem Verhältniß zu ihren Unterhaltsmitteln. Letzteres wird schon durch das Beispiel des modernen Frankreich hinlänglich widerlegt (vergl. A. Dumont, Dépopulation et civilisation. Paris 1890). Nichtsdestoweniger aber wäre es für Darwin von weit größerem Nutzen gewesen, Steuart denn Malthus zu lesen.

phyſiſchen Unmöglichkeit für ein gegebenes Land, eine gegebene Menſchenzahl zu ernähren, und der moraliſchen Unmöglichkeit, welche durch die geſellſchaftlichen Verhältniſſe bedingt wird. Mit der Veränderung dieſer Verhältniſſe wird die Grenze verſchoben, nach deren Erreichung ein Land ſich als übervölkert im „mora= liſchen" Sinne dieſes Worts erweiſt. Dieſe Gedanken Steuart's wurden weiter entwickelt von dem Schweizer Herrenſchwand, deſſen hervorragendes Werk* in Paris einige Jahre vor der Ver= öffentlichung der erſten Auflage des Malthus'ſchen „Verſuch über das Bevölkerungsgeſetz" erſchien.

Nachdem Herrenſchwand darauf hingewieſen, daß es für die Fortpflanzungsfähigkeit der Menſchen zweierlei Grenzen giebt: phyſiſche und moraliſche, theilt er die Menſchheit ein nach den Produktionsweiſen — oder, wie er ſich ausdrückt, nach den Aſſoziationsweiſen — in drei „Klaſſen", welche ſich voneinander unterſcheiden faſt ebenſo, wie „verſchiedene Gattungen": in Jäger, Hirten und Ackerbauer. „Die ackerbauenden Völker ſind im Stande, ihre Nahrung ſozuſagen überall, wohin ſie kommen, zu erzeugen, und dazu iſt dieſe Nahrung auf großen Entfernungen trans= portabel, — was ihnen den Vorzug gewährt, die Bevölkerung an jedem beliebigen Ort, und man kann ſagen, in beliebiger Menge konzentriren zu können. Dieſe Lage der ackerbauenden Völker, das gerade Gegentheil der Lage der beiden anderen Gruppen des Menſchengeſchlechts, ſetzt ſie in den Stand, verſchiedene Syſteme in ihrer Lebensweiſe und der Befriedigungsweiſe ihrer Bedürf= niſſe anzuwenden; dieſe Verſchiedenheit der Syſteme aber, welche die bei den Jägern und Hirten herrſchende Einförmigkeit aus= ſchließt, läßt ſie gleichſam in einige verſchiedene Gattungen zer= fallen. Im Allgemeinen modifizirt der Ackerbau Pflanzen, Thiere und Menſchen im Vergleich mit deren urſprünglichem Zuſtand ſo ſehr, daß die Natur kaum ſich in ihren Schöpfungen wieder= erkennen dürfte."** Und da nun verſchiedene ackerbautreibende

---

* De l'Économie politique moderne. Discours fondamental sur la population. — A Paris, l'an III de la République.
** A. a. O. S. 16 und 286.

Völker verschiedene Systeme in der Befriedigungsweise ihrer Be=
dürfnisse anwenden (b. h. unter verschiedenen Produktionsweisen
leben), so sind sie verschiedenen Bevölkerungsgesetzen unterworfen.*
Und auch innerhalb eines und desselben Volkes sind die Be=
völkerungsgesetze für verschiedene Klassen, z. B. für Sklaven und
Freie, verschieden. Das bürgerliche System seiner Zeit nennt
Herrenschwand ein Ackerbausystem, begründet auf einem Manu=
fakturssystem, und betrachtet dasselbe als „das kühnste System,
welches die Menschheit je zur Sicherung ihrer Existenz ersonnen".
In allen anderen Systemen „ist allen Menschen eine dauernde
Existenz gesichert; in dem auf einem Manufaktursystem beruhen=
den Ackerbausystem hingegen befindet sich die Hälfte der Nation
in der denkbar ungesichertsten Lage . . . ohne bestimmte Unter=
haltsmittel, ohne Gewißheit, dieselben vermittelst der Arbeit sich
erwerben zu können, heute noch satt, morgen Hungers sterbend."**
Das Schicksal dieses Theiles der Nation hängt ab · von den
Schwankungen des Weltmarktes: „Wenn der Außenhandel für
irgend eine Industriebranche allmälig heruntergeht oder plötzlich
aufhört, so gestaltet sich die Lage der in der betreffenden Branche
Beschäftigten allmälig bezw. plötzlich derart, daß ihnen nichts
anderes übrig bleibt, als an die Hilfe der Regierung zu appelliren.
Und wenn die Regierung weder fähig noch gewillt ist, neue Kon=
sumenten für ihre Erzeugnisse ausfindig zu machen, — so müssen
sie unbedingt entweder ihr Vaterland verlassen, um anderwärts
sich nach Verdienst umzusehen, oder den Bettelstab ergreifen, oder
im Elend umkommen, denn die Ackerbauer würden alsdann auf=
hören, die für sie bestimmt gewesenen Nahrungsmittel zu er=
zeugen, oder dieselben ins Ausland exportiren."*** In England,

---

* Ueberhaupt beeinflußt nach Herrenschwand die Befriedigungsweise
der Bedürfnisse, das System der ökonomischen Verhältnisse, in tiefgehender
Weise alle Gewohnheiten und Anlagen eines Volkes. So erblickt er die
Ursache der kriegerischen Anlagen der alten Römer im System des Klein=
Grundbesitzes (S. 28).

** A. a. O. S. 41.

*** A. a. O. S. 60, 61.

dem klassischen Land des Kapitalismus, fiel Herrenschwand die
ungeheure Menge von arbeitslosen „Armen und Vagabunden"
auf. Er sagt, die Zunahme ihrer Zahl lasse sich weder aus
der Trägheit des englischen Volkes erklären, noch aus der Wirkung
der absurden Armengesetze, noch („am allerwenigsten") aus einer
übermäßigen Bevölkerungszunahme, da England bei Weitem noch
nicht jene Bevölkerungszahl erreicht habe, welche es ernähren
könnte. Er äußert sogar die Vermuthung, England verdanke
den Pauperismus der Entwicklung der Maschinenproduktion.*
Den Haupturheber dieser Lage der Dinge sah er in der eng=
lischen Regierung. Er meint nämlich, es zeuge von der Unfähig=
keit der Regierung, wenn das Volk nicht soviel Nahrungsmittel,
als ihm möglich wäre, und nicht soviel Menschen, als sein
Territorium ernähren könnte, erzeugt. Und dies war nach ihm
die Lage des ganzen damaligen Europa, wo der Ackerbau nicht
einmal „die Hälfte dessen, was er erzeugen könnte", erzeuge.**
Genug. Fassen wir die Ansichten der angeführten Schrift=
steller über die Bevölkerungsfrage zusammen: Eine zahlreiche Be=
völkerung ist die Quelle der Macht und des Reichthums eines
Landes. Die Menge der Bevölkerung wird durch die Unterhalts=
mittel bestimmt; eine „Regierung" also, welche nicht für die
Vermehrung derselben sorgt, vernachlässigt ihre unmittelbare Pflicht.
Die in jedem gegebenen Lande erzeugte Nahrungsmenge hängt
nicht allein von dessen Fruchtbarkeit und den jeweils ihm zu Ge=
bote stehenden Produktivkräften ab, sondern auch von den sozialen
Verhältnissen, unter denen jene Kräfte ins Werk gesetzt werden.
Die modernen sozialen Verhältnisse — die denkbar kühnsten, wie
sich Herrenschwand ausdrückt — versetzen einen bedeutenden Theil
des Volkes in eine vollkommen ungesicherte Lage, in eine Lage,
worin ihm stets der Hungertod droht, trotzdem der Ackerbau eine
weit größere Bevölkerung ernähren könnte. Die Entwicklung der
Maschinenproduktion, d. h. das Wachsthum der Produktivkräfte,

---

* A. a. O. S. 69, 70 und 246, 247.
** A. a. O. S. 284 und 98.

kann unter der bestehenden Ordnung der Dinge zur Verarmung der Arbeiterklasse führen. Endlich giebt es für jedes System von sozialen Verhältnissen, ja sogar für jede Gesellschaftsklasse ein besonderes Bevölkerungs= und Uebervölkerungsgesetz. Nur Pflanzen und Thiere zeichnen sich aus durch eine fast unveränderliche Frucht= barkeit.

Aus alledem ergiebt sich nun folgender Schluß: Obwohl die Schriftsteller des achtzehnten Jahrhunderts geneigt waren, das gesellschaftliche Leben von einem sehr, sehr abstrakten Standpunkte aus zu betrachten, so sahen sie doch bereits mehr oder weniger klar ein, daß die Bevölkerungsfrage vorzugsweise eine historische Frage, und daß es kein der gesammten Menschheit gemeinsames einziges Bevölkerungsgesetz, sondern vielmehr mehrere den verschiedenen Entwicklungsstufen der Menschheit eigenthümliche Be= völkerungsgesetze giebt.

————

So stand es um die Bevölkerungsfrage, so lange dieselbe ohne Hintergedanken, sine ira et studio behandelt wurde. Es kam darauf eine Zeit, da man jene Frage nicht mehr ruhig be= handeln konnte, da sie polemische Leidenschaften zu erregen be= gann. Warum dies geschah, läßt sich unschwer begreifen. Mit der Entwicklung des Kapitalismus war die Verarmung der Volks= masse unzertrennlich verbunden. Die Lage der „arbeitenden Armen" gestaltete sich immer schwieriger, und zugleich wuchs ihre Zahl mit erstaunlicher Raschheit an. In England war bekanntlich be= reits zur Zeit Elisabeths zu Gunsten der Armen eine Steuer eingeführt, an der die besitzenden Klassen sehr wenig Gefallen fanden. Diese Steuer mußte natürlich in dem Maße wachsen, in dem die Zahl der gesellschaftlicher Hilfe Bedürftigen zunahm. So kam denn der Gedanke auf, daß sie vollkommen ihren Zweck verfehle (und allerdings war sie nicht im Stande, die Armuth zu beseitigen), daß es am besten sei, die Armen dem Spiel des Schicksals und der „Naturgesetze" preiszugeben. Das war jedoch noch nicht alles. Die französische Revolution hatte gezeigt, daß

mit den „arbeitenden Armen" nicht zu spaßen ist, daß sie mitunter den Besitzenden gar manche Unannehmlichkeit bereiten können.
Es galt also, die Armen nicht vom Pfade der Tugend ablenken
zu lassen. Es galt, ihnen zu zeigen, daß Diejenigen irrten, welche
den Mangel an Unterhaltsmitteln einer schlechten politischen oder
sozialen Ordnung zuschrieben. Es galt, den Beweis zu erbringen,
daß an der Noth der Arbeiterklasse die Natur schuld ist, und
nicht die sozialen Verhältnisse. Und zwar konnte die umfang-
reiche Literatur über die Bevölkerungsfrage, wenn geschickt benützt,
vortreffliches Material zur Bestätigung jenes Gedankens liefern. —
In der That, bisher wurde behauptet, das Menschengeschlecht sei
einer außerordentlich raschen Vermehrung fähig, nur daß eine
schlechte soziale Verfassung oder eine mangelhafte Regierungs-
methode dasselbe hinderten, die durch die natürliche Fruchtbarkeit
des Bodens gezogenen Grenzen zu erreichen. Versuchen wir nun
einmal, den Spieß umzudrehen. Das Menschengeschlecht hat die
Tendenz, sich außerordentlich rasch zu vermehren; die Unterhaltsmittel dagegen können bei weitem nicht mit dieser Vermehrung
Schritt halten. Daher die Armuth, daher die Laster, daher all'
das Ungemach, welches von unruhigen Köpfen den Regierungen
und den herrschenden Klassen zur Last gelegt wird. Das Elend
ist eine Frucht göttlicher, nicht menschlicher Gesetze. Giebt es in
einem Lande viel Arme, so ist Niemand anders daran schuld als
eben die Armen selbst, welche sich zu stark vermehren. Es ist
unmöglich, Maßnahmen zu ersinnen, welche ihr Loos in dauernder
Weise verbessern könnten. Gelänge es uns, im laufenden Jahre
das Elend aus unserem Lande zu bannen, so würde sich die
Landesbevölkerung nach 25, 20, ja vielleicht gar nach 15 Jahren
verdoppeln, und alsdann auch das Elend und alles damit verbundene Unheil von Neuem seinen Einzug halten. Das Loos
der Armen liegt eben ausschließlich in ihrer eigenen Hand. Mögen
sie nur aufhören sich zu vermehren — und das Elend wird nach
und nach von selbst verschwinden.

So war die Bevölkerungsfrage am Ende des achtzehnten
Jahrhunderts von den Anwälten der Interessen der Besitzenden

gestellt. „Es wäre absurd zu behaupten" — schreibt Joseph Townsend in seinem „Journey through Spain" (Reise durch Spanien) —, „daß in einem dicht bevölkerten Lande Niemand Noth leide; wäre es möglich, Alles, was den Armen mangelt, ihnen zu verschaffen, so würde man dadurch ihre Zahl verdoppeln und ihrer Vermehrung bis ins Unendliche Vorschub leisten, was doch mit dem beabsichtigten Zweck in Widerspruch stände. Es ließe sich freilich der Hunger abwehren und so dies Bedürfniß auf Kosten eines anderen (unter dem anderen Bedürfniß versteht Townsend das Bedürfniß der physischen Liebe) befriedigen; aber in diesem Falle müßte man die relative Zahl der sich Verheirathenden festsetzen, denn es giebt kein anderes Mittel, die Gesammtzahl der Einwohner zu beschränken. Ueber diese Schwierigkeit hilft keine Anstrengung hinweg, und die Menschen werden nie ein natürlicheres und in allen Beziehungen besseres Mittel finden, als das eine Bedürfniß durch das andere beschränken zu lassen." Die letzten Worte bedeuten so viel, daß man es eigentlich den Armen überlassen müßte, sich aus der Noth zu helfen wie sie wollen und können. Für Townsend und die ihm ähnlichen Forscher kommt eben Alles auf diese angeblich natürliche Konsequenz aus den „Natur"gesetzen an.

Um diese Gesetze besser zu erläutern, führt Townsend folgendes Beispiel an:

„Die Seefahrer erzählen von einer Insel auf dem Großen Ozean, genannt Juan Fernandes nach dem Namen des Kapitäns, der sie entdeckt hat. Letzterer hatte nun dorthin einen Bock und eine Ziege ans Land gebracht. Dies glückliche Ehepaar erfüllte auf den vorgefundenen reichen Weiden ohne Schwierigkeit das erste Gebot: „Seid fruchtbar und mehret euch" so lange, bis es die ganze kleine Insel bevölkert hatte. Mit dem Anbruch dieser unglücklichen Periode begann für die Thiere, die bis dahin weder Noth noch Hunger gekannt hatten und auf ihre zahlreiche Menge gleichsam stolz waren, der Nahrungsmangel sich fühlbar zu machen; und da sie fortfuhren, sich zu vermehren, so hätten sie allen Grund gehabt, alle Schrecken des Hungers zu befürchten, wenn sie mit Vernunft begabt gewesen wären. Unter den neuen Bedingungen kamen nämlich die Schwächsten unter ihnen um, und so stellte sich der frühere Wohlstand wieder ein. Auf diese Weise lebten die Thiere abwechselnd bald in Wohlstand, bald in Elend, je nach ihrer größeren oder kleineren Zahl, welche den jeweiligen Schwankungen in der ihnen zu Gebote stehenden Nahrungsmenge entsprach. Dieses Gleichgewicht wurde von Zeit zu Zeit gestört, bald durch Seuchen, bald durch die Ankunft eines Schiffes, das sich auf der Insel mit Proviant versorgte. Bei solchen Gelegenheiten kam eine ungeheure Menge Ziegen um; indeß fanden die Ueberlebenden einigen Trost in dem Ueberfluß, welcher sich jedesmal nach dem Untergang ihrer Genossen wieder einstellte, und in der Beseitigung der Hungersgefahr. So kam Alles wieder in Ordnung und ihre feindselige Stimmung gegeneinander hörte auf; Alle hatten genug Nahrung, Alle waren zufrieden, glücklich. Was als Unglück erscheinen könnte, — wurde also für sie zur Quelle des Glückes; wenigstens hatte das Unglück Einzelner das allgemeine Wohl zur Folge. — Als die Spanier erfuhren, daß die englischen Kaperschiffe sich auf dieser Insel mit Proviant versorgten, beschlossen sie, die Ziegen gänzlich auszurotten, zu welchem Zwecke sie ein Hundepaar, ein Männlein und ein Weibchen, ans Land setzten. Die Hunde haben sich nun ihrerseits, ebenfalls entsprechend der von ihnen vorgefundenen Nahrungsmenge, vermehrt, so daß die Zahl der Ziegen, wie dies die Spanier auch vorausgesehen, abgenommen hat. Wären die Ziegen vollkommen ausgerottet worden, so hätten auch die Hunde zu Grunde gehen müssen; da aber viele Ziegen sich in die Berge geflüchtet hatten, wo ihnen die Hunde nicht folgen konnten, und da sie selten, nur um Nahrung aufzufinden, von den Bergen herunterstiegen, so fielen nur die weniger Vorsichtigen und die Keckeren unter ihnen den Hunden zur Beute, während andererseits unter diesen nur die Stärksten, die Geschicktesten und die Thätigsten sich genug Nahrung erbeuten konnten. So war ein Gleichgewicht neuer Art entstanden: die schwächsten Individuen der beiden Thierarten fielen zuerst den neuen Verhältnissen zum Opfer, die thätigsten und stärksten behaupteten sich. Auf dieselbe Weise be= stimmt die Nahrungsmenge auch die Bevölkerungszahl innerhalb des Menschengeschlechts."

Wir haben absichtlich diese ziemlich weitläufige Parabel in extenso wiedergegeben, weil sie die ganze Quintessenz des „Mal= thusianismus" enthält. Durch Ueberzeugungskraft zeichnet sie sich, wie man sieht, nicht aus. Townsend möchte beweisen, daß die Menge von Thieren einer gegebenen Art durch die jeweilige Nahrungsmenge bestimmt sei. Aber nur die erste Hälfte der Parabel widerspricht diesem Gedanken nicht. Denn seitdem die Hunde auf der Insel erschienen waren, hörte der Zusammenhang zwischen der Vermehrung der Ziegen und der Nahrungsmenge auf: die Hunde machten es diesen unmöglich, die durch die Natur der Insel zulässige Zahl zu erreichen.* Man kann, wenn man will, sich anders ausdrücken, — man kann sagen, daß, obwohl die Vermehrung der Ziegen immer noch durch die Nahrungsmenge bestimmt wurde,** diese Menge selbst nunmehr nicht von der Natur der Insel, sondern von den Erfolgen der hündischen Angriffe auf die Ziegen abhängig war. — Wenn es den Ziegen in ihrer drückenden Lage auf den Bergen einfiele, sich an Unter= suchungen über die Bevölkerungsfrage zu machen, so müßten sie zum Schluß kommen, daß ihre Noth nicht durch physische, son= dern durch „moralische" Ursachen bedingt ist, d. h. nicht durch den Mangel an Grasfutter, sondern durch die hündische Inva= sion, welche sie daran hindert, die ganze auf der Insel vorhan= dene Nahrung zu benützen. Zu diesem Schluß gekommen, würden sie vielleicht anfangen auf Mittel und Wege zu sinnen, die „mo= ralische" Grenze ihrer Vermehrung weiter vorzuschieben, — sich vor den Hunden möglichst wirksam zu schützen. Gesetzt, es sei ihnen gelungen, ein Mittel auszusinnen, um die Insel gänzlich

---

* Dies wurde vom russischen Uebersetzer des Malthus, P. A. Bibikow, bemerkt.

** Freilich ist auch das nicht ganz genau. Außer der Nahrungs= menge werden auf die Vermehrung sicherlich noch andere Naturbedingungen eingewirkt haben.

von Hunden zu säubern. Darob helle Freude im Lager der
Ziegen, Verzweiflung im Lager der Hunde: die Einfälle der
Ziegen drohen diesen mit gänzlicher Aufhebung aller „Natur=
gesetze“. Um nun die unruhigen Ziegenköpfe zur Vernunft zu
bringen, machen sich die Hunde ihrerseits an Untersuchungen über
die Bevölkerungsfrage. Sie suchen nämlich zu beweisen, daß die
gottlosen Einfälle der Ziegen Niemandem irgend welchen Nutzen
bringen würden. Mit den Hunden einmal fertig geworden, würden
sich die Ziegen sehr rasch vermehren, die ganze Insel bevölkern,
und somit wiederum an Nahrungsmangel zu leiden haben. Daher
sei es weit vernünftiger, Alles beim Alten bleiben zu lassen.
Daß sie gegenwärtig wirklich mitunter Ziegen aufzehrten, sei
freilich sehr zu bedauern, — was lasse sich aber dagegen machen?
Es sei das Loos der Ziegen, im Diesseits zu leiden. So wolle
es das Gesetz der Natur. Uebrigens brauchten die Ziegen blos
zu wollen, um ihr Loos zu verbessern, ohne zu nutzlosen Um=
wälzungen ihre Zuflucht zu nehmen. Sie brauchten blos ihre
Vermehrung einzuschränken. Je weniger Ziegen, desto älter und
satter könne jede Ziege werden. — Wir glauben nicht, daß eine
derartige Predigt die bevorstehende Revolution abgewendet hätte.
Es ist lächerlich, die Ziegen durch den zukünftigen Nahrungs=
mangel einschüchtern zu wollen, da sie bereits gegenwärtig
daran zu leiden haben. Wird ihnen doch die Austreibung der
Hunde wenigstens für einige Jahre den Wohlstand sichern, was
allein schon genügt, sie dem Gedanken an jene Austreibung nicht
abtrünnig zu machen.

Politisch=ökonomische Fragen sind weder durch Parabeln noch
durch Fabeln zu lösen. Parabeln und Fabeln beweisen ganz und
gar nichts. Wir verweilten bei dem von Townsend angeführten
Beispiel einzig und allein, um zu zeigen, welchen Charakter die
Untersuchungen über die Bevölkerungsfrage am Ende des acht=
zehnten Jahrhunderts angenommen haben. Das Hauptziel der=
selben war, Beweisgründe auszusinnen, welche es erleichtern sollten,
die Verantwortlichkeit für das Elend der Arbeiter von den be=
sitzenden Klassen abzuwälzen und die „Armen“ davon zu über=

zeugen, daß lediglich ihre eigene Leichtfertigkeit an ihrer Noth schuld sei. Die Legende sagt, Menenius Agrippa habe einst mittelst seiner berüchtigten Fabel die aufgeregten Plebejer beschwichtigt. Vom Ende des achtzehnten Jahrhunderts an sollten die „Versuche" über die Bevölkerungsfrage die Rolle jener Fabel spielen.

In den Erörterungen Townsend's, der noch vor der französischen Revolution schrieb, schimmert bereits die Befürchtung sehr ernster Unannehmlichkeiten von Seiten der „arbeitenden Armen" hindurch. Er sucht die Unzuträglichkeiten einer auf „Gemeinbesitz" beruhenden Gesellschaftsordnung nachzuweisen. Indem er von der spanischen Provinz Leon spricht, läßt er sich in folgende Erörterungen ein, welche nachher Malthus benutzt hat: „Die Einwohnerzahl dieses Landes muß entsprechend dessen Unterhaltsmitteln eingeschränkt werden. Würden sie den Gemeinbesitz einführen, so müßten sie entweder von Zeit zu Zeit durchs Loos bestimmen, wer unter ihnen auswandern soll, oder Hungers sterben. Uebrigens könnten sie, um jenen Eventualitäten vorzubeugen, auf gemeinsame Uebereinkunft beschließen, daß nur je zwei Personen in jeder Familie eine Ehe schließen dürften...." Der letztere Ausweg wird von Townsend nicht ohne Absicht erwähnt. Muß doch eine Gesellschaft, worin die Zahl der Heirathenden „durch gemeinsame Uebereinkunft" beschränkt wird, auf den Leser den Eindruck der entsetzlichsten Tyrannei machen und ihn mit einer heilsamen Abneigung gegen jeden Gedanken an den „Gemeinbesitz" erfüllen. Indeß ist es gut, dem gegenüber zu erwähnen, daß Townsend das allerwirksamste Mittel gegen das Elend in der bestehenden Gesellschaft in nichts Anderem erblickt, als gerade in der Beschränkung der Zahl der Eheschließungen und der Fortpflanzung überhaupt; dies der Sinn seiner Worte über das Beschränken des einen Bedürfnisses (der physischen Liebe) durch das andere (das Eßbedürfniß). Ist denn aber die Beschränkung der Zahl der Eheschließungen nicht die reinste Tyrannei? Ja und nein! Sie ist es wirklich, wenn sie „durch gemeinsame Uebereinkunft" eingeführt wird und sich auf die ganze

Gesellschaft erstreckt, weshalb sie auch den „angesehensten" Mann treffen kann. Ganz anders verhält sich die Sache, wenn die Beschränkung „des einen Bedürfnisses" sich als nothwendig erweist blos für die armen Teufel, die in ewiger Gefahr des Hungertodes schweben und die Schuld auf dem Gewissen haben, von armen Eltern geboren zu sein. In diesem Falle erscheint jene Beschränkung als die vernünftigste und natürlichste Maßnahme. Die Bourgeoislogik ließ sich nie durch derartige Widersprüche irre machen. Kann aber diese Logik beim Proletariat verfangen?

Townsend's Ansichten werden sammt und sonders bei Malthus reproduzirt, dessen Verdienst blos darin besteht, in der Behandlung der Bevölkerungsfrage weitere Konfusion angerichtet zu haben.*

---

* Bekanntlich ist Malthus von Marx als Plagiator bezeichnet worden. Ein so scharfes Urtheil scheint allen „ernsten" Gelehrten zu unanständig zu sein. Selbst F. A. Lange fiel es schwer, sich mit demselben auszusöhnen, — von noch „angeseheneren" Leuten schon gar nicht zu sprechen. So versucht Herr Heinrich Soetbeer in seiner von der Universität zu Göttingen preisgekrönten Schrift: „Die Stellung der Sozialisten zur Malthus'schen Bevölkerungslehre", eine Ehrenrettung des Malthus. Er meint, eine endgiltige Lösung des durch Marx' scharfen Vorwurf hervorgerufenen Streites könnte „erst aus der Einsicht in die erste Ausgabe des Malthus'schen Werkes gewonnen werden" (jene Ausgabe war ihm nicht zugänglich). „Vorläufig" — setzt er naiv hinzu — „ist kein Anlaß, Marx mehr Glauben zu schenken als Malthus" (S. 34). Aber Marx wird wohl kaum je eingefallen sein, von den deutschen „Gelehrten" zu verlangen, ihm aufs Wort zu glauben. Was er von ihnen einzig und allein verlangen konnte, — das war die Bekanntschaft mit den von ihnen behandelten Gegenständen. „Ob und wie weit jener Vorwurf auch die späteren Ausgaben des Malthus'schen Werkes treffen soll" — bemerkt Herr Soetbeer (Anmerkung 3 zur Seite 34) — „ist nicht deutlich zu erkennen. Er würde sich für diese nicht nur durch die (von Herrn Soetbeer) angezogenen Stellen aus dem Vorwort zur zweiten Ausgabe, wo Malthus eben seine Quellen nennt, sondern auch aus der Behandlung des Stoffes selber als haltlos erweisen lassen." Erstens verstehen wir nicht, wieso Marx' ganz deutlicher Hinweis auf die erste Ausgabe Herrn Soetbeer undeutlich erscheinen kann; und zweitens erlauben wir uns, an ihn die Frage zu

II

Malthus hat den Gelehrtenruhm sehr wohlfeil erworben, nicht theurer als J. B. Say. Selbst Männer, die seine Be= völkerungslehre heftig bekämpften, z. B. Tschernischewsky, betrach= teten ihn als einen hervorragenden Oekonomen und stellten seinen Namen neben denjenigen Smith's und Ricardo's. Es genügt indeß, seine „Grundsätze der politischen Oekonomie" kennen zu lernen, um sich von der ganzen Haltlosigkeit jenes Urtheils zu überzeugen. Wie Say war Malthus ein Gegner Ricardo's und, wiederum wie Say, brachte er nicht nur sehr schwache Einwen= dungen gegen Ricardo vor, sondern war er einfach nicht im Stande, die Ansichten dieses wirklich hervorragenden Oekonomen zu begreifen. Ricardo's Standpunkt blieb für ihn stets eine unerreichbare Stufe wissenschaftlichen Denkens. Alles was er gegen Ricardo vorbringt, kann dem Werthe des Vorgebrachten nach höchstens mit den Einwendungen Say's gegen denselben Oekonomen sich messen, oder etwa mit den Argumenten, welche heutzutage von den patentirten Gelehrten in Hülle und Fülle zur Todtschlagung des Marxismus beigebracht werden.* Der Geist des Malthus, der typische Geist des vulgären Oekonomen, drang nie tiefer als in die Oberfläche der Erscheinungen ein und zeichnete sich nie auch nur durch die elementarste Konsequenz aus. Welche Frage immer er behandeln mochte, er brachte unvermeidlich Ver=

richten, ob er etwa der Ansicht sei, Malthus habe in der weiteren „Be= handlung des Stoffes" eine große Selbständigkeit an den Tag gelegt? Hat er die Vorgänger des Malthus gelesen? Wenn ja, so wolle er doch wenigstens Einen — nur Einen! — Gedanken dieses Schriftstellers be= zeichnen, der nicht von irgend einem der Vorgänger entlehnt wäre. Unserer= seits können wir gerade aus den späteren Ausgaben eine Menge Beispiele der erstaunlichen, bis ins Kleinliche gehenden Unselbständigkeit des Malthus anführen.

* Es mag beispielsweise hingewiesen werden auf dessen Erörterungen über den Werth sowohl in der oben genannten Schrift, wie auch in den „Definitions in political Economy", ch. VIII.

wirrung hinein aus dem einfachen Grunde, weil er es nicht
verstand, eine Frage in klarer Weise zu stellen und an der ein=
mal angenommenen Fragestellung festzuhalten. Ohne daß er es
merkte, sprang er von der einen Fragestellung auf die andere
über, warf die aus verschiedenen Fragestellungen sich ergebenden
verschiedenen Folgerungen durcheinander, so daß er schließlich
kaum noch selbst wußte, wovon er eigentlich zur gegebenen Zeit
an gegebener Stelle sprach. Das ist selbstverständlich ein großer
Mangel. Merkwürdigerweise aber war es gerade dieser Mangel,
der ihm bei seiner Untersuchung über die Bevölkerungsfrage einen
großen Dienst geleistet hat.

Wir haben gesehen, daß viele Vorgänger des Malthus
streng unterschieden zwischen physischen und „moralischen"
Grenzen der Vermehrung der Bevölkerung, welch letztere sie als
von den sozialen Verhältnissen abhängig betrachteten. Wir haben
ferner gesehen, wie klar einige von ihnen einsahen, daß für ver=
schiedene Entwicklungsstufen der Gesellschaft verschiedene Bevöl=
kerungsgesetze existiren. Diese Auffassung der Bevölkerungsfrage
war sehr unbequem für Leute, die aus derselben eine Waffe gegen
die Forderungen des Proletariats schmieden wollten, — die zu
beweisen suchten, daß das Elend der Proletarier aus der Ueber=
völkerung entspringe. Aber selbst dies zugegeben, konnte man
doch — eben auf Grund der Ergebnisse der früheren Forschungen —
ihnen die Frage vorlegen, durch welche Ursachen eigentlich die
Uebervölkerung bedingt ist: durch physische oder „moralische"?
Entspringt sie daraus, daß der Boden des Landes nicht im Stande
ist, eine gegebene Menschenzahl zu ernähren, oder etwa blos dar=
aus, daß die sozialen Verhältnisse eine gehörige Ausnützung der
Fruchtbarkeit des Bodens verhindern? Im Interesse der soge=
nannten öffentlichen Ruhe war es nothwendig, um jeden Preis
so unbescheidenen und unzeitgemäßen Anfragen aus dem Wege
zu gehen. Letzteres ließ sich nun aber am leichtesten durch Bei=
seitelassen aller sozialen Elemente erreichen, von denen die Lösung
der Frage in Wirklichkeit abhängt. An Stelle der historischen
Bevölkerungsgesetze mußte ein einziges zu allen Zeiten und bei

allen Völkern wirkendes abstraktes Gesetz treten. Wir wissen,
daß bereits Townsend die Frage sehr geschickt auf diesen abstrakten
Boden hinübergezerrt hatte. Dabei hatte es dieser aber auch
bewenden lassen. Er beging den großen Fehler, sich den Rück=
zug nicht gesichert und andererseits kein imponirendes historisches
Material ins Feld geführt zu haben, welches die Aufmerksamkeit
der Gegner von dem schwachen Punkt seiner Position, nämlich
dem völligen Mangel einer historischen Auffassung der Sache,
hätte ablenken können. Diese Lücke wurde nun von Malthus
ausgefüllt. Zuerst als ziemlich mageres Bändchen erschienen,
nahm dessen „Versuch über das Bevölkerungsgesetz" nach und
nach (in den folgenden Ausgaben) die Gestalt einer, mit den
verschiedenartigsten thatsächlichen Angaben ausgestatteten, außer=
ordentlich ernsten und ausführlichen Untersuchung an.

Dieser Reichthum an Thatsachen hätte, sollte man meinen,
Malthus an der Lösung seiner Aufgabe, — ein abstraktes Gesetz
einer abstrakten Bevölkerung aufzustellen, verhindern müssen.
Allein Dank dem gekennzeichneten Charakter seines Geistes gelang
es ihm, zwischen der Schlla und der Charybdis glücklich hin=
durchzulaviren.

Nach seinem eigenen Eingeständniß trat er an die Unter=
suchung des Bevölkerungsgesetzes heran, von dem Wunsche geleitet,
dieses Gesetz dazu zu benutzen, um „einige Theorien über die
Vervollkommnungsfähigkeit des Menschen und der Gesellschaft zu
beleuchten, auf welche (Theorien) sich zu jener Zeit die öffentliche
Aufmerksamkeit konzentrirte". Er selbst sagt uns auch, welches
namentlich diese Theorien waren: die hauptsächlichste derselben,
die Theorie Godwin's, hatte zum Zweck, „die großen Vortheile
des Gleichheitssystems" zu zeigen.* Indem nun Malthus diese
Theorie „beleuchtet", bringt er u. A. gegen dieselbe folgende
Einwendung vor: „Der große Vorwurf, der den größten Theil
des Godwin'schen Werks trifft, ist, daß er irriger Weise fast für
alle Laster und alles Elend, das in der menschlichen Gesellschaft

---

* Siehe Vorwort zur zweiten Ausgabe des „Versuch 2c."

vorherrscht, die Schuld in den menschlichen und bürgerlichen
Einrichtungen sucht. Die Organisation unserer Staaten und die
Verwaltungsart des Eigenthums sind nach seiner Behauptung
die ergiebigen Quellen aller Uebel, die Treibhäuser aller die
Menschheit entehrenden und erniedrigenden Laster. Wenn sich
wirklich die Sache so verhielte, so wäre es wohl keine schlechthin
unlösbare Aufgabe, alles Uebel aus der Welt zu entwurzeln
und die Vernunft möchte allerdings das diesem großen Zweck
entsprechendste Werkzeug sein. Die Wahrheit aber ist, daß,
wenngleich menschliche Einrichtungen die offenbare und in die
Augen springende Veranlassung manches die Menschheit betreffen=
den Unglücks abgeben, diese doch bei näherer Untersuchung gar
nicht in Erwägung kommen können, wenn man es mit alle dem=
jenigen vergleicht, das aus den allgemeinen physischen Gesetzen
hervorwuchert."* Letzteres wird bewiesen durch das abstrakte
Gesetz, wonach die Bevölkerung stets die Tendenz habe, die ihr
durch die Masse der Unterhaltsmittel gezogenen Grenzen zu über=
schreiten. Der Darlegung dieses Gesetzes ist das erste Kapitel
des ersten Buches des „Versuch" gewidmet. Dort findet man
die berüchtigten Progressionen,** die anscheinend die Richtigkeit
des Bevölkerungsgesetzes, somit auch des Satzes beweisen, daß
die Einflüsse schlechter gesellschaftlicher Einrichtungen „gar nicht
in Erwägung kommen können", verglichen mit alle dem Unglück,

---

* „Versuch ꝛc.", 2. Theil, 3. Buch, 2. Kap., S. 17. — Wir zitiren
nach der deutschen Uebersetzung der dritten Ausgabe des „Essay" von
Dr. Hegewisch, Altona 1807.

** Man würde sehr irren, wenn man behaupten wollte, daß wenigstens
diese Progressionen ein selbständiges Produkt des Malthus'schen Geistes
seien. Von der Vermehrungsfähigkeit der Menschen in geometrischer Pro=
gression sprach man schon vor ihm (Franklin, Wallace, Townsend). Die
arithmetische Progression scheint allerdings wirklich ein selbständiger Ein=
fall des Malthus zu sein. War es aber schwer, auf diesen Einfall zu
kommen, nachdem z. B. Townsend ausgeführt hatte, daß die sich in geo=
metrischer Progression vermehrende Bevölkerung die Tendenz habe, die
Unterhaltsmittel zu überschreiten? Und kann denn ein bloßer arithmetischer
Vergleich eine Entdeckung genannt werden?

„das aus den allgemeinen physischen Gesetzen hervorwuchert".
Dies der Eindruck, den der Leser aus jenem Kapitel gewinnt.
Darauf folgt aber eine weitläufige, ganze zwei Bücher umfassende
Untersuchung „über die Hemmnisse der Volksvermehrung" auf
verschiedenen Entwicklungsstufen der Gesellschaft. Hier werden
vom Verfasser mit voller Hand ethnographische, historische und
statistische Angaben ausgestreut. Er mustert diese Angaben und —
siehe da! — hat er denn seinen grundlegenden Satz vergessen?
Die Einflüsse menschlicher Einrichtungen erweisen sich nämlich
keineswegs so geringfügig, wie sie Malthus darstellen möchte.
Mitunter zeigen sich sogar in der Malthus'schen Darstellung die
gesellschaftlichen Einrichtungen als die Grundursache der die Bevölkerung heimsuchenden ökonomischen Uebel. Wir bitten den
Leser, über den Sinn folgender Erscheinungen nachzudenken.

„Die Gegenden von Afrika, die Park bereist hat, sind
weder gut angebaut, noch gut bevölkert. Er fand weitläufige
Strecken des schönsten Landes ganz menschenleer, vorzüglich waren
die Grenzen aller der kleinen Königreiche öde oder doch nur dünn
bevölkert. Die Ursachen aber werden sehr begreiflich, wenn man
hört, was Park von dem Haushalt der Negernationen erzählt.
Das Land ist in tausend kleine, unabhängige Staaten getheilt,
die wegen der unbedeutendsten Veranlassungen einander befriegen.
Die Kriege der Afrikaner sind von doppelter Art, entweder offen
und erklärt .... oder sie bestehen in heimlichem Ueberfall, im
Plündern und Stehlen.... Die Unsicherheit des Eigenthums
bei dieser steten Gefahr der Plünderung muß natürlicher Weise
jede Industrie hemmen."*

„Die Grundursache, warum die Volksmenge in dem türkischen Gebiete nach Umfang und Fruchtbarkeit desselben so gering
ist, liegt ohne Widerrede in dem Geiste der Regierung. Sie
ist eben so tyrannisch als schwach, die schlechten Gesetze werden
noch schlechter gehandhabt, daher die stete Unsicherheit des Eigenthums, daher immer größere Schwierigkeiten des Ackerbaues, so

* „Versuch 2c.", 1. Theil, 1. Buch, Kap. 8, S. 115, 116.

daß der Ertrag des Landes, mithin die Zahl der Einwohner jährlich abnimmt."*

Nachdem Malthus nach den Angaben des Reisenden Bruce die Zustände Abyssiniens geschildert, fügt er hinzu: „Daß nun in diesem Lande der Barbarei eine noch größere Anzahl von Kindern, wenn nicht zugleich Sicherheit des Lebens und des Eigenthums und der Industrie festgesetzt und eingeführt würde, das Elend nur noch vermehren, die Volksmenge aber auf keine Weise vergrößern würde, wird, wie ich hoffe, von selbst ein= leuchten. — Ebendasselbe läßt sich mit gleicher Wahrheit von dem ehemals so blühenden, so volksreichen Egypten sagen. Der gegenwärtige elende Zustand ist nicht durch etwaige Abnahme der Fruchtbarkeit der Einwohner veranlaßt, sondern durch die Ab= nahme der Industrie, durch die Unsicherheit des Eigenthums, die Folge einer drückenden, tyrannischen Regierung. Die Fruchtbarkeit der Einwohner ist möglichst groß, sie erhält die Volksmenge auf dem Punkt, daß alle vorhandenen Lebensmittel verzehrt werden, und wäre sie zehnmal größer, sie könnte nichts mehr thun."**

Werfen wir nun einen Blick in die „Grundsätze der politischen Oekonomie" desselben Verfassers. Da schildert er, nach Fr. Alexander von Humboldt's „Versuch über den poli= tischen Zustand des Königreichs Neu=Spanien", die damaligen Zustände dieses Landes. Die Fruchtbarkeit dieses Landes ist staunenswerth. Eine zweitägige Arbeit per Woche wäre hin= reichend, um eine ganze Familie zu ernähren. Die Maisernte liefert mitunter 800 Körner auf ein Korn Aussaat. In der Umgebung von Valladolid ergiebt die Durchschnittsernte des Mais 130—150 Körner, und in den unfruchtbarsten Gegenden 60 und 80 Körner. Da, wo der Bananasbaum gedeiht, ist der Lebens= unterhalt mit noch weniger Schwierigkeiten verbunden. Der Mensch braucht dort weiter nichts zu thun, „als die Stengel abzuschneiden,

---

* A. a. O. Kap. 10, S. 133.
** A. a. O. Kap. 8, S. 125.

deren Früchte gereift sind, und ein= oder zweimal des Jahres
die Erde um die Wurzeln her leicht aufzuhacken". Bei geringer
Fürsorge um den Ackerbau könnte Mexiko eine zehnmal so große
Einwohnerzahl, als seine damalige war, ernähren. Und dennoch
herrscht in Neu=Spanien furchtbares Elend, und ist dieses Land
äußerst dünn bevölkert. Es sind dort „ganze Striche von mehreren
Quadratmeilen noch blos mit zwei bis drei Hütten besetzt, um
welche herum halbwilde Ochsen grasen. Einige wenige mächtige
Familien, die auf dem Zentral=Plateau wohnen, sind im Besitz
des größten Theils vom Uferland der Intendantschaften Veracruz
und San Luis Potosi. Kein agrarisches Gesetz zwingt diese
reichen Eigenthümer, ihre Majorate zu verkaufen, wenn sie auch
gleich die ungeheuren Landstriche, die dazu gehören, nicht selbst
anbauen wollen." Soweit Humboldt. Dazu bemerkt nun Malthus
seinerseits: „Obwohl die Grundbesitzer durchaus die Möglichkeit
hätten, auf ihren Besitzungen eine zahlreiche Bevölkerung zu unter=
halten, so würde die — übrigens zweifelhafte — Aussicht auf
einen sich daraus für sie ergebenden sehr geringen Zuwachs an
Genuß doch nur selten im Stande sein, ihre natürliche Sorg=
losigkeit zu überwinden oder die möglicher Weise damit verbundenen
Unzukömmlichkeiten und Mühe zu überwiegen...." Die Ein=
geborenen würden zwar gerne für sich den Boden bebauen, sie
könnten aber keinen hohen Pachtzins zahlen, daher ziehen es die
Eigenthümer vor, ihr Land als Viehweide zu benutzen. „In
Folge dessen dienen Ländereien, welche Tausende von Einwohnern
ernähren könnten, blos zum Unterhalt einiger Hundert Stück
Vieh." Schließlich kommt Malthus zum Schluß, daß „die Mög=
lichkeit, Arbeiter zu unterhalten, in viel größerem Umfang vor=
handen sein kann, als der Wille dazu" (that the power of
supporting labour may exist to a much greater extent than
the will), und daß die Ursache der dünnen Bevölkerung Neu=
Spaniens eben in den bezeichneten Besitzverhältnissen: in der
Ungleichheit (this inequality) liege. Nur eine bessere Ver=
theilung des Eigenthums und allmälige Entwicklung der Industrie
nach europäischem Muster könnten da Wandel schaffen. „Uebrigens

braucht man nicht nach den spanischen Besitzungen in Amerika zu schweifen, um diese Sätze zu illustriren. Der Zustand des Mutter= landes selbst, so wie auch der meisten europäischen Länder, legt in gleicher Weise dieselben Schlußfolgerungen nahe."*

Malthus weiß genau, daß ohne Arbeiter nichts in der Industrie anzufangen ist. In Neu=Spanien stand nun die Sache keineswegs so, wie es vom Bourgeois=Standpunkt wünschens= werth gewesen wäre. So arm die Eingeborenen auch waren, es wäre sehr schwer gewesen, sie an Lohnarbeit zu gewöhnen. Humboldt führt die Ansicht eines aufgeklärten Einwohners jenes Landes an, der meinte, nur die radikale Zerstörung der Bananas= bäume hätte die Arbeitsluft der Eingeborenen in heilsamer Weise anspornen können.** Malthus giebt diese Ansicht ohne ein Wort der Mißbilligung wieder. Wie jeder rechtgläubige Bourgeois, mißt er die gesellschaftlichen Erscheinungen mit zweierlei Elle. Handelt es sich um rückständige, halbfeudale Zustände (wie sie damals selbst in vielen europäischen Ländern herrschten), so ist er bereit, die heilsame Wirkung sogar solcher Maßregeln, wie „Agrargesetze" und gewaltsame Umwandlung der Volksmasse in ein Proletariat, anzuerkennen. Hinsichtlich solcher Länder erweist es sich als unzweifelhaft, daß „die Möglichkeit, Arbeiter zu unter= halten, in viel größerem Umfang vorhanden sein kann, als der Wille dazu". Da ist er bereit, auch gegen „inequality" aufzu= treten, und — weit entfernt davon, den sozialen Verhältnissen eine blos geringfügige, oberflächliche Bedeutung zuzuschreiben, — dieselben in erster Linie für alles Uebel verantwortlich zu machen. Da spricht aus seinem Munde der Bourgeois, der die mittelalter= liche Ordnung haßt und dieselbe am liebsten durch jakobinische Maß= regeln zerstören möchte. Handelt es sich hingegen um die ihm theuere bürgerliche Ordnung, werden Stimmen laut, welche die dieser Ordnung eigenthümliche Ungleichheit bekämpfen, — so

---

* Principles of Political Economy considered with a view to their practical application. London 1820, S. 375—401.

** Indem nämlich jene Zerstörung sie ihrer eigenen Unterhaltsmittel beraubt, sie in Proletarier verwandelt hätte.

nimmt die Sache eine andere Wendung: Malthus verwandelt sich
da in einen extremen Konservativen, der mit heuchlerischem Augen=
aufschlag die modernen Gleichheitsfreunde zur Vernunft zu bringen
sucht durch den Hinweis auf „das Gesetz der Natur oder, was
dasselbe ist, auf das Gesetz Gottes" (the law of nature being
a law of God), ein Gesetz, welches die Menschen zu Noth, Elend
und Laster verurtheile und mit den gesellschaftlichen Einrichtungen
in keinem Zusammenhang stehe. — Dies die psychologische Logik
der Malthus'schen Raisonnements. Vom Standpunkte der formalen
Logik begegnet man bei ihm noch seltsameren Kuriositäten.

· Der Leser weiß, was Malthus über Egypten sagt: „Der
gegenwärtige elende Zustand (jenes Landes) ist nicht durch eine
Abnahme der Fruchtbarkeit der Einwohner veranlaßt, sondern
durch die Abnahme der Industrie, durch die Unsicherheit des
Eigenthums. . . . Die Fruchtbarkeit der Einwohner ist möglichst
groß, sie erhält die Volksmenge auf dem Punkt, daß alle vor=
handenen Lebensmittel verzehrt werden. . . ." Das heißt: Es
gab eine Zeit, da Egypten viel Getreide produzirte und dem=
entsprechend dicht bevölkert war; heutzutage wird dort aus Ursachen
sozialpolitischer Natur viel weniger Getreide produzirt, und daher
ist es auch viel dünner bevölkert. Diese Erscheinung ist zwar
durchaus begreiflich, was hat sie aber mit der „Fruchtbarkeit der
Einwohner", — mit dem Bevölkerungsgesetz zu thun? Dies
Gesetz „erhält die Volksmenge auf dem Punkt, daß alle vorhan=
denen Lebensmittel verzehrt werden", — mit anderen Worten,
das berüchtigte Gesetz besagt, daß die Menschen nicht ohne Nah=
rung leben können. Das ist eine alte Wahrheit, zu deren Be=
gründung es sich wohl kaum der Mühe lohnte, einen umfang=
reichen „Essay" zu schreiben.

Es fällt indeß schwer, durch derartige Trivialitäten die
„Gleichheitsfreunde" zu widerlegen. Malthus weiß das und legt
daher in seiner Polemik gegen dieselben seinem Gesetze einen
ganz anderen Sinn bei. In diesem Falle behauptet er nämlich,
gestützt auf seine berühmten Progressionen, steif und fest, daß die
Bevölkerung stets die Tendenz habe, die Masse der Unterhalts=

mittel zu überholen, und daß darin die Grundursache des Elends liege. Da tritt uns also das „Malthus'sche Gesetz" in seiner abstrakten Form entgegen. Da ist keine Rede mehr von den Hemmnissen der Vermehrung der Unterhaltsmittel, von denen Malthus im thatsächlichen Theil seiner Untersuchung spricht und die deutlich zeigen, daß der Nahrungsmangel nicht durch physische, sondern durch „moralische" Ursachen hervorgerufen wird. So springt denn unser ehrwürdiger Priester von einer Fragestellung auf die andere über, sich selbst und den Leser rettungslos verwirrend. Es wäre ein sehr geschicktes Sophisma, wäre es nicht einfach ein den Geist des vulgären Oekonomen kennzeichnender Paralogismus. Derartige Paralogismen ließen sich nach Hunderten in Malthus' „Grundsätzen der politischen Oekonomie" aufzählen.

Wir haben gesagt, daß hauptsächlich in diesen Paralogismen die Stärke des Malthus, als eines Forschers auf dem Gebiet der Bevölkerungslehre, lag. Und in der That, nicht selten zeigten sich Geister, die ihm entschieden überlegen waren, unglücklich in ihrer Polemik gegen ihn einzig deshalb, weil sie sich nicht in der von ihm angerichteten Begriffsverwirrung zurechtzufinden vermochten. Wie doch auch mit einem Menschen polemisiren, der die verschiedensten Fragestellungen durcheinander geworfen und dem Ganzen den Namen Untersuchung gegeben hat? — Euch ist vor Allem aufgefallen, daß er den sozialen Verhältnissen so geringen Einfluß auf die Gestaltung des Lebensunterhalts beimißt, und Ihr sucht ihn nun zu widerlegen durch den Hinweis auf soziale, ethnographische und historische Thatsachen. Um Gottes willen! — hält man Euch entgegen — dies Alles wußte Malthus selbst sehr genau, ja er führt noch schlagendere Beispiele an: Ihr braucht nur seinen „Versuch" auf den Seiten so und so aufzuschlagen. — Versucht Ihr nun, die Sache von einer anderen Seite anzufassen, indem Ihr darauf hinweist, daß ja Malthus selbst gezeigt hat, wie sehr und wie oft die sozialen Verhältnisse die Menschen daran hindern, alle ihnen zu Gebote stehenden Produktionskräfte auszunutzen, — so wird man Euch wiederum das

Malthus'sche Gesetz entgegenhalten, diesmal aber schon in seiner abstrakten Form: man wird Euch sagen, daß die Bevölkerung stets die Tendenz habe, die Masse der Unterhaltsmittel zu überholen, und daß die sozialen Verhältnisse dabei gar nicht in Betracht kommen könnten. Nach welcher Richtung immer Ihr Euch wenden möget, — stets wird Euch ein unpassirbarer Sumpf von Paralogismen den Weg abschneiden.

Die gegen Malthus auftretenden „Gleichheitsfreunde" mußten um so eher in jene Sümpfe gerathen, als die Art und Weise, wie sie selbst gesellschaftliche Fragen behandelten, nichts weniger als tadellos war. So lange sie auf dem utopistischen Standpunkte verharrten, liebten sie nicht, mit der historischen Wirklichkeit zu rechnen. Sie zogen abstrakte, für alle Zeiten und alle Völker giltige Lösungen gesellschaftlicher Fragen vor. Dank diesem Umstande mußten sie leicht in die von Malthus aufgestellten logischen Fallen gerathen. Anstatt alle ihre Kräfte auf die Vertheidigung der ihnen günstigen Position, — auf die Kritik der bestehenden sozialen Verhältnisse zu konzentriren, stürzten sie sich in die unfruchtbare Wüstenei abstrakter Untersuchungen über eine abstrakte Vermehrung einer abstrakten Menschheit. Nicht wenig Kräfte waren auf die Wanderung in dieser Wüstenei vergeudet, die Frage war aber noch immer ungelöst geblieben — bis zum Erscheinen des „Kapital".

Die Bevölkerungsfrage wird im „Kapital" anscheinend ganz nebenbei, mit einigen Worten berührt. Die zeitgenössischen deutschen Gelehrten, die den Werth eines wissenschaftlichen Gedankens nach der Zahl der zu dessen Darlegung erforderlich gewesenen Bände abschätzen, finden sogar, Marx habe jene Frage nicht ernst genug behandelt. Betrachten wir indeß, was denn eigentlich Marx im „Kapital" darüber sagt. — Erstens, „ein abstraktes Populationsgesetz existirt nur für Pflanze und Thier", und auch das nur, „soweit der Mensch nicht geschichtlich eingreift". Hierzu bemerkt Lange in seinem bekannten Buche über die Arbeiterfrage, auch die Vermehrungsgesetze von Pflanzen und Thieren seien nicht abstrakt, indem sie entsprechend den für die Vermehrung mehr oder

minder günstigen Bedingungen modifizirt würden. Es liegt aber
auf der Hand, daß er Marx' Gedanken mangelhaft auffaßt.
Dieser spricht von „Populations"gesetzen für Pflanze und Thier
in demselben Sinne, wie Montesquieu, d. h. er will sagen, daß
die Fruchtbarkeit der Weibchen bei Thieren (bezw. der weiblichen,
der schöneren, richtiger unschöneren Hälfte des Pflanzenreichs,
bezw. der hermaphroditischen Organismen unter Pflanzen und
Thieren) an und für sich (soweit der Mensch nicht modifizirend
eingreift) unverändert bleibt. Es wäre sehr seltsam, das bestreiten zu wollen. — Ferner sagt Marx, daß „jede besondere
historische Produktionsweise ihre besonderen, historisch giltigen
Populationsgesetze hat". Dieser Satz steht erstens ganz in Einklang mit den Ergebnissen der ökonomischen Wissenschaft aus der
dem Auftreten von Sykophanten à la Townsend und Malthus
voraufgegangenen Periode. Und zweitens wird er in glänzender
Weise bestätigt durch die neueren Forschungen auf dem Gebiete
der Bevölkerungsstatistik.* Außerdem wird von Marx das der
kapitalistischen Produktionsweise eigenthümliche Bevölkerungsgesetz
festgestellt, welches folgendermaßen formulirt werden kann: Die
Entwicklung der Produktionskräfte führt zur Bildung einer immer
wachsenden relativ überschüssigen (d. h. beschäftigungslosen) Bevölkerung, — einer industriellen Reservearmee, wie Engels diese
Bevölkerung bereits in den vierziger Jahren genannt hat. Entspricht nun dieses Gesetz der Wirklichkeit oder nicht? — Die
Statistik bejaht diese Frage. Und die Geschichte der politischen
Oekonomie zeigt ihrerseits, daß bereits Oekonomen des achtzehnten
Jahrhunderts mehr oder minder glückliche Vermuthungen über
das Vorhandensein dieses Gesetzes geäußert haben (wir erinnern
an die oben angeführten Ansichten Steuart's und Herrenschwand's darüber). Uebrigens waren es nicht Oekonomen allein,
die derartige Vermuthungen äußerten. Der größte idealistische

---

* Wir weisen z. B. auf die Bevölkerungsstatistik in Frankreich hin.
Aus den vielen diesbezüglichen Werken mögen die Forschungen Bertillon's
des Jüngeren und Dumont's (Dépopulation et Civilisation) genannt
werden.

Philosoph des neunzehnten Jahrhunderts, Hegel, spricht geradezu aus, daß in zivilisirten Gesellschaften die Entwicklung des Reich=thums Hand in Hand mit der Entwicklung der Armuth geht.* Marx hat also nichts gesagt, was man etwa als ein Paradoxon bezeichnen könnte. Er bleibt auch in dieser Beziehung den besten Ueberlieferungen der ökonomischen Wissenschaft treu. Nur hat er den Vermuthungen seiner Vorgänger einen wissenschaft=lichen Ausdruck und eine wissenschaftliche Begründung ge=geben. Ist dem aber so, warum hat denn seine Ansicht über die Bevölkerungsfrage unsere Oekonomen so sehr verblüfft, — von dem mehr oder minder unbefangenen Lange an bis herab zu dem sehr befangenen Herrn Soetbeer? Weil eben darin eine allzu scharfe Verurtheilung der bestehenden Ordnung liegt, — eine Verurtheilung, die den Freunden der Bourgeoisie nicht ge=fallen kann und die Denjenigen allzu gewagt erscheint, welche mit der Bourgeoisie noch nicht ganz gebrochen, sich noch nicht voll und ganz auf den Standpunkt des Proletariats gestellt haben.

Auf welche Weise ließe sich nun, auf Grund des Gesagten, das Bevölkerungsgesetz der zukünftigen sozialistischen Gesellschaft formuliren? Vorläufig auf gar keine Weise. Wir können nicht das einer noch nicht existirenden Gesellschaft eigenthümliche Be=völkerungsgesetz feststellen. Alle dahingehenden Versuche wären vorzeitig, und daher utopistisch, unwissenschaftlich. Das können und müssen wir mit voller Gewißheit aussprechen. Sollte man uns aber darum mit Ueberbölkerung drohen, welche nach Ansicht der Malthusianer in der sozialistischen Ordnung unver=meidlich sei, — so würden wir darauf antworten, daß erstens schon der gegenwärtige Zustand der Produktivkräfte die physische Grenze der Volksvermehrung für die zivilisirten Länder in sehr weite Ferne rückt, und zweitens, wenn auch die Menschheit ein=mal gegen Ueberbölkerung zu kämpfen haben sollte, dieser Kampf sich für sie weit günstiger gestalten würde in einer Gesellschaft

---

* Siehe darüber unseren Artikel „Zu Hegel's sechzigstem Todestag" in der „Neuen Zeit", 10. Jahrgang, Nr. 7—9.

mit rationell organisirter Produktion und allseitig entwickelten Produzenten, als in der gegenwärtig bestehenden, auf Unterdrückung der Arbeitermasse und auf Herrschaft des Produkts über den Produzenten beruhenden Gesellschaftsordnung.*

Uebrigens bürgt schon die gegenwärtige Technik in genügender Weise dafür, daß die Produzenten, in der sozialistischen Gesellschaft zu Herren der Produkte geworden, nicht unter dem Mangel an Unterhaltsmitteln zu leiden haben werden. Aristoteles bestritt einst die Worte Solon's:

„πλούτου δ'ουδέν τέρμα πεφασμένον ἀνδράσι κεῖται."
(„Reichthum hat kein Ziel, das sicher den Menschen gesetzt sei.")**

Die sozialistische Gesellschaft wird zeigen, daß in letzter Instanz Solon, nicht Aristoteles recht hatte.

In seinen „Grundsätzen der politischen Oekonomie" erklärt uns Malthus treffender den wahren Sinn seines Gesetzes: „Wäre der bloße Bedarf oder der Wunsch der arbeitenden Klassen, das zum Leben Nothwendige und Nützliche zu besitzen, ein hinreichender Ansporn zur Produktion, so gäbe es kein Land in Europa, ja in der ganzen Welt, dessen Reichthum auf andere praktische Grenzen gestoßen wäre, als die ihm zu Gebote stehenden Produktivkräfte;

---

* Herr Achille Loria kam in seiner Broschüre: „La legge di popolazione ed il sistema sociale", Siena 1882, auf den Einfall, Marx' Ansichten — den er übrigens nicht nennt — mit denjenigen des Malthus zu verschmelzen. Er meint, die Volksvermehrung — deren Gesetze sich nach den jeweiligen Veränderungen in der sozialen Verfassung richteten — sei ihrerseits eine wirksame Ursache aller Veränderungen in den sozialen Verhältnissen. Wie sehr diese eklektische Auffassung unzureichend ist, beweist schon der Umstand, daß Herr Loria dabei die Entwicklung der gesellschaftlichen Produktivkräfte, von welcher doch in letzter Instanz Alles abhängt, außer Acht läßt. Ein ähnliches Mißgeschick passirt übrigens Herrn Loria öfters in seinen tiefsinnig sein sollenden, in Wirklichkeit aber höchst oberflächlichen und nichts weniger als geistreichen Untersuchungen. Der gelehrte A. Loria übersieht stets gerade — die Hauptsache.
** Aristoteles' Politik, Urtext nach Bekker ꝛc. und ins Deutsche übertragen von Adolph Stahr, Leipzig 1839, 1. Buch, 3. Kap., § 9.

und die Erde hätte wahrscheinlich seit Langem zum Allermindesten das Zehnfache ihrer gegenwärtigen Einwohnerzahl enthalten." Allein der „Bedarf" der arbeitenden Klassen und die in der Oekonomie sogenannte effektive Nachfrage sind zwei verschiedene Dinge, — und von der letzteren hängt eben Alles ab: „Ein Mensch, der nichts als seine Arbeit (sollte heißen: Arbeitskraft) besitzt, erscheint als Vertreter einer effektiven Nachfrage nach Produkten nur insofern, inwiefern die Besitzer der Produkte seine Arbeit (d. h. Arbeitskraft) brauchen. Die Nachfrage nach produktiver Arbeit kann aber nur dann stattfinden, wenn das hergestellte Produkt einen größeren Werth darstellen würde als die darauf verwendete Arbeit" (d. h. wiederum: Arbeitskraft).* Das ist sehr klar und vollkommen richtig: Die Arbeitskraft wird lediglich zum Zwecke der Produktion von Mehrwerth gekauft. Indeß erhält das Bevölkerungsgesetz im Lichte dieser richtigen Bemerkung eine ganz neue Gestalt; jetzt lautet es schon folgendermaßen: Ganz unabhängig von seinen Produktivkräften erweist sich ein Land jedesmal übervölkert, wenn es mehr Arbeiter enthält als — die Herren Kapitalisten brauchen. Den Arbeitern, die nicht in der glücklichen Lage sind, Mehrwerth produziren zu können, bleibt nichts übrig als Hungers zu sterben. So will es „das Gesetz der Natur oder, was dasselbe ist, das Gesetz Gottes". Sehr gut, merken wir es uns und gehen wir weiter. In seinem „Versuch" predigte Malthus den Arbeitern „moralische Enthaltsamkeit". Er that dies, indem er die Verantwortlichkeit für das Elend des Proletariats von den besitzenden Klassen abwälzen und ihnen die Last der Armensteuer möglichst erleichtern wollte. In den „Grundsätzen der politischen Oekonomie" betrachtete er die Sache von einer anderen Seite. Es fiel ihm da ein, daß der Arbeiter schließlich doch der einzige Produzent von Mehrwerth ist, und so kommt er denn zu der Bemerkung, daß, wenn die Arbeiterklasse sich allzu langsam vermehren würde, dies zum Ruin eines, hauptsächlich auf Manufaktur und Handel angewiesenen

* Principles etc., S. 348.

Landes führen könnte.* Das ist wiederum ein vollkommen rich=
tiger Gedanke, den wir uns ebenfalls merken wollen. Leider
aber wird dadurch das Bevölkerungsgesetz wiederum mobifizirt.
Nunmehr muß dasselbe so formulirt werden: Ganz unabhängig
von seinen Produktivkräften erweist sich ein Land übervölkert,
wenn es darin mehr Arbeiter giebt als — zur Produktion
von Mehrwerth erforderlich. Das ist ein sehr unbequemer Zu=
stand sowohl in ökonomischer wie auch in politischer Hinsicht: die
besitzenden Klassen müssen die unangenehme Armensteuer zahlen,
die Besitzlosen aber könnten eine gefährliche Neigung zu den Lehren
der „Gleichheitsfreunde" zeigen. Und umgekehrt erweist sich ein
Land untervölkert, wenn es darin weniger Arbeiter giebt, als
die Herren Kapitalisten brauchen. Eine solche Lage der Dinge
kann zum Ruin des betreffenden Landes führen. Der nor=
male Bevölkerungszuwachs ist eben derjenige, welcher durch
den Bedarf des Kapitals an Arbeitskraft bestimmt
ist. Die Arbeiter sollten sich das merken. Wenn sie, ihre ehe=
lichen Pflichten ausübend, nicht im Stande sind, zu bestimmen,
wie viel Hände das Kapital nöthig haben wird zur Zeit, da ihre
Kinder das Arbeitsalter erreicht haben werden, — um so schlimmer
für sie. Die überflüssigen Hände müßten alsdann dem Elend
zum Opfer fallen; falls aber hingegen die Zahl der Hände sich
als zu gering herausstellen sollte, so würde das Land ruinirt
und es würde somit wiederum die Nachfrage nach Arbeitskraft
sinken. So will es „das Gesetz der Natur oder, was dasselbe
ist, das Gesetz Gottes"

Malthus ging darauf aus, die Gleichheitsfreunde zu wider=
legen und die Nachtheile des Kommunismus nachzuweisen. In
welchem Maße aber seine Einwendungen gegen den Kommunis=
mus stichhaltig sein konnten, mag man schon daraus ersehen, daß
er nie im Stande war, aus der Welt der bürgerlich=ökonomischen
Begriffe herauszukommen. Er spricht allen Ernstes von einer
Profitrate bei den — Wilden. Er weiß, daß z. B. in Peru

* A. a. D. S. 236.

die kommunistische Ordnung herrschte. Nur nennt er diese Ord=
nung „seltsam" und geht so jeder weiteren Beurtheilung derselben
aus dem Wege. An einer derartigen geistigen Beschränktheit litten
zwar, wie wir wissen, selbst die besten Oekonomen jener Zeit;
bei keinem derselben aber nahm sie so seltsame, man kann sagen,
komische Dimensionen an, wie bei dem Verfasser des „Versuchs
über das Bevölkerungsgesetz". Um sich davon zu überzeugen,
genügt es beispielsweise, sich die von ihm gegebene Definition
der produktiven Konsumtion ins Gedächtniß zu rufen.*

Im „Versuch" hatte Malthus mit der Uebervölkerung zu
thun; in den „Grundsätzen der politischen Oekonomie" mußte er
auch mit der Ueberproduktion rechnen: „So groß die Pro=
duktionskräfte sein mögen, können sie allein doch nicht ein ent=
sprechendes Wachsthum des Reichthums sichern. Damit jene Kräfte
zur vollen Entfaltung gebracht werden könnten, scheint noch etwas
Anderes nothwendig zu sein; und zwar müssen die Produkte in
einer Weise vertheilt und an die Bedürfnisse der Konsumenten
angepaßt werden, daß der Tauschwerth der Gesammtmasse der=
selben beständig wächst."** Mit anderen Worten, zwischen den
Produktionskräften und den Konsumenten steht der Kapitalist,
der jene Kräfte nur dann ins Werk zu setzen gewillt ist, wenn
er dabei auf Gewinn rechnen kann. Nun sind aber in der be=
stehenden Gesellschaft die Produktionskräfte so groß, daß die
Produkte nicht selten den Markt überhäufen, da sie keinen Absatz
finden, — worauf die Kapitalisten des erhofften Gewinnes ver=
lustig gehen. Alsdann stellen sie die Produktion ein, entlassen
ihre Arbeiter, wodurch letztere dem — nach dem treffenden Aus=

---

* „Der Arbeiter . . . . konsumirt unzweifelhaft einen Theil seines
Arbeitslohnes zum Zwecke des Lebensunterhalts, nicht als Kapital zum
Zwecke der Produktion (Malthus will sagen: zum Zwecke des Heraus=
pressens von Mehrwerth aus einem Anderen). Er ist produktiver Kon=
sument in Beziehung auf seinen Arbeitgeber und auf den Staat, nicht
aber eigentlich in Beziehung auf sich selbst." (Definitions, S. 258, 259.)
Da ich mich selbst nicht ausbeuten kann, so kann ich nie in Beziehung
auf mich selbst produktiver Konsument sein. Welche Gedankentiefe!

** Principles etc., S. 413.

druck Fourier's — aus Ueberfluß entspringenden Elend preis=
gegeben werden: die Arbeiter leiden Noth gerade deshalb, weil
sie zu viel zur Befriedigung menschlicher Bedürfnisse sich eignende
Produkte erzeugt haben. Was thun? Zwar wäre die Sache offenbar
am einfachsten erledigt, wenn man den Arbeitern die für sie noth=
wendigen und auf dem Markt in Hülle und Fülle vorhandenen
Produkte zur Verfügung stellte. Das hieße doch aber die hei=
ligen Rechte des kapitalistischen Eigenthums antasten, — und
Malthus ist der Letzte, der so etwas billigen würde. Er weiß
ein anderes Mittel, er hat gefunden, daß „die günstigsten Be=
dingungen" des für die Herren Kapitalisten vortheilhaften Pro=
dukten=Absatzes folgende sind: „Erstens die Theilung des Grund=
besitzes, zweitens der Binnen= und Außenhandel, drittens die
Unterhaltung von unproduktiven Konsumenten."* Der Leser weiß,
daß nach Malthus' Definition auch die Konsumtion des Arbeiters
in gewissem Sinne unproduktiv sein kann. Hier aber spricht er
von einer unproduktiven Konsumtion schlechthin, — wie sie
einzig im Luxus der höheren Klassen, in Militärausgaben und
dergl. ihren Ausdruck finden kann. Malthus befürwortet eine
solche Konsumtion mit Eifer und vertheidigt sie warm gegen alle
möglichen Angriffe. Im „Versuch" suchte er das Elend der
arbeitenden Klassen daraus zu erklären, daß mehr Mägen auf
die Welt kommen, als Brot zu deren Sättigung erzeugt werden
kann. In den „Grundsätzen" dagegen hat sich herausgestellt, daß
das Elend der Arbeiter einen anderen, sozusagen feineren, edleren
Ursprung haben kann: die Produzenten darben jedesmal, wenn es
im Lande zu wenig Nichtsthuer giebt. So will es „das Gesetz
der Natur oder, was dasselbe ist, das Gesetz Gottes".

Malthus giebt übrigens zu, daß man wohl die unproduktive
Konsumtion entbehren könnte, wenn die Arbeiter einen hohen Lohn
erhielten und so ihrerseits im Stande wären, die effektive Nach=
frage bedeutender zu erhöhen. Allein dem steht die allzu rasche
Vermehrung der Arbeiter im Wege, welche die Konkurrenz unter

---

* A. a. O. S. 427.

ihnen steigert und zum Sinken des Arbeitslohnes führt. Wie aber, wenn jeder einzelne Arbeiter weniger arbeitete, wenn der Arbeitstag verkürzt würde? — Das kann nie und nimmer geschehen, antwortet Malthus: der Staat hat kein Recht, den Arbeitstag zu verkürzen, und die Arbeiter selbst werden sich nie dazu miteinander verständigen, nie auf die gegenseitige Konkurrenz verzichten. Eher ist schon zu hoffen, daß sie „moralische Enthaltsamkeit" in der Ehe üben werden.* Es wäre heutzutage überflüssig, diese Prophezeiung auf ihren Werth zu prüfen.

Bekanntlich hat sich Malthus im „Versuch" sehr pessimistisch geäußert über die mögliche Vervollkommnung des Ackerbaues in den vorgeschritteneren Ländern Europas. Aus seinen Berechnungen ging hervor, daß die Produktivität der landwirthschaftlichen Arbeit abnehmen müsse im Maße, worin die auf den Anbau eines gegebenen Grundstückes verwendete Arbeitsmenge zunehme. Einige Oekonomen betrachteten dies als eine durchaus unanfechtbare Erscheinung und erhoben dieselbe zu einem ökonomischen Gesetz. Malthus selbst war jedoch fern davon, derselben eine große praktische Bedeutung beizulegen. In den „Grundsätzen" äußert er sich darüber folgendermaßen: Wohl nimmt die Produktivität der landwirthschaftlichen Arbeit ab, aber im „gegenwärtigen Zustand der Welt" geschieht dies sehr langsam; und außerdem wird die Abnahme der Produktivität der landwirthschaftlichen Arbeit durch verschiedene Verbesserungen häufig vollkommen aufgehalten oder sogar die Produktivität gesteigert: „Ich bin überzeugt, daß .... das Kapital, verwendet auf das letzte im Jahre 1813 in Anbau genommene Land, produktiver war als das Kapital, verwendet auf das letzte im Jahre 1727 in Anbau genommene Land." Ueberhaupt „ist die Wahrscheinlichkeit eines Wachsthums der Produktivität der Arbeit, welches hinreichend wäre, um die (ungünstigen) Folgen des Anbaues von weiterem Land wett zu machen, so groß, daß wir im gegenwärtigen Zustand der meisten Länder der Welt oder in deren wahrscheinlichem Zustand während der nächsten

* A. a. O. S. 472 ff.

Jahrhunderte uns vollkommen auf die vorkommenden Falles ein= tretende Wirkung jener Ursache verlassen dürfen."*

Und die Moral von der Geschichte? — Wenn man mit den „Gleichheitsfreunden" polemisirt, ist es nützlich, sich auf die Karg= heit der Natur, auf die Abnahme der Produktivität der land= wirthschaftlichen Arbeit zu berufen; handelt es sich aber darum, die besitzenden Klassen zur Vermehrung der unproduktiven Kon= sumtion aufzufordern, so kann man ihnen unter der Hand, so daß die „arbeitenden Armen" und die „Gleichheitsfreunde" nichts davon erfahren, mittheilen, daß wenigstens noch während einiger Jahrhunderte von einer unvermeidlichen Abnahme der Produk= tivität der landwirthschaftlichen Arbeit nicht die Rede sein kann.

III.

Gehen wir nun zu Tschernischewsky über. Die Einwen= dungen, die er gegen die Malthus'sche Bevölkerungslehre macht, beziehen sich fast ausschließlich auf das erste Kapitel des ersten Buches des „Versuch". Er befaßt sich vorzugsweise mit den Malthus'schen Progressionen, wobei er mit der arithmetischen Progression beginnt, die das Wachsen des landwirthschaftlichen Ertrages ausdrücken soll.

Malthus betrachtete die Annahme als sehr gewagt, daß das Produkt des englischen Ackerbaues binnen 25 Jahren verdoppelt werden könne. „Das ist eine Naivetät, welche bei Demjenigen, der die modernen agronomischen Bücher gelesen, ein Lächeln her= vorrufen muß", — bemerkt hiezu Tschernischewsky. Auf Grund der Berechnungen Gasparin's (in dessen „Cours d'agriculture") behauptet er, daß „bei ordentlich organisirter Fruchtwechselwirth= schaft das Produkt von 100 Hektaren zur Erhaltung von 931 Men= schen genügt", und da nun Großbritannien und Irland (nach Kolb) ungefähr 61½ Millionen Acres (d. h. ca. 25 Millionen

* A. a. O. S. 324, 325.

Hektaren) anbaufähigen Landes umfassen, so könnten jene Länder „bei ordentlich organisirter Fruchtwechselwirthschaft eine Bevölkerung von 230 Millionen ernähren", d. h. den jetzigen Bodenertrag (Tschernischewsky's Berechnung bezieht sich auf das Jahr 1860) um das Neunfache steigern.* „Ob der Zeitraum von 25 Jahren lang genug ist, um die Fruchtwechselwirthschaft gut organisiren zu können in einem Lande, das im Allgemeinen bereits über die einfache Dreifelderwirthschaft weit hinaus ist, — überlassen wir dem Urtheil des Lesers. Aus den modernen agronomischen Büchern ist also zu ersehen, daß, wenn England den Wunsch und das Bedürfniß fühlte, seinen Bodenertrag nicht nur zu verdoppeln, sondern zu verfünffachen, ja zu verneunfachen, dies bei dem heutigen Stand des agronomischen Wissens gar keine Schwierigkeiten bieten würde. Sind wir nun nicht berechtigt zu sagen, daß es von Malthus sehr naiv war, wenn er wähnte, durch die Voraussetzung, daß der Bodenertrag innerhalb 25 Jahren verdoppelt werden könne, das äußerste Zugeständniß zu machen?" **

Wie bereits gesagt, erschien Tschernischewsky die sehr verbreitete Ansicht, daß das Wachsthum des Bodenertrags schwerlich mit der möglichen Volksvermehrung Schritt halten könne, als jeder ernstlichen Begründung entbehrend. Die Oekonomen, welche mit Malthus von einer Abnahme der Produktivität der landwirthschaftlichen Arbeit sprechen, hätten nicht einmal daran gedacht, daß sie gut daran thun würden, ihre Ansicht mit Hilfe der Statistik einer Prüfung zu unterziehen. Dies der Grund, warum sie noch bis auf den heutigen Tag darüber ebenso ins Blaue hinein räsonnirten, „wie Malthus". Tschernischewsky giebt zwar selbst zu, daß „bei gleichbleibender Anbauweise des Bodens die Produktivität der bebauten Felder mit dem Wachsthum der Bevölkerung durchschnittlich stetig abnehmen würde, weil immer

---

* 1860 belief sich die Bevölkerung des vereinigten Königreichs — nach Kolb — auf ungefähr 29 Millionen. Davon, nimmt Tschernischewsky an, nährten sich von den Produkten des einheimischen Ackerbaues nicht mehr als 25 Millionen Menschen.

** Werke, 3. Band, S. 102.

schlechtere Bodenklassen in Anbau genommen werden müßten."* Allein Malthus habe die Bedeutung dieses Faktors in der Kulturgeschichte der Menschheit zu sehr überschätzt. Unser Verfasser behauptet, daß, so kurz die Periode sein möge, während welcher sich die Bevölkerung verdoppelt, der Nahrungsmangel selbst bei sehr geringen Verbesserungen in der Agrikultur sich leicht vermeiden ließe. Und um diese seine Ansicht zu begründen, führt er eine lange Reihe arithmetischer Ueberschläge an. In Anbetracht der Wichtigkeit des Gegenstandes ist es nothwendig, Tschernischewsky's Beweisführung möglichst mit seinen eigenen Worten wiederzugeben.

Er geht dabei von der Analyse der Malthus'schen Progressionen aus:

Volksvermehrung . . . 1, 2, 4, 8, 16, 32, 64 . . . .

Wachsthum des Produkts 1, 2, 3, 4, 5, 6, 7 . . . .

„Es ist klar, nach welchem Verhältniß die Glieder der zweiten Reihe aus denen der ersten entstehen: die in geometrischer Progression wachsenden Zuschüsse zu der früheren Arbeiterzahl vermehren das Produkt je um das gleiche Quantum. Zum Beispiel, 1 in der zweiten Periode hinzugekommener neuer Arbeiter vermehrt durch seine Arbeit das Produkt um 1; 2 in der dritten Periode hinzugekommene Arbeiter vermehren das Produkt ebenfalls nur um 1; 4 neue Arbeiter der vierten Periode und 8 neue Arbeiter der fünften u. s. w. vermehren das Produkt ebenfalls um 1. Es ist evident, daß die Produktivität der Arbeit der in jeder weiteren Periode neu hinzukommenden Arbeiter in derselben Progression abnimmt, worin die Zahl dieser hinzukommenden Arbeiter zunimmt. . . . Mit anderen Worten, das Malthus'sche Theorem setzt voraus, daß der Prozentsatz der Vermehrung der Arbeiter als der Prozentsatz der Abnahme der Produktivität der Arbeit der hinzukommenden Arbeiter diene." Davon ausgehend, stellt nun Tschernischewsky folgende Berechnung an:

„Gesetzt, die Bevölkerungszahl belaufe sich am 1. Januar

* A. a. O. S. 191, 192.

des erften Jahres auf 1000 Menſchen, wobei die in der Land=
wirthſchaft beſchäftigten Arbeiter eine beſtimmte Getreidemenge
produzirt hätten, die zur reichlichen Ernährung der ganzen Be=
völkerung genügt, d. h. 1000 Jahresrationen, welche wir Wagen=
ladungen nennen wollen. Nach unſerer Annahme iſt alſo zur
reichlichen Ernährung eines jeden Einwohners Eine Wagenladung
Getreide per Jahr erforderlich. Nehmen wir nun an, die Zahl
der landwirthſchaftlichen Arbeiter belaufe ſich auf 100 Mann, ſo
wäre zur reichlichen Ernährung der Geſammtbevölkerung eine Pro=
duktivität der landwirthſchaftlichen Arbeit erforderlich, welche es
jedem Arbeiter ermöglichte, je 10 Wagenladungen Getreide zu
produziren.

„Geſetzt, die Bevölkerung wachſe bei dieſer reichlichen Er=
nährung jährlich um 3 Prozent (ein etwas höherer Prozentſatz
als derjenige, welcher die Verdoppelung der Bevölkerung innerhalb
25 Jahren ergiebt und von Malthus angenommen wird). Als=
dann würde ſie bis zum 1. Januar des zweiten Jahres auf
1030 Menſchen anwachſen und — bei gleichbleibendem Verhältniß
der landwirthſchaftlichen Arbeiter zur Geſammtbevölkerung —
103 ſolche Arbeiter zählen. Waren für 1000 Menſchen 1000
Wagenladungen Getreide erforderlich, ſo nunmehr für 1030 Men=
ſchen 1030 Wagenladungen.

„Wäre nun die Produktivität der Arbeit der hinzugekommenen
Arbeiter nicht geringer als die der früheren, ſo würden die 3 neuen
Arbeiter 30 Wagenladungen Getreide produziren, ein Quantum,
welches zur genügenden Ernährung der 30 hinzugekommenen Men=
ſchen erforderlich iſt; mithin gäbe es im zweiten Jahre für
1030 Menſchen 1030 Wagenladungen Getreide. Aber nach dem
Malthus'ſchen Theorem würde die Produktivität der Arbeit der
hinzugekommenen Arbeiter geringer ſein als die der alten Arbeiter;
Malthus iſt nämlich der Anſicht, daß die Produktivität der neuen
Arbeit in demſelben Verhältniß abnehme, in dem deren Menge
oder, bei gleichbleibendem Verhältniß der Zahl der Ackerbauer
zur Bevölkerungszahl, die Bevölkerung zunehme. Demgemäß ver=
hält ſich die Produktivität der neuen Arbeit zur Produktivität der

alten wie 100 zu 103. Wie viel Getreibe wird nun nach dieser Proportion Ein hinzugekommener Arbeiter produziren, wenn jeder der früheren Arbeiter 10 Wagenladungen produzirte?

$$x : 10 = 100 : 103.$$

„Daraus ergiebt sich: $x = 9{,}7087 \ldots$

„Die drei hinzugekommenen Ackerbauer werden also, anstatt 30 Wagenladungen, welche nach dem früheren Maßstab erforderlich wären, nur noch $3 \times 9{,}7087 = 29{,}1261$ Wagenladungen Getreide produziren; mithin wird es im zweiten Jahre für 1030 Menschen anstatt 1030 blos 1029,1261 Wagenladungen Getreide geben.

„Damit die Ernte des zweiten Jahres, anstatt 1029,1261, 1030 Wagenladungen ergebe, muß die Produktivität der Arbeit der früheren Arbeiter in diesem Jahre um so viel über ihre frühere Größe — 10 — steigen, um wie viel der erforderliche Ernteertrag, 1030, größer ist als der ohne Verbesserungen erzielbare Ertrag, 1029,1261:

$$x : 10 = 1030 : 1029{,}1261.$$

Daraus ergiebt sich: $x = 10{,}00849 \ldots$

„In der That, wir bekommen alsdann Folgendes:

„Die 100 früheren Arbeiter produziren, zu 10,00849 Wagenladungen pro Mann, 1000,849 Wagenladungen.

„Die 3 neuen Arbeiter, deren Arbeit in dem Verhältniß $100 : 103$ weniger produktiv ist, produziren je

$$10{,}00849 \times 100 : 103 = 9{,}717 \text{ Wagenladungen}$$

und alle 3 insgesammt $3 \times 9{,}717 = 29{,}151$ „

Der Gesammtertrag des zweiten Jahres beläuft sich auf

$$1000{,}849 + 29{,}151 = 1030 \text{ Wagenladungen.}$$

„Sind nun demnach etwa große Verbesserungen erforderlich, sei es in der Konstruktion der Werkzeuge oder in der Handhabungsweise derselben, sei es in der Qualität des Düngers oder in der Benutzungsweise desselben, sei es in der Qualität der Aussaat, — sind, fragen wir, große Verbesserungen erforderlich, um einem Defizit vorzubeugen, um den Lebensmittelstand immer auf einer der wachsenden Bevölkerung genügenden Höhe zu halten?

„Bei einer jährlich um 3 Prozent wachsenden Bevölkerung, d. h. bei einem rascheren Wachsthum als dem von Malthus angenommenen,* muß der jährliche Fortschritt der Verbesserungen 0,000849, d. h. weniger denn $^1/_{11}$ Prozent betragen. Was bedeutet nun dieser Betrag? Auf ein Pud macht er etwas mehr denn 3¼ Solotnik (nämlich 3,2602 Solotnik) aus, auf eine Wagenladung Getreide von 25 Pud — 81½ Solotnik.**

„Ist das denn ein ungeheurer Zuwachs? braucht man denn davor zurückzuschrecken? Können denn die Verbesserungen in der Agrikultur nicht so rasch (rasch?) fortschreiten, um innerhalb einem ganzen Vierteljahrhundert die Betriebsweise um 2$^1/_7$ Prozent zu verbessern?*** Ein Fortschritt der Verbesserungen um 2$^1/_7$ Prozent innerhalb 25 Jahren — das ist doch ja geradezu der bare Stillstand!

„Jawohl, geradezu der bare Stillstand! Es unterliegt keinem Zweifel, daß es seit dem Ende des Mittelalters in der europäischen Geschichte kein einziges Vierteljahrhundert gegeben hat, das nicht einen rascheren Fortschritt für die Agrikultur gebracht hätte. Wohl weist diese Geschichte mehrere Epochen eines beinahe vollständigen Stillstandes in den sozialen Verbesserungen auf, aber auch die trostlosesten, die abscheulichsten dieser Epochen brachten für die Agrikultur raschere Fortschritte als nöthig wären, um bei einer Verdoppelungsperiode von 25 Jahren das Defizit im Bodenertrag auszugleichen, um die Produktivität der landwirthschaftlichen Arbeit ganz auf der früheren Höhe zu erhalten.“ †

Ferner giebt Tschernischewsky eine allgemeine Vermehrungsformel, nach welcher sich der bei verschiedenen Verdoppelungsperioden

---

* Bei einer jährlichen Zunahme von 3 Prozent wächst eine Bevölkerung von 10 000 Menschen in 25 Jahren auf 20 938 Menschen an; damit sich eine Verdoppelung der Bevölkerung in demselben Zeitraume ergiebt, hat man die jährliche Zunahme blos auf 2,81138 Prozent anzusetzen.

** Ein Pud hat 40 Pfund, ein Pfund 96 Solotnik.

*** $1,000849^{25} = 1,021443 \ldots$

† A. a. O. S. 202—210.

jeweils nothwendige Fortschritt der Verbesserungen bestimmen würde. Wir wollen von der Wiedergabe dieser Formel absehen und nur bemerken, daß er durch dieselbe zu den überraschendsten Schlüssen kommt. Es erweist sich zum Beispiel, daß bei einer 12jährigen Verdoppelungsperiode die Verbesserungen in der Agrikultur während eines ganzen Jahrhunderts die Höhe von nur 1,36958 erreichen müßten, wenn man deren ursprüngliche Höhe zu 1 annimmt. „Zum Beispiel: wenn 1860 ein Ackerbauer auf 4 Dessjatinen ein Produkt von 10 Tschetwert erzielt, so müssen im Laufe des nächsten Jahrhunderts Verbesserungen durchgeführt werden, welche es ermöglichten, 1960 ebenfalls mit der Arbeit Eines Ackerbauers auf denselben 4 Dessjatinen ungefähr 13³/₄ Tschetwert Getreide zu erzielen. Bei einem solchen Fortschritt der Verbesserungen wird die Bevölkerung — bei einer Verdoppelungs= periode von 12 Jahren — bis 1960 vor Nahrungsmangel ge= sichert sein. Bei einer so raschen Vermehrung werden freilich auf 4 Dessjatinen nach und nach, anstatt Eines Arbeiters, 2, sodann 3, 4 .... 10, 11, 12 Arbeiter u. s. w. kommen, — wobei das Produkt auf diesen 4 Dessjatinen in einem etwas niedrigeren Verhältniß zunehmen wird als die Arbeitsmenge. Dennoch aber wird bei einem Fortschritt in der Agrikultur, der für ein ganzes Jahrhundert 37 Prozent beträgt, auf diesen 4 Dessjatinen stets ein so großer Ertrag erzielt werden, um Alles in Allem nach wie vor für jeden der dabei beschäftigten Arbeiter 10 Tschetwert zu ergeben."*

Wir wiederholen, diese Schlüsse sind so überraschend, daß der Leser aufhört, seinen Augen zu trauen. Er kehrt unwill= kürlich zum Ausgangspunkt der Erörterung zurück, um die Be= weisführung des Verfassers einer Prüfung zu unterziehen. Aber diese erscheint ihm unantastbar, die Schlußfolgerungen scheinen ihm ganz logisch aus den Prämissen gezogen worden zu sein. Der Leser kapitulirt und gewinnt die unerschütterliche Ueberzeugung, daß Tschernischewsky Malthus endgiltig widerlegt habe, indem

---

* A. a. O. S. 211—215.

er die Frage von einer Seite beleuchtete, die von keinem der früheren Forscher beachtet wurde. Diese Ueberzeugung ist in Rußland sehr verbreitet, wo man die Widerlegung des Malthus dem berühmten russischen Denker schier zum wichtigsten und jedenfalls unbestreitbarsten wissenschaftlichen Verdienst anrechnet. Sehen wir nun, inwiefern diese Ansicht richtig ist.

Vor Allem folgende Bemerkung. Wären die arithmetischen Ueberschläge Tschernischewsky's vollkommen richtig, so wäre es auch dann noch immer zweifelhaft, ob dadurch Malthus, genauer gesprochen, der Malthus, mit welchem wir im ersten Kapitel des ersten Buches des „Versuch" zu thun haben, widerlegt wird. Tschernischewsky legt nämlich die arithmetische Progression des Malthus zu willkürlich aus, indem er annimmt, jene Progression drücke weiter nichts aus, als die bei einem Stillstand in der Agrikultur unvermeidliche Abnahme der Produktivität der landwirthschaftlichen Arbeit. „Die ganze Frage — meint Tschernischewsky — dreht sich eben darum, wie groß die Verbesserungen sein müssen, um das Defizit im Bodenertrag auszugleichen, das in der geringeren Produktivität der Arbeit der hinzugekommenen Arbeiter seinen Ursprung hat. Man nimmt gewöhnlich an, daß es dazu allzu großer Verbesserungen bedürfte, wenn die Bevölkerung in ihrem Anwachsen durch nichts gehindert würde."* Tschernischewsky's Ueberschläge beweisen nun das Gegentheil. Worauf aber begründet er seine Auslegung der arithmetischen Progression? Er sagt, daß er es so „bei Mill gelesen, der Malthus' Gedanken sehr richtig wiedergiebt".** Das ist indeß noch keine genügende Gewähr. Wenden wir uns lieber an Malthus selbst, d. h. wiederum an den Malthus, mit dem wir im ersten Kapitel des ersten Buches des „Versuch" zu thun haben, wo es sich um die Progressionen handelt.

„Man hat — lesen wir da — in England und Schottland mit besonderem Eifer die Agrikultur studirt und noch liegt in

---

* A. a. O. S. 205, 206.
** A. a. O. S. 205.

diesen Ländern eine bedeutende Fläche unbebaut. Laßt uns be=
trachten, in welchem Verhältnisse, bei Annahme der günstigsten
Umstände (das Gesperrte gehört uns), die Erzeugnisse dieser Insel
vermehrt werden könnten. Wenn wir sagen, daß durch die besten
Gesetze und die kräftigsten Aufmunterungen (das Gesperrte
gehört uns) es dahin gebracht werden könnte, daß der mittlere Er=
trag der Insel binnen 25 Jahren verdoppelt würde, so sagen wir
wahrscheinlich mehr, als mit Grund gehofft werden könnte. Un=
möglich aber kann man erwarten, daß in den darauf folgenden
25 Jahren der Ertrag vervierfacht werden sollte. Das wäre eine
ungereimte Erwartung. Je mehr die Kultur schon zugenommen hat,
desto weniger Raum ist offenbar für jährliche neue Verbesserungen
vorhanden. Zur bequemeren Vergleichung der zehrenden Volks=
menge und der Nahrungsmittel wollen wir folgendes Verhältniß
annehmen.... Die jährliche Zunahme zu dem mittleren Ertrag
der vorigen Jahre, statt abzunehmen, welches sicher der Fall sein
würde, bleibe dieselbe, der Ertrag dieser Insel wachse alle 25 Jahre
um ebenso viel, als sie jetzt hervorbringt. Mit dieser Zunahme
könnte sich auch der überspannteste Träumer zufrieden geben; sie
genügte, um in wenigen Jahrhunderten das ganze Land in einen
Garten zu verwandeln. Dieselbe Annahme gelte für die ganze
Erde" u. s. f.*

Wir wollen hier nicht auf die Frage zurückkommen, inwie=
fern Malthus recht hat. Es handelt sich für uns blos darum,
klarzulegen, was er eigentlich an der angezogenen Stelle sagen
will. Und darüber sind wohl kaum Zweifel möglich. Er spricht
da von „den kräftigsten Aufmunterungen" des Ackerbaues; er geht
aus von der „Annahme der günstigsten Umstände" für denselben;
er spricht endlich von der Verwandlung der ganzen Insel (und
sodann auch der ganzen Erde) in einen „Garten", — und bei
alledem soll er die Verbesserungen in der landwirthschaftlichen
Betriebsweise nicht in Erwägung gezogen haben, sondern vielmehr
von der Annahme ausgegangen sein, daß die landwirthschaftliche

---

* Malthus, „Versuch 2c.", 1. Buch, 1. Kap., S. 12, 13.

Betriebsweise während der in Rede stehenden „wenigen Jahrhun=
berte" unverändert bleiben würde? — Nein, mag Malthus recht
haben oder nicht, in diesem Falle ist der Sinn seiner Worte klar:
er will sagen, daß der Bodenertrag, trotz aller Verbesse=
rungen, auf die sich vernünftiger Weise hoffen lasse,
nicht schneller als in arithmetischer Progression zunehmen könne.
Bei der Aufstellung seiner Progression zieht er in Erwägung
(vielmehr, besser gesagt, giebt sich den Anschein, dies zu thun)
den Einfluß der zukünftigen Verbesserungen in der Agrikultur.
Folglich erweisen sich alle Berechnungen Tschernischewsky's über=
flüssig. Mögen sie noch so richtig sein, das „Malthus'sche Theo=
rem" können sie nicht widerlegen, aus dem einfachen Grunde, weil
sie auf einer unrichtigen Auslegung jenes Theorems beruhen.

Die Hauptsache ist aber, daß sie selbst ganz und gar un=
richtig sind. Um sich davon zu überzeugen, braucht man nur
den ihnen zu Grunde liegenden Satz näher zu betrachten. Die
Malthus'schen Progressionen einander gegenüberstellend, findet
Tschernischewsky, daß dabei „der Prozentsatz der Vermehrung der
Arbeiter als der Prozentsatz der Abnahme der Produktivität der
Arbeit der hinzukommenden Arbeiter diene". Ist dem aber wirk=
lich so? Leider, keineswegs.

Der Uebersichtlichkeit halber wollen wir noch einmal die von
Tschernischewsky analysirten Progressionen aufführen:

Volksvermehrung . . . 1, 2, 4, 8, 16, 32, 64 . . . .
Wachsthum des Produkts 1, 2, 3, 4, 5, 6, 7 . . . .

Wie groß ist hier „der Prozentsatz der Vermehrung der
Arbeiter" oder — was dasselbe ist* — der Prozentsatz der Zu=
nahme der Gesammtbevölkerung? Das wissen wir absolut nicht,
davon ist hier keine Rede. „Der Prozentsatz der Vermehrung
der Arbeiter" hängt ab von der Länge der Verdoppelungsperiode.
Bei einer 25 jährigen Verdoppelungsperiode wird dieser Prozentsatz

---

* Dasselbe, — weil ja Tschernischewsky das Verhältniß der Zahl
der landwirthschaftlichen Arbeiter zur Gesammtzahl der Bevölkerung als
gleichbleibend voraussetzt.

ein ganz anderer sein, als bei einer 15= oder 35 jährigen u. s. f. Malthus giebt eine allgemeine Formel, die seiner Ansicht nach auf alle besonderen Fälle anwendbar sein müsse. Will man ein= mal von dem Prozentsatz der Zunahme der Arbeiterzahl sprechen, so muß man sich so ausdrücken: am Ende einer jeden Periode nimmt die Arbeiterzahl zu um 100 Prozent; das Wachsthum des Produkts dagegen folgt einem ganz anderen Gesetze: am Ende der zweiten Periode wächst das Produkt um 100, am Ende der dritten um 50, am Ende der vierten um 33 $\frac{1}{3}$, am Ende der fünften um 25, am Ende der sechsten um 20 Prozent u. s. f. Heißt das etwa, daß der Prozentsatz der Zunahme der Arbeiter= zahl „als der Prozentsatz der Abnahme der Produktivität der Arbeit der hinzukommenden Arbeiter diene"? Keineswegs. Jener bleibt unverändert, während dieser stetig und sehr schnell wächst. Also von zwei Dingen eines: entweder unser Verfasser irrt oder er drückt seinen Gedanken ungenau aus. Wir werden sogleich sehen, welche dieser beiden Annahmen zutrifft. „... 1 in der zweiten Periode hinzugekommener neuer Arbeiter vermehrt durch seine Arbeit das Produkt um 1; 2 in der dritten Periode hinzu= gekommenen Arbeiter vermehren das Produkt ebenfalls nur um 1; 4 neue Arbeiter der vierten Periode und 8 neue Arbeiter der fünften u. s. w. vermehren das Produkt ebenfalls um 1." Dies die Erscheinung, die unser Verfasser in Eine allgemeine Formel bringen will. Ob dies nöthig ist oder nicht, — das ist eine andere Frage; wollen wir aber einmal eine solche Formel finden, so müssen wir uns so ausdrücken: um wie viel Mal die Zahl der in jeder gegebenen Periode hinzukommenden Ar= beiter größer ist als die Zahl der in der zweiten Pe= riode hinzugekommenen Arbeiter, um so viel Mal ist die Produktivität ihrer Arbeit geringer als die der Arbeit der in der zweiten Periode hinzugekommenen Arbeiter. Das ist Alles. Was folgt nun daraus? Der uns bereits bekannte Schluß: der Prozentsatz der Zunahme der Zahl der hinzukommenden Arbeiter bleibt unverändert, während der= jenige der Abnahme der Produktivität ihrer Arbeit schnell wächst.

Und das bedeutet, daß nicht der geringste Anhaltspunkt dafür vorhanden ist, diese beiden Prozentsätze zu identifiziren. Was sich nun aber ergiebt, wenn wir, der Evidenz zum Trotze, dies dennoch thun, — ist sehr unschwer zu errathen.

Der Prozentsatz der Vermehrung bleibt unverändert, derjenige der Abnahme der Produktivität der Arbeit nimmt schnell zu. Die beiden Prozentsätze identifiziren, heißt also annehmen, daß die Produktivität der Arbeit bei Weitem nicht so schnell sinkt, wie dies aus den in Rede stehenden Progressionen erhellt. Das ist aber eine durchaus willkürliche Annahme, die von Grund aus die Bedingungen der Aufgabe verändert. Mag sein, daß diese Annahme der Wirklichkeit auch besser entspricht, jedenfalls aber könnten wir dabei doch nicht mehr behaupten, daß wir dem Sinne des „Malthus'schen Theorems" treu geblieben seien, daß „wir die aus den Malthus'schen Progressionen sich ergebenden Schlußfolgerungen mit einer Genauigkeit dargelegt haben, wie dies weder Malthus selbst noch irgend einer seiner Jünger je gethan."* Wir würden weiter nichts darlegen, als die Schlußfolgerungen, die sich aus von uns selbst willkürlich angenommenen Bedingungen ergeben.

Die Abnahme des Bodenertrags wird durch die Abnahme der Produktivität der Arbeit der hinzukommenden Arbeiter bestimmt.** Indem wir nun annehmen, daß die Produktivität der Arbeit langsamer abnehme, als dies aus dem Sinn der Progressionen erhellt, — so nehmen wir damit zugleich an, daß auch der Bodenertrag langsamer abnehme, als dies die Malthus'sche arithmetische Progression zeigt. Folglich wird auch „das Defizit im Bodenertrag" geringer, sowie der Umfang der zu dessen Deckung nothwendigen Verbesserungen bei Weitem nicht so groß sich erweisen, wie man dies aus der Zusammenstellung der geometrischen und der arithmetischen Progression schließen könnte. Es

---

* Tschernischewsky, a. a. O. S. 208.
** So verhält es sich nämlich bei uns auf dem Papier; wie sich die Sache in der Praxis abspielt, ist eine Frage, die uns hier nicht weiter angeht.

erübrigt also nur noch, den Umfang jener Verbesserungen bei Annahme verschiedener „Prozentsätze der Vermehrung der Arbeiter" (mit anderen Worten, verschiedener Verdoppelungsperioden), zu berechnen, um sodann die Ergebnisse unserer „richtigen Rechnung" denen der Malthus'schen „falschen Rechnung" gegenüberzustellen. Im Grunde genommen beweist zwar eine derartige Gegenüberstellung weiter nichts als die alte Wahrheit, daß verschiedene Prämissen zu verschiedenen Schlüssen führen. Indem wir aber, ohne daß wir es merkten, die Bedingungen der Aufgabe verändert haben, werden wir glauben, Malthus widerlegt zu haben, und zwar unter strengem Festhalten an dem unmittelbaren Sinne seines eigenen „Theorems".

Damit jedoch noch nicht genug. Tschernischewsky betrachtet nicht nur den schnell wachsenden Prozentsatz der Abnahme der Produktivität der Arbeit als unveränderlich, d. h. mit anderen Worten, eine variable Größe als eine konstante, — diese angeblich konstante Größe selbst erweist sich bei ihm viel kleiner, als sie nach dem Sinn des „Malthus'schen Theorems" sein sollte. Der Prozentsatz der Menschenvermehrung kann nämlich nach den überschwänglichsten Annahmen nicht die Zahl 7 übersteigen (bei einer 12 jährigen Verdoppelungsperiode beträgt er etwas weniger denn sechs), — während nach dem Sinne des „Malthus'schen Theorems" die Produktivität der Arbeit bereits in der dritten Periode um 50 Prozent sinkt (das weiß auch Tschernischewsky: „1 in der zweiten Periode hinzugekommener neuer Arbeiter vermehrt ... das Produkt um 1; 2 in der dritten Periode hinzugekommene Arbeiter vermehren das Produkt ebenfalls nur um 1"). Man sieht, das ist ein großer Unterschied, welcher vollkommen genügt, um die überraschenden Schlüsse, zu denen Tschernischewsky kam, erklärlich zu machen. Wir wiederholen, wir sprechen nicht davon, ob Tschernischewsky's Annahmen der Wirklichkeit entsprechen oder nicht (darüber hat auch er selbst sich in keiner Weise ausgesprochen); wir behaupten nur, daß sie zu dem Sinne des „Malthus'schen Theorems" in grellem Widerspruche stehen (während er und auch alle Diejenigen, die seine

Argumentation als unwiderleglich erachteten, vom Gegentheil über=
zeugt waren).

Ist der Prozentsatz der Zunahme der Arbeiterzahl (folglich
auch der ganzen Bevölkerung) gleich dem Prozentsatz der Abnahme
der Produktivität der Arbeit der hinzukommenden Arbeiter, so
giebt es nichts Leichteres, als den Umfang der nothwendigen
Verbesserungen zu bestimmen. Gesetzt, die Bevölkerung verdopple
sich alle 12 Jahre. Der Prozentsatz der Vermehrung beträgt in
diesem Falle 5,94631. Demgemäß würde die Produktivität der
Arbeit der hinzukommenden Arbeiter regelmäßig je um 5,94631
Prozent abnehmen. Sodann ergiebt sich aus einer gar nicht
komplizirten Berechnung der zu ermittelnde Prozentsatz der Ver=
besserungen. Aus den oben angeführten Gründen wird er sehr
gering sein. Und doch haben wir anscheinend unseren Gegnern
das äußerste Zugeständniß gemacht: eine zwölfjährige Verdoppe=
lungsperiode ist ja ganz und gar unwahrscheinlich. Die Sache
verhält sich aber so, daß, so groß dabei der Prozentsatz der Ver=
mehrung — folglich auch der Abnahme der Produktivität der
Arbeit — auch ist, diese Produktivität dennoch langsamer sinkt,
als dies bei einer wirklich „richtigen Rechnung“ der Fall sein
sollte. Nach Tschernischewsky's Berechnung brauchen nämlich, bei
einer zwölfjährigen Verdoppelungsperiode, die Verbesserungen der
Agrikultur im Laufe eines Jahrhunderts nicht mehr als 37 Pro=
zent zu betragen. Wir wollen diese seine Berechnung keiner
Prüfung unterziehen. Geben wir zu, daß sie vollkommen richtig
ist; vergessen wir aber nicht, daß seiner Voraussetzung gemäß
der Prozentsatz der Abnahme der Produktivität der Arbeit blos
5,94631 beträgt (d. h. dem Prozentsatz der Vermehrung gleich
ist). Welches ist nun aber das Ergebniß einer wirklich „richtigen
Rechnung“? — Schon nach 96 Jahren wird sich die Bevölkerung
versechszehnfacht haben. Betrachten wir, wie groß die Produktivität
der Arbeit der hinzukommenden Arbeiter nach 48 Jahren oder
in der vierten Periode sein muß. Um wie viel Mal die
Zahl der in jeder gegebenen Periode hinzukommenden
Arbeiter größer ist, als die Zahl der in der zweiten

Periode hinzugekommenen Arbeiter, um so viel Mal ist die Produktivität ihrer Arbeit geringer, als die der Arbeit der in der zweiten Periode hinzugekommenen Arbeiter. Nun ist die Zahl der in der vierten Periode hinzukommenden Arbeiter viermal so groß als die Zahl der in der zweiten Periode hinzugekommenen Arbeiter. Folglich ist die Produktivität der Arbeit der ersteren um das Vierfache geringer als die der letzteren. In der fünften Periode wird sie um das Achtfache geringer sein. Man sieht, das ist nichts weniger als der von Tschernischewsky angenommene unveränderliche Prozentsatz (5,94631), der doch das Ergebniß einer äußerst übertriebenen Annahme (einer zwölfjährigen Verdoppelungsperiode) zu sein scheint.

Ist denn aber der Gedankengang Tschernischewsky's im Obigen wirklich ganz richtig dargelegt? Jawohl, erklärt er doch selbst, seine Berechnung einleitend: „Malthus ist ... der Ansicht, daß die Produktivität der neuen Arbeit in demselben Verhältniß abnehme, in dem deren Menge oder ... die Bevölkerung zunehme."* Vielleicht ist er aber dennoch von seinem Prinzip abgewichen? Allerdings, wir werden aber sogleich sehen, nach welcher Richtung hin.

In dem ersten, sozusagen vor den Augen des Lesers sich abwickelnden Ueberschlag Tschernischewsky's ist der Prozentsatz der Volksvermehrung auf 3 angesetzt. Demnach muß auch der Prozentsatz der Abnahme der Produktivität der Arbeit 3 betragen. Die Zahl der Ackerbauer beläuft sich auf 100, wobei jeder derselben 10 Wagenladungen Getreide produzirt. Die Berechnung umfaßt jedesmal 1 Jahr. Es fragt sich nun, wie viel Getreide jeder neue Arbeiter des zweiten Jahres produziren wird? Nach dem Sinne unserer Bedingungen — 9,7 Wagenladungen. Bei Tschernischewsky hingegen — 9,7087, d. h. etwas mehr. Woher dieser Unterschied? — Wir rechnen so: jeder Arbeiter produzirte früher zehn Wagenladungen; die Produktivität der Arbeit der

* A. a. O. S. 208.

neuen Arbeiter ist um 3 Prozent geringer. 3 Prozent von 10 ist 0,3. Subtrahiren wir diesen Bruch von 10, so erhalten wir 9,7, — welche Zahl denn auch die Produktivität der Arbeit jedes neuen Arbeiters des zweiten Jahres ausdrückt. Tschernischewsky hingegen verfährt anders. Früher gab es 100 Arbeiter, jetzt giebt es deren 103. „Demgemäß verhält sich die Produktivität der neuen Arbeit zur Produktivität der alten wie 100 zu 103.... Daraus ergiebt sich: x = 9,7087."* Ist dieses Verfahren richtig, entspricht es den Bedingungen der Aufgabe? Wenn wir sagen, daß der Prozentsatz der Abnahme der Produktivität der Arbeit dem Prozentsatz der Volksvermehrung gleich ist, so wollen wir damit sagen, daß, um wie viel Prozent die Bevölkerung zu-nimmt, um so viel Prozent die Produktivität der Arbeit ab-nimmt. Wenn wir aber sagen, daß die Produktivität der Arbeit dieser Arbeiter sich zur Produktivität der Arbeit jener Arbeiter verhält, wie eine gegebene Zahl zu einer anderen gegebenen Zahl, — so bestimmen wir dadurch, um wie viel Mal die eine Produktivität größer ist als die andere. Um wie viel 2 weniger ist als 3, um so viel ist 3 weniger als 4. Ließe sich das etwa in der Proportion: 2 : 3 = 3 : 4 ausdrücken? Offenbar nicht, denn zwei Drittel und drei Viertel sind ungleiche Größen. Eine arithmetische Proportion und eine geometrische Pro-portion sind eben zweierlei. Zuerst erklärt Tschernischewsky an der ersteren festhalten zu wollen (um wie viel Prozent die Bevölkerung des zweiten Jahres größer ist als die des ersten, um so viel Prozent ist die Produktivität der Arbeit der hinzu-kommenden Arbeiter geringer als u. s. f.), und geht sodann un-erwartet zur letzteren über. Wie muß nun dies den Gang seiner Berechnungen beeinflussen?

Die Abnahme der Produktivität der Arbeit erweist sich noch geringer, als dies, bei der oben analysirten irrthümlichen Annahme bezüglich der Gleichheit der beiden dem Leser be-kannten Prozentsätze, ohnehin der Fall war. Das sieht man schon

---

* A. a. O. S. 208, 209.

aus den oben angeführten Zahlen. Und zwar je größer der Prozentsatz der Vermehrung, desto fühlbarer die Wirkung dieses Fehlers.* Mit anderen Worten, je größer das Zugeständniß, das Tschernischewsky seinen Gegnern macht, desto mehr hilft ihm sein zweiter Fehler die logischen Folgen dieses Zugeständnisses abschwächen, — obschon selbstverständlich die Wirkung des zweiten Fehlers gegenüber der des ersten nicht in Betracht fallen kann.

Noch eine Bemerkung. Nehmen wir an, daß die aufgezeigten Fehler nicht existirten, — daß nach dem Sinne des „Malthus'schen Theorems" der Prozentsatz der Abnahme der Produktivität der Arbeit wirklich dem Prozentsatz der Volksvermehrung gleich sei, und sehen wir uns noch einmal den Ueberschlag Tschernischewsky's an. Im ersten Jahre hatten wir 100 Arbeiter, im zweiten haben wir deren schon 103. Die Produktivität der Arbeit der hinzugekommenen Arbeiter muß demnach anscheinend unbedingt um 3 Prozent gegenüber der früheren Produktivität sinken. Aber dies auch nur — anscheinend. Wie vertheilen sich denn die hinzugekommenen Arbeiter unter die einzelnen Grundstücke? Das hängt natürlich von den Umständen ab. Früher bebaute jeder einzelne Arbeiter 4 Dessjatinen, und je zwei Arbeiter 8 Dessjatinen. Angenommen nun, die neuen Arbeiter vertheilten sich so, daß nunmehr auf drei Grundstücke von je 8 Dessjatinen nicht, wie das früher der Fall war, je zwei, sondern je drei Arbeiter kämen, — so würde für diese Grundstücke die „Vermehrung" der Arbeiter 50 Prozent betragen. Folglich würde die Produktivität ihrer Arbeit um die Hälfte sinken, jeder Arbeiter nicht, wie früher angenommen, 9,7, sondern nur 5 Wagenladungen Getreide produziren. Demnach würde

---

* In seinem Ueberschlag verwechselt Tschernischewsky mehr als einmal den Begriff: „um wie viel Mal" mit dem anderen Begriff: „um wie viel". So sagt er z. B.: „. . . die Produktivität der Arbeit . . . muß in diesem Jahre um so viel . . . steigen, um wie viel der erforderliche Ernteertrag" u. s. f., und drückt das unmittelbar darauf in einer geometrischen Proportion aus. (A. a. O. S. 209.)

das Defizit im Bodenertrag, mithin auch der Umfang der noth=
wendigen Verbesserungen, größer ausfallen. In diesem Falle
aber würden die Schlüsse, zu denen Tschernischewsky in seinen
Berechnungen kam, sich haltlos erweisen, selbst wenn sie sonst
auch richtig wären.

Es wäre nun freilich lächerlich, dem Oekonomen einen zu=
fälligen Fehler, der sich in seinen erläuternden Ueberschlag ein=
geschlichen, zur Last legen zu wollen. Sind doch vor derartigen
Fehlern, die auf ein Versehen zurückzuführen sind, auch die
genialsten Mathematiker von Fach nicht gesichert. Ganz anders
verhält sich aber die Sache, wenn — wie dies eben mit Tscherni=
schewsky's „hypothetischer" oder „mathematischer" Methode der
Fall — die ganze „Methode" des Oekonomen sich auf der=
artige Berechnungen reduzirt. Dann bleibt nichts anderes übrig,
als: entweder zu bedauern, daß der Oekonom seine Methode
nicht aufmerksam genug anwendet (da ja seine mathematischen
Fehler seine Schlüsse beeinflussen, indem diese durch die Berech=
nungen nicht nur erläutert, sondern voll und ganz aus ihnen
abgeleitet werden), oder ihm zu rathen, eine andere, wissen=
schaftlichere und daher fruchtbarere Methode zu befolgen.

IV.

Tschernischewsky's Auffassung von der „Menschenver=
mehrung" ist schon viel fehlerfreier, wenn auch freilich keines=
wegs frei von dem allen seinen sozialpolitischen Ansichten an=
haftenden Mangel äußerster Abstraktion. Im Grunde ge=
nommen läuft bei ihm die ganze Frage auf die physiologische
Möglichkeit einer mehr oder minder schnellen Vermehrung des
Menschengeschlechts hinaus: „Um was handelt es sich eigentlich?
Um eine Geburtenzahl, die zu erreichen der menschliche Orga=
nismus durch äußere Gewalt gezwungen werden kann, oder um
eine Geburtenzahl, wie sie sich naturgemäß ergäbe aus der Be=
seitigung aller aus der Noth entstehenden Hemmnisse der Ver=

mehrung? Bekanntlich kann jedes lebende Wesen, darunter auch
der Mensch, zu einer seine normalen Kräfte übersteigenden Thätigkeit
gezwungen werden. ... Der weibliche Organismus kann aller=
dings zum Gebären einer seine Kräfte übersteigenden Kinderzahl
gezwungen werden; aber ... das wird einer schnellen Vermehr=
ung nicht förderlich sein. Eine abgezehrte Mutter wird lebens=
unfähige Kinder zur Welt bringen. Außerdem ist eine derartige
Lage des Weibes nur möglich bei einer rohen Gesittung, d. h.
bei Unwissenheit, d. h. bei schlechten, für die Vermehrung un=
günstigen gesellschaftlichen Zuständen. Wir fragen aber natür=
lich nicht darnach, wie viel Kinder unter Bedingungen, die für
die Vermehrung ungünstig sind, geboren werden können, — wir
wollen vielmehr wissen, welcher Prozentsatz von Geburten unter
den der Vermehrung denkbar günstigsten Bedingungen mög=
lich ist."*

Armuth und rohe Gesittung — führt Tschernischewsky ferner
aus — wirken dahin, die Zahl der Geburten zu erhöhen, und
zwar über die Ziffer hinaus, die sie bei Wohlhabenheit und
gemilderten Sitten erreichen würden. In den meisten europäischen
Ländern schwankt (richtiger schwankte, denn Tschernischewsky
schrieb das vor 30 Jahren) die Zahl der Geburten zwischen 35
und 40 auf je 1000 Einwohner; die Höhe von 45 erreicht sie nur
in seltenen und ausschließlichen Fällen, über 45 hinaus geht sie
nur in Ländern, deren statistische Berichte nicht zuverlässig sind,
die Höhe von 48 endlich erreicht keine einzige irgendwie glaub=
würdige Ziffer.** Tschernischewsky hält die Zahl von 40 Geburten
pro 1000 Einwohner „für die höchste, die durch die Natur des
menschlichen Organismus, ohne gewaltsame Erschöpfung der
physischen Kräfte der Frauen, in einer stationären Bevölkerung
erreichbar ist; in einer schnell zunehmenden Bevölkerung wird diese
Zahl niedriger sein" (da die relative Zahl der Erwachsenen in

---

* A. a. O. S. 227, 228.
** Diese Zahlen entnimmt Tschernischewsky den „Éléments de
statistique humaine" von Guillard.

der Gesammtbevölkerung kleiner sein wird). Eine Verbesserung der Lage des Weibes wird das Sinken der Geburtenzahl unter 40 pro 1000 zur Folge haben. Den Prozentsatz der Vermehrung erhält man durch Subtraktion der Zahl der Todesfälle von der Zahl der Geburten. Die wahrscheinliche Zahl der Geburten ist uns bekannt; wie groß ist nun die wahrscheinliche Sterblich=keitsziffer? Nach der Ansicht unseres Verfassers „beträgt die geringste Sterblichkeit unter den Kindern unter 5 Jahren bei der in der bestehenden Gesellschaft höchstmöglichen Wohlhabenheit 20 Prozent, das Minimum der Sterblichkeit der über 5 Jahre alten Bevölkerung aller Wahrscheinlichkeit nach nicht weniger als 1,47 (1,4724) Prozent und auf keinen Fall weniger als 1,24 (1,2425) Prozent."*

* A. a. O. S. 236. — Diese Zahlen erhält Tschernischewsky auf folgende Weise. Die Forschungen des englischen Statistikers Chadwik zeigen, daß unter den Kindern der englischen Grundbesitzer bis zum Alter von fünf Jahren zwanzig Prozent sterben. Tschernischewsky meint nun, dieser Prozentsatz sei der niedrigste, der der Natur des menschlichen Or=ganismus selbst nach überhaupt möglich, da die englischen Grundbesitzer, die keine materiellen Entbehrungen kennen, zugleich durch die sorgfältige und rationelle physische Erziehung ihrer Kinder sich auszeichnen. Das Sterblichkeitsminimum der über fünf Jahre alten Bevölkerung wird mittelst eines etwas komplizirteren Verfahrens bestimmt. Nach Guillard sterben in Frankreich von 1000 unter fünf Jahre alten Kindern 274. Da nun die normale Sterblichkeit 200 ausmacht, so sind 74 Todesfälle als durch die Noth verursacht zu betrachten. Es ist nicht anzunehmen, daß die Pro=portion der überschüssigen Todesfälle in der über fünf Jahre alten Bevölkerung diese Ziffer überschreite. Im Gegentheil, sie wird um die Hälfte niedriger sein: „auf einen überschüssigen Todesfall unter dieser Be=völkerung kommen zwei derartige Todesfälle unter den Kindern". Auf alle Fälle aber stellt Tschernischewsky eine doppelte Berechnung an, indem er die relative Zahl der überschüssigen Todesfälle bestimmt, — sowohl unter der Annahme, daß deren nicht weniger auf die Erwachsenen kommen, als auf die Kinder, wie auch unter der anderen Annahme, daß der er=wachsene Organismus zweimal so gut wie der kindliche dem tödtlichen Einfluß der Noth widerstehen könne. Seine Berechnung beruht auf den statistischen Daten über die Sterblichkeit in Frankreich. Nachdem er die Zahl der überschüssigen Todesfälle gefunden, erhält er ohne Mühe den Prozentsatz der normalen Sterblichkeit.

Auf Grund dieser Zahlen, — des Maximums der Geburten und des Minimums der Todesfälle „in einer Gesellschaft, worin die Armuth keinen einzigen Todesfall verursachen und keine einzige Geburt verhindern würde", behauptet Tschernischewsky, „daß die Annahme einer Verdoppelungsperiode von fünfzehn oder von zwölf Jahren eine ausgemachte Absurdität ist, welche ihren Ursprung lediglich der Nichtbeachtung des wirklich möglichen Maximums der Geburten verdankt, und daß selbst eine Verdoppelungsperiode von fünfundzwanzig Jahren, die Malthus als die längste aller wahrscheinlichen erschien, vielmehr als eine unglaublich kurze betrachtet werden muß. In Wirklichkeit dürfte die Verdoppelungsperiode wohl kaum weniger, aller Wahrscheinlichkeit nach aber mehr als fünfunddreißig Jahre betragen." Aber auch das nur bei der heutigen Gesittung, die den Prozentsatz der Geburten über die natürliche Norm erhebt: „Eine Milderung der Sitten führt zur Verlängerung der Verdoppelungsperiode und es giebt keine Grenze, von der es sich sagen ließe, sie würde sich für eine gewisse Stufe der Gesittung nicht als zu eng genommen erweisen; im Gegentheil, es läßt sich mit Grund annehmen, daß nach Beseitigung der heutigen Rohheit im Familienleben durch die Wirkung der sich verbreitenden Aufklärung die Vermehrung der Bevölkerung aufhören wird, so daß die Bevölkerungszahl jedesmal nur in Folge eines gesellschaftlichen Bedürfnisses zunehmen würde. Der menschliche Organismus ist so beschaffen, daß es sich bezweifeln läßt, ob es in dessen Natur liege, auch nur die vorhandene Bevölkerungszahl zu erhalten, wenn er dazu nicht durch den Druck der öffentlichen Meinung, d. h. durch Nützlichkeitsrücksichten angespornt wird."*

„Malthus" — heißt es weiter bei Tschernischewsky — „nahm die Möglichkeit sehr kurzer Verdoppelungsperioden an; von diesem Standpunkte aus konnte er also mit Recht behaupten, daß die Auswanderung kein wirksames Mittel gegen die Uebervölkerung sei: bei einer Verdoppelungsperiode von zwanzig Jahren

* A. a. O. S. 243.

beträgt der Prozentsatz der Vermehrung 3,6; wenn nun dabei
1,5 Prozent der Bevölkerung jährlich auswanderten, so bliebe
noch immerhin ein jährlicher Zuwachs von 2,1 Prozent, wobei
sich die Bevölkerung innerhalb dreiunddreißig Jahren verdoppeln
würde. Ganz anders verhält sich aber die Sache, wenn die Ver=
doppelungsperioden — wie aus dem Vorhergehenden ersichtlich —
der Natur des menschlichen Organismus gemäß sich viel länger
erweisen, als dies Malthus annahm. Dann muß die Auswan=
derung als ein mächtiges Kampfmittel gegen die Uebervölkerung
anerkannt werden. Mit deren Hilfe lassen sich die Verdoppelungs=
perioden für die im Lande bleibende Bevölkerung bis zu einem
auf den ersten Blick ganz unglaublich erscheinenden Grade ver=
längern." Wie gewöhnlich, erläutert Tschernischewsky seinen Ge=
danken durch eine Berechnung, und — wie dies bei ihm nicht
selten der Fall — ist diese Berechnung nicht ganz genau.*
Uebrigens kommt es in diesem Falle darauf nicht an. Tscherni=
schewsky selbst legt den von ihm erhaltenen Zahlen keine Be=
deutung bei, jenen Zahlen, „die so augenscheinlich über uns
spotten, sowohl durch ihre jede Berechnung der ökonomischen Wahr=
scheinlichkeiten übersteigende ungeheuerliche Größe, als auch durch
ihre absurden Ansprüche auf Genauigkeit". Diese Zahlen über=
zeugten eben nicht durch Details, sondern durch deren allgemeinen
Sinn: sie „sagen uns: Fürchtet nichts; führt uns ins Feld gegen
Diejenigen, die euch einschüchtern wollen, — wir sind unwider=
leglich; aber freilich beruhen wir auf euren heutigen Sitten und
Begriffen, — wähnt ihr nun etwa die ferne Zukunft an euren
Sitten, Begriffen, Produktionsmitteln messen zu können? Glaubt

---

* So findet z. B. Tschernischewsky, daß in einem Lande, dessen Ein=
wohnerzahl sich vorher binnen je 52,6 Jahren verdoppelte, eine jährliche
Auswanderung von 1,5 Prozent der Bevölkerung die Verdoppelungs=
periode bis zu 894,8 Jahren verlängern würde. Nun ist aber aus seiner
eigenen Tabelle ersichtlich, daß in einem solchen Lande der ursprüngliche
Prozentsatz der Vermehrung blos 1,3275 beträgt. Bei einer Auswan=
derung, deren Prozentsatz den ursprünglichen Prozentsatz der Vermehrung
übersteigt, würde also — unter sonst gleichen Umständen — die Bevöl=
kerung abnehmen und daher sich niemals verdoppeln.

ihr denn, eure Ururenkel würden euer Abbild sein? — Ihr
braucht keine Angst zu haben, sie werden gescheidter sein als
ihr. Kümmert euch also um eure eigenen Angelegenheiten und
überlasset die Sorge um das Schicksal eurer Ururenkel — diesen
selbst."...*

Auf eine nähere Analyse der Argumentation Tschernischewsky's
einzugehen, erachten wir für überflüssig. Wir wollen nur die bereits
gemachte Bemerkung wiederholen, daß seine Auffassung von der
Volksvermehrung, wie seine sozialpolitischen Ansichten überhaupt,
höchst abstrakter Natur ist. Daß nun dieser Umstand seine Untersuchung und deren Resultate wenig überzeugend machen mußte, —
liegt auf der Hand. Anstatt die umgebende Wirklichkeit näher zu
betrachten, begnügte er sich mit der formalen Richtigkeit seiner
Syllogismen. Aber diese bürgt noch keineswegs für die Richtigkeit der Schlußfolgerung: Alles hängt dabei von den Prämissen
ab. Tschernischewsky's Prämissen aber beruhten gewöhnlich auf
einigen, oft freilich sehr scharfsinnig ausgelegten, aber keineswegs
die Mannigfaltigkeit der behandelten Erscheinungen erschöpfenden
Ziffern. Daher können auch seine Einwendungen gegen Malthus
eher als ein Muster polemischer Gewandtheit (die, wie wir
gesehen haben, zu einem großen Theil nicht von Ueberstürzt-
heit frei ist), denn als ein solches einer wissenschaftlichen
Behandlung des Gegenstandes angesehen werden. So ist z. B.
die endgiltige Schlußfolgerung Tschernischewsky's durchaus un-
bestreitbar: nicht die Naturgesetze, sondern die gegenseitigen Beziehungen der Menschen, die gesellschaftlichen Verhältnisse sind die
Quelle der Armuth der Arbeiterklasse. Handelt es sich aber darum,
die die sogenannte Uebervölkerung verursachenden Momente der
bestehenden gesellschaftlichen Verhältnisse genau zu bezeichnen, so
werden die Erörterungen unseres Verfassers ziemlich verworren.
Wir haben gesehen, daß er im Kapitel über den Mehrwerth (oder
„Gewinn") die Verarmung der Arbeiterklasse der Tendenz des
Mehrwerths in geometrischer Progression zu wachsen zuschrieb.

---

* A. a. O. S. 240—242.

Im Kapitel über „die wirkliche Quelle des Defizits im Bodenertrag" und über „den wahren Sinn der Mal=thus'schen Theorie" weist er auf zwei andere Umstände hin, nämlich auf „das Verhältniß des stehenden Kapitals zum Gewinn" und auf „das Verhältniß der landwirthschaft=lichen zur Gesammtbevölkerung".

Mit dem Wachsthum der Bevölkerung nimmt die Produk=tivität der auf den Boden verwendeten Arbeit ab. Zur Deckung des daraus entstehenden Defizits im Bodenertrag sind Verbesse=rungen in der Agrikultur nothwendig. Tschernischewsky suchte nun zu beweisen, daß der Prozentsatz der nothwendigen Verbesserungen sehr gering sei und daß von dieser Seite die Menschheit nichts zu fürchten habe. Allein in seinen Berechnungen nahm er das Verhältniß der Ackerbauer zur Gesammtbevölkerung als unver=änderlich an. Mit der Veränderung dieses Verhältnisses, mit dem Sinken der „verhältnißmäßigen Zahl der Ackerbauer" — muß der Prozentsatz der zur Deckung des Defizits nothwendigen Ver=besserungen schnell steigen. Das heißt, der Kampf gegen das Defizit muß sich für die Menschen immer schwieriger und schwie=riger gestalten, — so daß endlich die Verbesserungen nicht mehr das Defizit decken können. Nun, diese Erscheinung finden wir eben in der Geschichte aller fortschreitenden Länder. In dem Maße, wie sich die Zivilisation entwickelt, wächst die städtische und über=haupt die nicht=landwirthschaftliche Bevölkerung auf Kosten der ländlichen, der landwirthschaftlichen. Der Landwirthschaft werden mehr Arbeiter entzogen, als den Fortschritten der Agrikultur an=gemessen ist. Daher der Nahrungsmangel, der in den modernen zivilisirten Gemeinwesen unzweifelhaft vorhanden: „Malthus hatte recht, indem er sagte, daß mit dem Wachsthum der Bevölkerung ein durch keine Verbesserungen zu beseitigendes Defizit im Boden=ertrag entstehe, ein Defizit, das das Elend mit dessen Folgen erzeugt. Malthus irrte nur darin, daß er bei dem Parallelismus dieser beiden Erscheinungen stehen blieb und ohne Weiteres die eine als die Ursache der anderen erklärt hat, während sie nur parallel laufen, nicht ursächlich zusammenhängen, so daß nicht die eine aus der anderen entsteht, sondern jede ihre besondere Ursache hat."*

Hätten wir nun mit einem Naturalwirthschaft treibenden Sklavenbesitzer zu thun, so könnte allerdings der bei ihm hervorgetretene Getreidemangel in vollkommen befriedigender Weise aus einer Abnahme der „verhältnißmäßigen Zahl der Ackerbauer" erklärt werden. Aber auch dann müßte man sich immerhin noch fragen, ob es denn dem Herrn wirklich an Getreide mangelt? ob er nicht vielleicht den Getreidemangel vorschützt einzig und allein, um seine Habgier zu rechtfertigen, die ihn den Sklaven das Brot abknausern läßt? In der kapitalistischen Wirthschaft dagegen sind alle Erscheinungen unvergleichlich komplizirter und daher lassen sie sich nur ungenügend durch diese oder jene abstrakten Erwägungen erklären.

Da fällt uns Ricardo ein, den Tschernischewsky so warm gegen die Angriffe Carey's vertheidigte. Hören wir, was wir Ricardo über die Folgen eines aus der relativen Verminderung der Ackerbauern entstehenden Getreidemangels entnehmen könnten.

„Wird der Getreidemangel dadurch verursacht, daß zu wenig Arbeiter in der Landwirthschaft beschäftigt sind" — würde Ricardo sagen —, „so wird der Preis des Getreides steigen, was der Landwirthschaft neue Kapitalien, d. h. folglich auch neue Arbeiter zuführen wird: die „verhältnißmäßige Zahl der Ackerbauer" wird so lange zunehmen, bis sie die der Nachfrage nach Getreide entsprechende Höhe erreicht haben wird. In der Landwirthschaft, wie in allem Anderen auch, hängt eben die „Proportion" der Arbeiter von nichts anderem ab, als von der jeweiligen Nachfrage nach den von ihnen hergestellten Produkten. Ich habe dies des Näheren in meinen „Grundsätzen der politischen Oekonomie" erörtert. Uebrigens war dies schon vor mir sehr gut bekannt und nachher wurde es nie bestritten."

„Außerdem" — dürfte wohl Ricardo hinzufügen — „ist es ein schwerer Irrthum, zu glauben, die in einem Lande produzirte

* A. a. O. S. 257.

Getreidemenge müsse in dem Maße zunehmen, wie die Produktivität der landwirthschaftlichen Arbeit, — mit anderen Worten, der Prozentsatz der in der landwirthschaftlichen Technik stattfindenden Verbesserungen steigt. In der Wirklichkeit ist das Gegentheil durchaus möglich: die produzirte Getreidemenge kann abnehmen in dem Maße, wie die Produktivität der Arbeit steigt. Angenommen, in einem gegebenen Lande mit einer gegebenen „Proportion der Ackerbauer" seien Verbesserungen in der Agrikultur vorgenommen worden, die es ermöglichen, die Zahl der zur Bebauung eines Grundstückes von gegebener Größe erforderlichen Arbeiter um die Hälfte zu vermindern, — so würde die Hälfte der Arbeiter arbeitslos, d. h. außer Stand gesetzt, Brot zu kaufen. Folglich würde der Brotkonsum abnehmen, und dies gerade in Folge der Verbesserungen in der Agrikultur; Abnahme des Brotkonsums führt aber zur weiteren Einschränkung der Produktion. Will man das Defizit im Bodenertrag durch die Zahl der in einem gegebenen Lande vorhandenen hungrigen Mägen bestimmen, so muß man sagen, daß das Defizit zugleich mit dem Wachsthum der Produktivität der Arbeit wächst."

Dies wußte auch Malthus sehr genau: „Ein kleines Pachtgut* im Kerrygebirge kann vielleicht eine große Familie mit einigen erwachsenen Söhnen ernähren; aber die dabei zu verrichtende Arbeit ist eine wahre Kleinigkeit. Der größte Theil davon fällt den Frauen zu. Was für die Männer übrig bleibt, kann nicht einmal so viel Stunden in Anspruch nehmen, um in Summa einen einzigen Arbeitstag in der Woche auszumachen."** Auf einem kleinen Pachtgut habe nun dies — nach Malthus — die Müßiggängerei der Männer zur Folge; er sah aber ein, daß auf großen, kapitalistisch betriebenen Pachtgütern die Sache eine andere Wendung nimmt: die überflüssigen „Hände" werden

* Nämlich ein von den Pächtern selbst bebautes, kein kapitalistisch betriebenes Pachtgut.
** Principles etc., S. 396.

fortgejagt. Aus eben diesem Anlaß bemerkt er ja, daß „die Möglichkeit, Arbeiter zu unterhalten, in viel größerem Umfang vorhanden sein kann, als der Wille dazu".

Es ließe sich nun freilich sagen, daß die landwirthschaft-lichen Verbesserungen es ermöglichen würden, mit der Getreide-ausfuhr ins Ausland zu beginnen, beziehungsweise dieselbe zu steigern, mithin auch die frühere Arbeiterzahl in der Landwirth-schaft zu beschäftigen. Aber erstens würde diese Einwendung auf das alte Lied hinauslaufen, wonach die Einführung von Maschinen die Lage der Arbeiter nicht verschlimmere, — und Tschernischewsky war nicht der Mann, dieses Lied anzustimmen. Und zweitens, wenn auch die frühere Arbeiterzahl nach wie vor Beschäftigung fände, so nähme ja dennoch die Konsumtion von Brot im Verhältniß zu dessen Produktion sehr bedeutend ab. Viel-leicht wäre es auch ganz unmöglich, Getreide ins Ausland zu exportiren, wollte man alle die am Hungertuch Nagenden sich satt essen lassen. Da aber diese Leute kein Geld haben, so zählen ihre Bedürfnisse in der „effektiven" Nachfrage nach Brot einfach nicht. Und diese Nachfrage ist es, die in der bürgerlichen Gesellschaft einzig in Betracht gezogen wird.

Rußland exportirt bei einem gewöhnlichen Ernteertrag viel Getreide; unter solchen Umständen kann nun von einem absoluten „Defizit im Bodenertrag" wohl nicht die Rede sein, — was aber das Hungerleiden der russischen Bauern, das Vorhandensein eines relativen Defizits nicht ausschließt.

In der Frage des modernen Elends wird also durch die „verhältnißmäßige Zahl der Ackerbauern" gar nichts erklärt. Diese verhältnißmäßige Zahl selbst ist durch die Nachfrage nach Getreide bestimmt. Die Nachfrage nach Getreide ist durch die Vertheilung der Kaufkraft unter der Bevölkerung bestimmt. Die Vertheilung der Kaufkraft hängt ab erstens von dem Verhältniß zwischen dem Arbeitslohn und dem Mehrwerth, und zweitens von der Art und Weise, wie der Mehrwerth unter die ver-schiedenen Kategorien der Ausbeuter und der unproduktiven Ar-beiter vertheilt wird. Das Verhältniß zwischen dem Arbeitslohn und dem Mehrwerth endlich verschiebt sich nach Maßgabe des Wachsthums der Produktivität der Arbeit immer mehr und mehr zum Nachtheil der Arbeiter, nicht, wie dies sich aus Tscherni= schewsky's Erörterungen ableiten ließe, zu deren Gunsten.

Der Hinweis auf die „verhältnißmäßige Zahl der Acker= bauern" beweist ebenso wenig, wie der dem Leser bereits bekannte Gedanke Tschernischewsky's über die Ursachen der verhältniß= mäßig langsamen Vervollkommnung der Agrikultur, — der Ge= danke nämlich, daß unter dem Getreidemangel nur die Armen zu leiden hätten, und daß die moderne Wissenschaft in den meisten Fällen blos den Bedürfnissen der höheren Klassen Rech= nung trage.* Der Leser weiß ja, wie überaus mangelhaft dieser abstrakte Gedanke den wahren Sinn der konkreten Erscheinung ausdrückt.

Betrachten wir nun, welcher Zusammenhang zwischen dem Elend und dem „Verhältniß des stehenden Kapitals zum Gewinn" besteht.

„Die Verbesserungen in der Landwirthschaft bestehen, wie alle andere technische Verbesserungen, hauptsächlich in der Zunahme des stehenden Kapitals. Wir haben nun bei Mill gesehen, daß das stehende Kapital ... gewöhnlich nicht anders wächst, als durch die Verwandlung von Gewinn und Rente in Kapital. Gewinn und Rente, wenn thatsächlich bereits vom Arbeitslohn losgelöst, verwandeln sich aber in Kapital nur dann, wenn der Prozentsatz des Kapitaleinkommens eine genügende Anziehungskraft auf Denjenigen ausüben kann, der nicht vom Arbeitslohn, sondern vom Kapitaleinkommen leben will. Die Größe des Prozentsatzes, die die Verwandlung von Gewinn und Rente in Kapital so an= ziehend macht, ist nun in verschiedenen Ländern verschieden; es hat aber nie Beispiele davon gegeben, daß sie unter zwei Prozent herabgesunken wäre, — gewöhnlich steht sie selbst in den vor= geschrittensten Ländern viel höher. Für die Nation dagegen wäre eine Verausgabung von Kapital auf landwirthschaftliche Ver=

---

* Vergl. darüber den Schluß des sechsten Kapitels dieser Schrift.

besserungen behufs Deckung des Defizits im Bodenertrag auch
dann vortheilhaft, wenn das dabei zu erzielende Einkommen in
einem unvergleichlich kleineren, um mehrere Dutzend Mal kleineren
Verhältniß zum vorgeschossenen Kapital stände. Auf diese Weise
kann die Nation sehr häufig in die Lage kommen, landwirth=
schaftliche Verbesserungen nöthig zu haben, welche auf das vor=
geschossene Kapital viel weniger Einkommen abwerfen, als noth=
wendig wäre, um die Verausgabung von Kapital zu jenem Zwecke
für Diejenigen anziehend zu machen, die von Rente und Gewinn,
nicht von Arbeitslohn leben. In solchen Fällen verwandeln sich
Rente und Gewinn nicht in Kapital, sondern werden unproduktiv
konsumirt, und die landwirthschaftlichen Verbesserungen, die zur
Deckung des Defizits im Bodenertrag nöthig werden, bleiben
unausgeführt."*

Es unterliegt nun allerdings keinem Zweifel, daß, wenn
der Kapitalist zwischen der Gesellschaft und ihren Produktivkräften
steht, diese Kräfte nie in dem Maße benutzt werden können, wie
es in der sozialistischen Gesellschaft der Fall wäre. Dies wußte,
wie wir gesehen haben, selbst Malthus. Aber — merkwürdig
genug! — der Bourgeois Malthus äußerte sich darüber jeden=
falls in einer der Wirklichkeit mehr entsprechenden Weise als der
Sozialist Tschernischewsky. Nach den Ausführungen des letzteren
zu schließen, könnte sich die kapitalistische Ordnung als Hemmniß
des Anbaues von neuen Grundstücken nur dann erweisen, wenn
die Produktivität der auf diese Grundstücke verwendeten Arbeit
bedeutend niedriger als auf den alten wäre. Dazu spricht
er nur von der landwirthschaftlichen Arbeit. Malthus hingegen
faßt die Frage weiter auf und beantwortet dieselbe richtiger.
Nach dessen, dem Leser bereits bekannter Ansicht nämlich werden
die Produktivkräfte, mögen sie — in der Landwirthschaft so=
wohl als auch in den anderen Produktionszweigen
— noch so groß sein, nur dann ins Werk gesetzt, wenn
der Kapitalist dabei auf einen bestimmten Gewinn rechnen

---

* Tschernischewsky, a. a. O. S. 274.

kann.* Das ist ein ungeheurer Unterschied. — Zur Zeit der
Ueberfüllung des Marktes schränken die Kapitalisten die Produktion
ein, weil sie sonst nicht einmal die gemachten Vorschüsse wieder
einbringen würden. Nun nimmt aber die periodische Ueberfüllung
des Marktes um so gewaltigere Dimensionen an, je mehr
sich die Produktivkräfte entwickeln. Daraus folgt, daß, je mehr
sich diese Kräfte entwickeln, um so mehr deren Anwendung
durch die kapitalistische Ordnung gehemmt wird. Diese Schluß=
folgerung bildet das gerade Gegentheil von derjenigen Tscherni=
schewsky's.

Sehen wir uns das Exempel an, mittelst dessen unser
Verfasser die Richtigkeit seines Gedankens zu beweisen sucht.

Ein Gemeinwesen zählt eine Bevölkerung von 10 000 Köpfen
oder 2000 Familien mit 2000 Männern. Die Hälfte der letzteren
treibt Ackerbau, die Uebrigen beschäftigen sich theilweise mit an=
deren Zweigen produktiver Arbeit, theilweise mit unproduktiver
Arbeit, theilweise endlich mit der Ausbeutung des Nächsten
(Grundbesitzer und Kapitalisten). Zum Lebensunterhalt bedarf
es 4 Tschetwert Getreide pro Kopf, wobei die 1000 Ackerbauer
40 000 Tschetwert produziren, also 40 Tschetwert pro Mann.
Rente und Gewinn machen zusammen den vierten Theil des
Produkts aus, das heißt 10 000 Tschetwert. Die übrigen 30 000
entfallen auf den Arbeitslohn, was je 30 Tschetwert auf einen
Arbeiter ausmacht.** So steht die Sache im ersten Jahre. Im
folgenden Jahre stellt sich, in Folge der Vermehrung der Be=
völkerung, im Bodenertrag ein Defizit von 16 Tschetwert ein,
d. h. es mangelt an Nahrung für 4 Menschen. Es sind somit
Verbesserungen nothwendig, — und dies zwar vom Standpunkte
der Nahrungsbedürftigen, nicht von dem der Kapitalisten. Jene

---

* Principles etc., S. 413. — Die diesbezügliche Stelle aus Malthus
haben wir im zweiten Abschnitt dieses Kapitels angeführt.
** „Um die Hypothese zu vereinfachen" — bemerkt der Verfasser —,
„wollen wir absehen von allen anderen Produktionszweigen, außer dem
Ackerbau, und von allen anderen Elementen des Arbeitslohnes, außer
Getreide."

rechnen nämlich anders als diese. Von ihrem Standpunkte aus „kommt Alles darauf an, wie viel Arbeit erforderlich ist zur Durchführung von Verbesserungen, die eine Vermehrung des Produkts um 16 Tschetwert ergeben". Gesetzt, zur Deckung des Defizits müsse man ein kleineres Grundstück drainiren, wozu eine Jahresarbeit von zwei Arbeitern erforderlich wäre. Zu deren Miethung müßte man (der obigen Annahme gemäß, 30 Tschet= wert pro Arbeiter) 60 Tschetwert Getreide vorschießen. Folglich würde der Kapital=Vorschuß 60 Tschetwert betragen und deren Verwandlung in stehendes Kapital 16 Tschetwert Gewinn ein= bringen. „Es giebt nun in Europa keinen einzigen verständigen Grundbesitzer oder Kapitalisten, der nicht mit Freuden eine derartige Verbesserung durchführen würde. Wären nur solche Ver= besserungen nöthig, so gäbe es kein Elend in Europa" (das Gesperrte gehört uns).

Indeß ist aber ein anderer Fall möglich, der Fall nämlich, daß zur Drainirung eines Grundstücks die Anlage eines großen Kanals erheischt wäre, der eine Jahresarbeit von 200 Mann in Anspruch nähme. Zu deren Miethung müßte man 6000 Tschet= wert Getreide verausgaben, während das drainirte Grundstück jährlich 16 Tschetwert einbringen würde, — d. h. etwas mehr als ¼ Prozent. „So groß der Sparsinn der Nation, so hoch entwickelt das thätige Streben nach Akkumulation sein möge, niemals kann es sich derart steigern, um einen Gewinn von ¼ Prozent einem vernünftigen Menschen verlockend erscheinen zu lassen." Die Verbesserungen würden also nicht durchgeführt werden. Und doch wäre sicherlich das Gegentheil der Fall, hätte die Gesellschaft selbst über die Anwendung ihrer Produktivkräfte zu verfügen. Denn für sie sei die Frage nach der Deckung des Defizits eine Lebensfrage.

Dieses Exempel weist sehr viel ökonomische Ungereimtheiten aller Art auf. Indeß wollen wir dabei nicht verweilen. Der Leser dürfte sie auch ohne unsere Hilfe herausfinden, und wenn nicht, — so wäre der Schaden nicht groß: diese Ungereimtheiten würden blos einmal mehr die Haltlosigkeit der „hypothetischen"

24*

Methode Tschernischewsky's bloslegen, — was aber schon ohne=
hin evident genug ist.* Wir bitten den Leser, blos folgenden Um=
stand zu beachten. In dem in Rede stehenden Exempel produzirt
jeder Ackerbauer ursprünglich vierzig Tschetwert Getreide. Das
drainirte Grundstück bringt deren nur sechzehn ein. Der Ver=
fasser sagt allerdings nicht, wie viel Arbeit zur Bestellung dieses
Grundstücks erheischt wäre. (Die Bestellungsarbeit wird von ihm
ganz und gar außer Acht gelassen.) In Anbetracht aber, daß
das Grundstück vier Dessjatinen umfaßt, ist anzunehmen, daß
dazu eine Arbeitsmenge erheischt wäre, die mindestens der Jahres=
arbeit eines Arbeiters gleichkäme. Aber selbst angenommen, daß
jeder Arbeiter acht Dessjatinen zu bestellen vermöchte, daß also
auf den Anbau des fraglichen Grundstücks blos die Hälfte der
Jahresarbeit eines Mannes verwendet werden müßte, — so bliebe
dennoch die Produktivität der auf dieses Grundstück verwendeten
Arbeit bedeutend hinter derjenigen der auf die alten Grundstücke
verwendeten Arbeit zurück: auf den letzteren bringt ja die halb=
jährige Arbeit Eines Mannes zwanzig Tschetwert ein. Das be=
weist erstens, daß — nach Tschernischewsky — die kapitalistische
Ordnung eben nur im Falle des Sinkens der Produktivität der
Arbeit sich als Hemmniß der Anwendung der vorhandenen Pro=
duktivkräfte erweisen könne; und zweitens wird dadurch die be=

---

* Auf jeden Fall sei immerhin eine der Ungereimtheiten hier her=
vorgehoben. — Nach Tschernischewsky's Annahme umfaßt das zu ver=
bessernde Grundstück vier Dessjatinen. Eine Dessjatine würde somit im
Durchschnitt vier Tschetwert einbringen. Nun wird doch das drainirte
Grundstück auch bestellt werden müssen. Dazu sei, nehmen wir an, die
Jahresarbeit eines Mannes erheischt. Ein Theil des Produkts dieser
Arbeit fällt dem Arbeiter als Arbeitslohn zu, der andere Theil bildet
den Mehrwerth. Wie viel wird nun dieser betragen? So viel, als
vom Produkt nach Abzug des Arbeitslohnes übrig bleibt. Da nun
Tschernischewsky's Annahme gemäß der Arbeitslohn 30 Tschetwert be=
trägt, so bleiben für den Mehrwerth —14 (sage: minus 14) Tschet=
wert übrig. Bei einem negativen Mehrwerth aber ist es unmöglich,
auch nur ¼ Prozent auf das vorgeschossene stehende Kapital zu be=
zahlen.

rühmte mathematische Widerlegung des Malthus in ein neues
Licht gestellt.

In seinem Exempel giebt Tschernischewsky an, wie viel Ein=
wohner sein imaginäres Gemeinwesen zählt und sogar auch, wie
hoch daselbst der Prozentsatz der Bevölkerungszunahme. Dies
scheint zwar auf den ersten Blick ganz überflüssig zu sein: um
seinen Gedanken zu begründen, hätte er sich darauf beschränken
können, zu bezeichnen, um wie viel die Produktivität der auf das
neue Grundstück verwendeten Arbeit sinken würde. Allein es war
ihm darum zu thun, den „Prozentsatz der Verbesserungen" zu
bestimmen, die zur Deckung des im zweiten Jahre sich einstellenden
Defizits nöthig wären. „Nach dem Malthus'schen Theo=
rem" beträgt nun dieser Prozentsatz 0,0385 oder, wie Tscherni=
schewsky „der Vereinfachung halber" annimmt, 0,04 Prozent.
Der Leser weiß aber, daß sich dieser Prozentsatz nicht bestimmen
läßt, wenn man vorher nicht bestimmt hat, um wie viel die
Produktivität der landwirthschaftlichen Arbeit sinkt. Gerade das
„Malthus'sche Theorem" hilft also Tschernischewsky diese
unbekannte Größe finden: der Prozentsatz der Abnahme der Pro=
duktivität der Arbeit der neuen Arbeiter ist gleich dem Prozentsatz
der Vermehrung, nämlich zwei Prozent. Zugegeben einmal, dem
sei wirklich so. Was folgt nun daraus? Der Prozentsatz der
nöthigen Verbesserungen ist äußerst gering. Die ihn ausdrückende
Zahl „spottet augenscheinlich über uns" durch ihre gering=
fügige Größe; sie sagt uns: „Fürchtet nichts; führt mich ins
Feld gegen diejenigen, die euch einschüchtern wollen — ich bin
unwiderleglich." Wir glauben der Zahl, alle Befürchtungen hin=
sichtlich der Zukunft verschwinden. Handelt es sich aber darum,
die ihrem Umfange nach geringfügigsten Verbesserungen auch durch=
zuführen, so stellt es sich auf einmal heraus, daß wir die Rech=
nung ohne den Wirth gemacht haben, daß nämlich dabei sehr
verschiedene „Fälle" möglich sind, — unter Anderem der Fall,
daß zur Erzielung eines verhältnißmäßig geringfügigen „Ein=
kommens" eine ungeheure Arbeitsmenge verwendet werden muß.
Das heißt, daß die Größe des Prozentsatzes der nothwendigen

Verbesserungen an sich noch ganz und gar nichts beweist. Selbst in der „hypothetischen" Wirklichkeit Tschernischewsky's kann diese geringfügige Größe sehr gut Hand in Hand gehen mit den ungeheuersten praktischen Hindernissen, mit einer außerordentlich großen Abnahme der Produktivität der Arbeit auf dem Grund= stücke, das unser Defizit decken soll. — Wie soll man nun bei alledem der spottenden Zahl Glauben schenken!

Die Krisen.

Nach dem Gesagten ist es von vornherein anzunehmen, daß die wahre Ursache der Krisen Tschernischewsky unbegreiflich bleiben mußte. Dies ist denn auch wirklich der Fall.

Wie lassen sich die Krisen erklären, diese „ökonomischen Erdbeben, die Geschäftshäuser stürzen, Fabriken zerstören, Tausende von Reichen in Proletarier verwandeln und Millionen Arbeiter brotlos machen?"

Tschernischewsky führt einen kurzen Auszug aus den Mill=schen Erörterungen über die Krisen an. Aus diesem Auszug geht hervor, daß die Ursache der Krisen in den „Spekulations=käufen" oder in der Spekulation schlechthin liege. Mill's Erwägungen scheinen unserem Verfasser begründet genug, um die Ansicht zu widerlegen, wonach die Krisen durch eine übermäßige Emission von Kreditgeld verursacht würden: „Der Zusammenhang zwischen Handelskrisen und Kreditgeld ist im Grunde genommen kein anderer, als daß ein rascher Gang der Käufe auf groß=artiger Stufenleiter allerdings nur bei einer hohen Entwicklung des ökonomischen Lebens möglich ist, welch letztere ihrerseits eine hohe Entwicklung des Kredits und mithin — als einer seiner Erscheinungsformen — auch des sogenannten Kreditgeldes bedingt."* Daraus folge jedoch noch nicht, daß Mill's Ansicht richtig sei: „Mill bleibt nämlich bei der kommerziellen Seite des Vorganges stehen, und sieht sich nicht bemüßigt, dessen Einfluß auf Produktion und Konsumtion zu berücksichtigen."** Mit den

* Tschernischewsky's Werke, 4. Band, S. 289, 290.
** A. a. O. S. 296.

Krisen sei „die Frage nach dem sogenannten Ueberangebot ver=
bunden". Mill bietet nun Alles auf, um, trotz Malthus, Chal=
mers und Sismondi, die Unmöglichkeit eines Ueberangebots nach=
zuweisen, und fügt hinzu, „daß das Verdienst, diesen höchst
wichtigen Punkt in sein wahres Licht gestellt zu haben, auf dem
Kontinent Herrn J. B. Say und in England James Mill haupt=
sächlich gebührt." — „Alles was Mill da sagt", — bemerkt nun
Tschernischewsky — „ist die reine Wahrheit. Waren denn aber
solche Männer, wie Sismondi und Malthus, nicht im Stande,
das Wesen einer Handelskrise zu begreifen? Freilich sind sie
auf einen entschieden falschen Gedanken gekommen, und wenn sie
die Reichen auffordern, durch eine erhöhte unproduktive Kon=
sumtion den Uebelständen der Handelskrisen entgegenzuwirken,
versteigen sie sich zu einer erstaunlich=kolossalen Absurdität. Hätten
sie denn aber von ihrem seltsamen Irrthum abgebracht werden
können durch die einfache Erwägung, daß die Handelskrisen aus
übermäßigen Spekulationskäufen entsprängen? Dies Argument
wird ihnen doch sicherlich sehr gut bekannt gewesen sein! Wie konnten
sie also an den von Mill widerlegten Absurditäten festhalten?"
Die Sache erkläre sich einfach daraus, daß Malthus, Chalmers
und Sismondi die Frage von einer anderen Seite betrachteten
als Mill. Der wirkliche Gang der Erscheinung, die Krisis ge=
nannt werde, sei folgender: „Im ersten Stadium des Vorganges,
da die Preise im Steigen begriffen sind, erhöhen die Produzenten,
in der Hoffnung auf einen ungemein vortheilhaften und leichten
Absatz, ihre Thätigkeit in eben dem ungewöhnlichen Maße, in
dem die Käufe zunehmen. In zwei, drei Monaten werden in
den Fabriken so viel Waaren hergestellt, wie bei einem gewöhn=
lichen Geschäftsgang in sechs Monaten. Indeß steigt doch der
Absatz lediglich in Folge der steigenden Spekulationskäufe, nicht
in Folge des Wachsthums der Konsumtion selbst; ja letztere kann
im Gegentheil vielleicht gar abnehmen eben wegen der übermäßig
hohen Preise. Was geschieht nun aber mit der Produktion,
wenn die Preise zu sinken anfangen? — In der vorhergehenden
Periode sind binnen drei Monaten Waaren für ein halbes Jahr

verfertigt worden; es ist nun klar, daß die Produktion für die Dauer von drei Monaten eingestellt werden müßte, um den Waarenvorrath durch die gewöhnliche Konsumtion auf das gewöhnliche Niveau herabmindern zu lassen. Da aber die Konsumtion während der Krisis, in Folge der allgemeinen finanziellen Zerrüttung, ungeachtet des Preisfalles unter das gewöhnliche Niveau sinkt, — so bleiben die übermäßigen Vorräthe noch länger unverbraucht. So lange aber dies der Fall, so lange die Vorräthe nicht auf ihr gewöhnliches Niveau herabgesunken sind, kann die weitere Produktion keinen Absatz finden. — Auf diese Weise ist eine Handelskrise stets begleitet von einer industriellen Krise, während welcher die Produktion in Folge der übermäßigen Vorräthe und des mangelnden Absatzes zurückgeht. Diese Seite der Sache war es, welche die Aufmerksamkeit von Malthus, Chalmers und Sismondi auf sich gelenkt hat. — Mill hat nun allerdings vollkommen recht, wenn er den Ansichten jener Nationalökonomen entgegen zu beweisen sucht, daß die Produktion nicht über die Bedürfnisse der Menschen* hinausgehen, daß das Kapital ... nicht zu rasch anwachsen könne, daß, so rasch es auch anwachsen möge, ein noch rascheres Wachsthum desselben stets wünschenswerth wäre, da es immer in gehöriger Weise benutzt werden könnte u. s. w., — dies Alles ist allerdings vollkommen richtig, so daß die Ansichten von Malthus, Chalmers und Sismondi mit den unumstößlichen Prinzipien der ökonomischen Theorie in Widerspruch stehen. Indeß ist dieser Widerspruch lediglich daraus entstanden, daß Sismondi und Malthus auf halbem Wege stehen blieben, daß sie nicht die Grundthatsachen aufzudecken vermochten, die die Wirklichkeit selbst in Widerspruch zu den ökonomischen Prinzipien setzen. ...." Schließlich kommt Tschernischewsky zum Schlusse, daß „die Produktion, die nie im Stande ist, das Maß der menschlichen Bedürfnisse zu überschreiten,

---

* Es ist übrigens zu bemerken, daß es Mill sehr fern lag, dies beweisen zu wollen. Er suchte vielmehr zu beweisen, daß die Produktion nicht über die Bedürfnisse der Waarenbesitzer hinausgehen könne, — was doch nicht dasselbe ist. — D. Ü.

doch zeitweise über das gewöhnliche Niveau der Konsumtion hin=
ausgehen kann, — in Folge einer übermäßigen Anstrengung, die
hervorgerufen wird nicht durch die Entwicklung der Konsumtion,
sondern lediglich durch die Spekulation; diese Anstrengung hat
dann einen zeitweiligen Rückgang der Produktion, die Einstellung
der Arbeit zur unvermeidlichen Folge. Die Wurzel dieses Uebels
liegt in der Scheidung zwischen der Kaufkraft einer= und der
Produktion und Konsumtion andererseits, d. h. eben in dem, was
man, im Gegensatz zu den rein produktiven Beschäftigungen,
Handel nennt."*

Um die Haltlosigkeit der Malthus'schen Bevölkerungslehre
nachzuweisen, hätte vor Allem darauf hingewiesen werden müssen,
daß nach Malthus selbst die bürgerliche Gesellschaft zugleich unter
Ueberproduktion und unter Uebervölkerung zu leiden hat. Eine
solche Widerlegung wäre, wie sich die Mathematiker ausdrücken,
nothwendig und hinreichend. Tschernischewsky hat es da=
gegen vorgezogen, mit einer anderen Waffe zu kämpfen, deren
Werth uns bereits bekannt ist. Ihm kommt es nicht einmal in
den Sinn, daß die „Frage des Ueberangebots" dazu dienen könnte,
die Malthus'sche Theorie ins richtige Licht zu setzen. Ja er steht
sogar auf dem Punkt, Malthus zu loben, der zwar in der Frage
des „Ueberangebots" auf halbem Wege stehen geblieben sei, dennoch
aber den richtigen Weg zu deren Lösung eingeschlagen hätte. Und
die Lösung der Frage selbst ist in die wenigen Worte zusammen=
gefaßt: die Wurzel des Uebels liegt im Handel. Hier
haben wir ein interessantes Beispiel für das Verhalten eines
utopistischen Sozialisten zu einem bürgerlichen Nationalökonomen
der „vorgeschrittenen" Schule. — Die Wurzel des Uebels ist
in der Spekulation, sagt J. S. Mill. — „Sie haben vollkommen
recht, meint darauf der utopistische Sozialist, aber Sie ziehen
nicht den aus Ihren eigenen Prämissen sich ergebenden Schluß.
Ich gehe weiter, ich fürchte nicht das Tüpfelchen auf das i zu
setzen: die Wurzel des Uebels ist nicht in der Spekulation, son=

* A. a. O. S. 289—298.

nämlich im Handel. Die bürgerlichen Oekonomen haben, allge=
mein gesprochen, vollkommen recht, nur sind sie zaghaft und in=
konsequent."

Die Wurzel des Uebels ist im Handel. Da aber ohne
Handel die Waarenproduktion undenkbar, so ist die Wurzel des
Uebels noch tiefer zu suchen: sie ist mit der Waarenproduktion
unzertrennlich verknüpft. Nun hat aber die Waarenproduktion
lange Zeit bestanden, ohne Krisen zu verursachen. Folglich ist
es nicht die Waarenproduktion als solche, die Krisen verursacht,
sondern etwas Anderes, was vielleicht auch mit dieser Produktion
verbunden ist, aber erst auf einer sehr hohen Entwicklungsstufe
derselben zum Vorschein kommt. Der Hinweis auf die wahre
Ursache der Krisen ist schon in den eigenen Worten Tscherni=
schewsky's enthalten, wenn er sagt, die Spekulation gebe der
Produktion einen solchen Anstoß, daß in zwei, drei Monaten eine
für eine halbjährige Konsumtion ausreichende Waarenmenge her=
gestellt werde. In der Wirklichkeit kann indeß die Produktion
den Konsum noch weiter hinter sich zurücklassen, als dies Tscherni=
schewsky annahm. Es fragt sich nun, ob denn eine solche Er=
scheinung unter der Waarenproduktion immer möglich war? Be=
kanntlich nicht immer, sondern erst seit und in Folge der Entwicklung
der modernen Großindustrie, welche die Produktivkräfte der Ge=
sellschaft in nie dagewesenem Maße gesteigert hat. Folglich liegt
die „Wurzel des Uebels" in der Großindustrie, in der zu hohen
Entwicklung der Produktivkräfte? Offenbar ja. Es ist doch aber
ebenso offenbar, daß die hohe Entwicklung der Produktivkräfte
kein Uebel sein kann. Es wäre geradezu absurd, das Gegentheil
behaupten zu wollen. Es müssen demnach die Bedingungen unter=
sucht werden, unter denen gegenwärtig die hochentwickelten Pro=
duktivkräfte angewendet werden. Nun wissen wir bereits, daß
zwischen der Gesellschaft und deren Produktivkräften der Kapitalist
steht, der seine „Arbeit" einstellt jedesmal, wenn sie ihm nicht
die nöthigen und hinreichenden Gewinnste verspricht, — wenn
nämlich der Markt mit Waaren überfüllt ist. Letzteres geschieht
aber um so häufiger und vollständiger, je höher die Produktiv=

kräfte entwickelt sind. Der Kapitalist geräth in eine absurde, widerspruchsvolle Lage: während ihn einerseits die Konkurrenz dazu zwingt, die möglichst vollkommene Betriebsweise einzuführen, droht ihm andererseits die Einführung dieser Betriebsweise mit Ueberfüllung des Marktes, mit Krisen, mit Verlusten, mit dem Ruin. Dieser Widerspruch zeigt, daß die Produktivkräfte den kapitalistischen Produktionsverhältnissen über den Kopf gewachsen sind. Die Beseitigung dieser Verhältnisse erscheint als die wichtigste Frage auf der „Tagesordnung" des gegenwärtigen historischen Moments. Erst wenn die jetzt bevorstehende Revolution stattgefunden hat, wenn an Stelle der kapitalistischen die sozialistischen Produktionsverhältnisse getreten sind, werden die hochentwickelten Produktivkräfte aufhören, „ökonomische Erdbeben" zu verursachen, werden sie vielmehr zu gehorsamen Sklaven der Menschen, zur Quelle unaufhörlichen Wachsthums des gesellschaftlichen Reichthums werden.

Der Widerspruch zwischen den modernen Produktivkräften und den modernen Produktionsverhältnissen ist ein der modernen ökonomischen Wirklichkeit innewohnender Widerspruch. Tschernischewsky sucht dagegen die „Wurzel des Uebels" in dem Widerspruch zwischen der Wirklichkeit und den „unumstößlichen Prinzipien der ökonomischen Theorie". Das ist sehr bezeichnend für seinen abstrakten Standpunkt. Von diesem Standpunkte aus ließe sich leicht eine Menge Widersprüche zwischen den Thatsachen und der „Theorie", der Wirklichkeit und den Forderungen des Verstandes entdecken. Indeß ist selbst der Widerspruch zwischen der Wirklichkeit und der „Theorie", d. h. den Ansichten der Menschen, nichts Anderes als das Produkt der historischen Dialektik des gesellschaftlichen Lebens. Man muß die Gesetze dieser Dialektik entdeckt haben, um die Wirklichkeit nicht nur verurtheilen, sondern auch die historischen Bedingungen ihres Werdens in der Vergangenheit und ihres Vergehens in der Zukunft einsehen zu können. Leider war gerade dies unmöglich für einen Mann, der das gesellschaftliche Leben von einem abstrakten Standpunkt betrachtete. Als Theoretiker konnte er nur die Widersprüche

zwischen der Wirklichkeit und der Theorie aufdecken; als Prak-
tiker, als Revolutionär, der nach Beseitigung der verhaßten Wirklichkeit strebt, konnte er seine Hoffnungen ausschließlich nur auf
die Ueberzeugungskraft der Theorie setzen, welche über kurz
oder lang den Menschen die Wirklichkeit in ihrer ganzen Abscheu-
lichkeit und Absurdität zeigen muß.

Schlußwort.

Die Prinzipien, auf denen die zukünftige Gesellschaftsord=
nung begründet werden muß, faßt Tschernischewsky selbst in folgende
wenige Worte zusammen. Diese Prinzipien bestehen „darin, daß die
Arbeit keine Waare sein soll; daß der Mensch am erfolgreichsten
arbeitet, wenn er für sich, nicht für einen Anderen arbeitet; daß
das Selbstgefühl einzig durch die Stellung eines selbständigen
Meisters gefördert wird; daß daher der Arbeiter nur dann nach
gehörigem Wohlstand streben wird, wenn er Meister geworden
ist; daß zugleich das Prinzip der Kombination der Arbeit und
der Charakter der vervollkommneten Produktionsprozesse eine Pro=
duktionseinheit (einen Wirthschaftsbetrieb) von sehr bedeutendem
Umfang erheischen, während die physiologischen und andere Natur=
bedingungen eine Kombination sehr vieler verschiedenartiger Branchen
in jener Einheit nöthig machen; und daß daher die einzelnen Meister=
Arbeiter sich zu Genossenschaften vereinigen müssen."

Auf welchem Wege können nun aber diese Prinzipien ver=
wirklicht werden? Tschernischewsky bedauerte sehr, daß es ihm
nicht gelungen war, die Uebergangsstufen zur völligen Verwirk=
lichung der sozialistischen Ideen zu bezeichnen. Das ist wirklich
sehr zu bedauern; nicht als ob derartige Ausführungen heutzutage
irgend welche praktische Bedeutung haben könnten, sie würden aber
die sozialpolitischen Ansichten Tschernischewsky's in ein helleres
Licht stellen. Versuchen wir indeß diese Lücke auszufüllen mittelst
einzelner Bemerkungen, die in den „Umrissen der politischen Oeko=
nomie" zerstreut sind. Leider giebt es deren sehr wenige.

Zur Zeit Tschernischewsky's legten noch diejenigen Sozia=
listen, die nicht den Standpunkt des wissenschaftlichen Sozialismus

einnahmen (d. h. die überwiegend große Mehrzahl) großes Ge=
wicht auf die Frage des Eingreifens des Staats in die Lösung
der sogenannten sozialen Frage. Tschernischewsky polemisirte nun
sehr heftig und mit sehr großem Erfolg gegen das bürgerliche
Prinzip des „laissez faire, laissez passer". Indem er aber dieses
Prinzip bekämpfte, war er doch nicht unbedingter Anhänger des
entgegengesetzten Prinzips: er behauptete nicht, daß es unmöglich
sei, die soziale Frage ohne staatliches Eingreifen zu lösen, oder
wenigstens war er sehr vorsichtig in der Bestimmung der Grenzen
dieses Eingreifens: „Die Art und Weise der Verwirklichung
ist in Allem und Jedem in hohem Maße von den jeweiligen
Umständen abhängig" — schreibt er in seinem ökonomischen
Hauptwerk.* „Ein und dasselbe Ziel wird in dem einen
Falle durch die freie Wirksamkeit der Individuen, in dem an=
deren durch die Einwirkung der öffentlichen Gewalt erreicht.
Welches von den beiden an sich besser ist, darüber sollten wir
eigentlich gar nicht zu sprechen brauchen: wie wir über diesen
Gegenstand denken, muß dem Leser, dem irgendwie daran liegt,
unsere Gesinnung kennen zu lernen, ohnehin klar sein; auch ist
die Frage schon an sich sehr klar. In der Geschichte kommt es
aber allzu häufig nicht darauf an, welcher Weg der beste, son=
dern vielmehr darauf, welcher Weg unter den gegebenen Um=
ständen möglich ist. Bin ich selbst im Stande, den Menschen,
der sich ungerechter Weise mir in den Weg stellt, zu beseitigen,
— gut, so thue ich es; vermag ich aber nicht mit eigener Kraft
meine Rechte zu vertheidigen, so werde ich gegen die ungerechter
Weise mir im Wege Stehenden die Einmischung der öffentlichen
Gewalt anrufen. Daraus würde jedoch noch keineswegs folgen,
daß ich etwa für Polizei=Eingriffe oder für das Prozessiren
schwärme. . . . Versetzen Sie sich aber in meine Lage, — was
bleibt mir denn im letzteren Falle Anderes zu thun übrig? —
Es ist wohl möglich, daß in einigen Ländern, wo unter dem
Volke Sitten, wie die englischen oder nordamerikanischen herrschen,

---

* Werke, 4. Band, S. 101.

die Sache ausschließlich oder vorzugsweise auf privatem Wege geschehen wird."*

Indeß betrachtete Tschernischewsky Länder wie England und Nordamerika als Ausnahmen. Nach Allem zu schließen, war er über=zeugt, daß die Lösung der sozialen Frage „auf privatem Wege" in den meisten europäischen Ländern unmöglich sei. Es läßt sich ferner mit Grund annehmen, daß er sich die staatliche Einmischung in diesen Ländern selbst als die Einmischung einer revolutio=närer Regierung vorstellte. Auf diese Vermuthung lassen die bei ihm nicht seltenen Abschweifungen schließen, worin er die Frage erörtert, inwiefern die Forderungen der gesunden Theorie für eine Regierung verbindlich sind, die von der Geschichte in die Nothwendigkeit versetzt worden, sich ausschließlich nach dem Prinzip: salus populi lex suprema esto zu richten. — So würden beispielsweise von der Theorie übermäßige Emissionen von Papiergeld unbedingt verurtheilt. Die Theorie gebe der direkten offenherzigen Lösung der Frage — dem Steuersystem den Vorzug. Danach solle denn auch eine Regierung handeln, die sich sicher fühle. Es gebe aber Ausnahmestellungen, außer=gewöhnliche Ereignisse, wie die Ereignisse von 1848 in Frank=reich.** „In einer derart unsicheren Stellung muß man sich zum Laviren verstehen, auf die herrschenden Vorurtheile Rücksicht nehmen, nicht die an sich beste Handlungsweise vorziehen, sondern diejenige, die geeignet ist, den am wenigsten ungünstigen Ein=druck auf die Gesellschaft zu machen. . . . Was thun? Da wird die Aufgabe gelöst nicht von solchen Leuten, die ihrer Zukunft durchaus sicher sein können, sondern von solchen, deren Leben an einem Faden hängt, an einem Faden, der reißen, unbedingt reißen wird, wenn nicht heute, so morgen, und deren Sache mit ihnen zu Grunde gehen wird, wenn der Faden heute reißt —, es gilt also um jeden Preis sich nur noch heute zu behaupten,

---

* Demgegenüber mag auf die Richtung hingewiesen werden, die neuerdings die englischen Gewerkschaften einschlagen.

** Es darf nicht vergessen werden, daß Tschernischewsky unter dem Auge des Zensors schrieb, weshalb er sich häufig mit Andeutungen begnügen mußte.

um wenigstens etwas leisten zu können. . . . Stellt man sich eine solche Sachlage vor, so begreift man allerdings den Gedanken an eine unbeschränkte Emission von Papiergeld zum Zwecke der Durchführung von radikalen ökonomischen Reformen."

Es wird hier angenommen, die Emission von Papiergeld werde zur Organisation von Arbeitergenossenschaften nothwendig werden: „Freilich wird die Sache, wenn einmal angefangen, schon von selbst sich weiter entwickeln können; um sie aber anzufangen, um ihre weitere Entwicklung möglich zu machen, braucht es doch sehr viel Geld."*

Es ist merkwürdig, daß Tschernischewsky's imaginäre revolutionäre Regierung, die eine radikale „Umgestaltung der ökonomischen Ordnung zu Gunsten der Arbeiter und zu Ungunsten der Kapitalisten" einleitet, darum besorgt ist, die „Gesellschaft", d. h. dieselben Kapitalisten nicht abzuschrecken, auf sie keinen „ungünstigen Eindruck" zu machen. Das ist etwas seltsam. Uns will es heutzutage scheinen, daß, wenn das revolutionäre Proletariat die politische Macht erobert haben wird, es ihm schwer fallen dürfte, die Herren Kapitalisten vor ungünstigen Eindrücken zu bewahren. Indeß dachte sich Tschernischewsky eine sozialistische Revolution ganz anders, als wir sie uns heutzutage denken. Das tritt besonders klar hervor aus seinen folgenden Aeußerungen über eine progressive Einkommensteuer.

„Wir haben die Gründe angeführt, aus denen einige Oekonomen eine von der heutigen wesentlich verschiedene Ordnung als die beste betrachten; die Einführung dieser besseren Ordnung läßt sich nun fördern, ohne irgend welche wichtigere Interessen in merklicher Weise zu verletzen; eine progressive Einkommensteuer von bedeutendem Umfang wäre aber offenbar dem Interesse der reichen Stände zuwider, so daß letztere sie bekämpfen würden, während doch eine dauerhafte und vorsichtige Regierung die Sache einer radikalen Reform betreiben könnte, ohne jene Stände im Geringsten zu erbittern."**

Diese Zeilen allein würden genügen, um uns davon zu

---

* A. a. O. S. 284—287.
** A. a. O. S. 404.

Plechanow, Tschernischewsky.

überzeugen, daß wir in der Person Tschernischewsky's es mit einem utopistischen Sozialisten zu thun haben.

Die utopistische Betrachtungsweise des gesellschaftlichen Lebens — dies die Achillesferse unseres Verfassers. Aus dieser gemeinsamen Quelle entspringen alle die nicht wenig zahlreichen Versehen und alle die nicht wenig zahlreichen Irrthümer, denen wir in seinen Untersuchungen begegnet sind. Häufig irrte er, weil er in seinen Erörterungen über die bürgerliche Gesellschaft seine Schlußfolgerungen **nicht aus dem thatsächlichen Leben dieser Gesellschaft, sondern aus den Forderungen der „gesunden Theorie"** abzuleiten suchte. Und zwar lagen diesen Forderungen — wie der Leser gesehen hat — die Lehren derselben bürgerlichen Oekonomen zu Grunde, mit denen Tschernischewsky polemisirte, — nur daß er diese Lehren modifizirte und ergänzte, wobei er vom ökonomischen Leben eines imaginären sozialistischen Gemeinwesens mit einer Bevölkerung von einigen Hundert bis einigen Tausend Köpfen ausging. Berechnungen — die Buchführung eines imaginären Gemeinwesens — bildeten die Quintessenz seiner „hypothetischen" Methode. Auf diesem Wege ließ sich etwas Dauerhaftes in der Wissenschaft nicht schaffen. Tschernischewsky dürfte sich wohl mehr als andere utopistische Sozialisten mit politischer Oekonomie befaßt haben. So zeigt denn sein Beispiel am besten die Haltlosigkeit des utopistischen Standpunktes.

Dies das endgiltige Ergebniß unserer Untersuchung. Wir hielten es nicht für nöthig, mit demselben zurückzuhalten, sowie nicht für möglich, dasselbe ohne eingehende Begründung auszusprechen. Wir mußten daher unserem Verfasser Schritt für Schritt in seinen Untersuchungen folgen. Häufig kamen wir in die Lage, seine Ansichten bestreiten zu müssen; mitunter mag uns vielleicht ein zu scharfes Wort entschlüpft sein. Mögen uns dies die zahlreichen Verehrer Tschernischewsky's nicht übel nehmen. Wir zählen uns selbst zu ihnen, wir selbst verehren heilig das Andenken dieses großen Mannes, der so viel für die russische Literatur gethan hat und bis ans Ende seinen Ueberzeugungen treu geblieben ist. Wir stellen seinen Namen neben denjenigen Bjelinsky's. Und

wir sind um so weniger geneigt, seine literarischen Verdienste seiner
theoretischen Irrthümer wegen zu verringern, als er unseres Er=
achtens eine ernstliche wissenschaftliche Forschung sich keineswegs
zur Aufgabe machte. Er war ein gebildeter, überzeugter und
talentvoller Publizist, dem es daran lag, die Aufmerksamkeit des
lesenden Publikums auf die soziale Frage zu lenken, dieses Publi=
kum vor dem demoralisirenden Einfluß der Apologeten der bürger=
lichen Ordnung zu bewahren. Dies edle Ziel hat er denn auch voll=
kommen erreicht. Alle lebensfrischen Elemente des lesenden Publi=
kums haben seinen heilsamen Einfluß an sich erfahren. Seine leiden=
schaftliche Propaganda hat viel zum Entstehen der demokratischen
Strömung in der russischen Literatur beigetragen, — einer Strömung,
der die Russen die Kenntniß des russischen Volkslebens verdanken;
viel hat sie auch zum Entstehen der russischen revolutionären Be=
wegung beigetragen. Er irrte häufig in seiner Beurtheilung der öko=
nomischen Gesetze der bürgerlichen Gesellschaft, nicht aber in seinem
negativen Verhalten zu dieser Gesellschaft; er irrte nicht, wenn er
seine Leser aufforderte, für die Befreiung des Proletariats zu wirken.
Das Proletariat wird ihm dieses Verdienst nicht vergessen.

Indeß Alles hat seine Zeit. Der utopistische Standpunkt,
der Tschernischewsky in theoretischer Hinsicht sehr nachtheilig war,
hat ihn nicht verhindert, in höchst nützlicher Weise für seine Zeit=
genossen zu wirken. Jetzt aber, nachdem beinahe dreißig Jahre
seit dem Erscheinen der „Umrisse der politischen Oekonomie" ver=
flossen sind, haben sich die Umstände verändert. Jetzt erweist sich
jener utopistische Standpunkt als höchst schädlich, und das nicht
nur in theoretischer, sondern auch in praktischer Hinsicht.
Jetzt müssen und können wir jenen Standpunkt verlassen.

In der Geschichte der russischen Literatur tritt uns folgende
interessante Erscheinung entgegen. So lange die russischen vor=
geschritteneren Schriftsteller vorzugsweise mit literarischen Ideen zu
thun hatten, wie dies in den vierziger Jahren der Fall war, —
blieben sie nicht hinter der Bewegung des westeuropäischen Ge=
dankens zurück. Die kritischen Abhandlungen Bjelinsky's dürfen
getrost denjenigen der besten westeuropäischen Kritiker seiner Zeit

an die Seite gestellt werden. Kaum waren aber die sozialen Ideen an die Reihe gekommen, als sich die russischen Schriftsteller rückständig erwiesen. Tschernischewsky's ökonomisches Hauptwerk macht den Eindruck, als wäre es ein paar Jahrzehnte vor Engels' „Lage der arbeitenden Klassen in England" und Marx' „Elend der Philosophie" geschrieben worden. In den siebziger und achtziger Jahren wird die Sache noch schlimmer. Die russischen Volksthümler sind mindestens um ein halbes Jahrhundert hinter den westeuropäischen Sozialdemokraten zurückgeblieben. Diese auf den ersten Blick seltsame Erscheinung erklärt sich ganz einfach aus der Rückständigkeit der russischen Verhältnisse. Der Gang der Ideen ist eben durch den Gang der Dinge bestimmt: einer rückständigen ökonomischen Ordnung entsprechen rückständige sozialpolitische Theorien. Im Laufe der letzten fünfzig Jahre hat Westeuropa sehr große Fortschritte gemacht, Rußland dagegen entwickelte sich viel langsamer; deshalb blieb es immer weiter hinter Westeuropa zurück, deshalb wurden auch die in den vorgeschritteneren russischen Kreisen herrschenden Ideen immer rückständiger. Indeß ist die rasche Entwicklung der ökonomischen Verhältnisse Westeuropas doch nicht ohne Einfluß auch auf Rußland geblieben. Die alte Wirthschaftsordnung dieses Landes ist zusammengestürzt, der Kapitalismus hat auf der ganzen Linie gesiegt. Diesen neuen ökonomischen Verhältnissen müssen auch neue sozialpolitische Ideen entsprechen. Solche Ideen werden unbedingt zum Vorschein kommen, sie kommen bereits zum Vorschein und verdrängen immer mehr die veralteten sozialpolitischen Ideen, diese natürliche Nachfrucht der utopistischen Anschauungsweise.